权威·前沿·原创

皮书系列为

“十二五”“十三五”“十四五”时期国家重点出版物出版专项规划项目

智库成果出版与传播平台

社会影响力金融研究报告（No.2）

RESEARCH REPORT ON SOCIAL IMPACT FINANCE IN CHINA（No.2）

主　编／李国武　张长宇　房　涛
副主编／艾　云　胡晓燕　曾亚琳

社会科学文献出版社
SOCIAL SCIENCES ACADEMIC PRESS（CHINA）

图书在版编目(CIP)数据

社会影响力金融研究报告. No. 2 / 李国武，张长宇，房涛主编. --北京：社会科学文献出版社，2024.3
（社会金融蓝皮书）
ISBN 978-7-5228-3353-8

Ⅰ.①社… Ⅱ.①李… ②张… ③房… Ⅲ.①金融业-经济发展-研究报告-中国 Ⅳ.①F832

中国国家版本馆 CIP 数据核字（2024）第 051712 号

社会金融蓝皮书
社会影响力金融研究报告（No. 2）

主　　编 / 李国武　张长宇　房　涛
副 主 编 / 艾　云　胡晓燕　曾亚琳

出 版 人 / 冀祥德
责任编辑 / 杨桂凤
文稿编辑 / 赵亚汝
责任印制 / 王京美

出　　版 / 社会科学文献出版社 · 群学分社（010）59367002
地址：北京市北三环中路甲 29 号院华龙大厦　邮编：100029
网址：www.ssap.com.cn
发　　行 / 社会科学文献出版社（010）59367028
印　　装 / 三河市东方印刷有限公司

规　　格 / 开　本：787mm×1092mm　1/16
印　张：22　字　数：329 千字
版　　次 / 2024 年 3 月第 1 版　2024 年 3 月第 1 次印刷
书　　号 / ISBN 978-7-5228-3353-8
定　　价 / 138.00 元

读者服务电话：4008918866

“社会金融蓝皮书”编委会

主编、副主编简介

李国武 中央财经大学社会与心理学院院长，社会学系教授、硕士生导师；研究方向为经济社会学、组织社会学、金融与社会。2004 年获北京大学社会学系博士学位，2009～2010 年为美国杜克大学亚太研究中心访问学者；兼任中国社会工作教育协会金融社会工作专业委员会理事长、中国社会学会经济社会学专业委员会理事等。在《社会》《社会学评论》等期刊上发表论文 60 余篇，出版学术著作、译著 10 余部，担任《金融与社会》（集刊）主编。

张长宇 第一创业证券股份有限公司党委书记、监事会主席；第一创业公益基金会理事长；曾在北京交通大学、北京市知识产权局、北京市人民政府法制办公室、北京国有资本运营管理有限公司等高校、政府、国有企业任职。多年来对政府政策制定与落地、企业投融资及经营管理有深入研究和丰富经验。近年来，着重在党建引领企业发展、金融向善助力慈善事业发展等方面有深入的理论思考和实践探索经验。

房　涛 中华慈善总会专家委员会委员，中国人民政治协商会议第七届深圳市委员会常委，深圳市第七届人民代表大会常务委员会社会建设工作委员会委员，深圳市新的社会阶层人士联合会常务副会长，深圳国际公益学院顾问导师，曾任深圳市慈善会执行副会长。作为现代慈善和有效公益的倡导者与践行者，在全国率先推动企业战略慈善、家族财富传承、慈善咨询等实践，推动多家金融机构创设公益金融实验室；参与主编《2014社会影响力投资在中国》《社会影响力金融研究报告（No. 1）》等；荣获“优秀中国特色社会主义事业建设者”等称号。

艾　云　中央财经大学社会与心理学院社会学系副教授，金融与财政社会学研究所所长；研究方向为金融化与国家治理、社会影响力金融等。2011年获北京大学社会学系博士学位，2008~2011年为斯坦福大学亚太研究中心访问学者，2011~2018年分别任中国社会科学院社会发展战略研究院博士后、助理研究员和副研究员；研究成果发表于《中国社会科学》、《社会》、《社会学评论》、*The China Quarterly*、*Research in the Sociology of Organizations*等。主持翻译《牛津金融社会学手册》，担任《金融与社会》（集刊）执行主编；主持国家社科基金青年项目1项、国家社科基金一般项目1项、国家社科基金重大项目（子课题）1项等。

胡晓燕　深圳市家族办公室促进会会长，中国建设银行深圳市分行私人银行部高级专家、中国建设银行私人银行产品中心主任，浙江大学管理学院管理科学与工程硕士，四川大学经济学院国民经济管理学学士，高级经济师、会计师、认证私人银行家（CPB）、注册财富规划师（CFP）。曾任中国建设银行深圳市分行私人银行部总经理，先后在企业、股份制商业银行、大型国有商业银行工作，熟悉银行运营，主导创建“善建益行”金融慈善服务体系；曾获深圳市金融创新奖、鹏城慈善典范项目奖等；熟悉各类投融资产品、生命周期资产规划、家族传承与管理，为多位企业家提供了财富传承与慈善规划服务。

曾亚琳　深圳市创新企业社会责任促进中心主任，广州民间金融研究院公益金融发展研究中心主任；致力于公益金融的研究、实践与人才培养，推动银行、信托、保险、基金、证券等在全国多地多业态的公益金融战略实践，起草《慈善组织保值增值投资活动指引》《金融慈善顾问》团体标准，并开展大量人才培养工作；担任《善经济——如何以企业社会责任制胜》副主编，发表《银行业务突围探索：社会影响力金融》《捐赠人建议基金（DAF）：服务高净值客户的新工具》《慈善与金融：探寻美国财富家族的慈善模式》《家族慈善信托，让公益更有力量》等文章。

摘　要

2023年10月，中央金融工作会议召开，会议强调“坚定不移走中国特色金融发展之路，加快建设中国特色现代金融体系，不断满足经济社会发展和人民群众日益增长的金融需求”。社会影响力金融是一种同时追求财务回报和社会价值的双目标金融活动，主要包括普惠信贷、普惠保险、社会影响力债券、社会影响力投资基金、公益理财产品、慈善信托等，正日益成为中国特色现代金融体系的有机组成部分。

《社会影响力金融研究报告（No.2）》是一部对我国社会影响力金融发展情况进行跟踪研究的蓝皮书。本书系统梳理了近年来特别是2021~2023年我国社会影响力金融的发展情况，分析了存在的问题和面临的挑战，并对未来发展趋势进行了研判，同时提出了相关对策建议，以推动社会各界共同关注并深入探索适应我国经济社会发展阶段的社会影响力金融。

本书主要分为总报告、分报告、专题篇、案例篇和国外借鉴篇五个部分。总报告界定了社会影响力金融的内涵和类型，从宏观层面分析了2021~2023年我国社会影响力金融的发展现状、面临的挑战与发展趋势，并提出了一系列政策建议。分报告分别以普惠信贷、普惠保险、社会影响力债券、社会影响力投资基金、公益理财产品、慈善信托为研究主题，在分析其发展现状、特点、存在问题和发展趋势的基础上，分别提出了相关建议。专题篇分析了金融社会工作促进居民金融素养提升的进展与趋势；从政策解读和典型案例分析两个层面展现了社会影响力金融在支持全面推进乡村振兴中的作用；分析了人工智能助力社会影响力金融发展的机制与实践。案例篇选取了广东省、浙江省两个地区，分别总结了这两个地区在社会影响力金融各个领域的创新实践。国外借鉴篇以全球影响力投资网络（GIIN）作为研究对象，在分析其工作内容、运作方式的基础上，对如何促进中国影响力投资行业发展提出了建议。

总之，在政府和市场的共同努力下，中国特色的社会影响力金融坚持以人民为中心的价值取向，为人口、经济和社会的高质量发展提供了有力支撑。随着数字中国建设、保障性住房建设、乡村振兴、城乡融合发展、共同富裕、碳达峰碳中和、积极应对人口老龄化、人口高质量发展等一系列工作的推进，以及越来越多的资本所有者和管理者践行财富向善的理念，社会影响力金融的发展空间越发广阔。不过，仍需进一步完善风险防范和差异化监管体系、提升各类主体参与的积极性、改善制度环境、完善行业基础设施。

关键词： 普惠金融　社会影响力投资　慈善金融

目　录

Ⅰ　总报告

Ⅱ　分报告

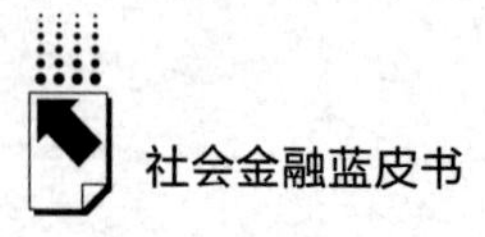

Ⅲ　专题篇

Ⅳ　案例篇

Ⅴ　国外借鉴篇

皮书数据库阅读**使用指南**

总报告

General Report

B.1

中国社会影响力金融：现状、趋势与建议

李国武*

摘　要： 社会影响力金融是一种同时追求财务回报和社会价值的双目标金融活动，主要包括普惠金融、社会影响力投资、慈善金融和绿色金融。当前在政府和市场的共同作用下，我国普惠金融发展取得显著成效，政府承担风险型社会影响力债券发行量稳步增长，慈善金融领域的创新不断涌现。中国特色的社会影响力金融坚持以人民为中心的价值取向，为人口、经济和社会的高质量发展提供了有力支撑。不过，其发展仍面临一系列挑战：普惠金融和地方政府专项债券的风险仍需重视、投资者和金融机构对社会影响力金融的关注度和参与度仍有待提高、促进社会影响力金融发展的制度环境仍不完善、影响力的衡量和管理

* 李国武，博士，中央财经大学社会与心理学院社会学系教授，研究方向为经济社会学、组织社会学、金融与社会。

仍未引起足够重视。未来需要进一步完善风险防范和差异化监管体系、提升各类主体参与的积极性、改善制度环境、完善行业基础设施。

关键词： 社会影响力金融　普惠金融　社会影响力投资　慈善金融　高质量发展

近年来，党和国家强调坚定不移走中国特色金融发展之路，构建中国特色现代金融体系。助力人口、经济和社会高质量发展的社会影响力金融正日益成为中国特色现代金融体系的有机组成部分。

2023 年 10 月 30 日至 31 日中央金融工作会议在北京举行，习近平总书记发表了重要讲话，首次系统阐述了中国特色金融发展之路的基本要义和中国特色现代金融体系的主要内涵，为新时代新征程推动金融高质量发展提供了根本遵循和行动指南。这次会议强调，“深刻把握金融工作的政治性、人民性，以加快建设金融强国为目标，以推进金融高质量发展为主题，以深化金融供给侧结构性改革为主线，以金融队伍的纯洁性、专业性、战斗力为重要支撑，以全面加强监管、防范化解风险为重点，坚持稳中求进工作总基调，统筹发展和安全，牢牢守住不发生系统性金融风险的底线，坚定不移走中国特色金融发展之路，加快建设中国特色现代金融体系，不断满足经济社会发展和人民群众日益增长的金融需求，不断开创新时代金融工作新局面”。①

高质量发展是全面建设社会主义现代化国家的首要任务，金融要为经济社会发展提供高质量服务。在全面建设社会主义现代化国家的新征程中，中国特色现代金融体系不仅要服务于经济高质量发展，更要服务于人口和社会

---

① 《中央金融工作会议在北京举行 习近平李强作重要讲话》，https：//www. gov. cn/yaowen/liebiao/202310/content_ 6912992. htm？device=app，最后访问日期：2023 年 11 月 25 日。

高质量发展，以更好满足实体经济和人民群众多样化的金融需求。不断满足经济社会发展和人民群众日益增长的金融需求，需要坚持深化金融供给侧结构性改革和优化资金供给结构，切实加强对重大战略、重点领域和薄弱环节的优质金融服务，努力健全为创造社会和环境价值的组织配置更多金融资源的机制。

在应对收入分配不平等和全球气候变化的重大挑战面前，一种主动追求积极社会和环境价值的金融类别——社会影响力金融——在全球范围内应运而生，而且近些年来在中国得到了广泛探索和长足发展。正如尼科尔斯和艾默生（2021：4）所言："社会影响力金融通过把社会和环境目标作为其资金配置策略的首要目标，对主流投资的外部性进行内化，它既是创造新的社会和环境价值的积极因素，又有纠正传统投资消极影响的作用。"在我国，社会影响力金融的用语虽然尚未正式出现在国家政策文本中，但现实情况是，越来越多的金融机构、企业家和慈善组织参与到社会影响力金融的创新实践之中。

本报告试图界定社会影响力金融的内涵和类型，梳理中国社会影响力金融近些年的发展状况和特征，分析其面临的挑战和发展趋势，进而提出相关建议与思考。

一　社会影响力金融概述

（一）社会影响力金融的内涵

社会影响力金融（Social Impact Finance），或简称社会金融（Social Finance），是一种同时追求财务回报和社会价值的资本配置活动。这种金融类别旨在为主动解决特定社会和环境问题的组织和活动配置资金，强调在主动创造可衡量的社会和环境效益的同时，实现正向的财务回报。社会影响力金融主要是为低收入群体和弱势群体的教育、医疗健康、就业创业、养老、住房改善和社区发展等提供金融产品和服务，它所追求的社会目标与2015

年9月25日联合国可持续发展峰会上通过的十七项可持续发展目标基本一致。

根据财务回报和社会价值两个目标，可构建一个金融类型谱系图（见图1），借助这个谱系图可在与其他金融类型的区分中理解社会影响力金融的含义。传统商业金融只追求市场水平的财务回报，不主动考虑社会价值目标。ESG（环境-社会-治理）金融虽然将环境、社会和公司治理方面的责任纳入投资考量，但它对社会价值追求的底线通常是投资组合避免产生负面影响及投资对象对ESG的风险管理得当，而且它追求尽可能高的财务回报。与ESG金融不同，社会影响力金融尝试用提供正向财务回报的市场化方案有效解决社会或环境问题，主动追求特定且有形的社会价值，且对财务回报的要求没有前者那么高。社会影响力金融也不同于金融机构先赚钱而后拿出一部分钱履行社会责任或做公益慈善的行为。传统公益慈善是以不计财务回报的拨款或捐赠来实现社会价值目标，而社会影响力金融则把正向的财务回报和社会价值追求同时纳入金融活动的目标函数。社会影响力金融与公益创投（Venture Philanthropy）在积极追求社会价值目标方面是相似的，但有些形式的公益创投是放弃对财务回报率甚至本金的要求的。

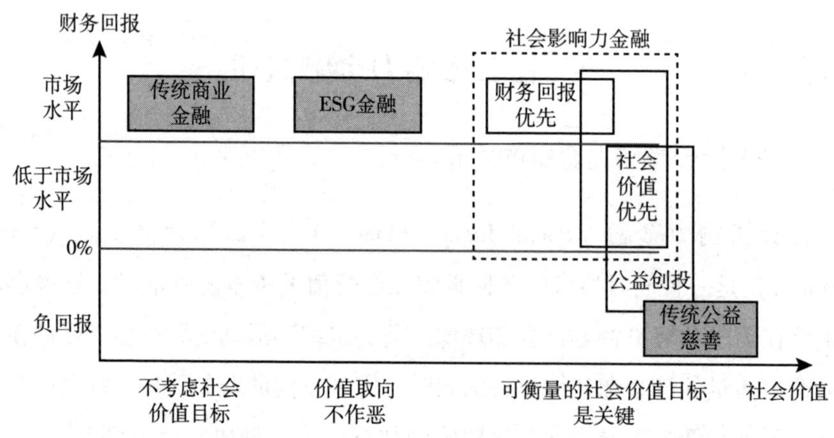

图1　双目标视角下的金融类型谱系

根据对财务回报和社会价值这两种回报的不同要求及对财务回报的让渡程度，可把社会影响力金融分为两类。一类是“财务回报优先”的社会影响力金融，行动者对所要获得的社会价值回报设置了底线，在底线之上最大化财务回报；另一类是“社会价值优先”的社会影响力金融，行动者对财务回报设置了底线，在底线之上最大化社会价值。

社会影响力金融是同时追求财务回报和社会价值的双目标金融活动。不过，社会价值目标和财务回报目标不一定在所有情形下都是互补性关系，即在提高社会价值目标的同时能提高财务回报，二者也有可能是替代性关系，即在提高社会价值目标时要放弃一定数量的财务回报。可以进一步从主观意图、财务回报、社会影响力衡量和金融工具四个方面来理解社会影响力金融。

首先，在主观意图或目标函数上，要主动且明确地把社会影响力作为目标。与考虑投资组合风险调整后的财务收益率的传统金融模型相比，社会影响力金融是一种考虑风险-回报-影响力的三维度模型。如果缺乏对特定社会影响力目标的锚定，则不能被称作社会影响力金融。在实践中，这种社会影响力目标往往被纳入金融组织的宗旨或者写入产品层面的金融合约。

其次，社会影响力金融并不放弃对财务回报的追求。不过，它既不像传统商业金融那样只追求高额的市场回报，也不像传统公益慈善那样只要社会影响力而不计财务回报。社会影响力金融的财务回报要求，视投资项目、资产类别、投资人的价值取向等因素而定，从高市场回报率到低市场回报率不一而足，但通常把至少收回本金作为财务回报的最低目标。

再次，在产出和结果上要对金融服务带来的社会影响力进行衡量、评估及管理。影响力是指投资和经营行为给社会福祉和自然环境带来的可衡量的、实质性的增量贡献。影响力衡量和管理的过程通常包括制定总体目标、明确战略、选择指标并设立对应目标以及管理影响力绩效四大基础步骤，并需要反复迭代。① 衡量和管理影响力的主要目的在于识别战略和业务层面的

① 《中国影响力衡量与管理（IMM）指南 1.0》，http：//www.ciin.com.cn/Public/Static/pdf/web/viewer.html? file=/Uploads/file/20230809/64d30d691600b.pdf，最后访问日期：2023 年 12 月 30 日。

影响力绩效与所设定的影响力目标的差距，以改进决策质量。社会影响力金融不仅要对特定人群的福祉改善提供某种金融支持或服务，还要评估这种支持或服务给个体、群体或社区带来的改变（比如个体收入的提高、群体辍学率的降低、社区凝聚力的增强）。社会影响力金融追求的社会价值目标并不是一种笼统的口头宣称或把现有活动简单地粉饰为影响力行为，而是要对其进行切实的衡量、评估和管理。影响力的衡量和管理是社会影响力金融健康发展的重要基础，尽管它并不像衡量和管理财务绩效那样容易。

最后，社会影响力金融的投融资工具是多样化的。除了拨款、捐赠、政府购买之外，还可以运用债权类、股权类、保险类、信托类、担保类等类型的金融工具实现社会影响力目标。因为不同类型的投资者往往具有不同的风险、收益以及社会影响力目标，所以在单个产品或项目的筹资中可考虑吸纳多种类型的投资者，形成结构化的融资安排。

（二）社会影响力金融的类型

广义的社会影响力金融包括普惠金融、社会影响力投资、慈善金融、绿色金融四大分支（见表1）。

表1　社会影响力金融的主要类型

类型	主要工具
普惠金融	普惠信贷;普惠保险;普惠理财
社会影响力投资	社会影响力债券;社会影响力投资基金
慈善金融	公益理财/资管产品;慈善信托;股权慈善;公益创投
绿色金融	绿色信贷;绿色债券;绿色股票指数和相关产品;绿色发展基金;绿色保险;碳金融

普惠金融是指立足机会平等要求和商业可持续原则，以可负担的成本为有金融服务需求的社会各阶层和群体提供适当、有效的金融服务，其主要目标是提高金融服务的覆盖率、可得性和满意度。[①] 小微企业、农民、城镇低

① 《国务院关于印发推进普惠金融发展规划（2016—2020年）的通知》，https：//www.gov.cn/zhengce/content/2016-01/15/content_10602.htm，最后访问日期：2023年11月25日。

收入人群、困难人群、残疾人、老年人等是当前我国普惠金融的重点服务对象。普惠金融主要包括普惠信贷、普惠保险和普惠理财等。

社会影响力投资是一种旨在产生积极、可测量的社会与环境影响，同时获得财务回报的投资方式。[①] 一般而言，影响力投资主要针对的是金字塔底端的低收入、边缘和弱势群体，以增进这些群体的民生福祉和促进社区发展。社会影响力投资旨在引导社会资本主动投资于社会服务领域，以市场化思维和商业化手段解决社会问题。近些年来，我国政府也出台了一系列政策，鼓励和引导社会资本投资乡村振兴、养老服务、医疗卫生、学前教育和职业教育等社会服务领域。社会影响力投资基金和社会影响力债券是社会影响力投资使用的主要金融工具。

慈善金融（或称公益金融）是指公益慈善资产在形成、管理及运用等全生命周期中涉及的各种金融活动（高皓，2022）。随着股权等非现金资产捐赠逐渐增多、慈善组织对资产保值增值越来越重视，以及社会投资和市场思维在公益慈善领域兴起，慈善与金融的关系越来越紧密，各种“慈善+金融”的创新不断涌现。慈善信托、公益理财/资管产品、股权慈善、公益创投等是慈善金融的主要表现形式。

绿色金融是指为支持环境改善、应对气候变化和资源节约高效利用的经济活动，即对环保、节能、清洁能源、绿色交通、绿色建筑等领域的项目投融资、项目运营、风险管理等所提供的金融服务。[②] 2016 年 8 月，中国人民银行等七部门联合发布了《关于构建绿色金融体系的指导意见》，为我国构建绿色金融体系提供了重要指引。绿色金融主要包括绿色信贷、绿色债券、绿色股票指数和相关产品、绿色发展基金、绿色保险、碳金融等金融工具。关于绿色金融国内已有专门的研究报告出版，故本报告重点聚焦于前三种社会影响力金融类型。

---

① “WHAT YOU NEED TO KNOW ABOUT IMPACT INVESTING”，https：//thegiin. org/impact-investing/need-to-know/#what-is-impact-investing，最后访问日期：2023 年 12 月 3 日。

②《关于构建绿色金融体系的指导意见》，https：//www. mee. gov. cn/gkml/hbb/gwy/201611/t20161124_ 368163. htm，最后访问日期：2023 年 11 月 25 日。

（三）社会影响力金融生态系统

社会影响力金融不仅是相关金融工具或产品的集合，而且是一个由资本供给方、金融中介、资本需求方、受益对象以及相关基础设施构成的生态系统（见图2）。这个生态系统中的各个主体、各个要素不可或缺、各司其职又相互协同，共同支撑和促进社会影响力金融的发展。

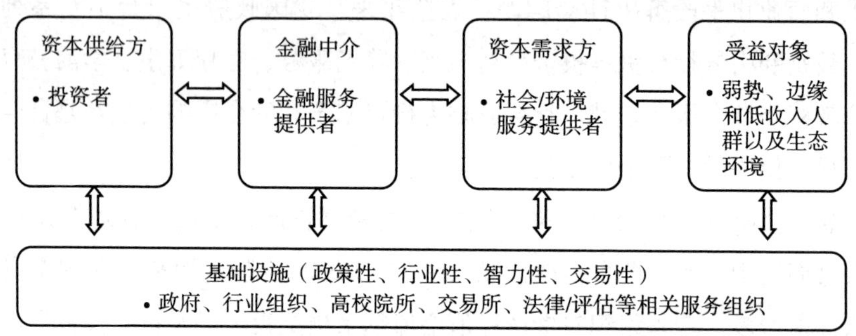

图2　社会影响力金融生态系统

从社会影响力金融的资本供给端看，政府、慈善组织（特别是慈善基金会）、企业、机构投资者、高净值人士甚至普通民众都可以参与其中，当然，这些不同的行动者对于社会价值和财务回报可能有不同的追求。政府和慈善组织因为具有更大的公共责任和社会使命通常会在社会影响力投资的融资中扮演引导者和催化者的角色。让更多的企业、机构投资者及高净值人士参与到社会影响力投资中来是整个事业的重点。普通民众也会以慈善捐赠、购买公益理财/资管产品的方式参与进来。

银行、保险公司、基金公司、证券公司、信托公司、担保公司等各类金融机构都可以成为社会影响力金融的中介服务提供者，它们通过一系列金融产品或服务为资本供给方与资本需求方创造投融资机会。任何一家商业性金融机构都可以成为兼顾影响力的金融机构，使其部分资产或产品包含影响力目标。金融机构的主动性和创新性对于社会影响力金融的发展至关重要。

资本需求方通常是社会/环境服务的提供者，在某些情况下也可能是直接受益人（比如普惠金融的需求者）。提供社会/环境服务的组织性质是多元的，既可能是非营利组织，也可能是社会企业（Social Enterprise）或共益企业（Benefit Corporation），甚至也包括追求特定社会影响力目标的营利性公司。社会企业或共益企业是通过商业手段来实现社会影响力目标的企业，挖掘潜在的社会需求并规模化解决，为社会服务欠缺的人群提供低成本产品和服务。这类企业不以利润最大化或股东收益最大化为目标，甚至不把利润全部用于股东分红。社会企业、共益企业是实现社会影响力目标的重要载体。社会影响力金融的受益对象主要为社会中的弱势、边缘和低收入群体，以及生态环境。

社会影响力金融的发展离不开政策性、行业性、智力性和交易性等软性基础设施的支撑。政府为社会影响力金融的发展创造法律和政策空间，行业组织主要发挥树立行业标准、组织行业交流、衡量和管理影响力等作用，高校院所主要开展学术研究、人才培养培训等，交易所、法律/评估等相关服务组织主要起到促进和便利交易的作用。

二　中国社会影响力金融发展现状

（一）普惠金融发展取得显著成效，构成社会影响力金融的主体部分

党和国家高度重视普惠金融的发展。2013 年，党的十八届三中全会首次明确提出发展普惠金融；2015 年，国务院印发了《推进普惠金融发展规划（2016—2020 年）》；2023 年，国务院又发布了《关于推进普惠金融高质量发展的实施意见》。“十年来，普惠金融发展取得了长足进步，普惠金融的理念逐渐深入人心，多层次普惠金融供给格局逐步确立，普惠金融产品服务持续优化，服务普惠金融的信用信息体系不断完善，支撑普惠金融发展的政策制度更加健全，在服务国家战略、地方发展和人民群众生产生活等方

面发挥了重要作用。"[①] 以普惠信贷和普惠保险为核心内容的普惠金融成为中国特色社会影响力金融的主要组成部分。

1. 支撑普惠金融发展的政策体系不断优化

国家从法律层面明确政府部门和市场机构促进中小微企业融资、服务乡村振兴等职责，颁布实施《融资担保公司监督管理条例》等行政法规。相关部门通过调整货币政策、财税政策、监管政策、产业政策等手段来引导普惠金融的发展。运用支农支小再贷款、再贴现、差别化存款准备金率、宏观审慎评估等政策工具，引导扩大普惠金融业务覆盖面。构建监管长效评价机制，实施商业银行小微企业金融服务监管评价和金融机构服务乡村振兴考核评估，并加强结果运用。

近年来，财政部出台了一系列政策引导激励金融机构加大服务小微企业力度，包括开展试点示范奖补激励和实施农村金融机构定向费用补贴政策。落实小微企业、个体工商户、农户等普惠金融重点服务群体贷款利息收入免征增值税政策；将适用个人所得税优惠政策的商业健康保险产品范围扩大至医疗保险、长期护理保险和疾病保险等商业健康保险主要险种；鼓励保险机构稳步开展小微企业融资性信保业务，对优质小微企业给予费率优惠。

2. 普惠信贷服务的覆盖面、可得性和满意度明显提高

近年来，普惠信贷服务的覆盖面逐步扩大。截至 2023 年，全国银行机构网点覆盖 97.9%的乡镇，基本实现乡乡有机构、村村有服务、家家有账户。[②] 当前，我国的普惠信贷主要由普惠型小微企业贷款、普惠型涉农贷款、脱贫人口小额信贷、公益性小额信贷等构成。小微企业、乡村振兴、巩固拓展脱贫攻坚成果等普惠信贷重点服务领域呈现出"增量、扩面"的态

---

① 《金融监管总局有关负责人就〈国务院关于推进普惠金融高质量发展的实施意见〉答记者问》，http://www.cbirc.gov.cn/cn/view/pages/ItemDetail.html?docId=1131227&itemId=915&generaltype=0，最后访问日期：2023 年 10 月 12 日。

② 《金融监管总局有关负责人就〈国务院关于推进普惠金融高质量发展的实施意见〉答记者问》，http://www.cbirc.gov.cn/cn/view/pages/ItemDetail.html?docId=1131227&itemId=915&generaltype=0，最后访问日期：2023 年 10 月 12 日。

势。截至 2023 年 6 月末，全国普惠型小微企业贷款有贷款余额客户数达 4115.12 万户，同比增长 11.8%。①

多层次的普惠信贷供给格局基本形成。大型商业银行、股份制商业银行、城市商业银行、农村金融机构②等各类银行业金融机构都参与到普惠信贷业务中来。大中型商业银行普遍设立了普惠金融事业部，地方法人银行着力服务当地小微企业、“三农”客户。截至 2023 年 6 月末，在银行业金融机构普惠型小微企业贷款余额中，大型商业银行和农村金融机构占比分别为 39.12%和 28.72%③，它们是普惠信贷的主力军。此外，还有中和农信、农村资金互助社等主体开展的体量较小的乡村普惠金融实践。

重点领域普惠信贷服务可得性持续提升。截至 2023 年 6 月末，普惠型小微企业贷款余额为 27.37 万亿元，近五年平均增速超 25%；普惠型涉农贷款余额为 12 万亿元，同比增长 21.03%，超过各项贷款平均增速 10.3 个百分点；脱贫人口小额信贷（原扶贫小额信贷）贷款余额为 1880 亿元，支持脱贫户和防止返贫监测对象 438 万户。④ 截至 2023 年 8 月，脱贫人口小额信贷累计发放 9600 多亿元，支持 2300 多万户次。⑤

小微企业等经营主体获取金融服务的成本更低。2023 年前 8 个月，全国新发放普惠型小微企业贷款平均利率为 4.8%，较 2017 年累计下降 3.1 个百分点。⑥ 脱贫人口小额信贷继续实行利率优惠、财政贴息的政策。金融科

---

① 《银行业保险业 2023 年上半年数据发布会》，http：//www.cbirc.gov.cn/cn/view/pages/ItemDetail.html? docId=1120084&itemId=920，最后访问日期：2023 年 9 月 30 日。

② 农村金融机构包括农村商业银行、农村信用社、农村合作银行和新型农村金融机构。

③ 《2023 年银行业金融机构普惠型小微企业贷款情况（季度）》，https：//www.cbirc.gov.cn/cn/view/pages/ItemDetail.html? docId=1109311&itemId=954&generaltype=0，最后访问日期：2023 年 12 月 30 日。

④ 《银行业保险业 2023 年上半年数据发布会》，http：//www.cbirc.gov.cn/cn/view/pages/ItemDetail.html? docId=1120084&itemId=920，最后访问日期：2023 年 11 月 21 日。

⑤ 《金融监管总局有关负责人就〈国务院关于推进普惠金融高质量发展的实施意见〉答记者问》，https：//www.cbirc.gov.cn/cn/view/pages/ItemDetail.html? docId = 1131227&itemId = 915&generaltype=0，最后访问日期：2023 年 11 月 21 日。

⑥ 《金融监管总局有关负责人就〈国务院关于推进普惠金融高质量发展的实施意见〉答记者问》，http：//www.cbirc.gov.cn/cn/view/pages/ItemDetail.html? docId = 1131227&itemId = 915&generaltype=0，最后访问日期：2023 年 10 月 12 日。

技的发展加快了各类业务的数字化转型，人民群众存款、取款、支付更方便、更快捷。

3. 覆盖更广、保障更多，保险“普惠”力度持续加大

保险服务不断向农村基层扩展，全国乡镇基本实现保险服务全覆盖。保险机构聚焦乡村振兴、健康养老、民生保障、小微企业等重点领域，提供具有普惠性质的保险产品和服务，更好地满足了广大人民群众和企业的风险保障需求。构建健康保险服务体系，2022 年，商业健康险理赔支付 3600 亿元，大病保险已覆盖 12.2 亿城乡居民，长期护理保险参保人数达到 1.70 亿人。① 农业保险已覆盖农林牧渔各领域，2023 年 1~8 月，覆盖农户 1.4 亿户次，提供风险保障 3.7 万亿元。② 为巩固脱贫攻坚成果，对脱贫农户的商业性农业保险和意外伤害保险继续实行财政补贴和费率优惠，有些地区还推出保费由财政和农户按比例承担的“防贫保”综合保险方案。2022 年，保险业持续创新产品供给，潜心打造新市民综合金融服务方案③，为新市民提供专属风险保障超过 6.8 亿人次；积极开发非标体保险产品，扩大惠民保险项目覆盖范围，让优质保险服务惠及更多人群，为 60 岁以上老人提供人身保险产品数量 6500 余个；稳步加大对小微企业的支持力度，丰富普惠保险产品和服务，为小微企业提供风险保障 892.6 万户次，助力小微企业健康发展。④

依据发起主体与运营模式的不同，我国目前的普惠保险可分为政策性普惠保险、商业性普惠保险、公益性普惠保险、互助性普惠保险四类，这四类普惠保险既各自独立积极发展，也呈现融合发展的趋势。

---

① 《中国保险行业协会发布〈2022 中国保险业社会责任报告〉》，http://wap.iachina.cn/art/2023/9/1/art_22_107128.html，最后访问日期：2023 年 12 月 7 日。

② 《金融监管总局有关负责人就〈国务院关于推进普惠金融高质量发展的实施意见〉答记者问》，http://www.cbirc.gov.cn/cn/view/pages/ItemDetail.html?docId=1131227&itemId=915&generaltype=0，最后访问日期：2023 年 10 月 12 日。

③ 2021 年 12 月，人社部、财政部、国家税务总局等十部门联合印发《关于开展新就业形态就业人员职业伤害保障试点工作的通知》，试点工作于 2022 年 7 月起在北京、上海、江苏、广东、海南、重庆、四川 7 省市启动，选取出行、即时配送、外卖、同城货运行业部分较大平台企业就业的骑手、司机等群体人员开展试点。

④ 《中国保险行业协会发布〈2022 中国保险业社会责任报告〉》，http://wap.iachina.cn/art/2023/9/1/art_22_107128.html，最后访问日期：2023 年 12 月 7 日。

城市定制型商业医疗保险（也称“惠民保”）发展迅速，成为普惠保险中的主力险种。惠民保定位于为已有基本医保的人群提供基本医保无法报销的大额医疗费用保障，参保人在基本医保结算后可获得保险赔付，是一种普惠性补充医疗保险。自 2015 年出现后，在地方政府的支持和保险公司的热推之下，以商业化模式运作，凭借保费低、门槛低、保额高等普惠性特点迅速发展。2022 年，惠民保进一步扩大覆盖面，从一、二线城市向三、四线城市拓展，多地惠民保进入了全面续保阶段。据南开大学卫生经济与医疗保障研究中心和圆心惠保于 2023 年 3 月发布的《惠民保发展模式研究报告》，截至 2022 年末，全国各地共推出 246 款惠民保产品，覆盖 29 个省份的 150 多个地区，总参保人次达到 2.98 亿，累计保费规模达到 320 亿元。[①] 根据中再寿险于 2023 年 6 月发布的《惠民保的内涵、现状及可持续发展》报告，2021~2022 年惠民保的产品设计呈现出这样几个特点：承保人群方面，既往症可保可赔，差异化待遇成主流，既往症认定方式显著影响精算定价和后端赔付；责任结构方面，责任结构大而全成为主流，特药责任作为普遍责任纳入惠民保，CAR-T[②] 等特定责任逐渐扩面；待遇水平方面，免赔额和赔付比例均呈降低趋势。[③]

长期护理保险试点探索取得明显成效。探索建立长期护理保险制度，是党中央、国务院为应对人口老龄化、健全社会保障体系做出的一项重要部署。这项制度自 2016 年起在 15 个城市试点，2020 年将试点扩大到 49 个城市。长期护理保险试点参保对象限定为基本医疗保险的参保人员；保障范围限定为重度失能人员，优先保障符合条件的重度残疾人、失能老年人；资金筹集按照每人每年 90~120 元的标准，由个人和用人单位（或医保统筹基

---

① 《南开大学与圆心惠保达成产学研合作 重磅发布〈惠民保发展模式研究报告〉》，http：//www. cbimc. cn/content/2023-03/29/content_ 480403. html，最后访问日期：2023 年 12 月 7 日。

② 嵌合抗原受体 T 细胞免疫疗法。

③ 《中再寿险发布〈惠民保的内涵、现状及可持续发展〉报告》，http：//www. xinhuanet. com/money/20230626/cf38189033af412aae223aa06eff64d5/c. html，最后访问日期：2023 年 12 月 7 日。

金）同比例分担。近些年来，各试点地区在制度框架、政策标准、运行机制、管理办法等方面进行了有益探索，取得明显成效，保障人数迅速增加。根据《2022 年全国医疗保障事业发展统计公报》，截至 2022 年底，长期护理保险参保人数达到 1.70 亿人，有 120.8 万人享受保险待遇。

公益保险的规模虽小但值得关注。公益保险可分为两个子类，即保险公司直接对受益人进行保险捐赠和公益组织筹集资金购买保险产品捐赠给特定人群。近些年，在应对抢险救灾、突发公共卫生事件等过程中，有些保险公司会主动为救援队员、消防官兵、医务工作者等免费提供意外伤害保险或意外医疗保险。“顶梁柱健康扶贫公益保险项目”和“康乃馨女性健康关爱计划”是后一子类的典型案例。顶梁柱健康扶贫公益保险项目由中国乡村发展基金会（原中国扶贫基金会）、阿里巴巴公益、支付宝公益及蚂蚁集团蚂蚁保平台联合推出，于 2017 年正式启动。该项目以贫困家庭主要劳动力为受益主体，为 18~60 周岁建档立卡贫困户提供专属公益保险。截至 2022 年 11 月底，该项目已惠及全国 12 个省份的 100 个县（区、市），累计动员近 81 亿人次参与捐款，累计募集资金近 3.9 亿元，共计为近 1435 万低收入人口提供健康保障，累计赔付近 22.07 万人次，累计理赔金额约 3.3 亿元。①浙江省妇女儿童基金会 2017 年发起了“康乃馨女性健康关爱计划”，实施五年来已投保 46 万人次，494 名患病妇女获得理赔，理赔金额累计 3234.1 万元，赔付率约为 99.02%（未满期赔付数据）。②

相互保险处于初步发展阶段，截至 2023 年总体规模仍很小。相互保险是一种会员制的互助合作的保险形式，2015 年中国保监会印发了《相互保险组织监管试行办法》。目前，中国只有众惠财产相互保险社、信美人寿相互保险社、汇友财产相互保险社、阳光农业相互保险公司、中国渔业互助保

① 《“聚焦欠发达地区发展，助推乡村全面振兴”，顶梁柱健康公益保险项目 5 周年项目成果发布》，http：//www.cfpa.org.cn/news/news_ detail.aspx? articleid = 3369，最后访问日期：2023 年 12 月 8 日。

② 浙江省妇女儿童基金会官网，https：//www.zjwcf.org.cn/? action = public financing-detail&id = 164540105200000001，最后访问日期：2023 年 12 月 3 日。

险社等五家相互保险组织，都还处于初步发展阶段。2022 年这五家相互保险组织的总体保费规模仅占整个保险市场的 0.23%。①

（二）社会影响力债券以政府承担风险型为主，社会影响力投资仍处于起步阶段

社会影响力投资主要以债券或基金的方式募集资金，然后再投向特定社会或环境领域的组织或项目，试图在产生积极的社会或环境影响的同时，实现一定的正向财务回报。影响力投资在我国仍处于倡导和起步阶段，虽然影响力投资的理念逐步得到更多关注，但尚未得到政府部门的大力推广，商业资管和投资机构也未广泛参与。总体而言，当前我国以影响力投资为主营业务的机构数量仍较少，总体资金规模也较为有限，政府和慈善基金会是投资主体。社会影响力债券以政府公开发行并承担风险的专项债券为主，市场承担风险型，特别是为成功而付费的社会影响力债券仍相对较少。

1. 中国特色社会影响力债券发行量稳步增长

虽然目前在中国市场上尚未有以社会影响力命名的债券类型，但从投向领域来看，一些专项债券具有明显的社会影响力取向，实质上就是中国特色的社会影响力债券。由于现行政策法规的限制，地方政府向社会资本定向发行的、基于结果付费的社会影响力债券在我国还没有真正意义的实践。不过，由相关主体发行的、具有中国特色的社会影响力债券不断被应用于乡村振兴、社会事业、保障性安居工程、生态环保等领域的项目，收到了较好的社会和环境效益。目前在中国的债券市场上可被归为社会影响力债券的主要有投向某些领域的地方政府专项债券、乡村振兴债券、社会领域产业专项债券，以及社会责任债券和可持续发展债券等。

地方政府专项债券发行量稳步增长。2015 年 4 月，财政部发布《地方政府专项债券发行管理暂行办法》（财库〔2015〕83 号），明确了地方政府专项债券的发行流程及管理办法，自此地方政府专项债券成为法定的重要债务融

① 根据各相互保险组织年报数据计算。

资工具之一。地方政府专项债券是指省级政府为有一定收益的公益性项目发行的、以公益性项目对应的政府性基金收入或专项收入作为还本付息资金来源的政府债券。截至 2023 年，我国地方政府专项债券涵盖交通基础设施、能源、农林水利、生态环保、社会事业、城乡冷链物流设施（含粮食仓储物流设施）、市政和产业园区基础设施、国家重大战略项目、保障性安居工程、新型基础设施建设等十大投向领域，本报告把投向生态环保、社会事业、保障性安居工程领域的界定为社会影响力债券。2022 年，新增地方政府专项债券达到了 4.04 万亿元，同比增长 12.67%；其中生态环保、社会事业、保障性安居工程三大领域的新增地方政府专项债券为 1.52 万亿元，占比 37.6%。[①]

乡村振兴债券迅速发展。为了保障乡村振兴战略的实施，2017 年以来国家出台了很多政策文件鼓励扩大农业农村领域债券发行规模，出现了多种类型的乡村振兴债券，具体包括乡村振兴地方政府专项债券、农村产业融合发展专项债券、乡村振兴票据、“三农”专项金融债等。根据 Wind 数据库数据，2022 年，新增乡村振兴地方政府专项债券 216 只，新增发行额 14728.32 亿元。根据中国货币网数据，2021 年和 2022 年，农村产业融合发展专项债券一共发行 14 只，合计融资 92.2 亿元。据中国银行间市场交易商协会统计，截至 2023 年 2 月末，共有 131 家企业发行乡村振兴票据 1500 多亿元。根据 Wind 数据库数据，2023 年，商业银行发行“三农”专项金融债共 592 亿元。

社会领域产业专项债券发行规模较小。2017 年 8 月，国家发展和改革委员会办公厅印发了《社会领域产业专项债券发行指引》。社会领域产业专项债券是指，由市场化运营的公司法人主体发行（公立医疗卫生机构、公立学校等公益性质主体除外），募集资金主要用于社会领域（医疗、养老、教育、文化、体育等）产业经营性项目建设，或者其他经营性领域配套社会领域产业相关设施建设的企业债券。根据 Wind 数据库数据，2021 年和 2022 年，地方政府通过国有企业发行的社会领域产业专项债券分别为 9 只

① 相关数据引自本书艾云、孙松源《中国社会影响力债券发展现状与趋势分析》。

和 12 只，发行额分别为 94 亿元和 93.2 亿元。

社会责任债券和可持续发展债券处于初步探索阶段。中国银行间市场交易商协会于 2021 年 11 月发布《关于试点开展社会责任债券和可持续发展债券业务的问答》，在试点阶段，外国政府类机构、国际开发机构、境外非金融企业可以经协会注册发行社会责任债券和可持续发展债券。募集资金用于社会责任和绿色项目，涵盖绿色环保、传染病防治、普惠养老托育、残障设施、乡村振兴、公平医疗教育等诸多领域。2021 年 11 月 18 日，远东宏信有限公司在中国银行间市场发行了首单可持续发展债券，总额为 1.5 亿元人民币。① 2022 年 12 月 28 日，中国圣牧有机奶业有限公司②完成全国首单社会责任债券发行，额度为 1 亿元人民币。③ 2022 年 10 月 26 日，海尔融资租赁发行了首单境外社会责任债券，总额为 2 亿美元。④

2. 以影响力投资为主营业务的组织数量仍较少

自 2007 年影响力投资作为一种投资模式首次由洛克菲勒基金会提出以来，全球影响力投资的市场规模快速增长，越来越多的资金进入这个市场，且越来越多的企业和组织参与其中。影响力投资在发达国家比在新兴市场明显更受关注。这与经济社会发展到一定阶段人们更多地追求社会价值的认知是相符的；同时，也与政府的推动有关。⑤ 随着中国经济转向高质量发展阶段及共同富裕的推进，ESG 投资和影响力投资的理念在中国不断传播。2022 年 1 月，沪深交易所修订股票上市规则，新增了对上市公司社会责任报告披露范围的要求；2022 年 4 月，证监会发布《上市公司投资者关系管理工作

① 《首单可持续发展债券落地——引导金融资源助力企业转型》，http://www.xinhuanet.com/money/20211119/df193fda166240c3b7f2c93d409e4759/c.html，最后访问日期：2023 年 12 月 30 日。

② 中国圣牧有机奶业有限公司于开曼群岛注册，并在中国香港发行股票和上市，属于境外非金融企业。

③ 《中国圣牧有机奶业有限公司 2022 年度第一期超短期融资券（社会责任债券）募集说明书》，https://pdf.dfcfw.com/pdf/H2_AN202212221581295657_1.pdf，最后访问日期：2023 年 12 月 30 日。

④ 《海尔融资租赁发行 2 亿美元国内首单非银机构社会责任债券》，https://company.cnstock.com/company/scp_gsxw/202210/4972535.htm，最后访问日期：2023 年 12 月 30 日。

⑤ 《资本的血液——中国影响力投资报告 2022》，https://img.cbnri.org/files/2023/03/638156992595300000.pdf，最后访问日期：2023 年 12 月 30 日。

指引》，提出将上市公司的 ESG 信息纳入与投资者的沟通内容；2022 年 5 月，国资委发布《提高央企控股上市公司质量工作方案》，要求央企控股上市公司 2023 年前争取实现 ESG 专项报告披露的全覆盖；2023 年 7 月，国务院国资委办公厅发布《关于转发〈央企控股上市公司 ESG 专项报告编制研究〉的通知》，提供了首套完整的 ESG 信息披露指标参考，必将推动和规范央企控股上市公司 ESG 信息披露工作。

国内的影响力投资最早出现在 2002 年前后，2008 年之后逐步增多，但总体而言以影响力投资为主营业务的组织还是比较少的。据不完全统计，2017~2022 年，中国社会影响力投资机构数量从 36 家增长至 51 家，年均增长率为 7.21%。[①] 参与影响力投资的机构类型主要有慈善基金会、政府机构或国有企业、商业投资公司。参与影响力投资的慈善基金会的代表有南都公益基金会、北京乐平公益基金会等。参与影响力投资的商业投资公司的代表有上海禹闳投资管理有限公司、国投基业股权投资（深圳）有限公司等。政府机构或国有企业参与的影响力投资基金主要集中在乡村振兴领域。据统计，截至 2022 年底，全国范围内的乡村振兴基金累计设立数量为 192 只，总计管理规模为 1239.82 亿元，在结构上以政府投资为主。[②] 当然，很多影响力投资基金的资金并不是单一来源的资金，而是多种来源资金的混合，比如国有资本和社会资本的混合、慈善资本和商业资本的混合等。目前我国社会影响力投资主要分布在环境与能源、教育与培训、健康与医疗、食品与农业、科技创新等领域。

另外，值得一提的是公开募集不动产投资信托基金（以下简称“公募 REITs”）已在我国被应用于保障性租赁住房领域，为保障性租赁住房建设运营增添了一种新型投融资工具，有助于扩大保障性租赁住房供给。截至

① 由于缺乏及时可靠的数据和连续性的年度报告，所以尚难以准确给出我国影响力投资的机构数量和资金规模。

② 《〈2022 年乡村振兴基金绿皮书〉重磅发布》，https：//weibo.com/ttarticle/p/show？id=2309404856752582820094，最后访问日期：2023 年 12 月 20 日。

2023 年底，共有 5 只保障性租赁房 REITs 发售，总计发行规模为 80.56 亿元[①]，分别为华夏基金华润有巢 REIT、华夏北京保障房 REIT、中金厦门安居 REIT、红土创新深圳人才安居 REIT、国泰君安城投宽庭保租房 REIT。

3. 社会影响力投资生态系统不断完善

虽然当前我国影响力投资的规模仍较小，但逐步得到越来越多的慈善基金会、地方政府和投资机构的关注，支撑影响力投资发展的行业基础设施和生态系统不断完善。

2014 年 9 月，17 家支持社会企业和影响力投资发展的基金会、公益创投机构和社会企业研究机构共同发起成立了中国社会企业与影响力投资论坛（以下简称“社企论坛”）。2018 年 5 月，社企论坛正式注册为北京市级民办非企业单位北京社启社会组织建设促进中心。[②] 2022 年 4 月，依托于社企论坛的中国影响力投资网络（China Impact Investing Network，CIIN）正式成立，网络成员为实践影响力投资的各类资产所有者和管理者。CIIN 的主要工作内容有组织行业研究、梳理案例、培训赋能、树立行业标准、搭建行业基础设施、促进国内外行业交流等，致力于提升行业效率，扩大行业规模，打造健康的中国影响力投资生态系统。2023 年 7 月，CIIN 发布了《中国影响力衡量与管理（IMM）指南 1.0》（以下简称《指南》）。[③]《指南》包含 IMM 原则和流程指南以及八组国内投资机构及其被投企业的 IMM 优秀实践案例，为一级市场投资者提供了一套适合中国国情、实用性高的影响力衡量和管理的框架标准与实践参照。

一些地方政府也积极推动社会企业和社会影响力金融的发展。2017 年 12 月，深圳市福田区政府出台了国内首个《关于打造社会影响力投资高地的意见》，并设立 3000 万元专项资金，致力于推动社会影响力投资生态体系的发展。2023 年 12 月，深圳市地方金融监督管理局又发布了《关于推动深圳社会

① 笔者根据公开信息（唐韶葵，2024）计算。

② 《关于我们》，中国社会企业与影响力投资论坛官网，http：//www.cseiif.cn/category/82，最后访问日期：2023 年 12 月 27 日。

③ 《指南导读丨一文速览〈中国影响力衡量与管理（IMM）指南 1.0〉》，http：//www.ciin.com.cn/content/578，最后访问日期：2023 年 12 月 20 日。

金融发展的意见》，主要目标包括构建社会金融发展框架、增强社会金融产品落地能力、培育高水平社会金融人才队伍、提升社会金融项目融资水平。

2015 年佛山市顺德区率先破冰认证发展社会企业，此后，深圳市福田区、成都市以及北京市等纷纷推出支持政策，有力地促进了社会企业的发展。成都市 2018 年出台了《关于培育社会企业促进社区发展治理的意见》，北京市 2022 年出台了《关于促进社会企业发展的意见》。2022 年 7 月，天府（四川）联合股权交易中心“社会企业板”正式开板，这是将社会企业发展与多层次资本市场对接的创新探索，开创了中国特色的“社会企业+金融”融合发展的路径，截至 2022 年末共有 27 家挂牌企业。①

（三）慈善与金融的结合日趋紧密，慈善金融领域的创新不断涌现

1. 慈善信托备案数量持续快速增长

自 2016 年 9 月《慈善法》施行以来，慈善信托备案的数量持续快速增长。慈善信托的年度备案数量在 2020 年首次超过了 200 单，在 2022 年达到了历史新高的 409 单。截至 2023 年 7 月 31 日，慈善信托的备案数量已经达到 1391 单，备案财产规模达到 60. 39 亿元。②

从财产规模看，截至 2023 年 7 月底，慈善信托备案的平均财产规模为 434. 17 万元，中位数为 40 万元，63. 05%的慈善信托财产规模在 100 万元以下，呈现出明显的小额化特征。

从地域分布看，截至 2023 年 7 月底，我国共有 28 个省（自治区、直辖市）有慈善信托备案记录。不过，慈善信托的备案数量和财产规模的地区差距非常明显，浙江、北京、广东、甘肃四省（直辖市）的备案数量占了 60%，财产规模占了 71%。广东、江苏、浙江等省份作为慈善信托改革发展

① “所属板块—挂牌企业—社会企业板”，天府（四川）联合股权交易中心，https：//www. tfse. com. cn/listing/listing - enterprise - exclusive/industry/0/capital/0/listing/1061/type/0/page/1/，最后访问日期：2023 年 12 月28 日。

② 本小节关于慈善信托的统计信息引自本书刘钊、肖雅倩、林士琪《中国慈善信托发展现状与趋势分析》。

的高地，也较早地发布了地方性慈善信托管理条例，并将慈善信托事业的发展纳入地方民政事业发展的长期规划中。

从设立目的看，虽然呈现多样化趋势，但以教育、扶贫济困和乡村振兴为主，截至 2023 年 7 月底分别占 34.80%、30.05%、11.22%。从存续期限来看，以五年及以下和无固定期限为主，分别占总备案数量的 38.39%和 34.87%。从委托人属性来看，类别较为丰富，有社会团体、企业、基金会、自然人等。从受托人属性来看，以单一信托公司为受托人的占 75.84%。

2. 金融机构推出公益理财/资管产品的活跃度提升

公益理财/资管产品将公益属性融入金融产品之中，个体投资者或金融机构在初次分配环节放弃部分投资收益，用于公益慈善事业，实现特定的社会影响力目标。自 2008 年国内出现首款公益理财产品——“建行财富·爱心公益类”人民币理财产品以来，越来越多的商业银行、理财公司、证券公司、基金公司、信托公司等金融机构推出公益理财或资管产品。截至 2023 年 12 月，全国公开发行的公益理财产品累计数量超过 644 只。其中，2021 年 1 月至 2023 年 12 月新发行的公益理财产品数量为 67 只。[①]

由于公益理财/资管产品仍处于初期发展阶段，多数机构以探索尝试为主推出单只产品，且产品相对独立，一般未形成规模化、持续化的品牌影响力。不过，也有部分金融机构积极布局，打造专属公益理财品牌。例如，中国建设银行深圳市分行于 2018~2021 年连续发行了 22 期“乾元—爱心捐赠”系列公益理财产品，总募集金额达 89 亿元，累计捐赠金额达到 703 万元。在公益理财创新基础上，中国建设银行深圳市分行又于 2020 年与合作机构创新推出了“善建系列”公益私募资管产品，截至 2023 年 6 月，共发行了 25 期，实现捐赠金额 1500 多万元。

3. 股权慈善的探索实践逐渐增多

股权慈善是金融与慈善事业的创新融合，近些年来股权慈善的探索实践

① 本小节关于慈善信托的统计信息引自本书范箫笛《中国公益理财产品发展现状与趋势分析》。

在我国逐渐增多。股权慈善是以股权为主要媒介，从事专业慈善活动，其实践类型主要有股权捐赠、股权慈善信托、慈善资产的股权投资（中国慈善联合会慈善信托委员会，2023）。股权慈善实践的增多，是因为改革开放40多年，我国造就了一批成功的民营企业和高净值人士，目前到了富裕人士规划财富传承的阶段；有利于股权慈善的制度环境逐步形成。2009年10月，财政部发布了《关于企业公益性捐赠股权有关财务问题的通知》，规定企业可以把持有的股权用于公益性捐赠，这标志着我国股权捐赠形式的合法化。2016年4月，财政部和国家税务总局发布了《关于公益股权捐赠企业所得税政策问题的通知》，明确企业股权捐赠行为应视同转让行为，股权转让收入额以企业取得股权时的历史成本确定，股权捐赠获得公益税前扣除政策取得突破。2018年10月，民政部发布了《慈善组织保值增值投资活动管理暂行办法》，规定了慈善组织可以通过发起设立、并购、参股等方式直接进行股权投资，被投资方的经营范围应当与慈善组织的宗旨和业务范围相关，投资所取得的收益全部用于慈善目的。2019年12月，财政部和国家税务总局发布了《关于公益慈善事业捐赠个人所得税政策的公告》，明确了个人捐赠股权的，按照个人持有股权原值确定公益捐赠支出额度，在计算应纳税所得额时予以扣除。

据公开报道可发现，股权捐赠已成为企业家致力于慈善事业的一种选择，这方面的案例逐渐增多。捐赠人大多选择将股权捐赠给公司、个人或家族成立的慈善基金会，也有少量捐赠人选择更广泛的受赠人。

2011年5月，曹德旺夫妇将其所持的福耀玻璃股份有限公司3亿股股票捐赠给河仁慈善基金会，此项捐赠被誉为“中国股权第一捐”。2020年7月，黄峥与创始团队捐赠拼多多1.13亿股普通股（约占公司总股数的2.37%）成立繁星慈善基金。2021年6月，王兴将5731.9万股美团A类股转为B类股捐赠给王兴基金会（约为其个人在美团持股量的10%）。2021年7月，雷军捐赠约6.16亿股小米B类股（约为其个人在小米持股量的9%），其中小米基金会有限公司3.08亿股，雷军基金会有限公司3.08亿股。2021年12月，丁世忠及其家庭成员通过安踏国际以无对价方式转让

8450 万股普通股股份给和敏控股有限公司，成立和敏基金会。2022 年 2 月，刘强东向第三方基金会捐赠京东集团 6238 万股 B 类普通股（约为其个人在京东持股量的 15%）。[①] 2023 年以来，韦尔股份、迎驾贡酒、骄成超声、金石资源、概伦电子、用友网络、华熙生物、天佑德酒等公司宣布了大股东捐赠股份的消息，其中有多家公司将股份捐给了大学等机构旗下的教育基金会（见表 2）。

表 2　2023 年上市公司股份捐赠概况

单位：万股，亿元

证券简称	捐赠者	捐赠对象	捐赠股份数量	股份总价值
韦尔股份	绍兴市韦豪股权投资基金合伙企业	宁波东方理工大学教育基金会	1000	10.52
韦尔股份	绍兴市韦豪股权投资基金合伙企业	宁波市虞仁荣教育基金会	1000	10.52
迎驾贡酒	安徽迎驾集团股份有限公司	安徽六安市迎驾慈善基金会	1950	12.89
骄成超声	周宏建	上海交通大学教育发展基金会	30	0.24
华熙生物	赵燕	山东大学教育基金会	481.68	3.21
概伦电子	刘志宏	华南理工大学教育发展基金会	178	0.47
概伦电子	杨廉峰	东南大学教育基金会	121	0.35
用友网络	王文京	江西财经大学教育发展基金会	619.57	1
天佑德酒	清海天佑德科技投资管理集团有限公司	北京大学教育基金会	692.52	1
金石资源	王锦华	杭州市西湖教育基金会	601.51	2

注：表中有的捐赠者是以股份数量宣布捐赠额的，其捐赠的现金价值根据发布捐赠公告时的股价折算；有的捐赠者是以股票市场价值宣布捐赠额的，其捐赠的股份数量根据发布捐赠公告时的股价折算。

资料来源：根据相关上市公司公告和网络公开报道整理。

① 以上案例参考了高皓（2022）文章中的表 1。

由于现行相关政策的限制，我国股权慈善信托发展较为缓慢，远远低于股权捐赠的数量和规模。据公开报道信息，目前只有三个股权慈善信托的案例。2017 年 4 月，委托人（某自然人）用其持有的 1 万股上海承泰信息科技股份有限公司（非上市公司）股权设立“国投泰康信托 2017 年真爱梦想 2 号教育慈善信托”，系我国首单股权慈善信托。2018 年 6 月，鲁伟鼎先生以其持有的万向三农集团有限公司 100%股权设立“鲁冠球三农扶志基金慈善信托”，系全国目前资产规模最大的永久存续的股权慈善信托。另外，2017 年 7 月，美的集团实际控制人何享健承诺通过美的控股有限公司捐赠所持美的集团（上市公司）股票 1 亿股，设立一个永续的慈善信托“和的慈善信托”，慈善信托财产及收益将全部用于支持公益慈善事业的发展。但由于股权尚无法通过非交易方式过户等，该慈善信托计划尚未正式落地。为了保证切实履行捐赠承诺，美的控股有限公司从 2018 年起将已宣布捐赠的 1 亿股美的集团股权的收益分红独立核算，并直接捐赠至和的慈善基金会。2018～2023 年，和的慈善信托（计划）累计收益分红 9.9 亿元。[①]

近年来，虽然慈善组织投资意识逐渐增强，资产保值增值能力有所提升，但参与投资的组织数量仍较少，且投资资产规模较小，投资收入占总收入比例较低。截至 2022 年底，全国基金会数量约 9300 家，净资产规模为 2500 亿元左右。《中国基金会发展独立研究报告（2020）》显示，2020 年，全国基金会投资收入为 68.1 亿元，投资收入占总收入的比例为 5.7%；2020 年，仅有 1762 家基金会参与投资理财，占基金会总数的 26%。[②] 根据中国慈善联合会慈善信托委员会（2023）的研究，截至 2019 年底，我国只有 381 家慈善组织开展股权投资，占全部慈善组织数量的 5.08%。总体而言，东部地区比中西部地区的慈善组织更可能开展股权投

① 《和的慈善信托（计划）2022 年度分红 2.5 亿元如期分配》，https://mp.weixin.qq.com/s/HOuq29P6JUZwGpgNi1UntA，最后访问日期：2023 年 12 月 28 日。

② 《中国基金会发展独立研究报告（2020）》，http://www.foundationcenter.org.cn/report/content?cid=20220224170335，最后访问日期：2023 年 12 月 29 日。

资；民政部和省级注册的慈善组织相比于市级、县级注册的更可能开展股权投资；非公募基金会比公募基金会更可能开展股权投资。这些情况表明，慈善组织的资金规模、人员能力、所在地区的投资环境对于其参与股权投资活动具有重要影响。

三　中国社会影响力金融面临的挑战

（一）普惠金融和地方政府专项债券的风险仍需重视

虽然社会影响力金融在追求社会价值时可以让渡一定的财务回报，但这并不意味着置可持续经营风险于不顾。当前我国的普惠信贷、普惠保险和地方政府专项债券等领域都存在不同程度的风险。

首先，监管部门通过刚性行政命令推动银行加大普惠信贷投放力度、定向降息的做法并不是金融扶持小微企业发展的长久之策。自 2018 年 3 月中国银监会对小微企业贷款提出“两增两控”[①] 的目标要求以来，我国的普惠贷款持续量增价降，成绩显著。不过，也要警惕增量降费式普惠信贷政策的潜在风险，比如不良贷款率的上升、大银行业务下沉对中小银行生存空间的挤压、对信贷产品市场化定价的偏离、利用经营贷与房贷之间的利差进行非正常套利等。

其次，城市定制型商业医疗保险和长期护理保险等普惠保险产品尚未形成成熟的运营机制，面临可持续发展的挑战。根据《2023 年城市定制型商业医疗保险（惠民保）知识图谱》数据，截至 2023 年 11 月 15 日，各省（自治区、直辖市）推出的 284 款惠民保产品（不包含迭代产品）中有 73

① “两增”即单户授信总额 1000 万元以下（含）的小微企业贷款同比增速不低于各项贷款同比增速，贷款户数不低于上年同期水平；“两控”是指合理控制小微企业贷款资产质量水平和贷款综合成本，力争将普惠型小微企业贷款不良率控制在不高于各项贷款不良率 3 个百分点以内，继续将普惠型小微企业贷款利率保持在合理水平。

款停止运营。[①] 25.7%的产品停止运营说明逆向选择导致的市场萎缩仍是惠民保面临的一大威胁。惠民保产品普遍不分年龄、不限健康状况，收取统一费率和提供均一的赔付比例，这会导致低风险的年轻、健康群体退出投保，而存留的主要是高龄人群和既往症人群，从而使整体赔付率越来越高，威胁到产品的存续。长期护理保险则存在参保对象城乡覆盖面不均衡与地区差异较大、保险筹资来源不够合理与资金充足率不够、评估等级与护理服务项目脱节、护理服务项目设置不够明确统一、给付标准差异较大且对需求满足程度不高、失能评估机制不完善、护理服务质量监管不足、服务供给数量和质量难以充分达标等突出问题。

最后，我国地方政府专项债券还本付息规模不断增长，债务集中偿还压力开始显现。2018~2022 年的地方政府专项债券还本付息额分别为 3476 亿元、6932 亿元、10196 亿元、16118 亿元、17934 亿元（喻旻昕等，2023）。从近年来地方政府专项债券偿还情况和结果来看，部分地区存在债务支出使用效益降低、项目收益预测不准确、信息披露不全面、项目收益期和还本付息期不匹配等问题。在部分地区，由于地方政府偿债能力弱化、“借新还旧”债务风险积累以及存在期限错配的流动性风险，防范化解政府债务风险的压力仍较大。

（二）投资者和金融机构对社会影响力金融的关注度和参与度仍有待提高

社会影响力金融的发展有赖于财富观念和资本使命的变革。当前我国大部分资本所有者和管理者仍把财富增值作为首要甚至唯一的目标，对社会价值的追求尚未成为一种普遍共识。虽然我国的高净值人士数量和金融机构总资产规模都位居全球前列，但投资者和金融机构对社会影响力金融的关注度和参与度仍有待提高。

---

① 《284 款产品近三成停止运营，惠民保如何实现更可持续?》，https：//www.yicai.com/news/101930144.html，最后访问日期：2023 年 12 月 29 日。

招商银行发布的《2023 中国私人财富报告》显示，2022 年可投资资产在 1000 万元人民币以上的中国高净值人士数量达 316 万人，与 2020 年相比增加了约 54 万人，年均复合增速由 2018~2020 年的 15%降至 2020~2022 年的 10%；2022 年，中国个人可投资资产总规模达 27 亿元人民币，年均复合增速由 2018~2020 年的 13%降至 2020~2022 年的 7%。上述报告显示，2023 年高净值人士的财富管理需求中，提及家庭需求的人数占比达 62%，相较 2021 年的 58%进一步上升；企业需求和社会公益/慈善需求提及率分别达到 26%和 25%，相较于 2021 年的 34%和 28%均有所下降。这个结果表明，只有不到 30%的受访者提及了社会公益/慈善需求。在这些提及社会公益/慈善需求的受访者中，约四成受访者有对公益/慈善捐赠平台和项目推荐（43%）与慈善基金会、慈善信托等慈善架构设计（39%）的需求；除此之外，约三成受访者提到了 ESG/社会责任/社会影响力投资方案及建议（33%）、公益捐款捐赠（31%）、参与慈善服务（27%）、树立培养子女/家族/企业的社会责任意识（25%）的需求。① 招商银行和北京师范大学中国公益研究院联合发布的《2023 中国高净值人士慈善调研报告》显示，80.5%的受访高净值人士报告曾参与过慈善活动；7.0%的受访高净值人士创办了自己的项目或公益机构（如基金会），4.2%的受访高净值人士设立了专项基金或慈善信托，还有 3.4%的受访高净值人士尝试过影响力投资。② 根据《中国慈善发展报告（2023）》，2022 年中国社会捐赠总量约为 1400 亿元，其中全国社会组织捐赠收入 1085.3 亿元（杨团、朱健刚，2023）。社会捐赠规模偏小、人均捐赠水平较低和个人捐赠占比过小的局面仍没有改变。以上这些数据表明，虽然高净值人士财富向善的意识在萌发，但仍需引导其系统化、专业化、组织化

① 《招商银行：2023 年中国私人财富报告》，https://finance.sina.com.cn/tech/roll/2023-12-29/doc-imzzrafn6831782.shtml，最后访问日期：2023 年 12 月 30 日。

② 《历时两年、千人样本，〈2023 中国高净值人士慈善调研报告〉重磅发布》，https://www.cmbchina.com/privatebank/PrivatebankInfo.aspx?guid=24f1e840-eff9-4857-b111-08fd3e58be88，最后访问日期：2023 年 12 月 30 日。

地创造社会价值。

作为资本配置的中介者和引导者，当前各类金融机构用于社会影响力领域的资金规模较小，社会影响力金融工具和产品开发不足，向社会民生领域提供的投融资服务不够。在国家政策引导之下，近些年我国的普惠信贷、绿色金融、政府承担风险型影响力债券有了蓬勃发展，但普惠保险、社会影响力投资和慈善金融的发展还相对薄弱。我国在教育、医疗、养老、保障性住房、文化和体育等领域发展不充分不平衡的问题较为突出，特别是欠发达地区和低收入人群在这些方面的服务需求缺口仍很大。改革完善社会领域投融资体制，支持符合条件的医院、学校、托育机构等借助多种融资工具实现高质量发展，这些痛点和难点问题亟须有关部门和金融机构破解。普惠保险产品、公募 REITs、社会影响力投资基金、市场承担风险型社会影响力债券、慈善信托、公益理财/资管产品、捐赠人建议基金等创新性的社会影响力金融工具在我国的发展仍不够充分，商业资本和慈善资本参与社会影响力投资的认知水平有待提升、渠道有待拓宽。

（三）促进社会影响力金融发展的制度环境仍不完善

除了投资者和金融机构的认知之外，促进社会影响力金融发展的制度环境仍不完善。虽然我国已出台《关于推进普惠金融高质量发展的实施意见》《慈善信托管理办法》等鼓励普惠金融、慈善信托发展的政策，但政策的系统性、协同性、精细化程度还不够，仍存在不少制度盲区。

首先，在普惠信贷方面，尚未在中央层面构建大额信贷与小微信贷之间的资金供给平衡机制，大型银行与中小银行尚未形成合理的功能定位和市场分工，也没有很好地建立起政策性救助与市场化经营之间的平衡。

其次，在普惠保险方面，目前的政策文件以基本原则和规范为主，并未对普惠保险提出评估与认证标准和流程；针对老年人、新市民、残疾人、罕见病患者、小微企业等重点群体的普惠保险发展缺乏专门具体的政策指引；还没有构建起适合相互保险发展的监管模式和政策体系。

再次，在社会影响力投资方面，金融监管部门与社会民生领域的主管部门之间尚没有建立起稳定的协调机制，使相关领域关于鼓励社会投资的政策呈现碎片化的特征；没有针对社会企业的专门立法和注册类别，社会企业得不到充分发展，也在一定程度上限制了社会影响力投资的发展；关于地方政府债务的现行政策法规限制了地方政府为特定社会服务项目引入为成功而付费的社会影响力债券融资模式。

最后，在慈善金融方面，公益理财/资管产品大规模发展仍面临信息披露的透明度有待提高、缺少行业整体推动与相关政策支持等问题；慈善信托特别是股权慈善信托面临非货币财产登记和非交易过户制度缺失、税收优惠政策不完善等问题；当前《慈善组织保值增值投资活动管理暂行办法》对于慈善组织股权投资的有关规定过于原则化，不够明确。

（四）影响力的衡量和管理仍未引起足够重视

目前，国内对于作为社会影响力金融核心特征的影响力衡量和管理（Impact Measurement and Management，IMM），并未给予足够的重视，相关实践还处于早期探索阶段。缺乏权威的社会影响力标准体系和数据管理平台制约着我国社会影响力金融的健康发展。

大多数社会影响力金融实践只是简单地根据服务对象和投向领域来判断是否符合标准。无论是普惠金融还是地方政府专项债券，抑或是慈善组织和慈善信托的资助，对于资金投入所带来的影响力都缺乏严格的衡量和管理。实践动力不足、相关概念模糊、缺乏参考路径等阻碍着 IMM 被国内市场和投资人广泛认知和实践。对 IMM 的忽视可能导致社会影响力金融流于形式、名实不符，损害投资者和公众对它的信任。很多行动者对 IMM 的认识也存在误区，认为它是一种增加负担的评估要求，而未把它视为提升投资和商业决策质量的工具。

另外，国内尚未建立一个公认的 IMM 在线数据平台，无法积累可披露、精细化、历时性和可比较的大数据，也就无法据此跟踪、对比和提升金融投资活动的社会影响力。

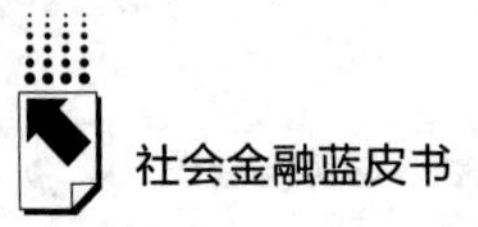

四　中国社会影响力金融的发展趋势

（一）党的二十大和中央金融工作会议为社会影响力金融高质量发展指明了方向

党的二十大擘画了全面建设社会主义现代化国家、以中国式现代化全面推进中华民族伟大复兴的宏伟蓝图。习近平总书记在党的二十大报告中明确提出，到2035年要建成教育强国、科技强国、人才强国、文化强国、体育强国、健康中国（习近平，2022）。这意味着要聚集和投入大量的金融资源，加快补齐社会领域的短板，建设更多社会领域的基础设施，提高公共服务均衡化优质化水平，推动社会领域“硬件”“软件”实现跨越式提升。

2023年10月召开的中央金融工作会议提出，中国特色金融发展之路的核心要义是“八个坚持”，即坚持党中央对金融工作的集中统一领导，坚持以人民为中心的价值取向，坚持把金融服务实体经济作为根本宗旨，坚持把防控风险作为金融工作的永恒主题，坚持在市场化法治化轨道上推进金融创新发展，坚持深化金融供给侧结构性改革，坚持统筹金融开放和安全，坚持稳中求进工作总基调（中央金融委员会办公室、中央金融工作委员会，2023）。这为中国特色社会影响力金融的发展提供了根本遵循和行动指南。社会影响力金融就是要把实现人民对美好生活的向往作为工作的出发点和落脚点，以金融业高质量发展促进人口、经济和社会高质量发展，不断满足经济社会发展和人民群众日益增长的金融需求。中央金融工作会议还提出重点做好科技金融、绿色金融、普惠金融、养老金融、数字金融五篇大文章，明确了社会影响力金融的重点领域。国家会进一步引导金融资源向科技创新、双碳目标、民生福祉、养老服务、数字中国等领域投放和配置。

（二）高质量的普惠金融体系将基本建成

2023年10月，国务院发布了《关于推进普惠金融高质量发展的实施意见》（以下简称《意见》），为未来五年的普惠金融发展确立了主要目标和重点任务。《意见》提出，未来五年要基本建成高质量的普惠金融体系，重点领域金融服务可得性实现新提升，普惠金融供给侧结构性改革迈出新步伐，金融基础设施和发展环境得到新改善，防范化解金融风险取得新成效，普惠金融促进共同富裕迈上新台阶。《意见》指出，普惠金融的重点发展领域是小微经营主体、乡村振兴、民生领域、绿色低碳；普惠保险的重点发展领域是农业保险、普惠型人身保险及养老保险与服务。

（三）将有越来越多的市场主体和社会资本参与影响力投资

在社会影响力投资方面，金融机构会加大对重大战略、重点领域和薄弱环节的支持力度，数字中国建设、“三大工程”建设①、乡村振兴、城乡融合发展、共同富裕、碳达峰碳中和、养老托育等都是未来的重点投资领域。《关于建立健全城乡融合发展体制机制和政策体系的意见》（2019 年 4 月）、《健康中国行动（2019—2030 年）》（2019 年 7 月）、《国家积极应对人口老龄化中长期规划》（2019 年 11 月）、《乡村振兴促进法》（2021 年 6 月）、《关于支持浙江高质量发展建设共同富裕示范区的意见》（2021 年 6 月）、《关于完整准确全面贯彻新发展理念做好碳达峰碳中和工作的意见》（2021 年 10 月）、《关于进一步完善和落实积极生育支持措施的指导意见》（2022 年 7 月）、《数字中国建设整体布局规划》（2023 年 2 月）、《关于规划建设保障性住房的指导意见》（2023 年 8 月）等政策文件为未来若干年社会影响力投资的发展提供了指引。在政府政策的指引下，将会有越来越多的市场主体和社会资本参与到影响力投资中来，开发社会效益与财务绩效并重的社会影响力金融产品。

（四）慈善信托、公益理财/资管产品及股权慈善将迎来更大的发展

在慈善金融方面，随着有关慈善捐赠和慈善信托的税收优惠政策不断完

① “三大工程”指的是保障性住房建设、城中村改造和“平急两用”公共基础设施建设。

善，慈善信托、公益理财/资管产品及股权慈善将迎来更大的发展。

2023 年 12 月 29 日，第十四届全国人民代表大会常务委员会第七次会议通过了关于修改《中华人民共和国慈善法》的决定，修改后的《慈善法》将于 2024 年 9 月 5 日起实施。修改后的《慈善法》完善了有关税收优惠政策的规定，“国家对慈善事业实施税收优惠政策，具体办法由国务院财政、税务部门会同民政部门依照税收法律、行政法规的规定制定”，“自然人、法人和非法人组织设立慈善信托开展慈善活动的，依法享受税收优惠”。①

改革开放 40 多年来，中国的高净值人士总量持续增长，第一代创业者陆续进入财富和事业传承的窗口期。胡润百富与中信保诚人寿联合发布的《2022 中国高净值人群家族传承报告》显示，“展望未来，高净值家族预计有 18 万亿元的财富将在 10 年内传承给下一代，49 万亿元的财富将在 20 年内传承给下一代，92 万亿元的财富将在 30 年内传承给下一代”。② 可以预见，高净值家族在财富传承过程中会有一定比例的资产进入公益慈善和社会投资领域。

五　对中国社会影响力金融发展的建议与思考

（一）不断完善社会影响力金融风险防范和差异化监管体系

1. 着力防范化解中小银行经营风险

监管部门要根据市场动态进一步优化商业银行服务小微企业和乡村振兴质量评价体系，放松“两增两控”的刚性政策要求，减轻中小银行市场压力，降低其经营风险。要求各类银行将小微信贷列入长期规划，从短期监管

① 《全国人民代表大会常务委员会关于修改〈中华人民共和国慈善法〉的决定》，http：//www. xinhuanet. com/legal/20231230/7d7dd5d98fb342f3aa4fb59dcef75852/c. html，最后访问日期：2024 年 1 月 1 日。

② 《胡润报告：中国千万资产高净值家庭达 206 万户，家族传承最担心子女接管能力》，https：//baijiahao. baidu. com/s？ id = 1750064582792705806&wfr = spider&for = pc，最后访问日期：2023 年 12 月 31 日。

要求转向长期规划设计，根据不同机构特征设定不同的监管目标。优化普惠金融监管考核指标和贷款风险权重、不良贷款容忍度等监管制度，健全差异化监管激励体系，引导金融资源向重点领域和薄弱环节倾斜。

严格限制和规范中小银行跨区域经营行为，地方性法人银行要坚守服务当地的定位，探索构建有效的小微企业信贷模式。强化对城商行、农商行、农信社、村镇银行的风险监测，以省为单位制定中小银行改革化险方案，稳步推动村镇银行改革重组和风险化解。①

2. 打造普惠保险产品可持续运营机制

政府部门要切实承担起发展普惠保险的主导责任，在政策上予以清晰指引和明确支持，在资金上给予必要的补贴和支持，在信息共享上加强基础设施建设。对于惠民保、长期护理保险等普惠保险产品，政府要完善顶层制度设计。通过提供保费补贴、风险保障基金等多种方式，在收支总体均衡的前提下，实行具有中国特色的“政府补一点、保险公司让一点、人民群众出一点”的共济模式。要协调推进保险行业数据与民政、医疗卫生、社保等政府部门及相关机构数据的互联互通，以拓宽普惠保险相关信息和数据来源，提升普惠保险服务的覆盖面和精准度，增强普惠保险风险控制能力。

政府部门与社会各界要加强对相互保险的重视，构建相互保险专属的监管制度，出台更为具体的相互保险管理办法，鼓励支持社会各界积极参与相互保险，包括开展相互保险教育与理念传播活动、发起相互保险、参与研发与宣传相互保险产品、参与特定领域的风险识别与治理等。

3. 双管齐下防范化解地方政府债务风险

从化解存量债务和遏制增量债务两个方面入手，双管齐下防范化解地方政府债务风险。对于存量债务，要开展全口径地方政府债务审计，将隐性债务显性化，制定关于地方政府债务违约的危机处置预案。区分债务类型，分类施策，由高层级政府化解因提供纯粹公共物品而形成的地方债务，由地方

① 《国务院关于推进普惠金融高质量发展的实施意见》，https：//www. gov. cn/zhengce/zhengceku/202310/content_ 6908496. htm，最后访问日期：2024 年 1 月 4 日。

政府自行化解非为提供公共物品而发行的债务（张明，2023）。从遏制地方政府债务增量的角度，一是要理顺中央政府和地方政府的财权与事权不匹配的问题。考虑调整地方税收分成比例，赋予地方更多财权，同时强化地方政府预算约束，确保政府职能的有效实现。二是通过提高投资者结构的多元化程度、提升专项债信息披露透明度、完善专项债信用评级制度，来进一步提升专项债的市场化水平（行伟波、武文皓，2023）。三是除了专项债之外，未来也可根据融资项目特点，增加对政府和社会资本合作模式（PPP）、公募 REITs、为成功而付费的社会影响力债券（Pay-for-Success Social Impact Bonds）等融资工具的使用。

（二）不断提升各类主体参与社会影响力金融的积极性

1. 提升社会公众金融素养和金融能力

社会影响力金融是有社会使命的资本富余者与资本匮乏者通过市场化方式进行资本配置和价值创造的活动，其发展取决于资本供需两端的共同努力。

通过普及金融教育和拓展金融机会，提升社会公众的金融素养和金融能力；健全金融知识普及多部门协作机制，完善多主体协同的金融教育网络，加大金融教育投入力度，加快金融教育专业人才队伍建设，创新金融教育理念、内容和方式，广泛开展金融知识普及活动；依托社区、金融机构营业网点、校园等场所稳步建设金融教育基地、投资者教育基地，推进将金融知识纳入国民教育体系；组织面向低收入人口、老年人、残疾人、农户、新市民、小微企业主、个体工商户等重点群体的教育培训，提升数字金融产品使用能力，增强个人信息保护意识，有效防范电信网络诈骗；不断完善高质量的普惠金融体系，为重点群体提供广覆盖、可负担、可持续的金融服务，提高他们对普惠信贷、普惠保险的认知能力和可得性；探索以资产建设为基础的社会福利政策，政府和社会组织有针对性地引导和帮助低收入人群建立个人发展账户，逐步提高财产性收入的比重。

2. 引导高净值人士参与社会影响力投资

通过完善税收政策和加强宣传教育，引导高净值人士积极投身影响力投资和公益慈善。财富的管理与传承，绝不仅仅是追求资产的保全增值，更要培养优良家风、承担社会责任。高净值人士要从和谐共生、社会正义的高度认识资本使命和财富价值，认同资本向善和影响力投资的理念，在让渡一定财务回报的同时追求社会价值的创造。鼓励有能力有意愿的企业和高净值人士设立社会影响力投资基金、慈善基金或慈善信托，为缩小收入分配差距和助力共同富裕贡献力量。

3. 鼓励金融机构加强社会影响力金融产品和服务的创新

在普惠信贷方面，重点是要摆脱对抵押和担保方式的过分依赖，全面提升小微信贷技术能力，采用人工作业与机器作业相结合的方式实现有效的信息管理，针对小微企业的特点构建科学合理的信贷策略和风控模型，降低信贷综合成本和客户违约风险。

在普惠保险方面，要加快构建更加完善的普惠保险产品体系，推出面向广大居民的通用普惠保险，如保费较低、保障适度的个人家财险、责任险、意外险、健康险等产品；开发面向特定人群或特定场景的专属普惠保险，为社会保险保障不足、商业保险覆盖空白或保障程度相对较低的新市民、新业态人员、农村居民等提供更多保障；推动城市定制型商业医疗保险和长期护理保险优化升级。

在普惠理财方面，要探索构建普惠理财产品服务体系，推动普惠理财与勤俭节约、积少成多的中华优秀传统文化相结合，引导广大人民群众树立健康的理财观念，促进普惠理财走入寻常百姓家，实现居民财富保值增值，增加其财产性收入。

在社会影响力投资方面，鼓励各类资产管理机构和社会影响力投资基金，以股权、债权和投资担保等形式，孵化和投资那些规模化解决社会问题的公司或社会企业；逐步推动各类金融机构将一定比例的可支配资金投入社会影响力金融领域；开展为成功而付费的社会影响力债券的地方试点探索，逐步扩大公募 REITs 在“三大工程”建设中的运用。

在慈善金融方面，鼓励各类金融机构加强投研体系建设，针对慈善组织和爱心投资者的投资需求开发差异化的公益理财/资管产品；创新慈善信托业务模式，大力发展家族慈善信托和股权、不动产等非货币性财产慈善信托；金融机构应当以更加创新的方式和更加优惠的价格，为慈善组织提供投资、融资、结算、风险保障等方面的金融服务。

（三）不断改善促进社会影响力金融发展的制度环境

1. 优化普惠金融政策体系和发展环境

在中央层面建立大额信贷与小微信贷的资金供给平衡机制，成立小微再贷款基金或再贷款银行，政策性调剂金融系统内的小微再贷款资金，多渠道补充中小银行资本；建立小微再贷款浮动利率制度，通过再贷款利率的调整，间接影响小微信贷市场利率定价，适度补平体制内外的信用利差。政府和监管部门应该更科学、更清晰地规划对小微企业、“三农”的信贷救助路径，厘清商业性普惠信贷与政策性信贷救助之间的边界，避免扰乱市场供给规律和利率定价。①

加强信用信息归集、共享、应用制度的顶层设计，依法依规健全信息归集、共享、查询、对接机制以及相关标准，确保数据安全。② 有效利用全国中小企业融资综合信用服务平台，建立完善地方融资信用服务平台，依法依规拓宽金融信用信息基础数据库信息采集范围，更好地发挥地方征信平台作用；深化“银税互动”和“银商合作”，提高信息共享效率；畅通基层党政组织、社会组织参与信用环境建设渠道，结合乡村治理开展农村信用体系建设，扩大农户信用档案覆盖面并拓展其应用场景，加快建设新型农业经营主体信用体系。

2. 探索构建促进社会影响力投资发展的顶层政策框架

在国家层面，加强跨部门沟通协调，开展顶层政策框架设计，研究制定

① 《嵇少峰：中国银行业小微信贷如何优化调整?》，http：//finance. sina. cn/zl/2023－04－19/zl-imyqwiyq4246094. d. html，最后访问日期：2023 年 12 月 29 日。

② 《国务院关于推进普惠金融高质量发展的实施意见》，https：//www. gov. cn/zhengce/zhengceku/202310/content_ 6908496. htm，最后访问日期：2024 年 1 月 4 日。

促进民生保障和社会事业领域影响力投资发展的综合性指导意见；把劳动就业、医疗卫生、乡村振兴、教育托幼、养老服务、助残扶弱、文化体育、保障性住房等领域的薄弱环节作为社会影响力投资的重点领域。各地方政府和各行业主管部门探索编制社会影响力投资支持项目的指导目录；拓宽社会民生领域投资的资金来源，丰富投融资的工具种类。政府设立专门的社会影响力投资引导基金，通过投资补助、基金注资、担保补贴、贷款贴息、为成功而付费、购买服务等多种方式，引导和支持社会资本参与重点领域建设；鼓励工商企业、资产管理机构、慈善组织设立社会影响力投资基金；探索制定社会企业登记注册管理条例，在组织目标、治理结构、利润分配、资产处置、信息披露、税收优惠、监督管理等方面做出明确规定；鼓励一些地区开展为成功而付费的市场承担风险型社会影响力债券的试点；完善社会影响力投资数字治理体系，提升社会影响力投资项目信息披露质量。

3. 加强慈善金融的制度建设

监管部门或行业组织对公益理财/资管产品的产品设计、产品发行、产品风险、相关公益慈善组织资质要求、公益项目资金使用披露、公益项目进展报告等做出明确规定，建立产品标准体系。

今后，应进一步完善股权捐赠和股权慈善信托的相关制度。明确可以成为慈善捐赠或慈善信托标的的股权类型、股权价值评估标准；健全公司内部关于股权捐赠的决策程序与股权变更手续，规制捐赠人通过股权捐赠进行不正当关联交易，健全股权受赠人财务管理制度。完善股权慈善信托税收优惠政策，股权交付信托环节以股权的历史成本确定委托人的股权转让所得和捐赠额；在认定慈善信托税前抵扣资格后，慈善信托委托人可以享受税前抵扣优惠政策（中国慈善联合会慈善信托委员会，2023）。完善股权非交易过户政策及慈善信托股东的财产登记内容；逐步放开慈善信托、公益基金会作为股东的企业上市监管要求；建立健全境外股票捐赠等相关制度，包括国内基金会的境外股票账户开设、境外股票减持及分红中的税收与结汇等关键事项，使国内基金会或慈善信托能够接收境外股票捐赠（高皓，2022）。

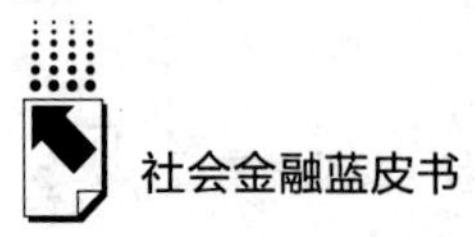

监管部门要对慈善组织进行股权投资制定补充性规定，覆盖整个投资流程，建立相对系统和独立的管理规范；明确直接股权投资的界定标准，细化股权投资范围的规定，制定股权投资风险控制指引；明确将股权投资纳入慈善组织重大决策的范围，要求慈善组织对股权投资制定专门的管理流程。

（四）不断完善社会影响力金融的行业基础设施

1. 加强社会影响力金融行业组织建设

一方面加强普惠金融、社会影响力投资、慈善金融等细分领域行业组织的建设，另一方面在此基础上组建更具综合性的社会影响力金融行业组织。在监管机构的指导下，国有金融机构要在社会影响力金融的行业组织建设中承担更重要的职责。发挥行业组织在交流学习、资源整合、业务合作、行业研究、标准制定、教育培训等方面的作用，加强行业自律管理，加强风险防控能力建设。

2. 逐步构建适用于中国市场的社会影响力评估体系及在线平台

目前中国的社会影响力评估标准正处于多元化和本土化探索阶段。初期阶段不一定要纠结于概念定义和共识标准，鼓励有志于社会影响力金融的行动者遵循目标导向、实践先行的原则，探索用商业模式有效解决社会和环境问题，积累先进经验和最佳实践。在积累本土实践和借鉴国际经验的基础上，逐步达成共识和建立标准，构建适用于中国市场的社会影响力评估体系，搭建汇集和共享评估数据的在线开源平台，实现更大范围的数据整合，不断增强数据可比性，完善量化测算的依据。

3. 大力发展中介性和支持性服务

大力发展审计、法律、信评、咨询、评估等专业机构，为社会影响力金融业务提供配套服务；鼓励大学、研究机构、智库、社会组织、媒体等机构加强对社会影响力金融的理论研究和行业研究，加大对社会影响力金融的宣传报道力度，开展社会影响力金融人才培训。

参考文献

高皓，2022，《慈善金融：第三次分配的重要制度创新与关键能力建设》，《清华金融评论》第3期。

基金会中心网主编，2021，《中国基金会发展独立研究报告（2020）》。

唐韶葵，2024，《募资30.5亿，最大规模保租房REIT面临二级市场考验｜基建新动能⑱》，https：//www.21jingji.com/article/20240122/herald/b527e4d512e3cd890a6f4c837ac53ac6.html。

习近平，2022，《高举中国特色社会主义伟大旗帜 为全面建设社会主义现代化国家而团结奋斗——在中国共产党第二十次全国代表大会上的报告》，人民出版社。

行伟波、武文皓，2023，《以专项债促进地方经济高质量发展》，《债券》第11期。

〔英〕亚历克斯·尼科尔斯、杰德·艾默生，2021，《绪论——社会金融：如何利用社会影响力》，载亚历克斯·尼科尔斯、杰德·艾默生、罗布·佩顿编《社会金融创新》，沈国华译，上海财经大学出版社。

杨团、朱健刚主编，2023，《中国慈善发展报告（2023）》，社会科学文献出版社。

喻旻昕、谢斌、陈笑驰，2023，《地方政府专项债券偿还风险探析》，《债券》第3期。

张明，2023，《地方政府债务风险化解：遏制增量与化解存量要双管齐下》，《债券》第10期。

中国慈善联合会慈善信托委员会编，2023，《中国股权慈善报告》，中国社会出版社。

中央金融委员会办公室、中央金融工作委员会，2023，《坚定不移走中国特色金融发展之路》，《求是》第23期。

分 报 告

Topical Reports

B.2

中国普惠信贷发展的现状、挑战与建议

程士强　杨 璇*

摘　要： 普惠信贷是一种秉持普惠金融理念，立足平等、包容和商业可持续原则，为小微企业和社会各阶层提供的信贷服务。近年来，普惠型小微企业贷款余额稳中有升，利息成本稳中有降，服务客户数量明显增加。普惠型涉农贷款余额也进一步增长，银行业金融机构服务“三农”的能力进一步提升。脱贫人口小额信贷为脱贫户等群体提供金融支持，为巩固拓展脱贫攻坚成果、推动乡村振兴做出重要贡献。公益性小额信贷也在进一步探索符合中国国情的本土化模式。与此同时，中国普惠信贷也面临不少问题和挑战，需要政府完善政策体系，各银行业金融机构也要结合发展目标与自身优势特点提升普惠信贷的服务能力。

* 程士强，社会学博士，中央财经大学社会与心理学院副教授，研究方向为金融社会学、城乡社会学；杨璇，中央财经大学社会与心理学院硕士研究生，研究方向为金融社会学、城乡社会学。

关键词： 普惠信贷　普惠型小微企业贷款　普惠型涉农贷款　脱贫人口小额信贷　公益性小额信贷

普惠信贷是普惠金融和社会影响力金融体系中的重要组成部分。近年来，在政府的倡导和推动下，银行、社会企业、社会组织等主体秉持普惠金融理念，向小微企业、农民和低收入人群等提供了大量的信贷服务，为脱贫攻坚、乡村振兴和稳就业保民生做出了积极贡献。当前，我国的普惠信贷主要包括普惠型小微企业贷款、普惠型涉农贷款、脱贫人口小额信贷和公益性小额信贷四种业态形式。这四种业态形式立足中国实际，探索出了一系列符合中国国情的普惠信贷实践做法，但也面临不少问题和挑战。进一步促进中国普惠信贷行业的健康发展，需要在加大监管力度的同时，完善普惠信贷的政策体系与财政支持机制。

一　中国普惠信贷概述

（一）普惠信贷的概念界定

普惠信贷具体是指立足平等、包容和商业可持续原则，为小微企业和社会各阶层提供的具有较低成本和较高可得性的信贷服务。普惠信贷具有如下三个核心特征。

第一，较高的包容性与可得性。小微企业、农民和低收入群体的贷款需求一般规模小，且没有价值优良的抵押物，放贷业务的利润低、成本高、风险大。因此，在传统的商业信贷模式下，金融机构对其贷款需求存在“金融排斥”。普惠信贷则将过去被排斥在主流金融体系之外的借款者作为主要的服务对象，极大地扩大了信贷服务的覆盖范围。

第二，较低的成本。普惠信贷不以商业营利为主要目标，不按商业利益最大化原则来筛选客户和收取利息，而是具有一定的福利性和公益性特点。

普惠信贷旨在为小微企业、“三农”和弱势群体提供成本可负担的信贷服务，为此，金融机构可能会放弃部分或全部利润，偶尔需要依靠政府补贴来覆盖成本。此外，优化业务模式和采用新的信息技术手段也是降低普惠信贷服务成本的基本路径。

第三，商业可持续性。普惠信贷虽然具有低成本的特点，但它不是无偿的慈善活动，而是保持了信贷业务“有借有还”“有偿使用”的基本形式。普惠信贷追求商业上的可持续，收回本金是底线要求，利率补贴也不应该是常态。服务对象的特征决定了普惠信贷要承担较高的风险和成本，可以覆盖成本的利率定价有利于实现长远的商业可持续发展。因此，在放弃部分或全部利润的情况下，普惠信贷也应该追求收支平衡，“保本微利”是其理想状态。

（二）普惠信贷在中国的业态表现

根据具体服务对象和服务提供者的不同，可以形成不同的普惠信贷服务模式和产品。近年来，我国在乡村振兴、扶持小微企业发展等领域，逐渐形成了多样化的普惠信贷业态形式。

1. 普惠信贷的服务对象

普惠信贷以被传统信贷排斥在外的弱势群体和弱势机构为主要服务对象，主要包括三个部分：一是小微企业，二是普通农民、其他各类农业经营主体和农村组织，三是脱贫人口和其他低收入群体。这些服务对象之所以被传统信贷所排斥，是因为面向他们的传统信贷模式具有一些共同特点：一是信贷服务风险较高，难以获得良好的抵押物和规范的财务信息；二是信贷服务成本较高，对信贷资金的需求具有“额小、量大、面广、分散”的特点，导致收益难以覆盖成本和风险损失。但是，这些弱势群体和弱势机构客观上存在信贷需求，他们中的绝大多数也是有信用的，在合适的信贷模式下可以按时偿还贷款。为了改变这种局面，需要信贷服务的提供者创新业务模式，为他们制定可行的信贷方案。

各类低收入群体是最需要帮助的弱势群体，也是普惠信贷的重点服务对象。普惠信贷很早就被作为一种扶贫减贫的手段。在我国胜利完成脱贫攻坚任务的过程中，金融扶贫也发挥了关键作用，其中，扶贫贴息贷款、扶贫小额信贷、公益性小额信贷等普惠信贷成为金融扶贫的重要组成部分。随着我国脱贫攻坚任务的顺利完成，在进一步巩固脱贫攻坚成果、实现乡村振兴过程中，脱贫人口小额信贷等普惠信贷将发挥更大的作用。

2. 普惠信贷的供给主体及其主要产品

满足上述弱势群体与弱势机构的信贷需求，实现信贷服务普惠化的目标，需要各种金融与非金融主体提供不同的信贷服务。普惠信贷的主要供给主体包括银行业金融机构、相关政府机构、社会组织与社会企业等。

银行业金融机构是普惠信贷服务供给的主力军，提供普惠信贷服务的银行业金融机构具体包括政策性银行、大型商业银行、股份制商业银行、城市商业银行、农村商业银行、农村信用社等。

政府虽然不是普惠信贷资金的直接提供者，但在整个普惠信贷服务供给体系中发挥核心作用。政府是普惠信贷政策的制定者和推动者，在宏观上，对各类金融机构和非金融机构提供的普惠信贷服务进行引导和监督；在微观上，在部分普惠信贷服务中也直接提供财政补贴，从事服务对象的动员、筛选、确认等具体工作，国家乡村振兴局、妇联等机构都曾直接主导和推动过很多普惠信贷服务项目。

中国最早的小额信贷探索者是社会组织。为了提高小额信贷机构的专业化水平，实现可持续发展，很多公益性小额信贷组织进行了转型，从而成为以更加商业化和市场化原则运作的社会企业。社会企业是以社会进步、解决社会问题为目标，采用市场化原则运作的组织，这样的组织可以将经营的利润用于组织的可持续发展，长期服务于社会目标的实现。

根据普惠信贷的供给主体、服务对象和具体产品的不同，可将目前我国主要存在的普惠信贷分为普惠型小微企业贷款、普惠型涉农贷款、脱贫人口小额信贷和公益性小额信贷四种业态形式（见图 1）。

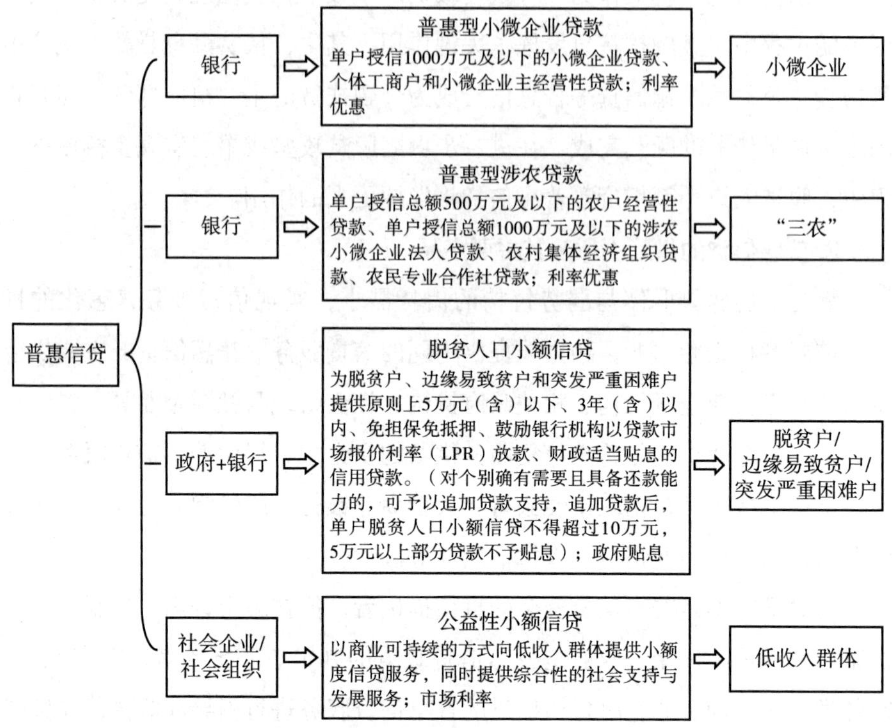

图1　中国普惠信贷的主要供给主体、服务对象和产品类型

二　中国普惠信贷发展现状

（一）顶层设计推动普惠信贷发展

2023年10月，国务院印发《关于推进普惠金融高质量发展的实施意见》，致力于构建高水平普惠金融体系，进一步推进普惠金融高质量发展，提升服务实体经济能力，防范化解各类金融风险，促进全体人民共同富裕。我国通过一系列的制度安排，不断完善普惠信贷发展的顶层设计，充分激励银行参与普惠信贷，履行社会责任。

第一，优化普惠金融政策体系。构建高水平普惠金融体系，离不开普惠金融政策体系的不断完善。为推动普惠金融高质量发展、满足人民需求，国家有关部门积极发挥货币政策、财税政策、监管政策、产业政策等的激励约束作用。根据经济周期、宏观环境动态调整政策，区分短期激励和长效机制，完善短期政策平稳退出机制和长期政策评估反馈机制。加强部门间协同，推动各类政策考核标准互认互用。

第二，加强货币政策引领。运用支农支小再贷款、再贴现、差别化存款准备金率、宏观审慎评估等政策工具，引导扩大普惠金融业务覆盖面。深化利率市场化改革，畅通利率传导机制，更好发挥对普惠金融的支持促进作用。截至 2023 年一季度末，全国支农支小再贷款、再贴现余额 2.6 万亿元。2023 年 6 月，中国人民银行决定增加支农支小再贷款、再贴现额度 2000 亿元。[①] 2023 年 10 月，中国人民银行行长表示，下一步工作将会继续实施稳健的货币政策，持续深化利率市场化改革，价格上，有效发挥存款利率市场化调整机制作用，进一步推动金融机构降低实际贷款利率；结构上，继续加大对普惠小微等国民经济重点领域和薄弱环节的支持力度，继续实施好存续结构性货币政策工具，用好用足普惠小微贷款支持工具。[②]

第三，完善差异化监管政策。近年来，国家构建了监管评价长效机制，实施商业银行小微企业金融服务监管评价和金融机构服务乡村振兴考核评估，并加强结果运用。优化普惠金融监管考核指标和贷款风险权重、不良贷款容忍度等监管制度，健全差异化监管激励体系，引导金融资源向重点领域和薄弱环节倾斜。2023 年 10 月，中国人民银行行长表示，下一步工作将完善薄弱环节金融服务，加快推动建立金融服务小微

① 《中国人民银行增加支农支小再贷款、再贴现额度 2000 亿元　进一步加大对“三农”、小微和民营企业金融支持力度》，https://www.gov.cn/lianbo/bumen/202306/content_6889248.htm，最后访问日期：2023 年 11 月 21 日。

② 《国务院关于金融工作情况的报告——2023 年 10 月 21 日在第十四届全国人民代表大会常务委员会第六次会议上》，http://www.pbc.gov.cn/goutongjiaoliu/113456/113469/5108112/index.html，最后访问日期：2023 年 11 月 21 日。

企业“敢贷、愿贷、能贷、会贷”长效机制，引导金融机构优化资源配置和考核激励机制[①]，进一步提高金融服务“三农”、小微企业等群体的能力。

第四，用好财税政策支持工具。近年来，财政部出台了一系列政策引导激励金融机构加大服务小微企业力度，包括试点示范奖补激励和农村金融机构定向费用补贴政策。财政部不断优化财政支持普惠金融发展政策工具，提高普惠金融发展专项资金使用效能，实施中央财政支持普惠金融发展示范区奖补政策。落实金融企业呆账核销管理制度，提高普惠金融领域不良贷款处置效率。落实小微企业、个体工商户、农户等普惠金融重点群体贷款利息收入免征增值税政策。自 2022 年起，中央财政每年安排奖补资金支持地方因地制宜打造各具特色的普惠金融发展示范区，对符合条件的新型农村金融机构和西部基础金融服务薄弱地区的银行业金融机构（网点），按照不超过其当年贷款平均余额的 2%给予补贴，引导金融机构在县域以下下沉网点和服务。[②] 2023 年 8 月，财政部、国家税务总局发布《关于支持小微企业融资有关税收政策的公告》，明确 2027 年 12 月 31 日前，对金融机构向小型企业、微型企业及个体工商户发放小额贷款取得的利息收入，免征增值税，为小微企业、个体工商户融资提供切实支持。[③]

（二）普惠型小微企业贷款发展现状

普惠型小微企业贷款的客户通常享受利率优惠，利率优惠成本主要

---

① 《国务院关于金融工作情况的报告——2023 年 10 月 21 日在第十四届全国人民代表大会常务委员会第六次会议上》，http：//www. pbc. gov. cn/goutongjiaoliu/113456/113469/5108112/index. html，最后访问日期：2023 年 11 月 21 日。

② 《中国银保监会对政协十三届全国委员会第五次会议第 02337 号（财税金融类 149 号）提案的答复》，http：//www. cbirc. gov. cn/cn/view/pages/governmentDetail. html？docId = 1092859&itemId = 893&generaltype = 1，最后访问日期：2023 年 11 月 21 日。

③ 《关于支持小微企业融资有关税收政策的公告》，https：//www. gov. cn/zhengce/zhengceku/202308/content_ 6896295. htm，最后访问日期：2023 年 11 月 21 日。

由放款银行承担，中国人民银行也制订了普惠小微企业信用贷款支持计划，对相应银行发放的普惠小微企业信用贷款给予优惠资金支持。近年来，我国普惠型小微企业贷款不断发展，国家金融监督管理总局网站数据显示，2023 年二季度，普惠型小微企业贷款余额同比增长 25. 72%①，普惠小微授信户数为 5935 万户，同比增长 13. 3%②，普惠型小微企业贷款有贷款余额客户数为 4115. 12 万户，同比增长 11. 8%③，小微企业金融服务质量不断提升。

1. 普惠型小微企业贷款余额稳中有升

在新冠疫情冲击下，大量小微企业经营陷入困境。中国银行业金融机构秉持普惠金融理念，为小微企业提供了延期还本付息支持和信用贷款支持等多项支持。随着疫情形势总体平稳，中国银行业金融机构继续为小微企业提供支持，加力提升小微企业金融服务质量，纾解小微企业困境，推动经济复苏。在普惠型小微企业贷款方面，其投放力度总体上呈上升趋势，截至 2023 年第三季度，银行业金融机构普惠型小微企业贷款余额为 28. 40 万亿元（见图 2）。国家金融监督管理总局网站信息显示，与 2021 年同期相比，2022 年各季度银行业金融机构普惠型小微企业贷款余额同比增幅分别为一季度 22. 57%、二季度 22. 64%、三季度 24. 10%、四季度 23. 57%。④ 2023 年一季度同比增幅

---

① 《2022 年银行业金融机构普惠型小微企业贷款情况（季度）》，https：//www. cbirc. gov. cn/cn/view/pages/ItemDetail. html？ docId = 1054683&itemId = 954&generaltype = 0，最后访问日期：2023 年 9 月 30 日；《2023 年银行业金融机构普惠型小微企业贷款情况（季度）》，https：//www. cbirc. gov. cn/cn/view/pages/ItemDetail. html？ docId = 1109311&itemId = 954&generaltype = 0，最后访问日期：2023 年 11 月 30 日。

② 《国务院新闻办就今年上半年金融统计数据情况举行发布会》，https：//www. gov. cn/govweb/lianbo/fabu/202307/content_ 6891974. htm，最后访问日期：2023 年 9 月 30 日。

③ 《银行业保险业 2023 年上半年数据发布会》，http：//www. cbirc. gov. cn/cn/view/pages/ItemDetail. html？ docId = 1120084&itemId = 920，最后访问日期：2023 年 9 月 30 日。

④ 《2021 年银行业金融机构普惠型小微企业贷款情况（季度）》，http：//www. cbirc. gov. cn/cn/view/pages/ItemDetail. html？ docId = 1018528&itemId = 954&generaltype = 0，最后访问日期：2023 年 9 月 30 日；《2022 年银行业金融机构普惠型小微企业贷款情况（季度）》，https：//www. cbirc. gov. cn/cn/view/pages/ItemDetail. html？ docId = 1054683&itemId = 954&generaltype = 0，最后访问日期：2023 年 9 月 30 日。

为25.75%，二季度同比增幅为25.72%，三季度同比增幅为23.86%。[①] 总体上看，普惠型小微企业贷款余额保持着稳中有升的趋势。其中，大型商业银行仍然发挥着领头羊和主力军的作用，2023年一季度普惠型小微企业贷款余额同比增幅为34.28%，二季度为35.31%，三季度为34.09%。[②]

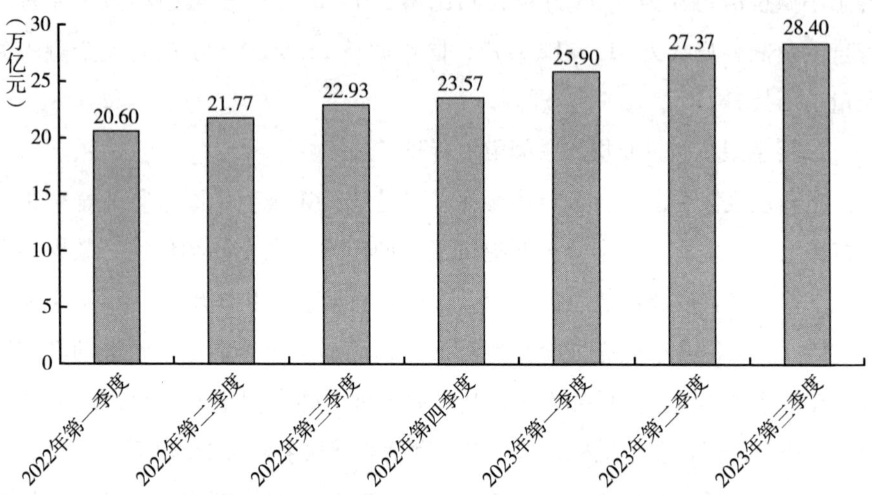

图2　全国银行业金融机构普惠型小微企业贷款分季度贷款余额

资料来源：《2022年银行业金融机构普惠型小微企业贷款情况（季度）》，https://www.cbirc.gov.cn/cn/view/pages/ItemDetail.html?docId=1054683&itemId=954&generaltype=0，最后访问日期：2023年9月30日；《2023年银行业金融机构普惠型小微企业贷款情况（季度）》，https://www.cbirc.gov.cn/cn/view/pages/ItemDetail.html?docId=1109311&itemId=954&generaltype=0，最后访问日期：2023年12月17日。

① 《2022年银行业金融机构普惠型小微企业贷款情况（季度）》，https://www.cbirc.gov.cn/cn/view/pages/ItemDetail.html?docId=1054683&itemId=954&generaltype=0，最后访问日期：2023年9月30日；《2023年银行业金融机构普惠型小微企业贷款情况（季度）》，https://www.cbirc.gov.cn/cn/view/pages/ItemDetail.html?docId=1109311&itemId=954&generaltype=0，最后访问日期：2023年12月17日。

② 《2022年银行业金融机构普惠型小微企业贷款情况（季度）》，https://www.cbirc.gov.cn/cn/view/pages/ItemDetail.html?docId=1054683&itemId=954&generaltype=0，最后访问日期：2023年9月30日；《2023年银行业金融机构普惠型小微企业贷款情况（季度）》，https://www.cbirc.gov.cn/cn/view/pages/ItemDetail.html?docId=1109311&itemId=954&generaltype=0，最后访问日期：2023年12月17日。

国家金融监督管理总局网站数据显示，2023 年第一季度，中国工商银行、中国农业银行、中国银行、中国建设银行、交通银行和中国邮政储蓄银行（以下简称“邮储银行”）六家大型商业银行的普惠型小微企业贷款余额在全国普惠型小微企业贷款余额中所占份额为 38.36%，第二季度所占份额为 39.12%，第三季度所占份额为 39.82%。① 除大型商业银行外，农村金融机构的普惠型小微企业贷款余额在全国普惠型小微企业贷款余额中所占份额也较大，2023 年第一季度所占份额为 29.15%，2023 年第二季度所占份额为 28.72%，2023 年第三季度所占份额为 28.25%。② 当然，其他各类银行业金融机构也都在普惠型小微企业贷款领域全面发力。近几年，各类银行业金融机构发放的普惠型小微企业贷款余额，呈现出普遍增长的趋势（见表 1）。

表 1　2021 年至 2023 年第三季度银行业金融机构普惠型小微企业贷款余额情况

单位：亿元

	2021 年	2022 年	2023 年第一季度	2023 年第二季度	2023 年第三季度
银行业金融机构合计	190747.3	235706.1	259040.0	273661.0	284049.2
其中：大型商业银行	65560.4	86027.4	99357.6	107060.7	113103.9
股份制商业银行	33723.3	40511.7	42909.4	44514.0	45775.6
城市商业银行	26668.6	33066.9	35258.7	36942.9	38074.1
农村金融机构	60546.7	70276.8	75497.1	78588.3	80246.9

注：2019 年起，邮储银行纳入大型商业银行汇总口径；农村金融机构包括农村商业银行、农村信用社、农村合作银行和新型农村金融机构。

资料来源：《2021 年银行业金融机构普惠型小微企业贷款情况（季度）》，http://www.cbirc.gov.cn/cn/view/pages/ItemDetail.html?docId=1018528&itemId=954&generaltype=0，最后访问日期：2023 年 9 月 30 日；《2022 年银行业金融机构普惠型小微企业贷款情况（季度）》，https://www.cbirc.gov.cn/cn/view/pages/ItemDetail.html?docId=1054683&itemId=954&generaltype=0，最后访问日期：2023 年 9 月 30 日；《2023 年银行业金融机构普惠型小微企业贷款情况（季度）》，https://www.cbirc.gov.cn/cn/view/pages/ItemDetail.html?docId=1109311&itemId=954&generaltype=0，最后访问日期：2023 年 12 月 17 日。

① 《2023 年银行业金融机构普惠型小微企业贷款情况（季度）》，https://www.cbirc.gov.cn/cn/view/pages/ItemDetail.html?docId=1109311&itemId=954&generaltype=0，最后访问日期：2023 年 12 月 17 日。

② 《2023 年银行业金融机构普惠型小微企业贷款情况（季度）》，https://www.cbirc.gov.cn/cn/view/pages/ItemDetail.html?docId=1109311&itemId=954&generaltype=0，最后访问日期：2023 年 12 月 17 日。

2. 普惠型小微企业贷款利息成本稳中有降

近年来，普惠型小微企业贷款利率水平呈稳中有降的趋势，有效降低了小微企业的融资成本。相对而言，小微企业贷款成本高、风险大，需要由贷款利率定价来弥补成本。小微企业贷款按照“保本微利”、商业可持续的盈亏平衡点来测算，如果风险控制得好，不良率控制在3%以下，利率盈亏平衡点应该是在5%~5.7%。利率定在5%~5.7%，才能基本实现“保本微利”和商业可持续。① 2021年，全国普惠型小微企业贷款平均利率为5.69%，较2020年下降0.2个百分点。2023年，全国普惠型小微企业贷款平均利率为4.78%，较2022年下降0.47个百分点（见图3）。

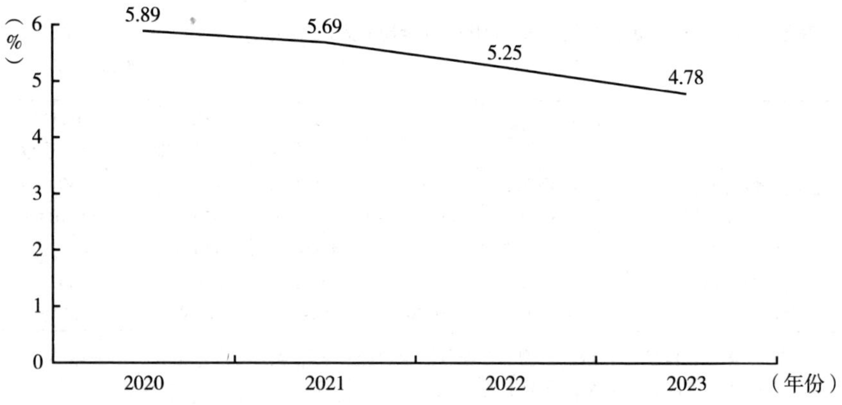

图3　2020~2023年普惠型小微企业贷款利率变化趋势

资料来源：《【奋进新征程 建功新时代】2021年普惠型小微贷款“双增”》，http：//www.cbimc.cn/content/2022-03/30/content_ 459088.html，最后访问日期：2024年2月20日；《2023年末全国普惠型小微企业贷款余额增长超23%》，https：//www.gov.cn/yaowen/shipin/202401/content_ 6925873.htm，最后访问日期：2024年2月20日。

① 《祝树民在国务院政策例行吹风会上的开场讲话及答问实录》，http：//www.cbirc.gov.cn/cn/view/pages/ItemDetail.html？docId=216697&itemId=915&generaltype=0，最后访问日期：2023年9月30日。

3. 普惠型小微企业贷款服务客户数量明显增加

近年来，全国普惠型小微企业贷款客户规模持续扩大（见图 4）。2021 年末，全国普惠型小微企业贷款有贷款余额户数 3358.10 万户，同比增加近 785 万户。[①] 2022 年 11 月末，全国普惠型小微企业贷款有贷款余额户数 3832.02 万户，同比增加 511.12 万户。[②] 2023 年 3 月末，全国普惠型小微企业贷款有贷款余额的客户数达到 4010.50 万户。[③] 2023 年 6 月末，全国普惠型小微企业贷款有贷款余额客户数达 4115.12 万户，同比增长 11.8%。[④] 普惠型小微企业贷款服务客户数量的不断增长，体现了全国各类银行业金融机构为小微企业发展做出的不懈努力和实质贡献。

（三）普惠型涉农贷款发展现状

近年来，各商业银行和农村金融机构大力支持乡村振兴战略和农业强国建设，不断加大对“三农”领域的服务力度，普惠型涉农贷款稳步增长。

1. 普惠型涉农贷款余额稳步增长

截至 2023 年 6 月末，全国涉农贷款余额为 54.64 万亿元，同比增长 16.0%；普惠型涉农贷款余额为 12 万亿元，同比增长 21.03%，超过各项贷款平均增速 10.3 个百分点。[⑤] 截至 2023 年 8 月末，全国涉农贷款余额为 54.98 万亿元，同比增长 15.4%。其中，农林牧渔业贷款余额为 5.72 万亿

---

① 《【奋进新征程 建功新时代】2021 年普惠型小微贷款“双增”》，http://www.cbimc.cn/content/2022-03/30/content_459088.html，最后访问日期：2023 年 9 月 30 日。

② 《普惠型小微企业贷款持续增量扩面》，http://www.cbirc.gov.cn/cn/view/pages/ItemDetail.html?docId=1089140&itemId=4235&generaltype=0，最后访问日期：2023 年 9 月 30 日。

③ 《中国银保监会发布〈关于 2023 年加力提升小微企业金融服务质量的通知〉》，http://www.cbirc.gov.cn/cn/view/pages/ItemDetail.html?docId=1106015&itemId=917&generaltype=0，最后访问日期：2023 年 9 月 30 日。

④ 《银行业保险业 2023 年上半年数据发布会》，http://www.cbirc.gov.cn/cn/view/pages/ItemDetail.html?docId=1120084&itemId=920，最后访问日期：2023 年 9 月 30 日。

⑤ 《银行业保险业 2023 年上半年数据发布会》，http://www.cbirc.gov.cn/cn/view/pages/ItemDetail.html?docId=1120084&itemId=920&generaltype=0，最后访问日期：2023 年 11 月 21 日。

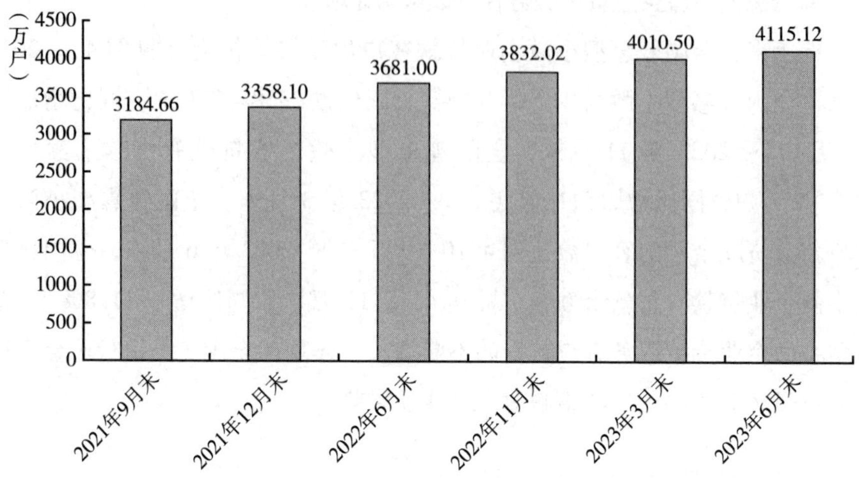

图 4　全国普惠型小微企业贷款有贷款余额户数

注：根据公开数据整理，部分季度未按时间节点公布数据。

资料来源：《2021 年前三季度普惠型小微企业贷款阶段性完成“两增”目标》，http：//www. cbirc. gov. cn/cn/view/pages/ItemDetail. html？docId = 1020651&itemId = 4235&generaltype = 0，最后访问日期：2023 年 10 月 1 日；《【奋进新征程 建功新时代】2021 年普惠型小微贷款“双增”》，http：//www. cbimc. cn/content/2022 - 03/30/content_ 459088. html，最后访问日期：2023 年 9 月 30 日；《银保监会国新办新闻发布会答问实录》，http：//www. cbirc. gov. cn/cn/view/pages/ItemDetail. html？docId = 1062920&itemId = 915&generaltype = 0，最后访问日期：2023 年 9 月 30 日；《普惠型小微企业贷款持续增量扩面》，http：//www. cbirc. gov. cn/cn/view/pages/ItemDetail. html？docId = 1089140&itemId = 4235&generaltype = 0，最后访问日期：2023 年 9 月 30 日；《中国银保监会发布〈关于 2023 年加力提升小微企业金融服务质量的通知〉》，http：//www. cbirc. gov. cn/cn/view/pages/ItemDetail. html？docId = 1106015&itemId = 917&generaltype = 0，最后访问日期：2023 年 9 月 30 日；《银行业保险业 2023 年上半年数据发布会》，http：//www. cbirc. gov. cn/cn/view/pages/ItemDetail. html？docId = 1120084&itemId = 920，最后访问日期：2023 年 9 月 30 日。

元，同比增长 14. 6%；农户贷款余额为 16. 41 万亿元，同比增长 12. 5%。[①] 普惠型涉农贷款近三年来的余额变化情况见图 5。

同时，在普惠型涉农贷款中占主体地位的农户生产经营贷款快速增长，

① 《2023 年 8 月份涉农贷款情况》，http：//www. cbirc. gov. cn/cn/view/pages/ItemDetail. html？docId = 1130323&itemId = 4235&generaltype = 0，最后访问日期：2023 年 11 月 21 日。

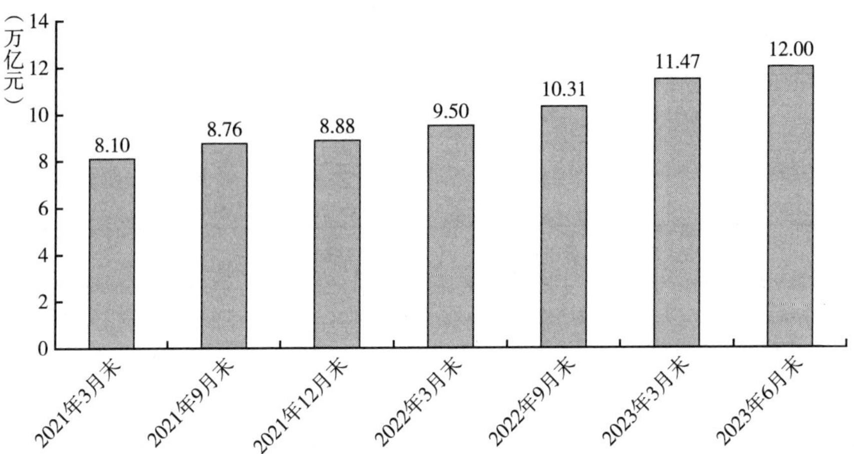

图 5　全国普惠型涉农贷款余额

注：根据公开数据整理，部分季度未按时间节点公布数据。

资料来源：《银行业保险业 2023 年上半年数据发布会》，http：//www.cbirc.gov.cn/cn/view/pages/ItemDetail.html？docId=1120084&itemId=920&generaltype=0，最后访问日期：2023 年 11 月 21 日；《2023 年一季度涉农贷款情况》，http：//www.cbirc.gov.cn/cn/view/pages/ItemDetail.html？docId=1127623&itemId=4235&generaltype=0，最后访问日期：2023 年 11 月 21 日；《涉农信贷投入稳步加大》，http：//www.cbirc.gov.cn/cn/view/pages/ItemDetail.html？docId = 1089141&itemId = 4235&generaltype=0，最后访问日期：2023 年 11 月 21 日；《中国银保监会对十三届全国人大五次会议第 2355 号建议的答复》，http：//www.cbirc.gov.cn/cn/view/pages/governmentDetail.html？docId=1093764&itemId=893&generaltype=1，最后访问日期：2023 年 11 月 21 日；《中国银保监会发布〈关于 2022 年银行业保险业服务全面推进乡村振兴重点工作的通知〉》，http：//www.cbirc.gov.cn/cn/view/pages/ItemDetail.html？docId=1045624&itemId=915&generaltype=0，最后访问日期：2023 年 11 月 21 日；《2021 年三季度涉农贷款最新数据》，http：//www.cbirc.gov.cn/cn/view/pages/ItemDetail.html？docId=1020660&itemId=4235&generaltype=0，最后访问日期：2023 年 11 月 21 日；《中国银保监会对政协十三届全国委员会第四次会议第 0464 号（财税金融类 049 号）提案的答复》，http：//www.cbirc.gov.cn/cn/view/pages/governmentDetail.html？docId = 1024643&itemId = 893&generaltype=1，最后访问日期：2023 年 11 月 21 日。

2023 年三季度末，农户生产经营贷款余额为 9.15 万亿元，同比增长 17.8%。在普惠型涉农贷款统计口径内的农户生产经营贷款近三年来的贷款余额变化情况见表 2。

表 2　普惠型农户生产经营贷款余额与增速变化情况

单位：万亿元，%

	2021 年末	2022 年一季度末	2022 年二季度末	2023 年二季度末	2023 年三季度末
贷款余额	6. 84	7. 25	7. 49	8. 86	9. 15
同比增速	14. 1	14. 1	13. 6	18. 3	17. 8

注：根据公开数据整理，部分季度未按时间节点公布数据。

资料来源：《2021 年金融机构贷款投向统计报告》，http：//www. pbc. gov. cn/goutongjiaoliu/113456/113469/4464086/2022013010434016509. pdf，最后访问日期：2023 年 11 月 21 日；《2022 年一季度金融机构贷款投向统计报告》，http：//www. pbc. gov. cn/goutongjiaoliu/113456/113469/4545143/index. html，最后访问日期：2023 年 11 月 21 日；《2022 年二季度金融机构贷款投向统计报告》，http：//www. pbc. gov. cn/goutongjiaoliu/113456/113469/4617544/index. html，最后访问日期：2023 年 11 月 21 日；《2023 年二季度金融机构贷款投向统计报告》，http：//www. pbc. gov. cn/goutongjiaoliu/113456/113469/5002892/index. html，最后访问日期：2023 年 11 月 21 日；《2023 年三季度金融机构贷款投向统计报告》，http：//www. pbc. gov. cn/goutongjiaoliu/113456/113469/5117163/index. html，最后访问日期：2023 年 11 月 21 日。

2. 商业银行大力推进乡村振兴

2023 年 6 月，中国人民银行、国家金融监督管理总局、证监会、财政部和农业农村部五部门联合发布的《关于金融支持全面推进乡村振兴 加快建设农业强国的指导意见》指出，国有商业银行、股份制商业银行要发挥资源、机制、科技等优势，加强线上线下协同，增加乡村振兴领域信贷投入。

根据中国农业银行（以下简称“农行”）官网数据，截至 2022 年末，农行县域贷款余额为 7. 3 万亿元，较上年末增加 1. 11 万亿元，农户贷款余额为 7804 亿元，较上年末增加 1770 亿元。农行依托政府增信和风险补偿机制，加强与农业农村部、国家乡村振兴局合作，大力推广“富民贷”产品，持续扩大试点范围，加快推动“富民贷”扩面上量。截至 2022 年末，“富民贷”余额达 116 亿元，努力满足农户生产经营信贷需求。农行还着力做好粮食重点领域金融服务工作，截至 2022 年末，粮食重点领域贷款余额为 2359 亿元，增长 22. 5%，其中，种业领域贷款余额为 282 亿元。此外，农行持续创新线上惠农贷款，截至 2022 年末，“惠农 e 贷”余额达 7477 亿元，较上年末增长 37.3%，推动数字赋能乡村振兴。①

根据邮储银行官网数据，截至 2022 年末，邮储银行涉农贷款余额为 1.81 万亿元，余额占比居国有大行前列。邮储银行加快推进“三农”金融数字化转型，升级服务模式，基本实现基于移动展业的小额贷款全流程数字化作业。截至 2022 年末，该行线上化小微贷款余额达 1.12 万亿元，小额贷款全年累计线上放款笔数占比超 95%。此外，邮储银行强化多方协同合作，与农业农村部门、全国农担体系合作，积极参与农业经营主体信贷直通车活动，持续加大农业经营主体信贷投放力度。截至 2022 年末，该行通过信贷直通车活动累计授信金额超 60 亿元，服务农业经营主体超 2 万户。②

3. 农村金融机构发挥支农主力军作用

根据《关于金融支持全面推进乡村振兴 加快建设农业强国的指导意见》，农村中小金融机构要立足本土、专注支农支小，强化“三农”领域信贷资源配置。截至 2022 年 6 月末，我国共有 3883 家农村金融机构，比 2015 年增加 207 家，占全国银行业金融机构总量的 84.43%（蔡然，2023）。2023 年 10 月，全国有农村中小银行 3862 家，70%以上的法人机构在县域，营业网点近 8 万家，承担了绝大部分乡镇金融服务空白和机构空白覆盖任务，基本实现乡乡有机构、村村有服务。2023 年 6 月末，全国农村中小银行涉农和小微企业贷款余额分别达到 15.4 万亿元、16.1 万亿元，涉农和小微企业贷款占贷款总额的近八成，是金融支农支小的主力军。③ 农村金融机构对普惠金融业务的持续推进，加大了对“三农”领域的服务力度。

（四）脱贫人口小额信贷发展现状

随着我国脱贫攻坚战取得全面胜利，2021 年 3 月中国银保监会、财政部、

① 《2022 社会责任报告（环境、社会及治理报告）》，https：//www.abchina.com/cn/AboutABC/CSR/CSRReport/202303/P020230331660561034053.pdf，最后访问日期：2023 年 11 月 21 日。

② 《2022 社会责任报告（环境、社会、管治）》，https：//www.psbc.com/cn/gyyc/tzzgx/qyshzr/202303/P020230330750909045649.pdf，最后访问日期：2023 年 11 月 21 日。

③ 《农村中小银行坚守支农支小助力乡村振兴》，http：//www.cbirc.gov.cn/cn/view/pages/ItemDetail.html？docId=1130769&itemId=915&generaltype=0，最后访问日期：2023 年 11 月 21 日。

中国人民银行、国家乡村振兴局联合发布了《关于深入扎实做好过渡期脱贫人口小额信贷工作的通知》，提出“扶贫小额信贷政策在过渡期内将继续坚持并进一步优化完善，切实满足脱贫人口小额信贷需求，支持脱贫人口发展生产稳定脱贫”。

脱贫人口小额信贷是以脱贫人口为支持对象（边缘易致贫户可按照执行），提供原则上 5 万元（含）以下、3 年期（含）以内、鼓励银行机构以贷款市场报价利率（LPR）放款、免担保免抵押、财政适当贴息的信用贷款。脱贫人口小额信贷依托以往扶贫小额信贷精准宣传、精准审批和精准管理经验，结合发展实际情况，适应新阶段新要求，是对以往扶贫小额信贷的优化和完善，是巩固脱贫攻坚成果、推动乡村振兴的重要举措。

近几年，脱贫人口小额信贷投放力度不断加大，为脱贫人口提供了更多金融支持。2022 年，脱贫人口小额信贷累计发放 933.5 亿元，同比增长 24%。[①] 截至 2023 年 6 月末，脱贫人口小额信贷贷款余额为 1880 亿元，支持脱贫户和防止返贫监测对象 438 万户。[②] 全国脱贫人口小额信贷近几年的发展趋势见表 3。

表 3　全国脱贫人口小额信贷发展趋势

单位：亿元，万户

	2022 年三季度末	2022 年四季度末	2023 年一季度末	2023 年二季度末
贷款余额	1832	1824	1893.6	1880
支持户数	430	433.3	443.6	438

资料来源：《银行业保险业支持巩固拓展脱贫攻坚成果成效显著》，http://www.cbirc.gov.cn/cn/view/pages/ItemDetail.html?docId=1089142&itemId=4237&generaltype=0，最后访问日期：2023 年 10 月 1 日；《2022 年金融支持巩固拓展脱贫攻坚成果同乡村振兴有效衔接工作成效明显》，http://www.cbirc.gov.cn/cn/view/pages/ItemDetail.html?docId=1100715&itemId=915&generaltype=0，最后访问日期：2023 年 10 月 1 日；《2023 年一季度金融支持巩固拓展脱贫攻坚成果情况》，http://www.cbirc.gov.cn/cn/view/pages/ItemDetail.html?docId=1127547&itemId=4235&generaltype=0，最后访问日期：2023 年 10 月 1 日；《银行业保险业 2023 年上半年数据发布会》，http://www.cbirc.gov.cn/cn/view/pages/ItemDetail.html?docId=1120084&itemI d=920&generaltype=0，最后访问日期：2023 年 10 月 1 日。

---

① 《2022 年金融支持巩固拓展脱贫攻坚成果同乡村振兴有效衔接工作成效明显》，http://www.cbirc.gov.cn/cn/view/pages/ItemDetail.html?docId=1100715&itemId=915&generaltype=0，最后访问日期：2023 年 10 月 1 日。

② 《银行业保险业 2023 年上半年数据发布会》，http://www.cbirc.gov.cn/cn/view/pages/ItemDetail.html?docId=1120084&itemId=920&generaltype=0，最后访问日期：2023 年 10 月 1 日。

（五）公益性小额信贷发展现状

公益性小额信贷是一种以商业可持续的方式向低收入群体提供小额度信贷服务以及综合性的社会支持与发展服务的普惠金融活动。

中和农信农业集团有限公司（以下简称“中和农信”）由中和农信项目管理有限公司及其旗下的小微金融机构及农村服务企业组成，其发展目标是为微型创业者提供信贷服务，提升微型创业者的自我发展能力，实现机构可持续发展。中和农信的基本战略是坚持为农村低收入人口服务，运用企业高效管理手段，将公益与效益有机结合，成为一家不以营利为目的的社会企业（孙同全、潘忠，2013：97～98、137～140）。根据中和农信官网消息，中和农信起源于国务院扶贫办与世界银行在1996年发起的秦巴山区小额信贷扶贫项目。2000年，中国扶贫基金会正式接管该扶贫项目。2008年，中国扶贫基金会小额信贷项目部转制成为中和农信项目管理有限公司，进入市场化运营阶段。2010年，国际金融公司、红杉资本成为中和农信投资人。中和农信顺利接入中国人民银行征信系统。2016年，尤努斯教授创立的格莱珉信托在中国唯一直接运营管理的小贷机构——商都县格莱珉小额贷款有限责任公司交由中和农信全权管理。近年来，中和农信上线“中和金服”App、“乡助”App，完成新的融资，向专业化阶段、综合助农阶段发展。中和农信依托其广覆盖深触达的基层线下服务网络与长期深耕农村市场收获的客户信任，开创了一条中国特色的公益性小额信贷之路。

截至2021年，中和农信金融业务已覆盖全国20个省（自治区、直辖市）的429个县域，主要为中西部地区。截至2021年末，项目累计放款546万笔967亿元，年底在贷客户42.7万户，公司在贷客户71%为农户，68%为女性，初中及以下文化水平客户占比68%，贷款余额149亿元，户均余额3.7万元。中和农信大力推进数字金融供给，2020年推出农村数字综合服务应用“乡助”，为农户提供信息联通、优买优卖、技术培训等服务信息。截至2021年底，作为中和农信线上“三农”综合服务入口的“乡助”

平台已拥有注册用户564万，大大提升了服务效率。[①] 2022年，中和农信累计发放小额贷款突破千亿元大关。[②]

广州惠众小额贷款有限公司（以下简称“惠众小贷”）是广东省第一家准公益性质的小额贷款公司。2020年12月底，广东省国强公益基金会出资3亿元注册成立惠众小贷，主要面向“三农”和中小微企业，以“公益+准公益+市场化”的公益金融模式，探索实现公益慈善事业可持续发展之路。惠农小贷的业务模式主要有公益助学、公益助农和市场化贷款三种。注册资本金的10%，用于公益助学，贷款对象是广东省内公益助学项目的困难学生、亟须提高职业技能的困难群众等，确保品学兼优的困难学生顺利完成学业、提升学业或职业发展能力。注册资本金的20%，用于公益助农，目前主要聚焦国强公益基金会在广东省内助农项目中的乡村振兴合作伙伴、农民专业合作社、农户等，贷款利率不高于同期贷款市场报价利率。根据惠众小贷提供的数据，成立三年来，惠众小贷助农放款近6000万元，服务实体及个人逾1000个。注册资本金的70%，用于市场业务，贷款对象为符合业务标准的市场个体，产品利率由市场供求关系决定。这部分是营利的，可以反哺公益业务，从而保证公司的可持续运营。

公益性小额信贷的另一种模式是基于社区合作金融的资金互助社模式，该模式由一定数量的村民组成合作组织，为他们内部的创收活动提供小额贷款，小组的资金由成员自我管理，成员自主决定存贷款利率。2007年，中国银行业监督管理委员会印发《农村资金互助社管理暂行规定》，赋予了资金互助社以合法地位（汪小亚，2014）。截至2020年3月末，41家农村资金互助社的资产总额为42.5亿元、贷款总额为25.5亿元、负债总额为37.7亿元、

① 《全国乡村振兴优秀案例（二十二）构建“金融+生产+赋能”综合服务体系 促进小农户与现代农业的有机衔接——中和农信项目管理有限公司》，https：//www.sohu.com/a/663743015_ 121106994，最后访问日期：2024年2月20日。

② 《第七批北京农业产业化重点龙头企业公布，中和农信榜上有名》，https：//www.chongho.net/dynamic-newsDetail.html？id=648，最后访问日期：2023年9月30日。

存款总额为36.4亿元、平均资本充足率为21.8%、不良贷款率为3.3%、拨备覆盖率为170.2%。[①] 根据国家金融监督管理总局网站公布的《银行业金融机构法人名单》(截至2023年6月末),全国农村资金互助社降至36家。[②]

三 中国普惠信贷面临的问题与挑战

(一)普惠型小微企业贷款发放主体的角色失调

在为小微企业发展提供金融支持方面,中国各类银行机构全面发力,尤其是大型商业银行发挥着突出作用。2021年中国银保监会发布文件指出,“银行业金融机构要继续发挥好小微企业间接融资的主渠道作用,实现信贷供给总量稳步增长”,“五家大型银行要努力实现普惠型小微企业贷款全年增长30%以上”。[③] 2023年中国银保监会发布文件指出,“要提升大中型银行服务小微企业内生动力”,“大型银行要进一步发挥资源、技术优势,优化小微企业的数字化经营模式,深挖服务潜力,实现规模经济”。当然,文件中也指出要“推动地方法人银行加大小微企业信贷支持力度”,“积极发挥政策性资金服务小微企业优势”[④],发挥其他银行主体的作用。但是,根据国家金融监督管理总局网站消息,2021年一季度以来,大型商业银行的普惠型小微企业贷款余额在全国普惠型小微企业贷款余额中所占份额一直保持最高。

---

① 《中国银保监会对政协十三届全国委员会第三次会议第1629号(财税金融类182号)提案的答复》,http://www.cbirc.gov.cn/cn/view/pages/govermentDetail.html?docId=955587&itemId=893&generaltype=1,最后访问日期:2023年9月30日。

② 《银行业金融机构法人名单(截至2023年6月末)》,http://www.cbirc.gov.cn/cn/view/pages/governmentDetail.html?docId=1125015&itemId=863&generaltype=1,最后访问日期:2023年11月24日。

③ 《中国银保监会办公厅关于2021年进一步推动小微企业金融服务高质量发展的通知》,http://www.cbirc.gov.cn/cn/view/pages/ItemDetail.html?docId=1020646&itemId=4236&generaltype=0,最后访问日期:2023年9月30日。

④ 《中国银保监会办公厅关于2023年加力提升小微企业金融服务质量的通知》,http://www.cbirc.gov.cn/cn/view/pages/governmentDetail.html?docId=1106034&itemId=878&generaltype=1,最后访问日期:2023年9月30日。

大型商业银行具有资金雄厚、技术完善等优势，在支持小微企业发展方面也做出了重要贡献，但普惠型小微企业信贷的发展过于依赖大型商业银行可能会不利于其长期健康发展，并在一定程度上损害金融市场活力。一方面，大型商业银行因自身实力雄厚，有较多的优质客户，缺乏为小微企业服务、承担较高风险的内生动力。同时，大型商业银行对于市场下沉信息缺乏了解，在为小微企业投放贷款、风险管理等方面不具有优势。但受相关政策影响，大型商业银行必须积极采取各种行动为小微企业投放普惠型贷款。另一方面，中小型银行因自身实力有限，缺乏优质客户，主要服务对象为中小型企业，满足下沉市场需求。但是，由于大型商业银行根据政策要求下调其贷款利率抢占小微企业客户，中小型银行的盈利空间被大大压缩，即使想要为小微企业提供金融支持也有心无力。无论是大型商业银行，还是中小型银行，都缺乏服务小微企业的内生动力，普惠型小微企业贷款的投放对政策的依赖性过强，缺乏市场的良性供需对接，造成普惠型小微企业贷款发放主体的角色失调。

与此同时，普惠型小微企业贷款的经营风险问题不容忽视。2023 年前 8 个月，全国新发放普惠型小微企业贷款的平均利率为 4.8%[①]，已经低于 5% 的盈亏平衡点[②]。截至 2022 年 4 月末，银行业普惠型小微企业贷款不良余额为 4476.21 亿元，不良率是 2.18%；而整个银行业不良贷款率是 1.82%。[③] 从 2022 年的数据上看，尽管满足“普惠型小微企业贷款不良率不高于各项贷款不良率 3 个百分点”的容忍度标准，但普惠型小微企业贷款的不良率相对于整个银行业不良贷款率来看还是偏高。

---

① 《金融监管总局有关负责人就〈国务院关于推进普惠金融高质量发展的实施意见〉答记者问》，http：//www.cbirc.gov.cn/cn/view/pages/ItemDetail.html? docId = 1131227&itemId = 915&generaltype=0，最后访问日期：2023 年 10 月 12 日。

② 《祝树民在国务院政策例行吹风会上的开场讲话及答问实录》，http：//www.cbirc.gov.cn/cn/view/pages/ItemDetail.html? docId=216697&itemId=915&generaltype=0，最后访问日期：2023 年 9 月 30 日。

③ 《银保监会：整个银行业不良贷款率 1.82% 拨备覆盖率 197.5%》，https：//www.yicai.com/news/101416768.html，最后访问日期：2023 年 9 月 30 日。

（二）脱贫人口小额信贷服务对象的内生动力不足

脱贫人口小额信贷主要为脱贫户、边缘易致贫户和突发严重困难户提供金融支持。这些支持对象虽然已经脱贫，但刚刚摆脱贫困，借款意愿相对较低，并且经济能力仍然有限，抗风险能力相对不高。而脱贫人口小额信贷的利率较低，且政府贴息，对于需要资金的企业来说具有较大的吸引力。政府虽然已明确规定脱贫人口小额信贷“坚持户借、户用、户还，精准用于贷款户发展生产和开展经营，不能用于结婚、建房、理财、购置家庭用品等非生产性支出，也不能以入股分红、转贷、指标交换等方式交由企业或其他组织使用”，但是仍然出现了“户贷企用”的现象，即符合条件的脱贫户、边缘易致贫户和突发严重困难户借款，交由企业实际使用。这不仅不符合规范，而且改变了脱贫人口小额信贷的实际服务对象，脱贫户等群体并没有利用这笔资金发展生产和开展经营，难以长期受益。这种现象折射出，现有政策支持的脱贫户等群体缺乏使用脱贫人口小额信贷的内生动力和能力。

集体经济是弥补个体能力不足的重要方式，农村集体经济在促进乡村振兴方面有着重要意义。但是，中国农村集体经济发展仍面临较严重的金融供给不足和资金脱节问题，农村集体经济缺乏来自银行等正规金融系统的支持，自筹得到的资金非常有限（陈意、郭梦恬，2022：80~81）。也就是说，脱贫人口小额信贷的支持对象缺乏使用贷款的内生动力与能力，而农村集体经济却面临资金供给不足的困难，二者之间存在一定的偏差。

（三）公益性小额信贷的角色冲突

公益性小额信贷是为那些得不到正规金融信贷的弱势群体提供信贷服务的一种普惠金融活动，它不同于正规金融和掠夺性的非正规金融，与政府和慈善的一般扶贫也不同（马荣华，2015：55~60）。中国公益性小额信贷兼具两个方面的特点。一方面，公益性小额信贷具有一定的公益性，它以低收入群体为服务对象，为其提供信用贷款，纾解其因经济能力低、还贷风险高等难以在银行等金融机构拿到贷款的困境。公益性小额信贷的组织机构不追求利润，而是以帮扶弱势群体、促进社会发展进步为己任，公益性蕴含在其发展目标之中。另一方面，公益性小额信贷追求一定的商业可持续性，它要求贷款人定期还本付息，期望通过自身的运营达到“保本微利”的状态，资金来源也并不完全依托政府补贴或社会捐赠。虽然公益性小额信贷期望能够达到“保本微利”的目标，但是由于其获取资金的成本更高、面临的还款风险更大，在维持组织运行方面需要承担更大风险，商业可持续性面临较大挑战。公益性小额信贷在坚持公益性与追求商业可持续性上存在一定的角色冲突，未能很好地兼顾两方面的目标。

四　促进中国普惠信贷发展的建议

（一）细化普惠型小微企业贷款的市场分工

首先，从政策上进一步细化普惠型小微企业贷款的市场分工，降低大型商业银行投放普惠型小微企业贷款的要求，释放市场活力，鼓励、引导中小型银行为小微企业提供更多的金融支持。其次，大型商业银行要追求普惠型小微企业贷款由“增量”向“提质”转变，做深做实考核激励、资源倾斜等内部机制。当然，降低大型商业银行在普惠型小微企业贷款中所占份额并不意味着大型商业银行不为小微企业提供金融支持。《国务院关于推进普惠金融高质量发展的实施意见》要求，健全多层次普惠金融机构组织体系，引导各类银行机构坚守定位、良性竞争。大型商业银行要提高对下沉市场的了解程度，进一步落实贷款“三查”，完善自身监管机制，降低普惠型小微企业贷款不良率，进一步降低运营风险，促进普惠型小微企业贷款长期健康发展。此外，大型商业银行要改变过去以压低贷款利率为主的吸引小微企业客户的方式，营造更加健康的市场环境。最后，中小型银行应发掘自身地缘、人缘优势，积极开展“走万企 提信心 优服务”活动，利用自身对下沉市场了解和熟悉的优势，取得小微企业客户的信任，做好当地服务，并以多样化的方式吸纳储蓄、扩大自身资金规模，加强技术创新，为小微企业提供更高质量的金融产品与服务，吸引更多的小微企业客户。

（二）调整脱贫人口小额信贷的服务对象

一方面，我国脱贫人口小额信贷的主要支持对象为脱贫户等低收入群体，其贷款使用意愿和能力有限。另一方面，我国农村集体经济作为推动乡村振兴的重要力量，缺乏金融系统的资金支持。《国务院关于推进普惠金融高质量发展的实施意见》要求，提高新型农业经营主体的金融服务水平。目前，我国脱贫人口小额信贷的服务对象存在偏差。为提高脱贫人口小额信贷的资金利用率，避免“户贷企用”的现象，同时加大对农村集体经济的支持力度，建议从政策上调整脱贫人口小额信贷的服务对象。这既可以保留一部分对脱贫户等群体的资金支持通道，为有意愿有能力自我经营的个体提供经济上的支持和帮助，又可以将部分原本投入脱贫人口小额信贷的资金转换到帮扶农村集体经济发展上来，为农村集体经济组织提供利率较低、财政补贴的贷款，纾解集体经济因资金不足、融资难出现的发展困境。发展壮大农村集体经济并将脱贫人口纳入其中，使农民的生产经营由“单打独斗”转变为“团结合作”，可为个体经营中部分农户经营能力有限、整合资源能力不强的问题提供解决途径。农村集体经济的发展不仅能够为脱贫户等群体带来更多的就业机会和收益分红，而且可以为整个乡村带来经济增长点，推进乡村振兴。

（三）厘清公益性小额信贷角色定位

《国务院关于推进普惠金融高质量发展的实施意见》指出，要健全多层次普惠金融机构组织体系，发挥除银行外的各类机构的补充作用。公益性小额信贷兼具公益性和商业可持续性的特点，能够为普惠信贷发展贡献力量。但是公益性小额信贷存在角色冲突，其公益性要求其为低收入群体服务，不能设置过高利率，以纾解低收入群体困境；其商业可持续性又要求其具有一定的盈利能力，不能一味投入、没有收入。想要纾解这种困境，首先，政府要认识到公益性小额信贷的重要作用，明确其组织机构的社会企业地位，加大政策倾斜力度，为公益性小额信贷的服务机构提供更多政策帮扶，在拓宽资金来源渠道、拓展服务对象、争取客户信任等方面为其提供更多支持和帮助。同时，政府可以通过贴息、减税等途径支持公益性小额信贷的发展，纾解其资金困境。其次，公益性小额信贷的组织机构要坚持以“保本微利”为目标，强调商业可持续性，通过合理设置公益性贷款和市场性贷款的比例来实现自给自足，促进公益性小额信贷的长期可持续发展。最后，公益性小额信贷的服务机构要完善内部治理，提高信用审核能力，加强管理，严格规范借款人员按照还款要求还款，降低不良贷款的发生率，促进公益性小额信贷的可持续发展。

参考文献

蔡然，2023，《我国农村金融市场发展研究与建议》，《中国金融家》第 Z1 期。

陈意、郭梦恬，2022，《农村集体经济发展的金融支持》，《中国金融》第 17 期。

马荣华，2015，《论我国公益性小额信贷的发展对策——来自西方储蓄银行的启示》，《新金融》第 4 期。

孙同全、潘忠，2013，《社会企业道路——中国公益性小额信贷组织转制问题初探》，社会科学文献出版社。

汪小亚，2014，《发展新型农村合作金融》，《中国金融》第 5 期。

易纲，2023，《建设现代中央银行制度 更好服务中国式现代化》，《清华金融评论》第 5 期。

B.3 中国普惠保险的发展现状与趋势

周　玲*

摘　要： 普惠保险是普惠金融的重要组成部分，近二十年来我国普惠保险呈现加速发展的态势，支持普惠保险发展的政策框架逐步形成。2020年到2022年，以城市定制型商业医疗保险、长期护理保险、公益保险、相互保险为代表的各类普惠保险都有不同程度的发展。不过，全面、均衡、精细的政策支持体系尚未完整建立，普惠保险服务覆盖面和保障程度仍然十分有限。未来仍需从政策支持、保险机构、产品或服务、监管及基础设施与公共服务五个方面完善普惠保险高质量发展的生态体系。

关键词： 普惠保险　城市定制型商业医疗保险　长期护理保险　公益保险　相互保险

我国普惠保险始于2005年的小额保险，近二十年来不断加速发展，尤其体现在国家支持普惠保险发展的政策框架逐步形成。近些年来，以城市定制型商业医疗保险、长期护理保险、公益保险、相互保险为代表的各类普惠保险呈现不同发展态势，也面临不同的挑战与问题。

一　国家支持普惠保险发展的政策框架逐步形成

（一）普惠保险伴随着普惠金融与商业保险制度的不断完善而持续发展

普惠保险是普惠金融的重要组成部分，我国发展普惠金融与商业保险的

* 周玲，博士，北京城市学院公共管理学部副教授，社工实务研究中心主任，研究方向为普惠保险、金融社会工作、社会组织。

相关政策中，持续提及鼓励发展普惠保险，要求积极扩大保险产品供给和普惠保险保障对象范围。

2014 年 10 月 27 日，国务院办公厅发布《关于加快发展商业健康保险的若干意见》（国办发〔2014〕50 号），明确提出扩大商业健康保险供给，包括鼓励保险机构积极开发满足老年人保障需求的健康养老产品，鼓励开设残疾人康复、托养、照料和心智障碍者家庭财产信托等商业保险。

2020 年 1 月 23 日，中国银保监会等十三部委联合发布了《关于促进社会服务领域商业保险发展的意见》（银保监发〔2020〕4 号），进一步明确扩大普惠保险范围，支持商业保险机构有序发展面向农村居民、城镇低收入人群、残疾人的普惠保险，要求夯实意外伤害经验发生率表编制和职业、风险、伤残分类标准制定等基础工作，健全产品定价机制。

2020 年 2 月 25 日，中共中央、国务院发布《关于深化医疗保障制度改革的意见》，指出“加快发展商业健康保险，丰富健康保险产品供给，用足用好商业健康保险个人所得税政策，研究扩大保险产品范围”。

2021 年 3 月 12 日，《国民经济和社会发展第十四个五年规划和 2035 年远景目标纲要》共有 15 次提及“保险”，包括长期护理保险、商业医疗保险、农业保险、巨灾保险、重大疾病医疗保险等，强调“深化保险公司改革，提高商业保险保障能力”。

2023 年 9 月 25 日，国务院印发《关于推进普惠金融高质量发展的实施意见》（国发〔2023〕15 号），其中第四部分为“完善高质量普惠保险体系”，重点关注建设农业保险高质量服务体系、发挥普惠型人身保险保障民生作用和支持保险服务多样化养老需求，尤其提及积极发展面向老年人、农民、新市民、低收入人口、残疾人等群体的普惠型人身保险业务，扩大覆盖面。

（二）首个普惠保险整体性专门政策正式发布征求意见稿

2022 年 12 月 10 日，中国银保监会发布《关于推进普惠保险高质量发展的指导意见（征求意见稿）》，这是我国首次针对普惠保险拟出台的专门文件，将对普惠保险业务重要性的整体强调全面细化为对产品种类、保障人群、服务方式等方面的要求，为国内普惠保险的发展搭建起较为完整的政策框架。

首先，明确了普惠保险的类型与内涵，将普惠保险划分为普惠性质的保险和专属普惠保险两种形式。普惠性质的保险是面向广大人民群众和小微企业提供的公平可得、保费较低、保障适度的保险产品和服务，主要包括大病保险、长期护理保险、城市定制型商业医疗保险、税优健康保险、专属商业养老保险、农业保险、出口信用保险等，以及保费或保额相对较低的意外伤害保险、健康保险、人寿保险、财产保险等保险产品和服务。而专属普惠保险主要指针对社会保险保障不足、商业保险覆盖空白领域，面向特定人群或特定风险群体开发的普惠保险产品和服务，重点关注老年人、妇女、儿童、残疾人、慢性病人群、特殊职业和新市民等特定风险群体与小微企业、个体工商户、新型农业经营主体的风险特征及其应对需求。

其次，为普惠保险的运营设定了较为清晰的基本原则和规范，强调加强普惠保险监管。普惠保险三大原则包括“坚持普及服务和普遍实惠相结合、坚持市场机制和政策支持相结合、坚持创新发展和防范风险相结合”，运营规范涵盖普惠保险的产品定价、市场销售规范、代理费标准、服务机构类型、风险控制、消费者保护等方面，旨在更好地确保普惠保险业务的稳健经营与保护普惠保险消费者的利益。

最后，提出要从各维度创造普惠保险高质量发展的良好环境，包括银保监会及其派出机构、保险公司要高度重视普惠保险发展，争取地方政府对普惠保险的切实支持，开展普惠保险教育，深化普惠保险研究，为普惠保险的发展构建全面支持体系。

（三）专项领域普惠保险政策不断拓展与深化

1. 涉农普惠保险的政策发展

我国的普惠保险始于针对进城务工人员、农村居民和农业经营主体的保险产品和服务。涉农普惠保险主要包括农村小额人身保险和农业保险。国家陆续出台了一系列文件推动我国涉农普惠保险的发展，政策性农业保险成为党和国家着力发展的普惠保险产品类型。

2008 年 6 月，中国保监会在调研基础上印发《农村小额人身保险试点方案》（保监发〔2008〕47 号），要求保险公司扩大试点范围和产品、积极探索新模式，对试点机构资格、试点产品和业务模式、鼓励支持政策、监管要求、实施步骤和时间进行了总体部署和具体规定。

2013 年 3 月 1 日起正式施行的《农业保险条例》（国令第 629 号）明确提出，国家支持发展多种形式的农业保险，对符合规定的农业保险由财政部门给予保险费补贴，建立财政支持的农业保险大灾风险分散机制，鼓励地方政府给予农业保险费补贴，对农业保险经营依法给予税收优惠，为涉农普惠保险发展提供了强大的资金支持。

2015 年 12 月，国务院印发《推进普惠金融发展规划（2016—2020 年）》（国发〔2015〕74 号），就涉农普惠保险发展进行了全面而明确的部署："引导保险机构持续加大对农村保险服务网点的资金、人力和技术投入。支持保险机构与基层农林技术推广机构、银行业金融机构、各类农业服务组织和农民合作社合作，促进农业技术推广、生产管理、森林保护、动物保护、防灾防损、家庭经济安全等与农业保险、农村小额人身保险相结合。发挥农村集体组织、农民合作社、农业社会化服务组织等基层机构的作用，组织开展农业保险和农村小额人身保险业务。完善农业保险协办机制。"

中共中央、国务院印发《乡村振兴战略规划（2018—2022 年）》后，关于普惠金融服务乡村振兴的相关政策不断出台，不仅要求涉农保险高质量发展，而且要求包括保险公司在内的金融机构为乡村振兴提供全面服务。2019 年，财政部等联合印发《关于加快农业保险高质量发展的指导意见》（财金〔2019〕102 号），指出需要"提升风险预警、识别、管控能力，加大预防投入，健全风险防范和应急处置机制"。中国银保监会办公厅印发《关于 2022 年银行业保险业服务全面推进乡村振兴重点工作的通知》（银保监办发〔2022〕35 号），全面关注金融服务粮食安全、农村产业发展、乡村建设、新型农业经营主体等方面，要求按照"愿保尽保""应赔尽赔""快赔早赔"的原则，不断提升农业农村保险承保理赔服务质效。2023 年中共中央、国务院印发的《关于做好 2023 年全面推进乡村振兴重点工作的意见》要求，“推动农业保险扩面增品，改进涉农保险服务质量，提升农民人身险保障水平”。

2. 老年人普惠保险的政策发展

为落实党中央、国务院关于规范发展第三支柱养老保险的决策部署，老年人普惠保险政策加速发展，重点关注四个方面，包括增加老年人保险产品供给、降低保险产品购买成本、稳步探索长期护理险、通过保险积极发展健康养老服务。

2020 年 1 月，中国银保监会等十三部委联合发布《关于促进社会服务领域商业保险发展的意见》（银保监发〔2020〕4 号），对健康保险产品、养老保险产品进行了重点论述，提出了细致的规划要求，特别提出要加快发展商业长期护理保险、60 岁及以上老年人专属保险、老年人住房反向抵押养老保险等，对老年人相关以及专属保险产品给予了重点支持。

2021 年 10 月，中国银保监会发布《关于进一步丰富人身保险产品供给的指导意见》（银保监办发〔2021〕107 号），要求各保险公司结合老年人风险特征和需求特点，有针对性地开发专属养老保险产品，鼓励支持保险机构进一步提高投保年龄上限，重点是老年人需求较为强烈的疾病险、医疗险、长期护理险、意外险等领域，进一步提高产品供给，探索可支持长期化、年金化、定制化领取的保险产品和服务。

为重点解决重度失能人员长期护理保障问题，多个政府部门积极探索通过长期护理保险为长期失能人员的基本生活照料和与之密切相关的医疗护理提供服务或资金保障。2016 年，人力资源社会保障部办公厅发布《关于开展长期护理保险制度试点的指导意见》（人社厅发〔2016〕80 号），首批试点的 15 个城市包括上海市、广州市等，要求利用 1~2 年时间积累试点经验，在“十三五”期间基本形成适应我国社会主义市场经济体制的长期护理保险政策框架。2019 年，政府工作报告提出“扩大长期护理保险制度试点”。2020 年 9 月，经国务院同意，国家医保局会同财政部印发《关于扩大长期护理保险制度试点的指导意见》（医保发〔2020〕37 号），长期护理保险试点城市增至49个。2021年7月，国家医保局办公室、民政部办公厅印发《长期护理失能等级评估标准（试行）》（医保办发〔2021〕37号），2022年1月又配套印发《长期护理保险失能等级评估操作指南》，提出首个全国统一的长期护理失能等级评估标准，建立了涵盖日常生活能力等方面的综合评估指标体系。

为发展养老普惠保险市场，多个部门发布政策支持通过税收优惠降低个人保险购买支出，鼓励个人购买健康保险。2015年5月，财政部、国家税务总局、保监会发布《关于开展商业健康保险个人所得税政策试点工作的通知》（财税〔2015〕56号），中国保监会随即印发《个人税收优惠型健康保险业务管理暂行办法》（保监发〔2015〕82号），明确个人购买符合规定的商业健康保险产品的支出允许在当年（月）计算应纳税所得额时予以税前扣除，扣除限额为2400元/年（200元/月），2016年1月1日开始在全国31个城市试点。2017年4月，财政部、国家税务总局、保监会联合制发了《关于将商业健康保险个人所得税试点政策推广到全国范围实施的通知》（财税〔2017〕39号）。2023年7月6日，国家金融监督管理总局印发《关于适用商业健康保险个人所得税优惠政策产品有关事项的通知》（金规〔2023〕2号），将适用个人所得税优惠政策的商业健康保险产品范围扩大至医疗保险、长期护理保险和疾病保险等商业健康保险主要险种，增加了产品保障内容，提高了灵活性。

与此同时，国家不断加大通过保险积极发展健康养老服务的政策支持力度。2019年10月31日，中国银保监会正式发布新的《健康保险管理办法》（银保监会令2019年第3号），明确了长期医疗保险费率调整机制，支持健康保险与健康管理相结合，规定净保险费的20%可用于健康管理。鼓励保险公司采用大数据等新技术提升风险管理水平。

3. 残疾人普惠保险的政策发展

2015年，国务院印发《关于加快推进残疾人小康进程的意见》（国发〔2015〕7号），明确提出“鼓励商业保险公司开发适合残疾人的康复、托养、护理等保险产品”。国务院2016年印发的《“十三五”加快残疾人小康进程规划纲要》（国发〔2016〕47号）与2021年印发的《“十四五”残疾人保障和发展规划》（国发〔2021〕10号）都明确表示，“支持商业保险机构对残疾人实施优惠保险费率，鼓励开发适合残疾人的补充养老、补充医疗等商业保险产品。鼓励残疾人个人参加相关商业保险。针对残疾人面临的意外伤害、康复护理、托养等问题，鼓励信托、保险公司开发符合残疾人需求的金融产品”。

4. 小微企业普惠保险的政策发展

小微企业是普惠金融服务的重要对象，融资增信保障服务是保险业支持小微企业的重点。2015年，中国保监会等五部委联合印发《关于大力发展信用保证保险服务和支持小微企业的指导意见》（保监发〔2015〕6号），旨在引导保险行业以信用保险、贷款保证保险等保险产品为主要载体，发挥融资增信功能支持小微企业。2016年，中国保监会印发《中国保险业发展“十三五”规划纲要》（保监发〔2016〕74号），将积极推动小额贷款保证保险业务发展作为发展目标之一。2022年，中国银保监会办公厅发布《关于2022年进一步强化金融支持小微企业发展工作的通知》（银保监办发〔2022〕37号），要求丰富普惠保险产品和业务，更好地为小微企业提供融资增信保障服务，鼓励保险机构稳步开展小微企业融资性信保业务，对优质小微企业给予费率优惠。

二　普惠保险发展现状

依据发起主体与运营模式的不同，本报告将普惠保险划分为四类，分别为政策性普惠保险、商业性普惠保险、公益性普惠保险（以下简称“公益保险”）、互助性普惠保险（以下简称“相互保险”）。在我国，这四类普惠保险既独立发展，也呈现融合发展的趋势。例如，城市定制型商业医疗保险（又称“惠民保”）主体上是商业化运作，但多地政府提供了不同维度与程度的支持，还有一些地区的贫困家庭参保由政府和公益组织提供公益资助。在一些公益保险项目里，由社会组织联合保险公司设计出保费较低、保障合理的普惠保险产品，贫困家庭参保由社会组织筹款资助，非贫困家庭则自费购买。本节重点介绍城市定制型商业医疗保险、长期护理保险、公益保险、相互保险的发展状况。

（一）城市定制型商业医疗保险持续快速发展

城市定制型商业医疗保险（惠民保）具有较为明显的普惠保险特点，2015 年缘起于深圳，2020 年以来在我国各地呈现爆发式增长态势，已成为一款在国内诸多省份及城市迅速发展的重要普惠保险产品。

1. 惠民保的发展态势与突出优势

2020~2022 年，推出惠民保的省份数量从 23 个增加至 29 个，产品数量、参保人次和保费规模呈现快速增长，产品数量增加了 135 个，参保人次增加了 2.58 亿人次，保费规模增加了 270 亿元，可见惠民保已经成为一款接受度加速提升、受益人数众多的普惠保险产品。

表 1 2020~2022 年惠民保发展趋势

	2020 年	2021 年	2022 年
省份数量(个)	23	28	29
产品数量(个)	111	177	246
参保人次(亿人次)	0.4	1.4	2.98
保费规模(亿元)	50	140(约)	320

资料来源：《中国保险行业协会发布〈2021 中国保险业社会责任报告〉》，http：//www.iachina.cn/art/2022/11/17/art_ 22_ 106490.html，最后访问日期：2023 年 12 月 3 日；《2022 年城市定制型商业医疗保险（惠民保）知识图谱》，https：//fddi.fudan.edu.cn/4a/32/c19047a477746/page.htm，最后访问日期：2023 年 12 月 3 日；《南开大学与圆心惠保达成产学研合作 重磅发布〈惠民保发展模式研究报告〉》，http：//www.cbimc.cn/content/2023-03/29/content_ 480403.html，最后访问日期：2023 年 12 月 3 日。

惠民保快速发展得益于产品的普惠特征与多方合作的运营机制。

首先，惠民保产品具有投保门槛低、保费低和保障高三大普惠特征，有效扩展了传统商业医疗险的覆盖范围，尤其是对老年人、癌症病人等重大既往症患者，甚至部分罕见病群体也可以参保。其中，约 86.3%的产品无年龄限制，而设置年龄限制的产品大部分要求也较为宽泛，如最大投保年龄设置为 80 岁等；超过 90%的产品无等待期，且允许带病投保。[①] 86.59%的惠民保产品采取单一定价，其中 80.09%的产品费率集中在 0～100 元。[②] 保额通常在 100 万～300 万元。近 78%的惠民保产品提供特药保障，涵盖药品超过 160 种。[③]

其次，各地惠民保采取了多方合作的运营机制，政府部门、保险公司、第三方平台等共同参与。许多惠民保产品都有政府部门的积极参与和推动，政府部门以医疗健康、金融监管部门为主，部分地区还有民生保障部门参与，主要承担参与和引导产品设计、助力宣传和信用背书等职责；保险公司是产品设计和运营主体，多家保险公司共保为常见模式，其中以财产险公司为主，寿险、养老险次之，负责产品设计、销售与理赔等，大部分产品有保险经纪公司参与其中，职责包括参与产品设计与承担市场销售等；第三方平台主要包括健康管理公司、医疗企业等，主要承担健康管理、增值服务、药品审核等职责。

2. 惠民保的积极影响

惠民保加速惠及下沉市场与高龄群体，三四线城市及中低收入人群成为参保的主力，是超过半数参保人的“保险启蒙”。对于参保家庭而言，惠民保切实降低了参保负担和高额医疗支出负担；对商业保险市场而言，惠民保的影响可以概括为“短期冲击，长期利好”。有研究发现，惠民保对商业健康险确实存在短期的“挤出效应”，但是长期来看，惠民保与商业健康险并非对立而是相互促进，即伴随消费者对保险产品理解水平的不断提升，惠民保的“挤出效应”将逐步消解，并且惠民保的宣传引导，有助于提升居民的保险保障意识，对于商业健康险的长期发展

---

① 《南开大学与圆心惠保达成产学研合作 重磅发布〈惠民保发展模式研究报告〉》，http：//www. cbimc. cn/content/2023-03/29/content_ 480403. html，最后访问日期：2023 年 12 月 3 日。

② 《2022 年城市定制型商业医疗保险（惠民保）知识图谱》，https：//fddi. fudan. edu. cn/4a/32/c19047a477746/page. htm，最后访问日期：2023 年 12 月 3 日。

③ 《保险行业惠民保发展回顾与展望：不啻微芒造炬成阳》，https：//www. sgpjbg. com/baogao/111539. html，最后访问日期：2024 年 1 月 15 日。

具有积极作用。《2021 互联网健康险保障指数》显示，在已购买惠民保的消费者中，超过 74%的人认为“保障意识增强，会继续购买重疾险”，只有 21%的人在购买了惠民保后“认为保障已经足够，不会继续购买重大疾病保险”。①

（二）长期护理保险试点成效显著，范围继续扩大

随着年龄增长，老年人失能概率呈“倍级增长”。国家卫健委数据显示，2021 年我国约有 1.9 亿老年人患有慢性病，失能、半失能老年人约 4000 万人，认知障碍老年人超过 1500 万人。② 为减轻家庭照护的巨大压力，我国开始试点引入长期护理保险（以下简称“长护险”），以促进社会化养老服务加快发展。

长护险试点参保对象限定为基本医疗保险的参保人员；保障范围限定为重度失能人员，优先保障符合条件的重度残疾人、失能老年人；资金筹集按照每人每年 90~120 元的标准由个人和用人单位（或医保统筹基金）同比例分担；按照统一失能评估标准通过评估并达到重度失能等级后，可以获得符合规定的机构和人员提供护理服务所发生的费用补贴，机构和居家护理的比例分别为 70%与 80%。

我国长护险试点地区和保障人数迅速增加。2016 年，我国首批 15 个城市统一开展长护险试点。国家医保局 2018 年成立以后，在对试点进行跟踪评估的基础上，2020 年将试点扩大到 49 个城市。③ 如图 1 所示，截至 2022 年底，我国长期护理保险参保人数达到 16990.2 万人，享受保险待遇人数达到 120.8 万人。

---

① 《2021 互联网健康险保障指数》，http://www.cbimc.cn/content/2022-07/15/content_464669.html，最后访问日期：2023 年 12 月 3 日。

② 《“预防、治疗、照护”一个都不能少——〈“十四五”国家老龄事业发展和养老服务体系规划〉勾勒老年健康支撑体系蓝图》，https://www.gov.cn/zhengce/2022-02/22/content_5675030.htm，最后访问日期：2023 年 12 月 3 日。

③ 《长期护理险试点 6 年惠及 195 万人，医保局将研究完善总体目标和远景规划》，https://finance.sina.com.cn/jjxw/2023-05-18/doc-imyuenxz2409905.shtml，最后访问日期：2024 年 2 月 20 日。

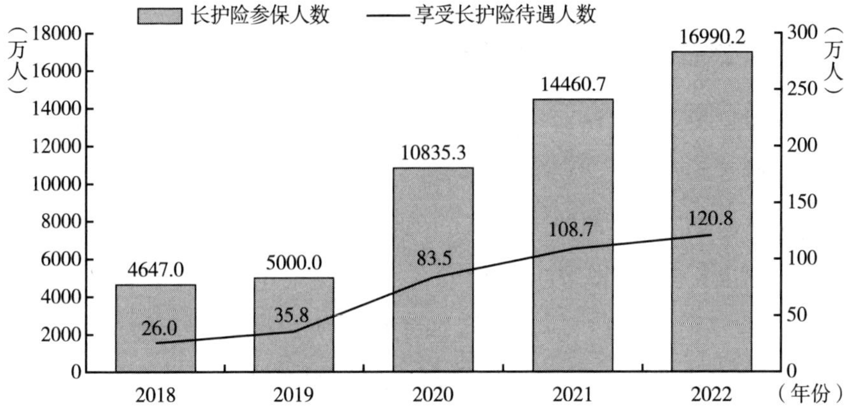

图1　2018~2022年我国长期护理保险参保人数和享受待遇人数

资料来源：2018年数据来自《中国银保监会：2018年底长期护理保险覆盖人数约4647万》，https：//baijiahao. baidu. com/s? id=1643007723178962936#：~：text=%E6%8D%AE%E4%B8%8D%E5%AE%8C%E5%85%A8%E7%BB%9F%E8%AE%A1%EF%BC%8C%E6%88%AA,%E8%A7%84%E6%A8%A1%E7%BA%A647%E4%BA%BF%E5%85%83%E3%80%82，最后访问日期：2024年2月20日；2019年数据来自《摸底长护险试点：16家险企参与、覆盖逾1.2亿人，仍有多个难题待解》，https：//www. thepaper. cn/newsDetail_ forward_ 11786475，最后访问日期：2024年2月20日；2020~2022年数据来自《2020年全国医疗保障事业发展统计公报》《2021年全国医疗保障事业发展统计公报》《2022年全国医疗保障事业发展统计公报》。

目前，各试点地区长护险制度框架基本建成，运行总体平稳，保障功能与外延功能初步显现。[①] 根据国家医疗保障局的跟踪调查，试点工作进展顺利，取得阶段性胜利。截至2023年6月底，切实减轻了失能人员家庭经济和事务负担，年人均减负约1.4万元；促进了服务体系发展，试点地区长期护理保险定点服务机构达到7600多家，是试点初期（2017年）的5倍；拓宽了就业渠道，试点地区定点服务机构护理人员数达33万人，是试点初期（2017年）的近10倍。[②] 另外，有效衔接了老年人群的医疗健康服务和养老需求，并且有助于提升居民的老人护理风险意识。[③]

① 《瑞士再保险：中国商业护理保险发展机遇》，https：//www. vzkoo. com/document/20220918c79613166c6bbe9941e2ed3b. html，最后访问日期：2023年12月3日。

② 《国家医保局举行2023年下半年例行新闻发布会》，http：//www. nhsa. gov. cn/art/2023/9/22/art_ 14_ 11321. html，最后访问日期：2023年12月10日。

③ 《长期护理保险让失能群众生活更有质量生命更有尊严》https：//news. cctv. com/2023/05/18/ARTI0ZX9BVlogb5zc6n0N3ps230518. shtml，最后访问日期：2023年12月3日。

（三）公益保险项目稳步开展

公益保险主要包括两类，即保险公司直接对受益人进行保险捐赠和公益组织筹集资金购买保险产品捐赠给特定人群。由于缺乏全面的统计数据，本报告通过典型案例来说明公益保险近年来的发展状况。

1. 河南洪灾公益保险资助行动

2021 年 7 月 21 日，河南发生严重的洪灾，造成巨大的损失，各家保险公司在快速进行灾害估损和启动理赔机制的基础上，积极开展资金和保险捐赠行动①，包括为数十支救援队的 1100 名救援队员捐赠共计 5.5 亿元的意外险保障②，推出“河南志愿者专属保障”“驰援河南意外医疗险”等③。另有不少公益基金会联合各方为救援队员提供专项救援险资助。

2023 年 7 月 29 日开始，京津冀地区连降暴雨，超过 150 支救援队参与抗洪救灾。8 月 3 日，多家公益基金会联合发起“救援队保险保障计划”④，为参与京津冀地区救灾的救援队免费提供为期一年的救援险资助，累计超过 3300 名救援队员受益。

2. 顶梁柱健康扶贫公益保险项目

顶梁柱健康扶贫公益保险项目（以下简称“顶梁柱项目”）于 2017 年正式启动，在国家乡村振兴局（原国务院扶贫办）和国家卫健委的指导下，由中国乡村发展基金会（原中国扶贫基金会）等多方联合推出，采取“互联网+公益+保险”的运作模式，分为脱贫攻坚和乡村振兴两个阶段实施。第一阶段

---

① 《抗洪救灾①丨捐款超 2.5 亿元！银行业保险业与河南共渡难关！》，https：//baijiahao.baidu.com/s？id=1706425431434447350&wfr=spider&for=p，最后访问日期：2023 年 12 月 3 日。

② 《大家保险为驰援河南救援队员捐赠 5.5 亿元保险保障》，https：//www.henandaily.cn/content/2021/0729/311265.html，最后访问日期：2023 年 12 月 3 日。

③ 《多家险企捐款赠险共抗河南特大暴雨灾害》，https：//insurance.hexun.com/2021-07-23/204014750.html，最后访问日期：2023 年 12 月 3 日。

④ 《“救援队保险保障计划”启动！》，https：//mp.weixin.qq.com/s/BgRF_Pk2PXL8UGDl65GFWA，最后访问日期：2023 年 12 月 3 日。

为18~60周岁建档立卡贫困户提供专属公益保险，第二阶段保障对象为18~60周岁低收入人群，确保脱贫县农村低收入人群应保尽保。① 截至2022年11月底，顶梁柱项目已惠及全国12个省份的100个县（区、市），累计动员近81亿人次参与捐款，累计募集资金近3.9亿元，共计为近1435万低收入人口提供健康保障，累计赔付近22.07万人次，累计理赔金额约3.3亿元。②

3. 女性公益保险项目

我国女性高发的疾病主要是乳腺癌、宫颈癌、卵巢癌和子宫内膜癌，为让更多女性"病有所医、医有所保"，在全国妇联的倡导与支持下，基金会联合保险公司定制女性专属公益保险。首创源自浙江省妇女儿童基金会2017年发起的"康乃馨女性健康关爱计划"，实施五年以来投保46万人次，494名患病妇女获得理赔，赔付累计3234.1万元，赔付率约为99.02%（未满期赔付数据）。③

2019年，全国妇联与中国人寿寿险公司联合发起女性安康工程，具体承办方为中国人寿各地分公司。该工程已经在山西、天津、湖北、内蒙古、福建、陕西、广东、河南等省份逐步开展。保险费用每人每年100元，保障内容和额度存在一定地区差异。主要保障内容为乳腺癌、宫颈癌、卵巢癌等女性高发癌症与意外，保额共计4.3万元，有些地区保障额度可以达到10万元。一般而言，贫困妇女的保险费用由地方政府投入资金或由公益组织发起筹款进行资助，保险公司也会捐赠一部分，非贫困妇女则自行购买。目前未能查询到全国的总体参保和理赔数据，一些地区的项目数据显示该产品赔付率较高。2022年，天津市"女性安康公益保险"出险2387人次，理赔1770万元，理赔率达到86.5%。④ 武汉市2020年的赔付率为76.4%（强洪、谢红，2021）。

---

① 《顶梁柱健康公益保险项目优化升级——解低收入群体"燃眉之急"》，https://rmh.pdnews.cn/Pc/ArtInfoApi/article?id=32232648，最后访问日期：2023年12月3日。

② 《顶梁柱健康公益保险项目5年成果发布》，https://www.workercn.cn/c/2022-12-17/7677226.shtml，最后访问日期：2024年2月20日。

③ 《康乃馨女性健康关爱计划》，https://www.zjwcf.org.cn/?action=publicfinancing-detail&id=164540105200000001，最后访问日期：2023年12月3日。

④ 《2022年理赔1770万元"女性安康公益保险"为保障妇女健康添砖加瓦》，https://finance.sina.com.cn/jjxw/2023-02-11/doc-imyfiqsk5935695.shtml，最后访问日期：2023年12月3日。

（四）相互保险在探索中持续发展

目前，我国相互保险机构仍然很少。在 2015 年中国保监会印发《相互保险组织监管试行办法》（保监发〔2015〕11 号）前，全国性相互保险机构仅有原黑龙江农垦局改制试点的阳光农业相互保险公司、农业部主管的中国渔业互保协会、交通部主管的中国船东互保协会、中华全国总工会创办的中国职工保险互助会，这几家均聚焦于一定的细分领域。与股份制商业保险公司相比，相互保险机构的保费规模和影响力均较为有限。

2016 年众惠财产相互保险社（以下简称“众惠相互”）、信美人寿相互保险社（以下简称“信美相互”）和汇友建工财产相互保险社获批筹建，2017 年陆续获准正式运营。过去六年间，这三家相互保险社各自积极探索，但无论是从保费规模、运营模式还是从社会影响力来看，相互保险在我国仍处于发展初期。

众惠相互获批的主要经营业务包括信用保险、保证保险、短期意健险。2022 年年报显示，众惠相互累计实现原保费收入 8.1 亿元，保费规模较 2021 年同期增长 48.78%，会员人数已超过 226 万人。设计推出的互助保险[①]产品包括货车司机专属普惠医疗保障计划——“卡友保”、华西妇儿联盟家庭医生互助计划、深圳众惠保等。

信美相互获批的主要经营业务包括人寿保险、年金保险和意健险等。2022 年年报显示，保险保费收入 67.10 亿元，较 2021 年增长 3%，会员数为 9.46 万人。信美相互拓展“保险+康养”，即与优质医疗、养老服务机构合作，将年金险、寿险与家庭照护、医疗康复、适老化改造等服务相结合，独特之处是参保后可以成为信美相互会员，获得盈余分配与“会员爱心救助”资格。

汇友建工财产相互保险社（后更名为汇友财产相互保险社，简称“汇

① 相互保险与互助保险两个概念的内涵十分接近，国际上这两个概念都会使用。我国政府主要应用“相互保险”的概念，制定了相互保险相关管理办法，批准成立的是相互保险社，“互助”则在民间使用更广泛。

友相互”）是获批的三家相互保险机构中唯一一家主要由保险公司发起建立的相互保险社。汇友相互专注于住建及工程领域，在工程招投标、施工合同履约、工程监理、工程延保等领域开展保险业务，产品主要包括投标险、履约险、支付险和其他险种四大类，也可以经营企财险、家财险、短期意健险。官网显示，目前有 25000 多家建工企业通过投保成为汇友相互的会员，分布在全国近 300 个地市。2022 年保费总收入 1.39 亿元，以住建及工程领域的保证险为主。

三　普惠保险发展的问题与挑战

我国普惠保险仍然处于发展初期，表现在全面、均衡、精细的政策支持体系尚未完整建立，主要普惠保险产品均面临许多发展性的挑战，大量特定风险群体对于普惠保险的需求尚未得到足够关注和有效满足，普惠保险服务覆盖面与保障程度仍需进一步扩大和提高，公益保险规模非常有限，相互保险仍然在探索生存与发展模式。

（一）普惠保险政策体系仍需加快完善，部分领域仍缺乏政策指引

长期以来我国发展普惠保险的相关意见往往体现在各类政策文件里，直至 2022 年 12 月中国银保监会发布《关于推进普惠保险高质量发展的指导意见（征求意见稿）》（以下简称《指导意见》），首次对普惠保险提出了较为全面系统的规范性和发展性意见，但总体而言以基本原则与规范为主，在许多方面缺乏具体规定。首先，并未给出普惠保险的评估与认证标准和流程，导致社会各界对普惠保险界定缺乏共识。其次，《指导意见》是由中国银保监会发布，未能联合有关部门共同发布，因此缺乏对普惠保险各相关业务领域的足够影响和有效推动。最后，《指导意见》在一定程度上体现了服务与合作的理念，但仍主要定位于保险体系内部，未能给出支持各方协作共同发展普惠保险的明确举措。

与此同时，各具体领域的普惠保险政策覆盖非常不均衡。第一，我国涉

农普惠保险政策最为全面和具体，但是部分农作物、大量经济作物尚未纳入保险保障与保险补贴范围，同时缺乏与农民人身健康有关的普惠保险政策。第二，虽然老年人普惠保险受重视程度不断提升，但在有效推动老年人保险加速发展上仍然缺乏有力的政策指引和支持。例如，长护险目前以部门文件为主，导致在规模扩大和运营机制上面临的问题在保险体系内部难以解决。第三，我国8500万残疾人对于普惠保险具有突出的需求（国务院新闻办公室，2019），但残疾人普惠保险相关政策仍然非常单薄，整体停留在鼓励和倡导阶段，缺乏具体规范与有效举措来推动残疾人普惠保险切实落地，也未能有效解决商业保险面对残疾人的拒保问题。第四，小微企业普惠保险政策主要是鼓励保险公司开发相关产品，但在小微企业参保服务和风险管理等方面尚未建立起有力的支持体系。

（二）主要普惠保险产品仍未形成成熟运营机制

现有的主要普惠保险产品发展周期都不长，均未建立起成熟的运营机制，各自面临规模化发展与可持续运营的各类风险与挑战。

首先，各地惠民保产品尽管发展迅速，但赔付率呈现上升趋势。鉴于惠民保具有统一费率、参保门槛低和免赔额高的特征，可能会导致低风险的年轻、健康群体日益退出，而主要存留的是高龄人群和既往症人群，随着时间的推移，项目赔付风险不断推高，从而可能导致产品难以为继。如何增加投保人数与降低“死亡螺旋和长期理赔风险”是惠民保长期可持续发展面临的最为重要的问题。

其次，长护险的试点尽管取得了多方面的积极效果，但是在参保对象范围、筹资渠道、筹资标准、评估标准规范化、服务体系建设等维度均面临不同程度的挑战，存在参保对象城乡覆盖不均衡与地区差异较大、保险筹资来源不够合理与资金充足率不足、评估等级与护理服务项目脱节、护理服务项目设置不够明确统一、给付标准差异较大且对需求满足程度不高、失能评估机制不完善、护理服务质量监管不足、服务供给数量和质量难以充分达标等突出问题（李丹青，2020）。从长远来看，长护险可持续的关键在于建立稳健发展、可持续的筹资机制，厘清医保经办机构、委托承办商保公司、护理服务机构三方的权、责、利关系，逐步发展与完善多层次护理服务体系。

（三）服务范围仍有限，特定风险群体仍面临不同程度的“参保排斥”

商业保险不仅可以服务于残疾人日常生活和个人发展各维度的风险分担和转移，而且有助于残疾人家庭资产长期稳健积累，并为建设残疾人所需的长期照护和支持体系培育和整合各类服务。目前我国残疾人自身可以参保的保险产品数量仍然非常少。2021 年发布的《中国商业保险的残疾人可及性评估报告》[①] 显示，残疾人参保面临诸多障碍。

截至 2020 年 10 月，我国罕见病患者约 2000 万人，每年新增患者超 20 万人。[②] 罕见病用药费用高昂，容易发生因病致贫、因病返贫情况。为减轻罕见病家庭就医负担，近些年医保报销在分批纳入一部分罕见病用药。截至 2022 年 11 月，已有 45 种罕见病用药被纳入国家医保药品目录，覆盖 26 种罕见病[③]，但相当多的罕见病用药尚未纳入国家医保药品目录，罕见病家庭仍然面临较为沉重的医疗支出压力。罕见病作为一类先天性疾病，在大多数健康类保险中属于免责条款范围，目前我国尚未推出专项保障罕见病的普惠保险产品，只有部分“惠民保”产品的承保人群可以包括既往症人群。截至 2021 年 9 月，发布的 130 款惠民保产品中，包含罕见病医药责任的产品数量达到 70 个，占比 53.8%，这一比例仍在持续增加，不少惠民保产品将

---

① 该报告对保险市场上主要的五类十二家保险公司所推出的较为常见的七类九款商业保险，包括意外险（日常意外、交通意外）、重疾险（年度、终身）、医疗险（百万医疗）、家庭财产险、车险、寿险和年金险展开调查，分析了商业保险产品面向残疾人的可及性状况。

② 《我国罕见病患者近 2000 万人》，https：//news. cctv. com/2020/10/25/ARTIUnHprcON1nMpmRMnuZyl201025. shtml，最后访问日期：2023 年 12 月 3 日。

③ 《用心呵护 2000 多万名罕见病患者——我国加快探索罕见病诊疗与保障的“中国模式”》，https：//www. gov. cn/xinwen/2022-11/03/content_ 5724188. htm，最后访问日期：2023 年 12 月 3 日。

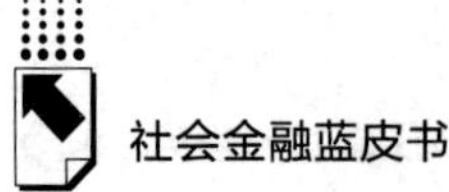

罕见病药物、罕见病导致的门诊或住院费用等纳入保障范围内。[①] 但目前惠民保对罕见病的保障仍然存在一些局限，表现在罕见病既往症患者可保不可赔，免责条款过于严苛，即大部分产品在理赔环节对于既往症还是有严格限制的。

另外，我国次标体[②]人群规模不断扩大，对于保险保障的需求持续提升。例如，我国慢性病患者基数仍在不断扩大。据预测，到 2026 年癌症、糖尿病、高血压的发病率将分别提高至 0.7%、14.4%、27.8%[③]，由此将产生巨大的长期用药及慢性病科学管理成本。近些年，我国"带病体"保险在持续创新发展，目前市场上已有 30 余款"带病体"保险产品，可覆盖高血压、糖尿病、甲状腺/乳腺结节、慢性肾病/肝病、肺病等多种疾病（陈晶晶，2022）。但是产品的覆盖病种、保障程度和特色服务仍然存在诸多不足，需要持续发展。

（四）新市民的普惠保险仍需加快扩面提质

随着我国城镇化程度不断提升，新市民的金融服务需求日益突出。2022 年，中国银保监会、中国人民银行发布《关于加强新市民金融服务工作的通知》（银保监发〔2022〕4 号），要求丰富农民工等新市民群体的专属金融产品，积极发展商业健康保险，提高健康保险服务水平。全国各地 30 多家银保监局和人民银行分支机构联合地方政府推出诸多具体落地举措。[④] 从市场层面来看，有不少省份的惠民保产品面向新市民开放，也有保险公司推出面向新市民的专属产品和服务。截至 2022 年 9 月底，各地已有 17 个惠民

① 《2000 万罕见病患者用药难题的探索：走进惠民保专题论坛》，https://mp.weixin.qq.com/s/B4qDcBRNdR-s7crUkoCSBQ，最后访问日期：2023 年 12 月 3 日。

② 亚健康人群与慢病人群均被保险行业称为次标体。

③ 《2021 年中国慢病管理行业市场供需现状分析》，https://m.ofweek.com/medical/2021-07/ART-8420-1111-30513256.html，最后访问日期：2024 年 2 月 20 日。

④ 《银保监会：精准把握新市民需求 提供优质金融服务》，https://m.gmw.cn/2022-11/22/content_1303202009.htm，最后访问日期：2023 年 12 月 3 日。

保项目支持新市民人群参保，初步估计新市民人群参保数量超过3000万人。[①]

不过，现有服务新市民的保险产品在保障范围和额度方面仍存在不足，需要切实针对新市民的需求和特点来设计保障内容、条款与服务。同时，政府与社会各界的参与度仍然有限，单凭保险公司一方难以有力推动新市民普惠保险的全面发展。还需要全面考虑所在城市基本医保异地就医结算的便利性，如果不能支持异地就医医保实时结算，新市民普惠保险的服务效果就会大打折扣。

（五）公益保险在保障范围与可持续性上面临挑战

公益与保险开展合作，不仅可以为彼此发展积极助力，而且可以产生多元的社会效益。但需要注意的是，公益保险严重依赖于捐赠资金，一旦难以筹集到足够的资金，公益保险项目就难以为继。我国公益捐赠的总体规模仍然较小，公益保险项目资金在整体捐赠规模中占比非常低。考虑到公众捐赠习惯与接受度，每份公益保险的保费设定都很低，难以为被保险人提供较为全面与高额度的保障。因此，在积极肯定公益保险可以产生多重价值的同时，也要看到其保障范围有限与面临的可持续挑战。

（六）相互保险的产品开发和机构运营仍处于探索阶段

目前，我国的相互保险机构数量很少，保费规模也非常小，建立起规模化、可持续发展的相互保险产品仍需要较长时间的探索和努力。

相互保险的发展关键在于形成适合相互保险发展的政策支持体系、开放协作网络与运营管理经验。首先需要充分理解相互保险适合针对具有相似风险与已有网络的群体建立风险互助体系。虽然都服务于风险治理，但相互保险与商业保险的运作机制存在较大差别。后者往往具有更强的商业利益追

① 《多地惠民保将新市民纳入保障》，http：//www.cbimc.cn/content/2022-06/17/content_463114.html，最后访问日期：2024年2月20日。

求，存在保险人与被保险人之间的风险博弈与利益分割，故需要对保险双方有更为严格的监督，减少双方损害对方利益的行为；前者是在坚持公益互助理念下构建群体内风险自我治理体制，即保险人与被保险人的利益是一致的，重点是构建风险治理体系。当然，需要注意相互保险也可能存在人为控制问题，即未能真正建立起会员治理与共同受益的机制。因此，对于相互保险机构与相互保险产品应该采取不一样的监管模式。虽然 2015 年中国保监会出台的《相互保险组织监管试行办法》（保监发〔2015〕11 号）给出了整体原则与思路，大规模降低了相互保险机构成立的资金成本，但在许多方面缺乏细致规定，从而导致相互保险的具体监管体制机制主要参照商业保险。与此同时，对于许多适合发展相互保险的领域，如农业、残疾人、农民、学校等，都缺乏支持其发展相互保险的具体政策。

四 促进普惠保险进一步发展的建议

普惠保险的全面高质量发展需要建构起一整套内外部的支持体系与运营模式，包括政策支持、保险机构、产品或服务、监管和基础设施与公共服务五个部分组成的生态体系。具体而言，包括多元、梯次、协调配套的普惠保险政策支持体系；分类、分层、全覆盖的普惠保险机构体系；多样、创新、合适的普惠保险产品和服务体系；协同、分层级、统分结合的普惠保险监管体系；配套、健全、社会化的普惠保险基础设施与公共服务体系。

（一）进一步建构全面配套的普惠保险政策体系

目前我国已经建立起基础的普惠保险政策框架，但在政策层次、多部门密切协作、不同领域发展均衡性等方面仍需进一步推进与完善。从党和国家的视角，有必要将普惠保险纳入完善多层次社会保障体系和社会治理现代化能力建设等国家战略，通过政策引导、市场激励、产业延链、科技赋能，深入拓展普惠保险服务中国式现代化建设的功能作用。

第一，逐步构建起合适的普惠保险监管制度。鉴于普惠保险往往服务对象风险较高、产品利润较低、运作成本相对较高，因此降低普惠保险的监管成本非常重要。可以在分析与参考国际上其他国家普惠保险监管经验基础上，结合我国国情，建立合适的普惠保险监管制度，助力降低普惠保险管理运营成本。

第二，在养老、农业等普惠保险重要领域，有必要逐步启动全国立法。以长护险为例，需要加强制度顶层设计，确立制度建设总体目标和远景规划，目前已经累计有20余个省份完成了地方立法，可以考虑在《社会保险法》中新增“长期护理保险”专章，或制定专门的“长期护理保险条例”，通过专项立法将长护险的性质、筹资模式、标准规范、社会公平性等加以明确和固化。[①] 同步加快制定出台失能等级评估管理、服务机构管理、经办管理、长期照护师培训培养等方面的配套措施办法，为长期护理保险提供有力支撑。

第三，提供参保补贴，降低普惠保险的参保成本与激励参保积极性。农业险的财政补贴力度非常大，成为农业险快速发展的重要原因；一些地区规定社保个账资金可以购买包括惠民保在内的商业保险，带动了参保率的提升；公益组织通过筹资资助妇女与儿童等弱势群体参保公益保险也是一种快速提升参保率的策略。但普惠保险的可持续运营是关键，不仅要关注短期的参保人数，更要关注产品赔付质量、赔付率、续保率等重要维度。

（二）积极建设多方协作产业链，打造普惠保险产品可持续运营机制

我国已发展出多款具有较大规模与影响力的普惠保险产品，但这些产品的运营时间都不长，面临不同的问题与挑战，其中构建配套、健全、社会化

① 《我国长期护理保险试点进展与下步发展展望》，http://www.sic.gov.cn/sic/81/455/0131/11794_pc.html，最后访问日期：2023年12月3日。

的基础设施与公共服务体系是普惠保险规模化发展和可持续经营的重要基础。

第一，政府部门需要切实承担起主导责任。普惠保险往往是服务低收入或特定风险群体，如老年人、残疾人、农民、新市民、罕见病患者等，也包括学校、社区、小微企业等特定主体，这些群体或主体的保险意识、触达和付费能力均不高。政府不仅需要在政策方面予以清晰指引和明确支持，而且应该积极参与普惠保险产品研发与宣传推广，提升普惠保险的公信力与降低推广成本。积极培育政府各级各部门的保险工具运用能力，形成“遇到难题，想到保险”的执政理念与共识，职能部门主动运用保险机制，解决经济发展、社会治理、民生保障领域痛点难点，共同营造良好的普惠保险创新发展氛围，不断丰富普惠保险产品，提升承保服务能力。从惠民保数据来看，伴随政府参与度的提高，参保率也明显提升。当然，政府部门也需要确定合理的职责边界，避免干预过度与提出违背保险专业规范的要求。

第二，需要充分发挥我国的制度优势，强化部门协作，加强普惠保险基础设施建设与产业链打造。保险部门要与人社、卫健、医保、民政、应急、教育、残联、妇联、公安、法院、气象等部门之间建立稳定协调机制，共同出台相关政策。实现保险部门与相关部门之间的信息共享与数据互联互通是普惠保险发展的关键，比如，建立针对残疾人、老年人等特定群体的大数据平台，构建小微企业、涉农主体的信用信息体系，建立政产金学研用“全社会多跨协同”机制，健全普惠保险的基础设施、制度规则、基层治理体系，拓展普惠保险信息和数据来源，提升普惠保险服务的覆盖面和精准度，增强普惠保险风险控制能力。

第三，积极创新多层次普惠保险市场销售机制与模式。面对低收入人群发展普惠保险，由于保费低、客户教育成本高，保险公司能否有效地利用中介（或者说，与什么样的中介机构合作）非常关键。普惠保险的发展不仅要引领和推动大中型保险公司与保险经纪/代理机构积极参与，而且要促进其与社会组织、科技公司、教育机构等积极合作。印度、秘鲁等国普惠保险发展迅速，重要原因之一在于普惠保险可以通过多种方式和渠道进行销售，包括代理机构、零售店销售员、小额金融机构、社会组织等。我国惠民保取得快速发展也得益于多方合作。[①] 建议加快搭建普惠保险的开放合作平台，比如公益组织、各类服务性机构、社会企业、科技公司等，确保它们具有服务中低收入或特定风险人群的能力，可以为它们提供参与普惠保险的空间。政府可以通过设立参与标准、规则和提供各类支持，也可以通过对具有良好信誉的机构进行认证，颁发普惠保险推广证书，培育多元主体参与的普惠保险生态体系。

（三）鼓励发展特定群体与领域的相互保险，逐步建设起专属监管体制

国际上，相互保险是保险的重要组成部分，尤其在特定人群和领域广泛存在。我国的互助保险仍处于初级阶段，亟待重视与加快发展。

互助在我国有着悠久的传统。中华民族不仅有丰富的互助思想，而且有着广泛多元的互助实践（杨建海，2022）。作为社会主义国家，可以积极发挥制度优势，打造中国特色的相互保险发展路径与模式。这不仅对于大量面临特定风险但缺乏合适商业保险产品的群体具有重要价值，而且能够通过相互保险来强化群体链接与彼此信任，加快推进社会治理现代化。

建议政府部门加大对发展相互保险的重视力度，加快构建相互保险专属的监管制度，出台更为具体的相互保险管理办法，鼓励支持社会各界积极参与相互保险，包括成立相互保险社、参与研发与推广相互保险产品、开展相互保险教育与理念传播活动、参与特定领域的风险识别与治理等。例如，残疾人、卡车司机、家政服务人员、大中小学生等都有巨大需求，有潜力成为相互保险的重要服务群体，甚至会产生针对其的独立相互保险社，这就需要金融行业与相关政府部门共同牵头，组织各方共同行动。与此同时，已有相

① 《中再寿险发布〈惠民保的内涵、现状及可持续发展〉报告（含报告全文）》，https://www.chinare.com.cn/zhzjt/441147/gsxw/2023062609013116468/index.html，最后访问日期：2023年12月3日。

互保险社需要在清晰使命指引下更聚焦特定目标群体和领域，完善内部民主治理与利益共享机制，具备更长久的发展耐心，与社会各界积极开展合作，积累和总结经验与模式。

（四）普惠保险需要加快拓展多元服务，为服务对象提供综合解决方案

民众需求往往非常多元，风险管理与服务相伴相生。以自闭症家庭为例，他们既面临健康、意外、责任等各类风险，也面临家庭资产传承、孩子长期照料与托养等服务需求。因此，普惠保险既需要发挥应对这些风险的作用，也需要通过“保险+健康医疗服务”“保险+信托”“保险+社工”等联动各方为自闭症家庭提供综合服务方案。老年人同样具有多元的健康、医疗与生活照料需求，需要根据各类老年人的不同需求，积极发挥保险的社会服务整合作用，为老年人提供日常保健、生病就医、失能照料、陪伴慰藉等各方面服务，以有效提升民众对保险价值的获得感。

我国的许多普惠保险产品已经在服务整合方面积极行动，取得了一定成效，如农业险、惠民保、长护险等，也有保险公司与信托公司合作推出面向心智障碍者家庭的保险金信托。[①] 但整体而言，普惠保险对服务整合方面的重视程度与投入力度仍较为不足。建议制定相关政策，加大对普惠保险服务整合的支持力度，鼓励保险公司与相关专业机构合作，深度介入服务对象的风险管理和服务整合，形成良性的普惠保险发展模式。

（五）高度重视民众保险素养提升，调动各方积极参与保险教育

民众的保险意识和保险知识水平既是一国保险业发展的基本前提，也是该国社会文明和社会进步的重要标志。成熟的保险市场，需要成熟的保险经营者、成熟的保险监管者，更需要成熟的保险消费者，保险教育是其重要基

---

① 《人保寿险“关爱星星”年金险暖心上市，专为心智障碍人群定制!》，http：//www. cbimc. cn/content/2023-01/12/content_ 475395. html，最后访问日期：2023 年 12 月3 日。

础（吕宙，2014）。

近年来，我国高度重视保险教育宣传工作，积极开展公众保险教育宣传活动，将每年7月8日定为保险宣传日，组织编写大众化保险知识普及读本，通过媒体积极宣传保险知识。各保险经营机构也通过现场咨询、产品推介等形式向消费者传授保险知识，加深民众对保险的了解。然而，目前我国保险消费者教育仍比较薄弱，表现为缺乏保险教育整体性制度安排，保险教育投入与经费保障不足，保险教育普及还没有纳入九年义务教育体系，很多中小学生对保险常识知之甚少，面向普通大众的保险教育普及仍然较为不足，特别是在向农村和弱势群体普及保险知识方面几乎空白。

保险教育事关保险业繁荣发展，是一项全局性、基础性、战略性任务，要以消费者为重点，尤其是要针对特定风险与弱势群体，全面开展与推进保险教育。具体而言，建议加大保险教育政策支持力度，将保险教育纳入国家战略与义务教育课程体系；要求保险机构及相关部门每年安排保险教育专项经费，全面持续开展专项民众保险素养教育；搭建保险消费者教育平台，尤其是需要充分发挥社区和社会工作者力量，将保险教育纳入城乡社区的服务体系；拓展保险消费者教育舆论宣传阵地，包括教育部门、民政部门、社会工作部门、社会组织、科技公司、研究机构等，联合各界形成保险教育联动机制。

参考文献

陈晶晶，2022，《事涉4亿人 多险企推出“次标体”专属健康险》，《中国经营报》11月21日。

戴蕾蕾，2021，《8500万残疾人的商业参保难题亟待破解》，《法治日报·法治周末》4月1日。

国务院新闻办公室，2019，《平等、参与、共享：新中国残疾人权益保障70年》，人民出版社。

李丹青，2020，《长期护理险试点扩围》，《工人日报》6月8日。

罗葛妹，2021，《惠民保元年，缘何“超常”发展》，《上海保险》第 1 期。

吕宙，2014，《加强保险教育 提高消费者保险知识水平和维权能力》，《清华金融评论》第 12 期。

强洪、谢红，2021，《武汉为全市贫困妇女购买安康医疗保险　三年为一百多名贫困姐妹提供帮助》，《中国妇女报》11 月 16 日。

杨建海，2022，《传统互助思想及其新时代价值》，《中国社会科学报》8 月 4 日。

B.4

中国社会影响力债券发展现状与趋势分析

艾 云　孙松源*

摘　要： 社会影响力债券作为一种以债券为主体形式并兼顾财务回报和社会价值双目标的新型金融工具，在吸引社会资本用于解决社会问题方面兼具效率与创新。当前中国社会影响力债券基本可以划分为政府承担风险型和市场承担风险型两种类型。政府承担风险型社会影响力债券占据主体地位，具体有乡村振兴债券、社会事业专项债券、保障性安居工程专项债券等，在解决“三农”问题、促进社会事业发展、改善民生福祉等方面发挥了重要作用。但是，也面临项目储备不足、项目收益不佳以及区域间发债成本差距较大等挑战。市场承担风险型社会影响力债券处于初步发展阶段，以社会责任债券和可持续发展债券为代表，对低收入群体的增收和欠发达地区的发展做出了有价值的新探索。总之，中国社会影响力债券在助力地方社会发展和推动社会创新方面蕴藏巨大的潜力，也存在诸多需要完善之处。

关键词： 社会影响力债券　乡村振兴债券　社会事业专项债券　社会责任债券

---

* 艾云，博士，中央财经大学社会与心理学院社会学系副教授，研究方向为金融与财政社会学；孙松源，中央财经大学社会与心理学院硕士研究生，研究方向为经济与金融社会学。

一　社会影响力债券概述

（一）社会影响力债券的定义与类型

社会影响力债券（又称社会效应债券或社会效益债券）是主要以“债券”为融资方式，以提供公共服务产品、解决社会问题和推动社会发展为目标，兼顾财务回报和社会价值双目标的新型金融工具。它是由政府或企业委托中介机构（融资服务提供者）公开发行或非公开发行的债券，其基本的行动主体通常有投资者、融资服务提供者、公共服务提供者（社会企业和社会组织）、公共服务接受者（社会群体）、后期付款者（政府或企业）、公共服务评估方（专家团体）等。在社会影响力债券发行后，投资者（投资银行、债券的直接购买者、慈善基金会等）通过中介机构注入项目实施所需资金；中介机构负责协调管理资金；社会企业或社会组织接受中介机构付款，继而实施项目，提供公共服务产品；公共服务评估方对项目实施方案、进度和结果予以评估；项目结束或债券到期后，债券的发起者也就是后期付款者（政府或企业）按照合同约定付款给中介机构，中介机构在收到款项后，返还投资者本金和收益。

本报告将中国社会影响力债券分为两种类型：政府承担风险型与市场承担风险型。这里的风险主要指公共服务项目没有达到既定目标导致的财务风险，而不是债券在二级市场上的利率变动风险。政府承担风险型社会影响力债券是一种主要由政府来承担公共服务项目成效不佳带来的风险损失的债券。政府及其隶属机构利用政府信用，通过债券市场直接融资，继而为社会提供公共服务，这种社会影响力债券旨在提高政府的公共服务供给能力。政府承担风险型社会影响力债券不仅具有为投资人创造收益的财务功能，而且具有提供公共服务的社会功能。市场承担风险型社会影响力债券以市场主体（投资者或发行企业）作为服务项目成效不佳导致的财务风险的主要承担者。在此类社会影响力债券的实践中，如果债券发行者是政府（通常是非公开发行)，则政府一般采用基于结果付费的方式（又称“为成功而付费”），即只有在项目实施达到既定目标后政府才给债券投资者付款，而如果项目没有达到目标，投资者需自行承担投资损失；如果债券的发行主体本身就是市场主体，则债券项目失败的财务风险就直接由市场主体来承担。

（二）中国特色社会影响力债券的表现形式与意义

现阶段，在中国社会影响力债券发行体系中，以政府债券、国有企业信用债券为代表的政府承担风险型社会影响力债券继续占据主导地位。市场承担风险型社会影响力债券虽然仍处于探索发展阶段，为成功而付费的机制没有在中国得到推广，但在中国银行间市场交易商协会的大力推动下，市场力量已经积极参与发行了社会责任债券、可持续发展债券和乡村振兴债券（见表1)。

表1　目前主要发行的中国特色社会影响力债券

<table>
<tr><th>类型</th><th>债券的产品类型</th><th>债券工具类型</th><th>风险承担主体</th><th>投向领域</th></tr>
<tr><td rowspan="5">政府承担风险型</td><td>社会事业专项债券</td><td>政府债券</td><td>政府</td><td>卫生健康、教育、养老、托育、文化旅游和其他社会事业</td></tr>
<tr><td>保障性安居工程专项债券</td><td>政府债券</td><td>政府</td><td>老旧小区改造、保障性租赁住房、公共租赁住房和棚户区改造</td></tr>
<tr><td>生态环保专项债券</td><td>政府债券</td><td>政府</td><td>城镇污水、垃圾收集处理</td></tr>
<tr><td>社会领域产业专项债券</td><td>企业信用债券</td><td>政府</td><td>健康产业、养老产业、教育培训产业、文化产业、体育产业和旅游产业</td></tr>
<tr><td>乡村振兴债券(政府主导)</td><td>政府债券</td><td>政府</td><td rowspan="2">农业基础设施建设、农村产业发展、农民就业增收、巩固脱贫攻坚成果等</td></tr>
<tr><td rowspan="3">市场承担风险型</td><td>乡村振兴债券(民营企业主导)</td><td>企业信用债券</td><td>市场主体</td></tr>
<tr><td>社会责任债券</td><td>企业信用债券、熊猫债券</td><td>市场主体</td><td>医疗健康、农业农村和粮食安全、教育和就业、饮水和卫生设施、普惠基础设施、防灾救灾等</td></tr>
<tr><td>可持续发展债券</td><td>企业信用债券、熊猫债券</td><td>市场主体</td><td>就业培训、教育、经济适用的基础设施建设、能源、建筑、交通等</td></tr>
</table>

由地方政府发行的专项债券是政府承担风险型社会影响力债券的主要内容。这是一种省级政府为有一定收益的公益性项目发行的、以公益性项目对

应的政府性基金收入或专项收入作为还本付息资金来源的政府债券。2014年，国务院印发《关于加强地方政府性债务管理的意见》（国发〔2014〕43号），提出赋予地方政府依法适度举债融资权限，加快建立规范的地方政府举债融资机制，地方政府举债采取政府债券方式，专项债券自此开始发行。2022年5月国务院印发《关于扎实稳住经济一揽子政策措施的通知》（国发〔2022〕12号）以及2022年10月国家发展改革委办公厅印发《关于组织申报2023年地方政府专项债券项目的通知》（发改办投资〔2022〕873号），地方政府专项债券扩展至涵盖十大投向领域，分别为交通基础设施、能源、农林水利、生态环保、社会事业、城乡冷链物流基础设施（含粮食仓储物流设施）、市政和产业园区基础设施、国家重大战略项目、保障性安居工程和新型基础设施建设。根据社会影响力债券提供公共服务产品、解决社会问题和推动社会发展的目标，本报告将着重分析社会事业、保障性安居工程、生态环保这三个领域专项债券的发行情况和变动趋势。

相比上述专项债券，地方政府通过城投平台、国有企业发行企业信用债券，用以投入社会民生领域，提高公共服务产品的供给有着更长的历史。1994年分税制改革以来，地方政府财权和事权的不匹配以及当时《预算法》对地方政府举债的限制，使地方政府在辖区基础设施建设和公共服务供给资金压力下不得不另辟蹊径。具体到社会服务、民生保障等领域，国有企业发行的专项企业信用债券自诞生起一直发挥重要作用。包含社会领域产业专项债券、农村产业融合发展专项债券在内的专项企业信用债券对社会产业发展、乡村振兴做出了突出贡献。总而言之，在政府承担风险型社会影响力债券的发展过程中，国家根据社会需求的变化不断拓展地方政府专项债券和国有企业信用债券的投向领域，以推进公共基础设施建设和社会事业领域的快速发展，这是中国特色社会影响力债券显著区别于西方社会影响力债券的重要特征。

市场承担风险型社会影响力债券方面，在中国银行间市场交易商协会的大力推动下，可持续发展债券和社会责任债券在中国落地生根并逐步推广，民营企业也积极发行乡村振兴债券，丰富了乡村振兴债券发行主体，为中国特色的市场承担风险型社会影响力债券的进一步发展奠定了基础。

中国在社会影响力债券领域的实践与探索对其涉及的多方主体都具有积极意义。对于政府而言，社会影响力债券的推广拓宽了政府对公共服务供给和社会民生事业的融资渠道，在更好地履行政府公共服务职能、解决社会问题的同时提升了政府公信力。鼓励市场主体发行社会影响力债券，引导资金流向环保、扶贫、教育等民生领域，既能缓解政府民生支出的财政压力，又能提升人民的生活质量。对于企业而言，中国特色社会影响力债券做到了经济效益与社会效益的有机融合。传统上，企业使用金融工具的主要目标是追求经济效益，而社会层面的影响则被视为企业的额外义务。然而，社会影响力债券将财务回报和社会效益融为一体。这种有机融合既有助于企业树立良好的社会形象，也能实现财务回报和社会效益的双赢。对于投资者而言，中国特色社会影响力债券提供了多样化的投资选择。近年来，越来越多的投资者开始关注社会责任和可持续发展，不再仅仅追求短期的经济回报，而社会影响力债券无疑是关注社会责任和可持续发展投资者的首选。未来，在中国政府的大力推动下，中国特色社会影响力债券将在优化政府公共服务供给、推动企业承担社会责任、实现社会可持续发展、引导资金进入社会民生领域、完善金融市场体系等方面发挥更重要的作用。

二　中国社会影响力债券发展状况

（一）政府承担风险型社会影响力债券

1. 地方政府专项债券总体发展状况

当前中国的政府承担风险型社会影响力债券以地方政府专项债券为主，专项债券总体呈现出持续增长的发展趋势。从发行额来看，2021 年之前，全国专项债券发行额每年都保持 60% 以上的增速。2021 年以来，虽然新增债券发行额增速有所放缓，但为了应对经济增长放缓，推动经济发展和社会建设，从总量上来说，作为地方政府扩投资稳经济重要融资工具的专项债券仍然迎来了新一轮扩容。2022 年地方政府新增专项债券发行额达到了 40384 亿元，同比增长 12.67%（见图 1）。

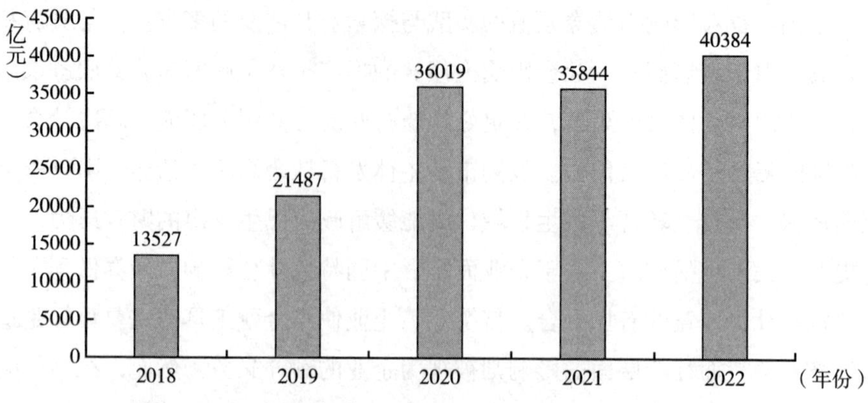

图 1　2018～2022 年我国地方政府专项债券新增发行额情况

资料来源：中国地方政府债券信息公开平台。

从地方政府新增专项债券资金投向领域占比情况来看，2022 年全年市政和产业园区基础设施领域金额占比最高，达到 33.98%；其次为社会事业、交通基础设施和保障性安居工程领域，分别占比 18.38%、16.89%和 15.65%（见图 2）。从债券数量来看，2022 年全年债券项目 29685 个，其中市政和产业园区基础设施领域数量占比最高，达到 30.20%；其次为社会事业和保障性安居工程领域，分别占比 30.14%和 13.84%。[①] 总体而言，市政和产业园区基础设施领域项目多、金额大，是目前专项债券的重点投向领域。社会事业和保障性安居工程领域的专项债券项目展现出规模小、数量多的特点，目标项目大多直接关系到民生问题，是地方政府长期关注和提升民众幸福感的重要领域。从地方政府新增专项债券资金投向领域占比变化情况来看，惠民生专项债券新增发行额度占整个地方政府专项债券新增发行额度的比重较为稳定，社会事业领域略有增长，保障性安居工程和生态环保领域略有下降。

2021 年和 2022 年地方政府发行的惠民生的新增专项债券总额总体呈稳定增长趋势，社会事业和保障性安居工程领域的新增专项债券总额分别同比增长 19.06%和 1.18%，生态环保领域新增债券发行额基本持平（见图 3）。

---

① 《【专项债券 100 问】专项债券投向领域历史演变》，https：//hczsbj. com/page49？article_id=1458，最后访问日期：2023 年 12 月 30 日。

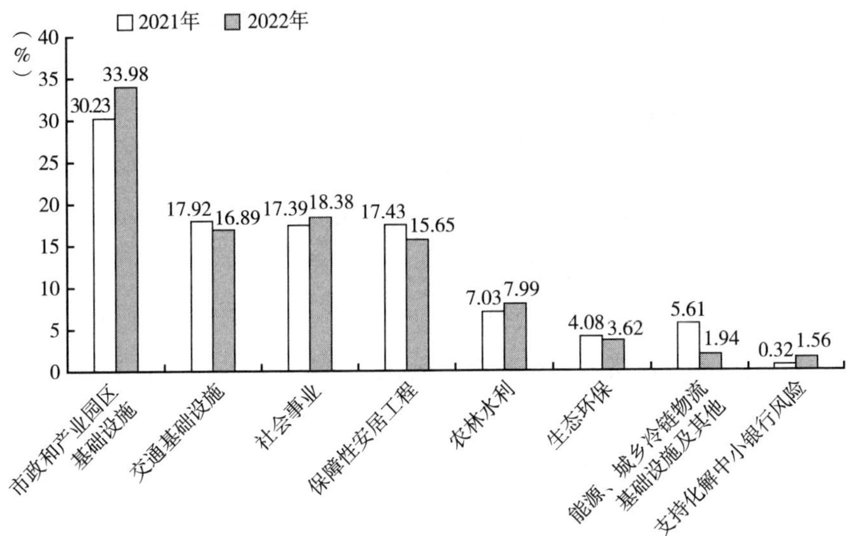

图 2　2021~2022 年地方政府新增专项债券资金投向领域占比变化情况

资料来源：中华人民共和国财政部政府债务研究和评估中心、中国地方政府债券信息公开平台。

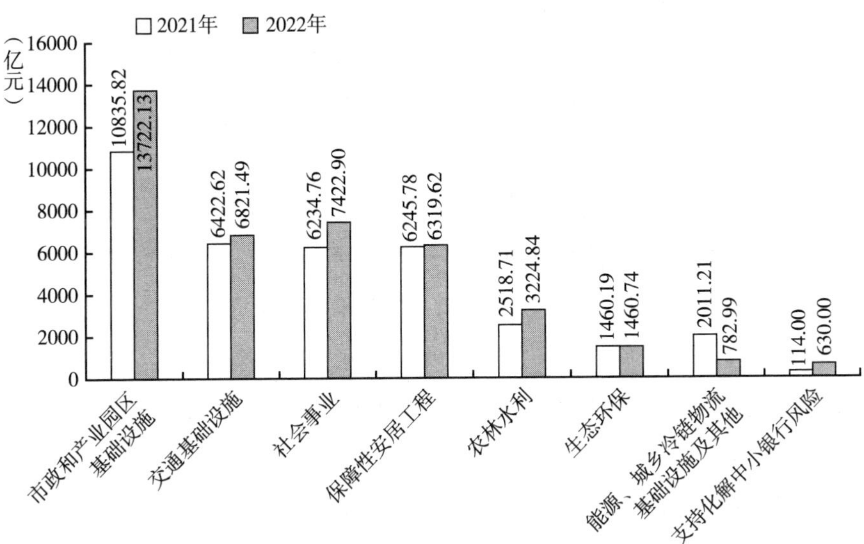

图 3　2021~2022 年地方政府新增专项债券资金投向领域总额变化情况

资料来源：中华人民共和国财政部政府债务研究和评估中心、中国地方政府债券信息公开平台。

综合来看，政府发行的针对社会民生领域的政府承担风险型专项债券稳中有增。

2. 社会事业专项债券

新时代我国社会主要矛盾已经转化为人民日益增长的美好生活需要和不平衡不充分的发展之间的矛盾。要满足人民美好生活的需要，就需要更多投资来支持社会事业建设，提高社会事业服务供给水平。

为了完善专项债券投向领域，加大对社会民生领域投资的支持，2019年9月4日，国务院常务会议确定了地方政府专项债的民生服务投向领域。2021年，财政部办公厅、国家发展和改革委员会办公厅发布《关于申报2022年新增专项债券项目资金需求的通知》（财办预〔2021〕209号），将民生服务投向领域拓展至社会事业领域，包含职业教育和托幼、医疗、养老等与民生服务息息相关的项目。自此，社会事业专项债券正式形成。根据2022年5月国务院印发的《关于扎实稳住经济一揽子政策措施的通知》（国发〔2022〕12号）以及2022年10月国家发改委办公厅发布的《关于组织申报2023年地方政府专项债券项目的通知》（发改办投资〔2022〕873号），地方政府专项债中的社会事业专项债券主要引导资金流向卫生健康（含应急医疗救治设施、公共卫生设施）、教育（学前教育和职业教育）、养老托育、文化旅游以及其他社会事业领域。

2021~2022年，地方政府涉及社会事业领域的新增专项债券数量略有下降，但发行规模仍呈增长的趋势。Wind数据库数据显示，2021年我国地方政府新增社会事业领域专项债161只，2022年下降为149只（见图4）。而根据财政部政府债务研究和评估中心及中国地方政府债券信息公开平台整理而来的数据，我国2021年在社会事业领域新增专项债券发行额6234.76亿元，2022年这一数字增长到7422.9亿元。

“十四五”规划和2035年远景目标纲要针对加快培育完整内需体系提出：“要优化投资结构，提高投资效率，保持投资合理增长，要加快补齐民生保障、公共卫生等领域短板”，“深化投融资体制改革，发挥政府投资撬动作用，激发民间投资活力”。未来一段时间内，针对社会事业领域新增发

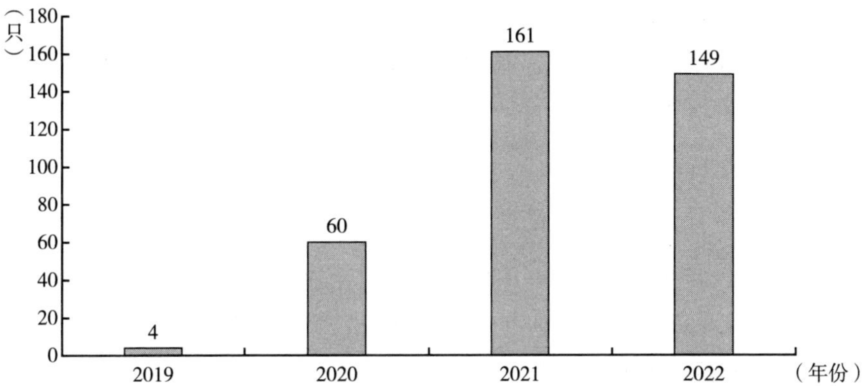

图 4　2019~2022 年涉及社会事业领域的新增专项债券数量

注：专项债券发行存在项目打包情况，即一笔专项债券募集的资金可能用于多个项目，此处统计的涉及各领域的新增专项债券包含专项债券中部分资金涉及各自对应领域项目的情况，下同。

资料来源：Wind 数据库。

行的政府专项债券将在保持规模的基础上稳步增加，以补齐教育、医疗卫生等民生领域短板，加强民生建设，增进民生福祉。

3. 保障性安居工程专项债券

保障民有所居、居有所安是一项重大的民生工程和发展工程，对满足人民群众美好生活需要、推动惠民生扩内需、推进城市更新和开发建设方式转型、促进经济高质量发展具有重要意义。具体而言，主要有两类债券促进保障性安居工程建设，即棚户区改造专项债券和老旧小区改造专项债券。棚户区改造是地方政府专项债较早的投向领域之一，早在 2018 年就已经开始试点。相较之下，老旧小区改造专项债券的发行则稍晚一些。

2018 年 3 月 1 日，财政部、住房城乡建设部发布《试点发行地方政府棚户区改造专项债券管理办法》（财预〔2018〕28 号），提出 2018 年在棚户区改造领域开展试点，有序推进试点发行地方政府棚户区改造专项债券工作，探索建立棚户区改造专项债券与项目资产、收益相对应的制度。自此，地方政府专项债开始涉足保障性安居工程领域。2021 年 2 月，财政部办公厅、国家发改委办公厅联合发布《关于梳理 2021 年新增专项

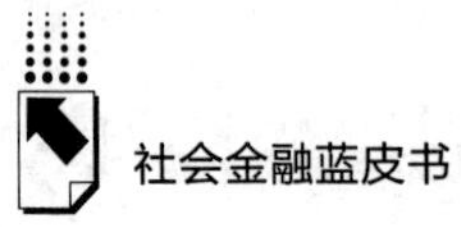

债券项目资金需求的通知》（财办预〔2021〕29号），明确2021年新增专项债券重点用于七大领域，其中包括保障性安居工程（城镇老旧小区改造、保障性租赁住房、棚户区改造）等领域，保障性安居工程正式纳入专项债券重点支持范围。

2020年4月，国务院联防联控机制新闻发布会提出，根据中央经济工作会议“加强城市更新和存量住房改造提升、做好城镇老旧小区改造”的要求，在专项债券的使用范围方面做出调整，将城镇老旧小区改造纳入专项债券的支持范围。2020年7月20日，国务院办公厅印发《关于全面推进城镇老旧小区改造工作的指导意见》（国发办〔2020〕23号），支持各地通过发行地方政府专项债券筹措改造资金。2023年7月18日，住房城乡建设部等部门印发《关于扎实推进2023年城镇老旧小区改造工作的通知》（建办城〔2023〕26号），指出要吸引社会力量出资参与、争取信贷支持、加快地方政府专项债券发行使用，扎实推进城镇老旧小区改造计划实施。

从保障性安居工程领域新增专项债券发行额来看，2022年累计新增6319.62亿元，比2021年的6245.78亿元小幅增加73.84亿元。[①] 而从新增专项债券数量来看，2021年涉及保障性安居工程领域的新增专项债券有429只，2022年快速增长到615只，发行数量同比增长43.36%（见图5）。保障性安居工程领域新增专项债券在保持一定规模的同时，项目针对性、资金使用精细度进一步提升。自发行起，老旧小区改造专项债券和棚户区改造专项债券为推进各地城镇老旧小区改造工作、棚户区改造工作，满足人民群众对美好、适宜的居住条件的需要，推进城市更新和开发建设方式转型做出了重要贡献。

4. 生态环保专项债券

随着经济社会发展取得令人瞩目的成就，大规模的工业化和城镇化带来的环境与生态恶化问题对人民的生活质量和社会的可持续发展构成了严重的

① 数据来源：根据中华人民共和国财政部政府债务研究和评估中心、中国地方政府债券信息公开平台公布数据整理。

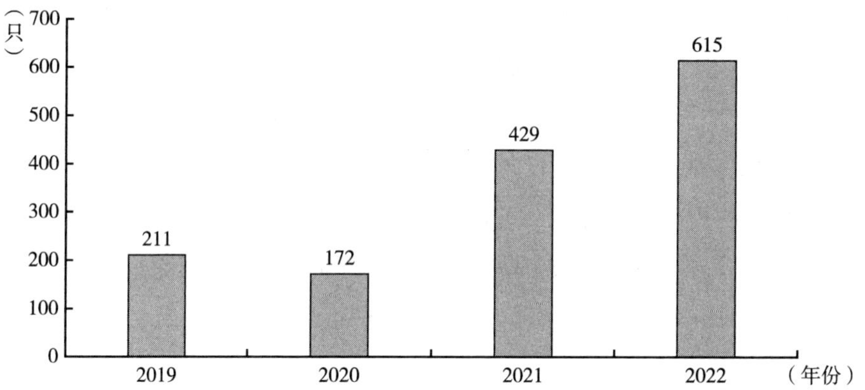

图 5　2019~2022 年涉及保障性安居工程领域的新增专项债券数量

资料来源：Wind 数据库。

威胁。2012 年 11 月，党的十八大首次将生态文明建设与经济建设、政治建设、文化建设和社会建设一起纳入中国特色社会主义“五位一体”总体布局，把生态环境保护工作放在治国理政的突出位置。近年来，随着一系列支持生态环保专项债券发行的政策出台，我国对生态环境治理的投入进一步增加，生态环保专项债券迎来了新一轮扩充。

生态环保最早于 2019 年被纳入专项债投向领域。2019 年 6 月 10 日，中共中央办公厅、国务院办公厅发布《关于做好地方政府专项债券发行及项目配套融资工作的通知》（厅字〔2019〕33 号），提出支持做好专项债券项目融资工作，精准聚焦重点领域和重大项目，生态环保就位列其中。2022 年，国家发展改革委、生态环境部、住房城乡建设部、国家卫生健康委《关于加快推进城镇环境基础设施建设的指导意见》提出，要加快推进城镇环境基础设施建设，对健全污水收集处理及资源化利用设施、逐步提升生活垃圾分类和处理能力等提出了一系列要求，并且特别提到对符合条件的城镇环境基础设施项目，通过中央预算内投资等渠道予以支持，将符合条件的项目纳入地方政府专项债券支持范围。基本建立系统完备、高效实用、智能绿色、安全可靠的现代化环境基础设施体系是当前生态环保专项债券投入的重要目标。

总的来说，相较于2021年，2022年生态环保领域新增专项债券在发行额上基本持平，但在发行数量方面缩减较大。根据Wind数据库数据，2021年我国共发行了359只涉及生态环保领域的专项债券，2022年这一数字下降为252只（见图6）。从趋势来看，投向领域涉及生态环保的专项债券在经历了2019年、2020年的快速扩充之后，2021年、2022年发行节奏放缓，但仍保持较大的规模。今后，针对已发行的生态环保领域债券项目实施效果的监管和评估将成为保障加快推进城镇环境基础设施建设的重点。

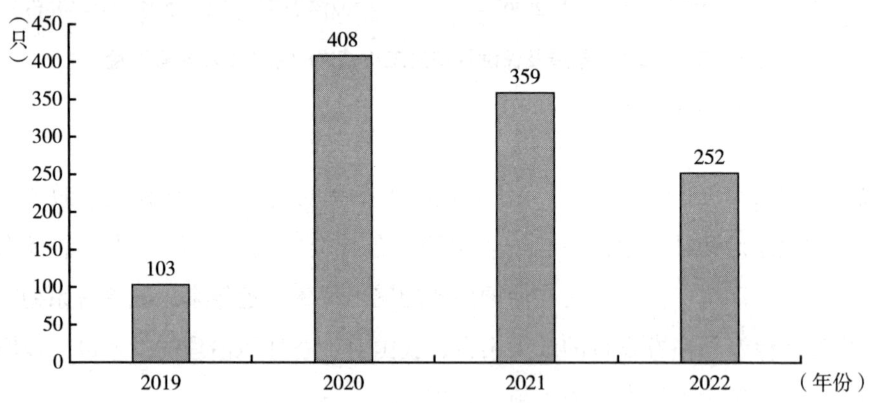

图6　2019~2022年涉及生态环保领域的新增专项债券数量

资料来源：Wind数据库。

5.社会领域产业专项债券

为了补齐社会事业领域的短板，除了发行社会事业专项债券以外，地方政府也会通过国有企业发行社会领域产业专项债券，以支持社会事业产业发展。早在2017年3月16日，国务院办公厅发布的《关于进一步激发社会领域投资活力的意见》（国办发〔2017〕21号）就指出："进一步激发医疗、养老、教育、文化、体育等社会领域投资活力"，"研究出台医疗、养老、教育、文化、体育等社会领域产业专项债券发行指引，结合其平均收益低、回报周期长等特点，制定有利于相关产业发展的鼓励条款"。2017年8月1日，国家发展改革委办公厅发布的《社会领域产业专项债券发行指引》

（发改办财金规〔2017〕1341号）规定，社会领域产业专项债券包括但不限于健康产业专项债券、养老产业专项债券、教育培训产业专项债券、文化产业专项债券、体育产业专项债券以及旅游产业专项债券。社会领域产业专项债券以项目未来经营收入作为主要偿债资金来源。对项目收费标准由政府部门制定的，地方价格部门应及时制定和完善项目收费政策。2018年5月16日，国家发展和改革委员会批复了贵州省长顺县国有资本营运有限责任公司发行的规模为7亿元的社会领域产业专项债券，所筹资金用于长顺县旅游开发综合项目建设，这也是全国首只获批的社会领域产业专项债券。

作为政府针对社会事业领域投入的补充，总体来看，社会领域产业专项债券相对于社会事业专项债券发展较为缓慢。2021年和2022年地方政府通过国有企业发行的社会领域产业专项债券分别有9只和12只（见图7），发行额分别为94.0亿元和93.2亿元（见图8），基本保持稳定。2021年12月28日，国家发展改革委等多部门发布《"十四五"公共服务规划》（发改社会〔2021〕1946号），指出要加大金融支持力度，综合利用债券、保险、信贷等方式，为公共服务项目融资提供支持。作为政府专项债券的补充，"十四五"时期，社会领域产业专项债券将会迎来一波新机遇。

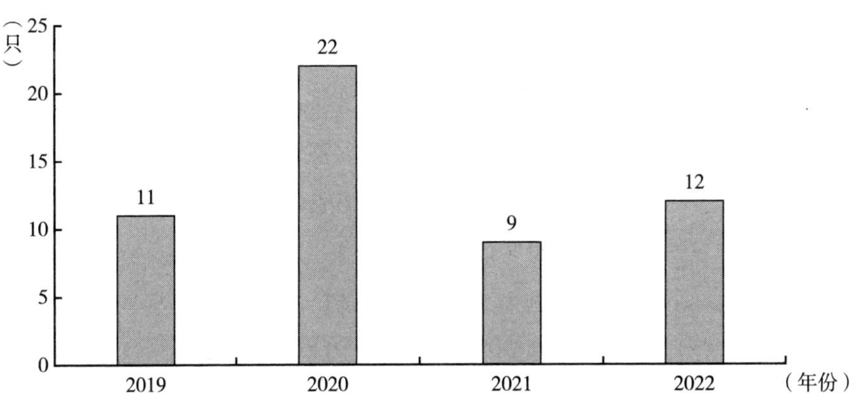

图7　2019~2022年社会领域产业专项债券发行数量

资料来源：Wind数据库。

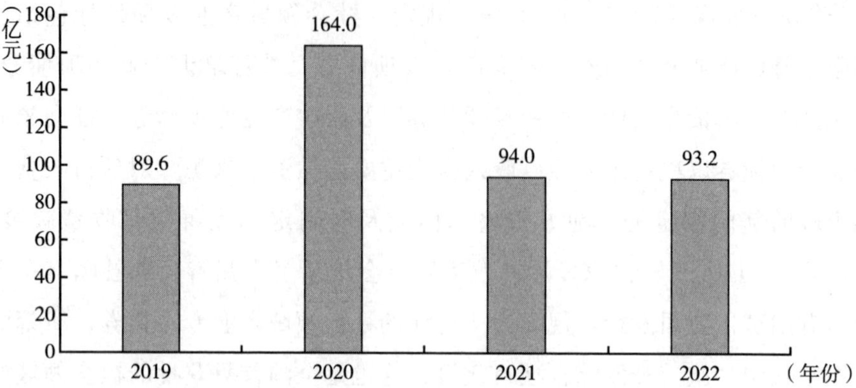

图 8　2019~2022 年社会领域产业专项债券发行额

资料来源：Wind 数据库。

6. 政府主导的乡村振兴债券

乡村振兴债券已成为支持农业农村发展的一种重要融资方式，当前的发行市场已经形成了以地方政府债券和国有企业信用债券为主、民营企业信用债券为补充的基本格局。在发展方向上，2021 年以来，为了适应新发展阶段要求，乡村振兴债券逐渐步入精耕细作阶段，着重要求质量。中共中央、国务院 2021 年 1 月印发的《关于全面推进乡村振兴加快农业农村现代化的意见》以及 2022 年 1 月印发的《关于做好 2022 年全面推进乡村振兴重点工作的意见》都对发行政府债券支持乡村振兴、乡村振兴项目高质量发展及预算绩效管理和监督工作提出了详细要求。目前，发行的乡村振兴债券主要支持基础设施建设、农业现代化、乡村旅游、农村产业升级、生态环境保护等多个领域的乡村振兴项目，在巩固脱贫攻坚成果、农民就业增收、农业现代化建设、新农村建设等方面发挥了重要作用。未来，乡村振兴债券将继续以地方政府主导的乡村振兴债券为主体，联合乡村振兴票据等多元化的债务融资工具，引导社会资本通过债券市场流入乡村振兴领域，在健全乡村振兴债券市场的同时，巩固脱贫攻坚成果，助力乡村振兴。

从地方政府发行的涉及乡村振兴的新增专项债券发行趋势来看，2021 年和 2022 年在发行额度和发行数量上都保持了较高的增长率。2021 年涉及乡村振兴的新增专项债券有 162 只，2022 年有 216 只，同比增长 33.33%（见图 9）；而新增专项债券发行额由 2021 年的 9160.57 亿元增长到 2022 年的 14728.32 亿元，同比增长 60.78%（见图 10）。

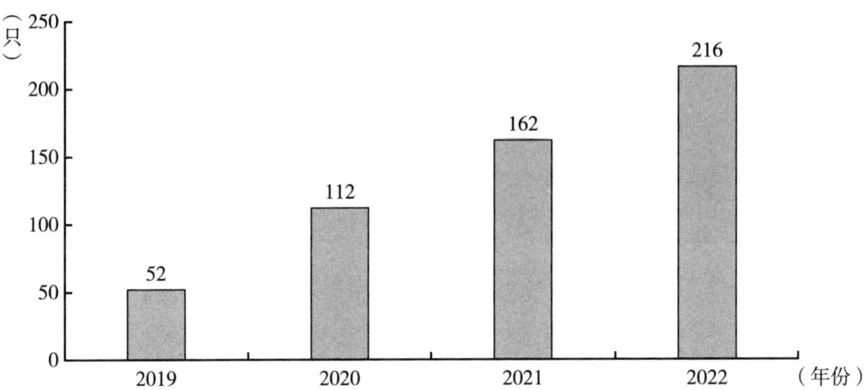

图 9　2019~2022 年涉及乡村振兴的新增专项债券数量

资料来源：Wind 数据库。

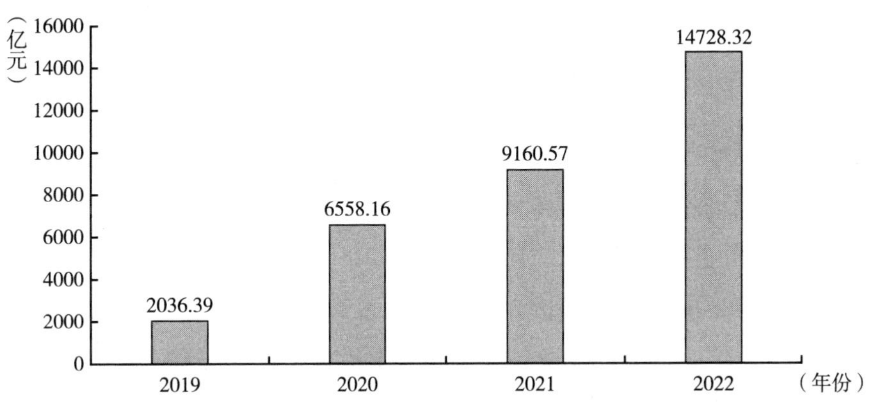

图 10　2019~2022 年涉及乡村振兴的新增专项债券发行额

资料来源：Wind 数据库。

近年来，国有企业也发行了一定量的农村产业融合发展专项债券，以促进农村产业发展。早在 2017 年 8 月 1 日，为了建立更加完善的农业产业链条、培育更加丰富的农村新产业新业态、打造更加高效的产业组织方式、构建更加紧密的利益联结机制，国家发展改革委办公厅印发的《农村产业融合发展专项债券发行指引》（发改办财金规〔2017〕1340号）就推出了募集资金用于农村产业融合发展项目的企业信用债券。根据中国货币网数据，2021年和2022年，农村产业融合发展专项债券一共发行14只，合计融资92.2亿元，平均发行规模为6.59亿元，涉及产城融合型农村产业融合发展、农业内部融合型农村产业融合发展、产业链延伸型农村产业融合发展等多个领域的项目。

2022年5月23日，中共中央办公厅、国务院办公厅印发的《乡村建设行动实施方案》指出，乡村建设是实施乡村振兴战略的重要任务，也是国家现代化建设的重要内容。针对乡村建设提出要强化政策支持和要素保障，中央财政继续通过现有渠道积极支持乡村建设，将符合条件的公益性乡村建设项目纳入地方政府债券支持范围。未来一段时间内，地方政府仍将发挥带头作用，积极利用专项债券、国有企业信用债券等工具支持乡村建设，促进乡村发展，相应的债券规模将会进一步扩大。

（二）市场承担风险型社会影响力债券

1. 社会责任债券与可持续发展债券

虽然基于结果付费的市场承担风险型社会影响力债券在我国还没有真正出现，但是由企业承担风险的社会责任债券和可持续发展债券已经在我国落地并发展。在国际资本市场协会（ICMA）发布的《社会责任债券原则》和《可持续发展债券指引》以及相关国际开发机构实践的基础上，2021年11月11日，中国银行间市场交易商协会发布了《关于试点开展社会责任债券和可持续发展债券业务的问答》（以下简称《问答》），对社会责任债券及可持续发展债券的资金用途、立项、资金管理与信息披露都做出了规定。具体而言，社会责任债券是指发行人在全国银行间市场发行的、募集资金全部用于社会责任项目的债券。可持续发展债券是指发行人在全国银行间市场发行的、募集资金全部用于绿色项目和社会责任项目的债券。社会责任债券和可持续发展债券的合格项目覆盖面广，包括绿色环保、传染病防治、普惠养老托育、残障设施、乡村振兴、公平医疗教育等诸多领域，旨在赋能弱势群体，增加社会效益，解决可持续发展问题。《问答》的发布为国内社会责任债券与可持续发展债券落地奠定了基础。

目前，社会责任债券初步探索得到多方支持，取得了积极效果。2022年10月26日，海尔融资租赁发行了首只境外社会责任债券，助力中国欠发达地区实体经济发展。该债券是国内首只非银行机构发行的社会责任债券，发行债券总额为2亿美元，其中国际金融公司（IFC）提供1亿美元的锚定投资，亚洲基础设施投资银行（AIIB）和三井住友金融集团共同投资另外的1亿美元。此只社会责任债券筹集的资金将专门用于资助超过500个医疗、教育、食品安全、可持续农业等社会领域项目，以及支持中国欠发达地区中小企业和女性企业家等。此外，国际金融公司（IFC）也帮助海尔融资租赁建立了一个可靠的报告其社会影响力的系统，以帮助其评估社会责任债券项目的实施效果。①

2022年12月28日，在中国银行间市场交易商协会的批准下，中国圣牧有机奶业有限公司（以下简称“中国圣牧”）正式发行了全国首只由国内银行承销的社会责任债券，该债券的承销银行为兴业银行，额度为1亿元。② 中诚信绿金科技（北京）有限公司（以下简称“中诚信绿金”）为此债券提供第三方评估认证服务。根据中诚信绿金出具的评估报告，中国圣牧通过社会责任债券募集的资金将全部用于向当地农户或农业合作社采购饲料，通过发挥自身在畜牧业、乳制品行业的优势，积极反馈社会，助力生产运营所在区域发展特色养殖业、种植优质牧草，带动低收入人口和当地少数民族同胞就业，促进增收致富，践行乡村振兴。债券的目标受益人群为内蒙古自治区

① 《IFC支持海尔融资租赁发行首支社会责任债券，助力中国欠发达地区实体经济》，https：//pressroom. ifc. org/all/pages/PressDetail. aspx？ID = 27248，最后访问日期：2023年12月25日。

② 《中国圣牧有机奶业有限公司2022年度第一期超短期融资券（社会责任债券）募集说明书》，https：//pdf. dfcfw. com/pdf/H2_AN202212221581295657_1. pdf，最后访问日期：2023年12月30日。

巴彦淖尔市磴口县及牧场周边低收入游牧民等偏远地区人群。该企业社会责任债券募集的资金将直接帮助超过 101 户农户及合作社增收，促进当地农业的高效、优质发展。发行人通过饲草采购，2021 年带动周边 5701 户农户增收，农户平均增收 10500 元/年。①

虽然我国要求社会责任债券的发行人为外国政府类机构、国际开发机构和境外非金融企业，但在政府牵头下，社会责任债券的发行主体不断丰富。2023 年 8 月 19 日，深圳市财政局发布公告称，深圳市计划于近期赴香港簿记建档发行不超过 50 亿元人民币地方政府债券，并将在香港联合交易所挂牌上市，发行期限为 2/3/5 年。其中发行的 5 年期债券为社会责任债券，发行规模为 20 亿元，定价利率为 2. 75%。② 募集的资金将投向教育、清洁交通、水治理、医疗卫生、老旧小区改造等项目。

可持续发展债券方面，2021 年 11 月 18 日，以渣打银行（中国）有限公司（以下简称“渣打中国”）作为主承销商，远东宏信有限公司在中国银行间市场成功发行一只总额为 1. 5 亿元人民币的可持续发展熊猫债。这是中国银行间市场交易商协会启动社会责任债券和可持续发展债券试点后落地的首只可持续发展债券。该债券募集资金拟用于支持污水处理、智能公交、新能源车采购、健康养老等绿色项目及社会责任项目，将切实践行支持气候

① 《中国圣牧有机奶业有限公司 2022 年度第一期超短期融资券（社会责任债券）独立评估报告》，https：//www. chinamoney. com. cn/dqs/rest/cm - s - security/dealPath？ path = Jnw5ofpjlbE% 253DuZ9TuHgZHBAAf1R6YB58XzbBGUWTIKo4kH5c4wHIix8IyieBPizbm5go09yHfnKzywmroLRxDAhhrZOXrgSi4g% 253D% 253D&cp = zqfxgg&ut = BrQ/oAakMRa2/VxHdYDWMmfHHh/emCzref24cd9XH5/yWVehp/fGUKRXouLRPimx0Co82QWVku3h% 0AdvnDff% 2Bf0uBlig022JtuhFsPEiISvCfdQxeBjc6fAnbnRRhmU9rdrMaqtAhDtizZCxXC/3IWXP18% 0ATs% 2BCOuh% 2BnPxPv% 2BbMZ2k = % 0A&sign = Q/d8solfMh3GOoMI5WmGUaZA1ukiCpO5sMwap9ByMZnt4tsJZeSkX6Wq1v3lRrKsnQLcWdAPun00% 0ALsYa5AtcTZpCs2CvuKf8xTKL5JKkAphGIIEbpsADAhjeg2dCZIBVMUOFd2LaiLvRLJLML9AfJTc/% 0AI44XV2MvFkyyEBuTLsA = % 0A，最后访问日期：2024 年 2 月 20 日。

② 《深圳市 2023 年赴香港发行离岸人民币地方政府债券有关安排的公告》，http：//szfb. sz. gov. cn/gkmlpt/content/10/10793/post_ 10793061. html#4457，最后访问日期：2024 年 2 月 20 日；《深圳 2023 年“离岸债”在港发行获超额认购》，https：//www. sz. gov. cn/cn/xxgk/zfxxgj/zwdt/content/post_ 10812026. html，最后访问日期：2024 年 2 月 20 日。

行动、健康福祉、清洁饮水等联合国可持续发展目标。①

社会责任债券和可持续发展债券通过引导社会资本投入符合条件的社会责任和可持续发展项目，一方面为私营部门提供资金支持，另一方面为目标人群改善基本服务供给，保障了社会和经济福利，提供了一条既解决社会问题又产生经济回报的投资途径。

2. 民营企业主导的乡村振兴债券

现阶段，政府和国有企业依然是发行乡村振兴债券的主力军，但在国家政策引导下，民营企业也积极参与乡村振兴债券的发行。以近年来兴起的乡村振兴票据为例，其发行主体涵盖地方国有企业、中央国有企业和民营企业等，占比分别为 72.15%、15.19%和 10.13%（吕柏乐等，2021）。

2021 年 3 月 15 日，中国银行间市场交易商协会发布题为《巩固拓展脱贫攻坚成果 乡村振兴票据助力农业农村优先发展》的公告，提出聚焦“三农”发展，将债务融资工具市场支持乡村振兴发展落到实处；灵活运用债务融资工具全系列产品谱系，结合企业落实乡村振兴战略需求提供精准支持。此后，乡村振兴领域的债券以政府发行的乡村振兴债券一家独大的局面开始改变，多元化的债券融资工具被用于乡村振兴领域。公司债、短期融资券、中期票据等乡村振兴票据层出不穷，对乡村振兴项目投入精细化起到了积极作用。2022 年 1 月 19 日，德邦物流股份有限公司发行了德邦物流股份有限公司 2022 年度第一期中期票据（乡村振兴），发行金额 3 亿元，其中 2.1 亿元用于补充运输成本支出的流动资金缺口，0.9 亿元用于发行人及下属子公司淘宝村商品以及农产品出村进城相关物流服务保障。项目通过架设网络拓展网点、让农产品走出去以及夯实物流基础等服务乡村振兴建设，在完善县域物流网络、促进农民增收方面发挥了重要作用。

2022 年 5 月 16 日，中国银行间市场交易商协会发布《关于做好 2022 年度乡村振兴票据有关工作的通知》，对加大乡村振兴重点领域的支持力

---

① 《首单可持续发展债券落地——引导金融资源助力企业转型》，http://www.xinhuanet.com/money/20211119/df193fda166240c3b7f2c93d409e4759/c.html，最后访问日期：2024 年 2 月 20 日。

度、创新乡村振兴票据助农机制、强化乡村振兴票据风险防范、加大乡村振兴票据宣传力度和强化乡村振兴政策激励等做出了具体要求。据中国银行间市场交易商协会统计，截至 2023 年 2 月末，共有 131 家企业发行乡村振兴票据 1500 多亿元，发行金额占公司信用类乡村振兴债比重超七成，支持项目覆盖全国 27 个省（自治区、直辖市），形成了良好的示范带动效应。

2023 年 6 月 16 日，中国人民银行、国家金融监督管理总局、证监会、财政部和农业农村部联合印发的《关于金融支持全面推进乡村振兴 加快建设农业强国的指导意见》（银发〔2023〕97 号）指出，要加强农业强国金融供给，包含强化金融机构组织功能、拓展多元化金融服务和增强保险保障服务能力三个重要方面。其中，拓展多元化金融服务就明确支持公司债券、乡村振兴票据等用于乡村振兴。未来，民营企业参与乡村振兴、发行乡村振兴票据的前景广阔。

三　中国社会影响力债券的发展趋势

（一）地方政府专项债券助力社会发展作用日益重要

在中国的社会影响力债券体系之中，地方政府发行的专项债券占有重要地位，在解决社会问题、改善民生和推动可持续发展方面发挥着重要作用。2019 年，国务院明确了地方政府专项债券的民生服务投向领域；2021 年，又将民生服务投向领域拓展至社会事业领域，具体包含卫生健康、教育、养老托育、文化旅游及其他社会事业，同时把保障性安居工程也列为专门投向领域。自此之后，投向社会事业和保障性安居工程领域的专项债券，无论是从发行额度，还是从发行数目来看，增长都非常迅速，成为仅次于投向市政和产业园区基础设施领域的专项债券。

2023 年 3 月 26 日，财政部部长刘昆在中国发展高层论坛 2023 年年会上阐释中国财政政策时提到“适当扩大地方政府专项债券的投向领域和用作资本金的范围”。[①] 地方政府专项债券作为推动经济发展、改善民生的重要政策性开发性金融工具，投向领域将进一步丰富和细化，以满足社会民生领域的需求。同时就发行规模来说，未来几年内其将在保持已有新增规模的基础上稳定增长，以保证社会事业发展、绿色低碳转型、新型基础设施建设等领域的资金需求。

具体来看，在社会事业方面，我国很多地区在卫生健康、教育、养老托育、体育场地、图书馆和博物馆等社会领域普遍欠账较多，发展明显滞后。在城市发展方面，我国城市建设已转向以城市更新改造、存量资产盘活等为主的存量发展模式，城镇老旧小区改造、棚户区改造、保障性租赁住房和公共租赁住房建设将成为投资重点。因此，可以预见国家将会引导地方政府加大对社会事业领域和保障性安居工程领域的合理融资需求的支持力度，以补齐社会事业领域短板，改变老旧城区面貌，满足新市民的住房需求。

（二）社会影响力债券将得到更多主体的关注与支持

“十四五”规划和2035年远景目标纲要提出要增进民生福祉、提升共建共治共享水平，要求加快补齐基本公共服务短板，着力增强非基本公共服务弱项，努力提升公共服务质量和水平，围绕公共教育、就业创业、社会保险、医疗卫生、社会服务、住房保障、公共文化体育、优抚安置、残疾人服务等领域建立健全基本公共服务标准体系。在突出政府在基本公共服务供给保障中的主体地位的同时，鼓励社会力量通过公建民营、政府购买服务、政府和社会资本合作等方式参与公共服务供给。未来，在以上领域，政府发行的专项债券和国有企业发行的企业信用债券将继续作为社会民生、公共服务领域的建设和供给的中坚力量，市场力量发行的社会责任债券和可持续发展债券将进一步发挥提高社会效益、赋能弱势群体和促进社会可持续发展的补充作用。在国家政策的关注下，两类社会影响力债券将在产品种类和发行总

---

① 《财政部部长：今年适当扩大地方政府专项债》，https：//news. cyol. com/gb/articles/2023-03/26/content_ JQqKbVSZBO. html，最后访问日期：2024年2月20日。

量上迎来新一轮的扩充。

为进一步落实金融机构社会责任，引导市场资金流向符合国家战略导向的领域，2023 年 10 月 20 日，招商银行在上海发布了“CFETS-招商银行社会责任债券指数”。这是市场上首只以“社会责任”为主题的债券指数，它提高了境内外投资者参与社会责任债券投资的便利性。

此外，为了加快社会影响力债券业态发展，各地金融监管机构也相继出台政策，以推动社会金融发展。2023 年 12 月 29 日，深圳市地方金融监督管理局发布《关于推动深圳社会金融发展的意见》（深金监发〔2023〕40 号），提出了探索构建社会金融发展框架、增强社会金融产品落地能力、培育高水平社会金融人才队伍和提升社会金融项目融资水平的发展目标，对如何丰富社会金融工具种类，推动社会影响力债券发展提出了指导性意见。

投资者是社会影响力债券的重要参与者，其社会责任意识的增长对社会影响力债券的发展也至关重要。根据中国责任投资论坛发布的《中国责任投资年度报告 2022》，虽然投资者对责任投资了解有限，但超七成的个人投资者已在投资中考虑相关因素。[①] 虽然了解责任投资的调查对象仍较少，但调查结果显示了解责任投资的投资者比例从 2021 年的 17%提升到 2022 年的 23%。对于从未听过或不了解责任投资的个人投资者，仍有部分会在投资过程中加入“环境保护”“减排”“气候变化风险管理”“劳工权益与安全”“商业道德”等责任因素或 ESG 投资范畴的因素。有 84%的调查对象表示会在投资中考虑 ESG 因素。投资者对能够带来社会效益的社会影响力债券的关注度和参与度逐步提高。

（三）社会影响力债券项目管理与评价机制更加完善

随着地方政府专项债券规模的不断扩大，国家对于其资金使用绩效的评价机制也逐步完善。2021 年 6 月，财政部发布的《地方政府专项债券项目

① 《中国责任投资年度报告 2022》，https：//syntaogf. com/products/csir2022，最后访问日期：2024 年 2 月 20 日。

资金绩效管理办法》（财预〔2021〕61号）指出，在遵循科学规范、协同配合、公开透明和强化运用的原则下，通过事前绩效评估、绩效目标管理、绩效运行监控、绩效评价管理、评价结果应用等环节，推动提升债券资金配置效率和使用效益。

在专项债券项目资金绩效管理的基础上，为了进一步提高专项债券资金使用效率，有些地方政府还将专项债券项目纳入财政绩效评价范围，引入人大监督和社会监督。比如，北京市朝阳区在2022年的财政绩效考评工作中首次将专项债券项目纳入财政绩效评价范围。朝阳区财政局对“2021年新增专项债券资金（第二批）管庄乡棚户区改造和环境整治项目”开展了绩效评价，并邀请区人大及人大代表参与了评价过程，自觉接受区人大和社会各界监督。评价结果显示，项目整体管理较为规范，产生了较好的效益，但还存在一些不足，如绩效目标还不够全面、细化，实施方案有待完善等。

政府承担风险型社会影响力债券绩效评价机制的完善有助于确保项目实施产生预期社会效益，促进政府更加关注项目的实际效果，倒逼政府加强对社会影响力债券项目的监管。对于投资者而言，绩效评价可以为投资者提供透明、可信赖的信息，增强其购买社会影响力债券的信心，提高社会影响力债券的市场认可度，吸引后续的社会资本持续进入社会影响力投资领域。

市场承担风险型社会影响力债券方面，针对社会责任债券和可持续发展债券，中国银行间市场交易商协会在《问答》中对需要披露的社会责任项目信息、社会责任项目的评估和遴选流程以及募集资金管理做了详细要求。规定企业发行社会责任债券或可持续发展债券，须在发行前明确募集资金使用的具体项目或备选项目库，披露社会责任项目涉及的目标、受益人群、预期社会效益，有正式的内部控制机制确保募集资金用于社会责任项目。市场承担风险型社会影响力债券在项目管理和评价机制方面的完善不仅直接帮助国内首只社会责任债券和可持续发展债券落地，也为后续社会影响力债券市场的完善奠定了基础。

四　中国社会影响力债券发展面临的挑战

（一）项目储备不足，地方政府专项债券发行压力较大

地方政府专项债券作为地方政府的一种重要融资工具，一直在基础设施建设和社会事业发展中扮演着重要角色。面对近年来的经济增长放缓，中央政府一直在实施积极的财政政策以促进经济的稳定增长，专项债券处于持续扩张的状态。而在专项债券的扩张需求下，一些地方出现了项目储备不足、申报遇阻的情况。以天津 2022 年的新增专项债券申报情况为例，2022 年新增专项债券额度未充分使用，项目缺口达 200.92 亿元；部分项目多次重复上报但仍未获得国家发改委批准。而 2023 年上报的资金需求少于规定资金需求。①

对于申报单位来说，专项债券申请涉及项目资料准备，还需论证和编撰资金平衡方案，客观上收益平衡比较难，后续检查、审计等关注度高，使用进度慢又要被督查。一般情况下，由财政直接安排资金更轻松。所以，一些地方除急需资金的部分国企、镇街有积极性外，多数单位缺乏积极性。

另外，近年来国家对政府债务的监管加强也是政府发行债券遇阻的原因。2021 年 3 月，国务院发布《关于进一步深化预算管理制度改革的意见》（国发〔2021〕5 号），指出防范化解地方政府隐性债务风险，坚决遏制隐性债务增量，妥善处置和化解隐性债务存量。完善常态化监控机制，强化国有企事业单位监管，严禁地方政府通过金融机构违规融资或变相举债，清理规范地方融资平台公司，健全市场化、法治化的债务违约处置机制，加强督查审计问责。2023 年的政府工作报告也指出，建立规范的地方政府举债融资机制，对财政实力强、债务风险较低的，按法定程序

① 《天津市 2022 年度市级预算执行和其他财政收支的审计工作报告》，https：//sj. tj. gov. cn/zwgk_ 146/xzfwxgk/xfdzdgknr/xsjjggg/202308/t20230821_ 6382518. html，最后访问日期：2023 年 12 月 25 日。

适当增加债务限额。各级政府要坚持过紧日子，把每一笔钱都花在明处、用在实处。

（二）政府承担风险型债券项目收益不佳，偿债压力较大

作为地方政府投资基础设施建设、社会事业和民生保障等公益项目的重要投融资工具，以专项债为代表的政府承担风险型社会影响力债券具有期限长、利率低的特点，其投向的领域也具有建设周期长、资金回收慢的特点，加之目标项目的性质为公益性，只靠项目建成时回笼的资金很难完全偿还债券的本金与利息。如此情况下，政府就需要财政中的政府性基金收入偿还。当前，政府性基金收入中的很大一部分由政府的土地出让收入构成，近年来土地财政遇冷，政府对专项债的偿付能力下降，偿债压力较大。从 Wind 数据库数据来看，与 2021 年相比，2022 年政府性基金收入明显减少（见图 11）。根据财政部公布的数据，2023 年 1~6 月全国政府性基金收入同比下降 16%，非税收入增速也持续下滑。

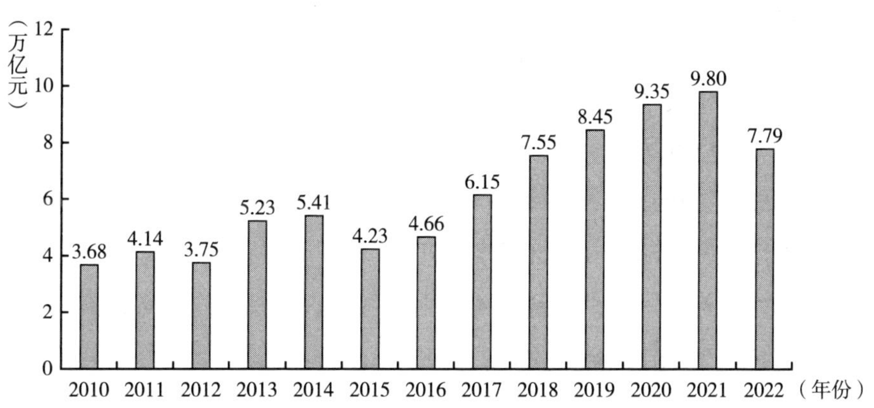

图 11　2010~2022 年中国政府性基金收入情况

资料来源：Wind 数据库。

自 2019 年以来，专项债券发行速度加快，但多地在项目储备不足的情况下，努力按期完成当年专项债券发行任务，导致一些申报项目存在过度包

装的问题。在这种情况下，一些项目的收益预测过于乐观，难以实现收益与融资平衡，对未来债券本息的偿付保障力度较弱。

目前，我国地方政府专项债券已步入偿债高峰期，债务集中偿还压力开始显现。经济增速放缓也会导致地方政府偿债能力弱化，加之“借新还旧”债务风险积累、期限错配的流动性风险等，随着时间的推移，专项债券规模不断扩大，专项债券的风险防控成为需要重视的问题。

（三）区域间发展不均衡，发债成本差距加大

受制于各地资源禀赋、产业结构的影响，加之区域间发展不均衡问题愈演愈烈，不同地区之间政府的融资成本差距逐渐加大。发达地区拥有更强大的经济基础和较高的信用评级，其政府债券在市场上更受欢迎，投资者更愿意购买，因此融资成本较低。相反，欠发达地区由于信用评级较低，难以获得市场认可，政府债券融资成本增加（见图 12）。特别是在没有政策倾斜的情况下，欠发达地区融资成本增加的情况会进一步加剧。

根据 Wind 数据库数据统计，2021～2022 年云南、贵州、广西等地的 AA+级城投债券利差明显高于江苏、安徽、重庆等地，反映出经济发展落后地区的城投平台融资成本更高，发达地区省份则相反。从发展趋势来看，2021～2022 年发达地区和欠发达地区的城投债券利差差距明显增大，发债成本呈现分化趋势。高成本的融资使得欠发达地区政府难以获得足够的资金支持，资源流失和人才外流，影响了这些地区的发展潜力，资金的使用效率大打折扣。此外，高成本的融资可能会导致政府债务过高，进而影响地方财政金融体系的稳定性。

（四）金融机构和投资者参与市场承担风险型社会影响力债券的主动性有待提升

国际上，根据气候债券倡议组织统计数据，在社会责任债券发行主体的发行规模方面，政府支持机构累计发行规模占比为 57.48%，占比最高；金融机构占比为 17.89%，位居第二（袁吉伟，2023）。金融机构对社会责任

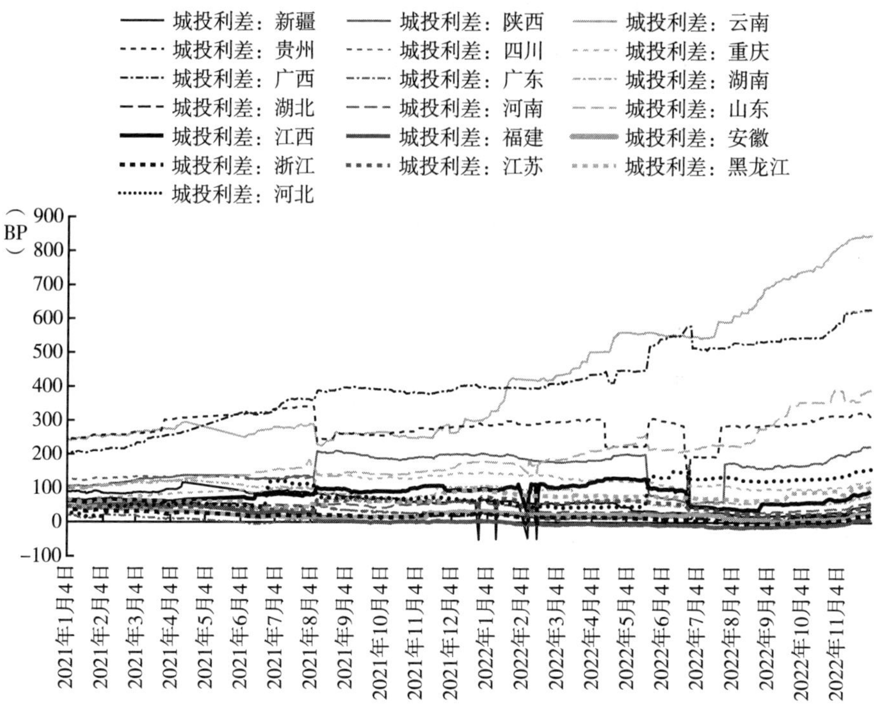

图 12　2021~2022 年中国部分省份 AA+级城投债券利差情况

资料来源：Wind 数据库。

债券市场发展的贡献不容小觑。目前，我国的社会责任债券和可持续发展债券还处于起步阶段，除了国家政策层面还需完善，金融机构的主动参与度也需要提升。

此外，若想进一步促进市场承担风险型社会影响力债券市场的良性发展，投资者的社会责任意识和主动参与社会影响力债券的观念还需进一步提高。《中国责任投资年度报告 2022》调查数据显示，和境外机构相比，境内机构在责任投资方面还存在一定差距。① 一方面，境外受访机构的责任投资理念相对更为成熟，投资时会更加主动地考量 ESG 因素；另一方面，境内

① 《中国责任投资年度报告 2022》，https：//syntaogf. com/products/csir2022，最后访问日期：2024 年 2 月 20 日。

投资者对选取的基金管理人的 ESG 评估能力考虑不足。培育投资者在决策时的社会责任意识，对市场承担风险型社会影响力债券业态的发展至关重要。

五　促进中国社会影响力债券发展的建议

目前，我国社会影响力债券主要有政府承担风险型和市场承担风险型两类，这两类债券有着不同的发展轨迹，面临不同的挑战。总体而言，政府承担风险型社会影响力债券发展较为迅速、规模大，但面临债务风险高、监管不足等问题；市场承担风险型社会影响力债券具有较高的灵活性、多样性，但面临发展较为缓慢、参与主体不足等问题。中国本土化的影响力评估标准体系缺乏是二者共同需要努力的重点内容。

（一）完善地方政府专项债券的监测与预警体系

第一，中央应根据国家发展的总体目标和经济社会发展的阶段性目标，建立专项债券政府需求和市场供给能力科学测算制度，开展科学规划和测算。第二，建立公益性项目的数据库、案例库，根据目录进行项目筛选，限制专项债券使用范围过度突破公共性社会需求。第三，建立严格的专项债券过程管理和信息披露机制，实现对项目穿透式监管。尤其是专项债券成本收益评估较为模糊，更需要加强项目过程性管理和监督，确保债务风险“早发现、早报告、早处置”。第四，加强专项债券风险事件管理处置。依据风险事件性质、影响范围和危害程度等，将政府性债务风险事件划分为Ⅳ级（一般）、Ⅲ级（较大）、Ⅱ级（重大）、Ⅰ级（特大）四个等级，相应实行分级响应和应急处置措施，构建项目风险的预警体系。第五，各地发行地方政府专项债券的融资成本存在较大差异，尤其是越是经济发展落后地区发行成本越高，有必要为这些地区关于公益性项目的专项债券融资提供支持，以促进欠发达地区的发展。

（二）完善支持社会影响力债券发展的政策体系

首先，完善社会投资配套政策，推动社会影响力债券持续发展。将公共服务开放、税收激励、环境营造、市场基础设施建设以及融资与支持等战略措施整合起来。具体来说：一是简化社会服务组织登记注册手续，同时以孵化器降低社会服务组织创办门槛，促进社会服务组织繁荣发展；二是制定针对公益性社会服务及社会投资的税收优惠政策，增强社会服务组织可持续发展能力，吸引更多私营投资者参与到社会影响力债券等社会投资中来。其次，培育联结政府、投资者和社会服务组织的中介机构，简化中介机构创办手续，为其提供启动资金，减免税收。将中介机构打造成为社会创新硅谷，整合来自各领域的优秀人才，发挥其枢纽作用，并精确建模，保证项目指标完成。同时应避免中介机构成为政府派出机构，保证债券契约公平公正，使各方合作有效进行。最后，加强公益人才的培养，打造专业化、系统化的公益教育体系，确保社会服务多元、创新、专业地开展，并有效、高效地解决社会问题。

（三）鼓励地方试点搭建社会影响力债券的项目平台和指导目录

设立专项拨款，在部分城市进行为成功而付费的社会影响力债券的小范围试点，在实践中推动政府、企业和社会深度合作。以地方政府民政、财政和金融部门为依托，调动社会服务专业机构、投资机构搭建社会影响力债券项目平台，尤其是公共安全、儿童福利、公共卫生等突出性的公共服务项目。同时，探索制定社会影响力债券项目指导目录，引导符合条件的金融机构和企业为社会民生项目提供投融资和金融服务。此外，还应以政府倡导、金融机构参与的方式，设立社会影响力债券项目平台的种子基金，为项目提供资金配套支持。

（四）鼓励引导市场主体积极参与社会影响力债券发行

目前中国社会影响力债券发行以政府和金融机构为主，而其他社会主体参与较少。政府要发挥政策引领作用，鼓励更多主体参与社会责任债券和可持续发展债券的发行，这对于推动社会的可持续发展、促进企业履行社会责任具有深远的意义。建议政府加强政策培训，强化市场引导，建立监管部门与各类发行主体的信息沟通和交流机制，鼓励各类主体，特别是与解决社会问题紧密相关的企业或金融机构，更积极地发行社会影响力债券。具体而言，一方面，社会责任债券和可持续发展债券的发展壮大离不开投资者的积极参与。应该加强宣传，加深投资者对社会责任和可持续发展的认识和理解，让投资的社会价值目标成为投资者投资决策的重要考量，从而引导社会资金流向兼顾社会效益与经济效益的投资项目。另一方面，针对社会责任债券和可持续发展债券的发行主体，政府可以采取税收优惠等激励措施，以吸引更多的企业和机构参与社会影响力债券的发行。

（五）构建中国社会影响力债券的本土化标准体系

建立合理的衡量和管理社会影响力的工具体系，才能确保社会影响力债券在中国健康发展。应该加快建立专业化、市场化的社会影响力债券项目评估机构，不断总结实践经验，加快推进投资主题分类，加强社会影响力债券项目影响评估、信息披露等方面的规范，持续完善监管要求。支持第三方专业机构承担社会影响力债券项目绩效评估工作，鼓励高等院校及研究机构开展社会影响力债券项目绩效指标研究。从评价指标来看，需要加快建立有关社会影响力债券的多维度的评估体系。目前，市场承担风险型社会影响力债券中的社会责任债券和可持续发展债券评估虽然可以参考中国银行间市场交易商协会发布的《关于试点开展社会责任债券和可持续发展债券业务的问答》，但其主要借鉴了国际资本市场协会（ICMA）发布的《社会责任债券原则》，还需要进行本土化以适应中国的实际情况。此外，也可研究 IRIS、SROI 等国际评估体系及富时影响力债券指数系列，经过本土化试验，引入具体的投资过程中。最后还需要推动各国家和地区协同开展社会影响力债券标准制定或者互认，便利各类市场主体跨国发行社会责任债券。

参考文献

国际资本市场协会（ICMA），2021，《社会责任债券原则》，https：//www.icmagroup.org/assets/documents/Sustainable-finance/Translations/Chinese-SBP2021-06-030821.pdf。

吕柏乐、周雯、呼延玉瑾、赫彤，2021，《乡村振兴债券发展演进路径与中国实践研究》，《债券》第12期。

袁吉伟，2023，《社会责任债券市场标准、发展特点以及政策建议》，《中国货币市场》第11期。

中国银行间市场交易商协会，2021，《关于试点开展社会责任债券和可持续发展债券业务的问答》，https：//www.nafmii.org.cn/xhdt/202111/P020220112400465067938.pdf。

中国银行间市场交易商协会、联合国开发计划署，2022，《中国银行间债券市场社会责任与可持续发展债券简报-推动债券市场助力实现可持续发展目标（SDGs）》，https：//www.nafmii.org.cn/xhdt/202212/P020221229596707580505.pdf。

B.5

中国社会影响力投资基金发展现状与趋势分析

庄家炽*

摘　要： 社会影响力投资基金是一种同时追求社会价值与资本收益的新型投资基金。近年来，中国专门从事社会影响力投资的机构虽然数量相对有限，但呈现出逐步增长的趋势。当前中国设立社会影响力投资基金的机构主要有政府/国有企业、慈善基金会和民营投资公司。中国的社会影响力投资基金在环境与能源、科技创新和乡村振兴等领域有新的建树与发展，公益资本模式和政府资金/国有资本模式成为中国社会影响力投资的主要模式。中国的社会影响力投资生态越发多元化，社会影响力测评工具不断完善，科技创新与社会影响力结合更加紧密。社会影响力投资基金的未来发展需要加强人才队伍建设、创新金融工具和推动跨学科合作。

关键词： 社会影响力投资基金　影响力投资生态　影响力衡量和管理　金融工具

影响力投资的概念最先由洛克菲勒基金会于2007年提出，2010年摩根大通社会金融部、全球影响力投资网络（GIIN）以及洛克菲勒基金会发布《影响力投资：新兴的资产类别》，由此奠定了影响力投资在投资界和公益

* 庄家炽，博士，中央财经大学社会与心理学院副教授，研究方向为经济社会学、劳动社会学。

界的地位。之后，社会影响力投资迅速引起了政府、投资界和公益界的广泛关注，许多国家的政府、国际组织也积极跟进和推动，已逐渐成为国际资本市场可持续转型的重要金融工具之一。不同于先赚钱而后捐赠的传统慈善模式，影响力投资是指公司、组织和基金在进行投资时，除了追求财务回报，还力求对社会和环境产生积极影响（雅基耶，2020）。随着中国经济社会进入高质量发展阶段，越来越多的投资者开始考虑除了货币回报之外的社会影响力，希望通过投资产生积极的社会效益，这种投资理念的兴起推动了社会影响力投资的发展。

相应地，社会影响力投资基金是一种同时追求社会价值与资本收益的新型投资基金，试图用市场化手段补齐公共服务短板，通过可持续商业金融模式促进资本要素投向社会需求领域，实现商业模式可持续和社会价值最大化。根据不同的标准对社会影响力投资基金有不同的分类。根据投资的主题或领域，社会影响力投资基金可以分为社会初创企业基金、社会企业基金、环境和可持续发展基金、社会债券基金、小微金融和普惠金融基金、地区和社区发展基金等。根据资金来源，社会影响力投资基金可以分为公益资本模式、私人资本模式、政府资金/国有资本模式以及混合模式。根据基金所依托的机构性质，社会影响力投资基金可以分为慈善基金会、基金子公司、私募基金、资产管理公司、投资公司、信托公司等不同组织设立的基金。

一　中国社会影响力投资基金发展状况

（一）2022年社会影响力投资基金发展情况

自 1981 年新中国成立后的第一家国家级公募基金会——中国儿童少年基金会成立以来，我国基金会行业经过 40 多年的发展，成为中国公益慈善事业的重要力量。2004 年《基金会管理条例》发布实施以后，中国基金会发展进入快车道，基金会数量年均增长率达到 15.49%。2016 年以后，中国基金会数量增长速度放缓，保持在7.78%。[①] 2022年，中国基金会数量达到9295家，同比增长4.8%（见图1）。

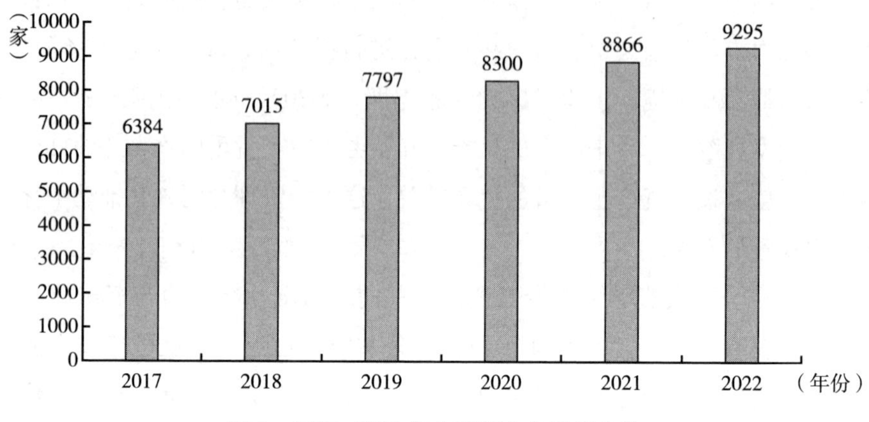

图1　2017~2022年中国基金会数量变化

资料来源：基金会中心网“数据总览”，http：//insight. foundationcenter，org. cn/fundflow/index. aspx，最后访问日期：2024年2月20日。

一般将专门以社会影响力为目标的投资基金称为社会影响力投资基金。参与影响力投资的机构类型主要有慈善基金会、政府/国有企业和民营投资公司。目前国内专门从事社会影响力投资的基金会数量不多，但是不少慈善基金会设立了以社会影响力为目标的基金或成立了专门的影响力投资公司，是探索社会影响力投资的重要主体。

在中国基金会快速发展的背景下，专门从事社会影响力投资的机构虽然数量相对有限，但是总体呈现出增长的趋势。2017~2022年，中国社会影响力投资机构的数量从36家增长至51家，年均增长率为7.21%（见图2）。发展历程略有波折，2021年相比2020年，受疫情冲击和经济增长放缓的影响，社会影响力投资机构的数量出现了短暂下降，2022年又开始回升。[②]

根据基金会中心网的数据，中国各个省份的基金会数量分布不均，主

① 基金会中心网“数据总览”，http：//insight. foundationcenter. org. cn/fundflow/index. aspx，最后访问日期：2024年2月20日。

② 本报告将解散、吊销或者超过10年没有更新数据的基金会视为不再存续的基金会。

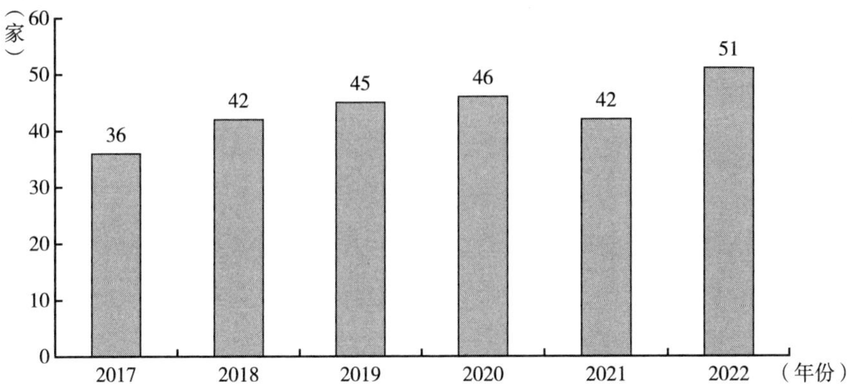

图 2　2017~2022 年中国专门从事社会影响力投资的机构数量变化

资料来源：笔者根据《指南导读丨一文速览〈中国影响力衡量与管理（IMM）指南 1.0〉》（http：//www.ciin.com.cn/content/578）、《资本的血液——中国影响力投资报告 2022》（https：//img.cbnri.org/files/2023/03/638156992595300000.pdf）等的数据整理制作。

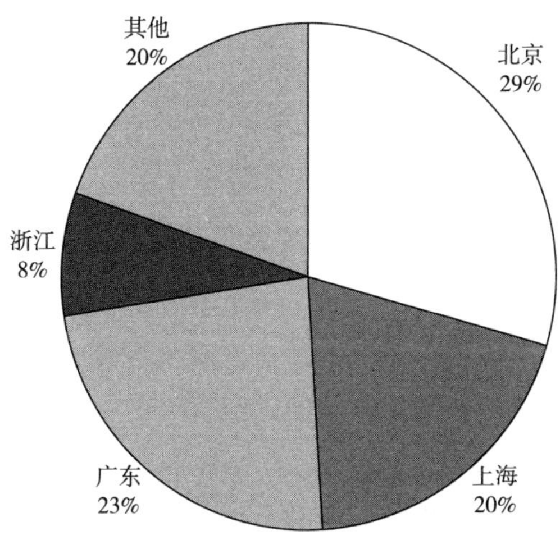

图 3　2022 年社会影响力投资机构的地区分布

资料来源：笔者根据《指南导读丨一文速览〈中国影响力衡量与管理（IMM）指南 1.0〉》（http：//www.ciin.com.cn/content/578）、《资本的血液——中国影响力投资报告 2022》（https：//img.cbnri.org/files/2023/03/638156992595300000.pdf）等的数据整理制作。

要集中在北京、上海、广州等一线城市。社会影响力投资机构的区域分布也基本如此，在搜集到的数据中，29%的社会影响力投资机构分布在北京，占比最高。其次为广东和上海，占比分别为23%和20%，浙江的社会影响力投资机构数量也相对较多，占8%，其余各个省份的社会影响力投资机构占比为20%（见图3）。总体来看，东部发达地区的社会影响力投资机构数量较多，中西部地区的社会影响力投资机构数量较少，与基金会在各个省份的分布情况基本一致，也与地区经济发展水平呈现正相关关系。

（二）不同类型社会影响力投资基金发展情况

1.政府资金/国有资本模式

在我国，以政府资金/国有资本形式设立的社会影响力投资基金比较常见。这类投资基金，一方面以支持解决特定社会问题或实现特定社会和环境目标为指向，不以营利为主要目的；另一方面希望发挥引导资金的作用，吸引更多的社会资本参与其中，以市场运作的方式实现社会影响力目标。2015年，财政部印发了《政府投资基金暂行管理办法》，对政府投资基金的设立、运作和风险控制、终止和退出、预算管理、资产管理、监督管理等做出了原则性规定。

隶属于国家开发投资集团有限公司（以下简称“国投”）的国投创益产业基金管理有限公司是国家层面以国有资本开展影响力投资的典型。国投创益产业基金管理有限公司成立于2013年12月27日，为国投全资企业，是国内知名的影响力投资机构，致力于通过市场化运作方式巩固脱贫攻坚成果，服务乡村振兴战略。国投创益产业基金管理有限公司受托管理多只社会影响力基金，具体包括欠发达地区产业发展基金、中央企业乡村产业投资基金、大同助力农业产业投资基金、安康乡村科技振兴发展基金、厦门创益盛屯新能源产业投资基金、影响力产业基金、影响力种业产业基金、影响力新能源产业基金、海南穗达股权投资基金，募资总规模达 483.63 亿元。[①] 比如，其中的中央企业乡村产业投资基金，经国务院批准，由国务院国资委牵头、财政部参与发起，有关中央企业共同出资，于2016 年设立。目前，有 93 家中央企业参与出资，募集资金 337.43 亿元。主要投资资源开发、产业园区建设、新型城镇化发展等，适当投资养老、医疗、健康等民生产业，优先考虑吸纳就业人数多、带动力强、乡村振兴效果好的项目。未来，根据国家政策要求，适时调整基金投向，在更大范围、更深程度上支持相对落后地区经济社会建设，服务国家发展需要。

2. 私人资本模式

随着社会影响力投资理念的推广，越来越多的私人资本开始进入这个领域。全球影响力投资网络（GIIN）发布的《2020 年度全球影响力投资者调查报告》显示，在所有的投资主体中私人股权投资基金和私人债权投资基金分别占比 28%和 22%。在中国，私人资本也成为社会影响力投资基金的一股重要力量。这种模式涉及私人资本（包括个人投资者、高净值人士和私营企业）积极参与社会影响力投资，以实现社会和环境目标，同时追求财务回报。

私人资本模式的社会影响力投资基金以社会影响力投资家族基金、社会企业和初创企业投资基金为主。越来越多的富裕家庭和高净值人士在中国成立社会影响力投资基金，这些基金旨在支持社会责任项目、社会企业和环保倡议，以实现积极的社会影响。社会企业和初创企业投资基金在中国积极投资社会企业和初创企业，这些企业试图运用商业模式解决社会问题。社会企业和初创企业投资基金提供资金、导师和战略支持，以帮助这些企业成长与发展。

玛娜影响力投资基金是中国第一家在中基协正式备案的影响力股权投资基金。该基金专注于投资运用科技赋能弱势群体和金字塔底层人群的高成长性企业，通过服务“科技弃民”，为所有人都可平等享受现代文明而不懈努

---

① 国投创益产业基金管理有限公司官网“关于我们”，https：//www. sdiccy. com. cn/gtcy/gywm/gsjj/A1201 01index_ 1. htm，最后访问日期：2023 年 12 月 12 日。

力。所投资企业包括中国第一家 B-Corp 认证社企第一反应（急救）和评分最高的 B-Corp 社企联谛（信息无障碍），国内排行第一的快递员社区云喇叭（弱势群体赋能），以及第一个受到国务院五年独家授权的消费养老项目等。2019 年，玛娜影响力投资基金向国内唯一的无障碍解决方案提供商——深圳市联谛信息无障碍有限责任公司投资 540 万元。该公司通过为科技产品提供无障碍解决方案，包括为客户提供无障碍技术咨询、无障碍测试、无障碍开发、障碍用户需求、CSR 及品牌曝光等一整套解决方案，使产品可以被视障者、读写障碍者、听障者、老年人等障碍用户顺畅使用。

Impact Hub 于 2005 年在伦敦成立，是全球最大的关注社会创新和可持续发展的创变平台之一，在全球 50 多个国家和城市拥有 100 多个 Hub，为全球超过 20000 名的创变者提供社群联结、创新空间以及创业支持。在深入本土化的基础上，联结着全球网络的商业创新模式、项目案例、多元设计感的空间等。Impact Hub 上海是国内第一家 Impact Hub，也是首家专注影响力创新、创业孵化及影响力投资的社群平台。与关注可持续发展的企业、政府和公益机构通过营造共创空间，联结创变社群和提供创业孵化服务，支持创业者开启美好商业，推动形成可持续发展的新业态。① 深益影响力创新投资（深圳）集团有限公司（以下简称“深益”）是成立于 2021 年的中国本土的影响力股权投资公司，业务领域包括社会创新股权投资、社会影响力项目咨询以及家族公益创投与慈善解决方案咨询，聚焦新农村发展与乡村振兴、环境友好、优质和普惠的健康与养老以及公平优良的教育与就业等领域问题。

2022 年 12 月，深益与 Impact Hub 上海正式签约，双方共同发起影力 1 号影响力投资基金，计划规模为 2000 万元人民币，目标是投资气候变化和可持续消费领域有潜力的早期项目。Impact Hub 上海与深益组成联合团队，通力贡献各自资源、发挥各自优势，并制定基金专属投资策略、形成变革

① 《中国有哪些有一定影响力的联合办公空间（co-working space）?》，https：//www. zhihu. com/question/25867903/answer/611447138，最后访问日期：2024 年 1 月 8 日。

理论及影响力评估模型，目标是在投资全流程中对被投标的进行影响力评估与管控，确保达到基金的双重绩效考核要求。同时，深益完成对可持续运动品牌超级蟹蟹的种子轮投资，这家公司旨在用趋近于对环境零污染的材料与模式，与热爱运动、热爱地球的消费者一起传递并实践保护地球的核心理念。

3. 公益资本模式

由于社会影响力投资具有社会价值使命，许多慈善基金会也开始尝试采用公益创投和影响力投资的方式来行使它们的公益使命。另外，它们将一部分资金投资于有收益的项目，并将投资回报用于支持慈善事业。在疫情期间，公益资本成为中国社会影响力投资基金的重要支柱。

北京三一公益基金会（Sany Foundation，以下简称“三一基金会”），是由三一集团发起的非公募基金会，2013 年 12 月 31 日在北京市民政局注册成立。三一基金会在国内率先提出“科学公益”的理念，通过赋能使公益充分实现其价值，给世界带来真实的改变，建设充满活力、善意和信任的美好社会。“E 掘行动”是三一基金会 2016 年发起的资助计划，一直是三一基金会的核心业务之一。经过持续的实践探索，于 2021 年升级为全新的公益创投计划。“E 掘行动”致力于支持有基础、有优势、有潜力的项目，通过深度合作，为应对社会问题的创新方案和高效解法提供灵活的资金与高品质的技术支持，支持项目实现跨越式发展，带来更可持续、更具规模的社会改善。截至 2023 年 8 月，三一基金会创投伙伴包括诚信诺科技、保护豆豆、圆梦之旅、是光诗歌、西藏星光社会工作服务中心等，涉及清洁能源、儿童保护、助残和农村教育等领域。

北京乐平公益基金会起源于 2002 年，是一家以“致力于共建一个包容发展的社会，增加弱势群体的福利，让人人享有自由平等发展的权利”为使命的公益基金会。北京乐平基金会也是共益企业中国（B Corps China）特别工作组组建者，共益行动的召集人、倡导人、推动者。2008 年，北京乐平公益基金会发起创立了北京富平创业投资有限责任公司，开展社会影响力投资，项目涉及低收入女性就业、生态信任农业、农村早教等领域。北京乐平公益基金会的年报数据显示，从2017年到2022年投资收益及其占基金会收入的比重波动较大（见图4）。

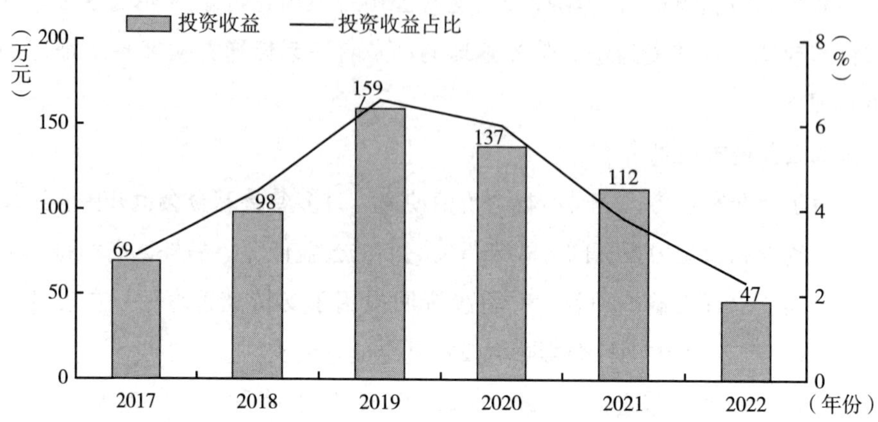

图4　2017~2022年北京乐平公益基金会投资收益及其占比

资料来源：2017~2022年《北京乐平公益基金会工作报告》，http：//www.lepingfoundation.org.cn/information#report，最后访问日期：2024年2月20日。

4.混合模式

有一些社会影响力投资基金的资金来源不止一种类型，而是较为多元，本报告把这种有多种资金来源的社会影响力投资基金称为混合模式。这种混合模式有的是公益资本与商业资本的混合，有的是政府资金/国有资本与社会资本的混合。公益基金会和金融机构的合作方式在欧美早已出现，它们合作形成的基金被称为混合型影响力投资基金。这种混合型影响力投资基金通常由公益基金会做基石投资人，有些甚至做“劣后”，也就是说愿意获取较低的回报，把更多的收益优先分配给混合基金中的商业投资人。

公益资本与商业资本合作的国内典型案例是禹禾基金。2018年，南都公益基金会宣布作为基石投资人，出资5000万元，参与上海禹闳投资管理有限公司设立的影响力投资专项基金——禹禾基金。目前该基金已经完成投资，主要投向了母语、科普、自闭症和学习障碍症儿童康复培训等相关教育类公司，还有环保检测、生产替代塑料的可降解材料和提供公众互助急救服务等的影响力驱动型企业。

很多地区的乡村振兴产业基金是由国有资本和社会资本共同设立的。早在 2017 年，广东省就设立了全国首只农业供给侧结构性改革基金，省财政分年度注资 100 亿元，引导带动金融、工商等社会资本投入。成立于 2018 年的广东希望壹号股权投资基金，就是由国有资本和社会资本共同成立的乡村振兴产业基金，基金总规模为 15 亿元。其中，国有资本占 33.3%，来自广东省农业供给侧结构性改革基金合伙企业；社会资本占 66.7%，分别来自金橡树投资控股（天津）有限公司（66.66%）和广东新希望新农业股权投资基金管理有限公司（0.04%）。[①] 该基金主要投资于广东省内的优质农业项目，主要包括饲料、养殖、屠宰、食品、餐饮及零售等行业。

二　中国社会影响力投资基金的主要投向领域

（一）环境与能源

改革开放以来，中国经济加速发展，目前已成为全球第二大经济体、绿色经济技术的领导者。2020 年 9 月 22 日，中国在第七十五届联合国大会一般性辩论上正式提出，力争于 2030 年前实现碳达峰，努力争取 2060 年前实现碳中和的目标。社会影响力投资基金也在持续跟进“双碳”领域的投资，为新能源科技加码。

2021 年 3 月，远景科技集团与红杉中国宣布，共同成立总规模为 100 亿元人民币的碳中和技术基金，投资和培育全球碳中和领域的领先科技企业，构建零碳新工业体系。该基金也是国内首只绿色科技企业携手创投机构成立的百亿规模碳中和技术基金，将积极与企业和政府合作，打造碳中和技术创新生态。远景科技集团不断构筑智慧能源生态系统，通过远景创投

① 《重磅！〈2022 年中国乡村振兴基金绿皮书〉全网发布，深度洞察乡村振兴基金的现状与趋势》，https：//www.163.com/dy/article/HR2T894O05118U1Q.html，最后访问日期：2024 年 2 月 20 日。

(Envision Venture) 在美国、欧洲和中国展开风险投资，围绕 EnOS™（智能物联操作系统），投资了 ChargePoint、AutoGrid 等公司。

与此同时，各地政府也相继推出绿色金融支持政策。2023 年 2 月，浙江省生态环境厅、浙江省发展和改革委员会、浙江省财政厅等部门联合印发《浙江省促进应对气候变化投融资的实施意见》，这是全国首个省域促进应对气候变化投融资的实施意见。浙江省将引导民间投资与外部资金进入应对气候变化投融资领域，在省域内规范推进政府和社会资本合作（PPP）项目，对省产业基金支持、以 PPP 模式操作的绿色低碳项目，支持其进行资产证券化融资，鼓励社会资本以市场化方式设立绿色低碳产业投资基金。

（二）科技创新

无论是国有资本还是社会资本，都对战略性新兴产业和科技创新领域的社会影响力投资表现出浓厚的兴趣。一些地方政府还专门出台了支持构建科技创新基金体系的政策。

中国国新控股有限责任公司（以下简称“中国国新”），于 2010 年 12 月 22 日成立，是由国务院国有资产监督管理委员会直接监管的中央企业。中国国新将基金投资管理作为国有资本运营的关键抓手，大力推进基金系列化、协同化、差异化发展，逐步打造以中国国新基金管理有限公司为统一管理平台，以中国国有资本风险投资基金为核心，包括国新国同基金、央企运营基金、国新建信基金、双百基金、国改科技基金、综合改革试验基金群、科创基金、央企信用保障基金在内的国新基金系，首期规模超过 3000 亿元。目前，中国国新正进一步强化在战略性新兴产业的投资布局。截至 2023 年 6 月底，中国国新通过基金投资、直接投资、股权运作等方式累计投资战略性新兴产业超过 2600 亿元，实现重点子领域全覆盖。其中，国新系基金累计投资战略性新兴产业项目 224 个，金额超 980 亿元，占总投资比重近 80%（张一鸣，2023）。

互联网企业凭借其技术和资金优势，也在社会影响力投资领域发挥了积极的作用。2021 年腾讯技术公益设立公益创投计划，倡导技术公益，鼓励社会专业力量通过技术能力，创新解决公益痛点和社会问题，创造技术公益开放生态。腾讯公益创投计划设立之后迅速展开，第一期投资 30 个项目，第二期投资 48 个项目，目前第三期的项目也处于申报阶段。

为加快三大科创高地[①]和创新策源地建设，吸引更多社会资本投入科技创新领域，2022 年浙江省人民政府办公厅印发了《关于加快构建科技创新基金体系的若干意见》，将科技创新基金定位为由政府、企业或其他投资者出资设立，投向科技创新的各类基金，主要包括政府科技创新基金、科技公益基金、科技私募基金和重大创新平台科技创新基金等四类，围绕这四类基金明确细化了相关支持政策。科技创新基金主要投向“互联网+”、生命健康、新材料三大科创高地和碳达峰碳中和技术制高点等重点领域的基础研究、应用基础研究、核心技术攻关项目。

（三）乡村振兴

农业兴则国家兴，全面推进乡村振兴是新时代建设农业强国的重要任务。习近平总书记在 2022 年中央农村工作会议上强调：“要全面推进产业、人才、文化、生态、组织‘五个振兴’，统筹部署、协同推进，抓住重点、补齐短板。”[②]

中央政府、部分地方政府相继推出乡村振兴基金设立细则，国家也在 2021 年 4 月 29 日通过了《乡村振兴促进法》。在党和政府的号召下，各类资本不断加码投入乡村振兴领域。据统计，截至 2022 年 12 月，全国范围内的乡村振兴基金累计设立数量为 192 只，总计管理规模为 1239.82 亿元；共有 23 个省份设立了乡村振兴基金，除央企农村投资基金外，乡村振兴基金设立规模前五名的省份分别是广东、安徽、山东、江苏、四川。[③] 乡村振兴

① 三大科创高地指的是“互联网+”、生命健康、新材料。

② 《习近平出席中央农村工作会议并发表重要讲话》，https：//www.gov.cn/xinwen/2022-12/24/content_5733398.htm，最后访问日期：2024 年 2 月 20 日。

③ 《重磅!〈2022 年中国乡村振兴基金绿皮书〉全网发布，深度洞察乡村振兴基金的现状与趋势》，https：//www.163.com/dy/article/HR2T894O05118U1Q.html，最后访问日期：2024 年 2 月 20 日。

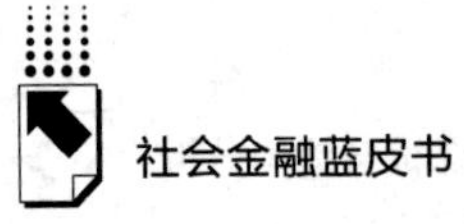

基金近年来一直呈增长态势。

虽然政府引导加社会参与的乡村振兴投资模式有了一定响应，但在落地执行层面存在社会资本配资难、配资贵、优质项目少的问题。究其主要原因，除了农业领域本身的投资周期长、见效慢的特点，还在于传统农业管理中项目信息不对称、不完整导致的不可控、风险高的问题。所以近几年中介机构对涉农企业的上市持不积极态度，社会资本也减少了对涉农企业的投资，尤其是农业一产和二产企业在选入乡村振兴基金的拟投项目库方面存在较大的困难。

在这个背景下，社会影响力投资基金通过资金支持、模式创新、社会资源整合、社会创新等多种方式，为乡村的发展注入新的活力，推动乡村经济社会的全面发展。例如，北京富平创业投资有限责任公司（以下简称“富平创投”）由热心社会事业的投资人于 2008 年 9 月发起设立，专门从事影响力投资。富平创投以“共建包容发展的社会”为经营宗旨，通过孵化培育社会企业，投资共益企业，为弱势人群提供服务，帮助弱势人群共享经济和社会发展成果。从 2009 年到 2017 年，富平创投先后培育并投资了五家社会企业及共益企业，涉及农村小额贷款、农村学前教育、生态信任农业、设计与社会创新等领域。十几年来，这些社会企业为累计 9000 多户农民发放小额贷款，贷款总额达到 6 亿元；服务于甘肃、青海、四川、湖北、贵州、云南、河北等 7 省 41 个县、区的 2596 所幼儿园，支持超过 18000 位乡村幼儿教师提升专业能力，帮助 24 万名乡村学龄前儿童获得有质量的学前教育；让 700 多户农户因获得农业数字化赋能，收入水平大幅提升。①

互联网企业也是乡村振兴的重要力量。2021 年，腾讯集团投入 500 亿元资金，启动“共同富裕专项计划”，并深入结合自身的数字和科技能力，在诸如乡村振兴、低收入人群增收、基层医疗体系完善、教育均衡发展等民生领域持续提供助力。

---

① 《指南导读丨一文速览〈中国影响力衡量与管理（IMM）指南 1.0〉》，http://www.ciin.com.cn/content/578，最后访问日期：2024 年 2 月 20 日。

三　中国社会影响力投资基金发展面临的问题与挑战

中国的社会影响力投资基金在探索发展的同时也面临一系列的挑战。通过对相关资料的整理及对一部分社会影响力投资基金负责人的访谈，本报告将社会影响力投资基金在发展过程中遇到的问题与挑战总结如下。

（一）对社会影响力投资基金的认识不清，接受度不高

调查中发现，认识分歧是目前社会影响力投资基金发展的一个重要障碍。对普通民众而言，他们认为社会影响力投资基金与公益基金都是从事公益事业，没有本质区别，甚至还会产生疑问——“既然是做公益，你为什么还想着回报?”对专业投资者而言，社会影响力投资与社会责任投资、ESG 投资、企业社会责任（CSR）的内涵存在一定程度的交叉，因而非常容易让人混淆，认为社会影响力投资就是社会责任投资或者是体现企业社会责任的一种投资形式、社会影响力投资基金与 ESG 基金一样，结果导致投资者参与社会影响力投资基金的热情不高。

现行政策法规对社会影响力投资基金的发展也存在很多限制。首先是现行法规层面的限制。比如，为一些社会企业提供无息贷款是许多社会影响力投资基金开展社会影响力投资的重要方式，但是《关于规范基金会行为的若干规定（试行）》中第二部分第五项中明确规定“基金会不得向个人、企业直接提供与公益活动无关的借款”。这就在很大程度上限制了基金会进行社会影响力投资的方式与手段。其次是实操层面的障碍。《基金会管理条例》《慈善法》《慈善组织保值增值投资活动管理暂行办法》都没有禁止基金会直接投资企业。然而在实际操作层面，基金会进行股权投资仍面临很大障碍，比如审计方会提出一系列的疑问，尤其是会对“基金会为什么投资企业”持怀疑态度，这需要基金会进行解释。基金会的投资出现亏损后，会被要求将亏损列入基金会管理费而不是投资费，这可能导致违反年度管理费用不得超过当年总支出的 10%的规定。

（二）社会影响力投资缺乏合适的退出机制

社会影响力投资的退出机制相对不明确是社会影响力投资基金发展面临的一大挑战。在传统金融投资中，退出策略通常包括企业上市、股权转让、公司收购或清算等明确的路径。但是，社会影响力投资与传统金融投资有着本质上的差异，其具有“耐心”属性，使得流动性受到了很大制约，这不仅增加了投资人的顾虑，也使被投资机构的发展缺少明确的阶段性目标。这种不明确的退出机制给投资者和基金管理者带来了挑战。首先是资金回收难题。社会影响力投资通常涉及初创型和长期性投资项目，这会导致对资金的锁定和流动性不足。其次是影响可持续性投资。不明确的退出机制可能会使其他投资者对这一领域持观望态度。缺乏可靠的退出途径可能会降低投资者对于这类项目的信心，从而影响可持续的资金流。

（三）专业人才缺乏，投资人认同不足

制约社会影响力投资基金发展的另外一个重要因素是专业人才缺乏。由于传统的慈善交互模式的影响，擅长投资的基金经理对慈善事业不太感兴趣，投资行业与慈善事业的薪酬标准不一样，招收这方面的人才难度也比较大，而长期耕耘慈善事业的基金会主管可能对投资不甚精通。社会影响力投资基金需要既懂投资又懂公益的领导者，而这样的人才当前还比较缺乏。

四　中国社会影响力投资基金发展趋势

（一）社会影响力投资生态越发多元化

社会影响力投资生态是一个涵盖各种参与者和组织者的生态系统，旨在推动社会和环境方面的积极变革。这一生态系统的关键组成部分包括资本供给者、金融中介机构、资本需求者，以及行业性和智力性基础设施等。它们

彼此合作共同搭建社会影响力投资生态，以实现社会问题的解决和可持续发展的目标。

社会影响力投资基金的成长离不开社会影响力投资生态的建设和发展。随着影响力投资观念在中国的普及和发展，影响力投资行业基础设施不断完善。首先，社会影响力投资基金的全国性组织开始出现。2014 年，中国社会企业与影响力投资论坛成立，成为中国社会影响力投资的重要行业组织。2022 年 4 月，中国社会企业与影响力投资论坛又发起成立了中国影响力投资网络（China Impact Investing Network，CIIN），旨在通过树立行业标准、搭建行业基础设施，提升行业效率，扩大行业规模，打造健康的中国社会影响力投资生态系统。

其次，服务于社会影响力投资的专业服务中介开始出现，影响力投融资平台逐步成型。社会价值投资联盟（以下简称“社投盟”）成立于 2016 年，是中国首家专注于促进可持续金融发展的国际化新公益平台。社投盟的工作内容主要有两块：一是协同金融机构、上市公司、学术机构、政策研究机构等海内外组织，通过“跨界协同、智慧众筹”的方式，构建中国可持续发展价值评估体系，从目标驱动力、方式创新力、效益转化力三个方面考量组织所创造的经济、社会和环境综合价值；二是促进社会影响力投融资对接，从 2018 年起，项目对接海内外可持续发展投资人/投资顾问近 50 人，覆盖 GP/LP/家办/基金会等各类机构 100 余家，实现了 200 余次投融资对接。2022 年 3 月，天府（四川）联合股权交易中心联合电子科技大学经济与管理学院慈善与社会企业研究中心、成都市社会企业发展促进会（筹）推出“社会企业板”和“社会企业展示专区”，打造专为社会企业服务的影响力投融资对接平台，以帮助更多社会企业实现安全、有效、便利、普惠的影响力金融梦想，保护合格投资者合法权益，助力国家社会治理现代化。

最后，ESG 投资与影响力投资得到越来越多资产所有者和管理者的认可。2021 年 10 月，由秦朔朋友圈、第一财经研究院和禹闳资本共同发起的“新发展阶段的资本使命——ESG 与影响力投资思享会”在上海举行。此次思享会旨在探讨新发展阶段资本如何自我变革、担当新的使命，探讨影响力投资和 ESG 投资在中国如何更好发展并推动资本向善。会上，秦朔朋友圈、第一财经、禹闳资本、国投国信、绿动资本、芳晟股权投资基金、小草资本和振石集团等 40 余家机构一起签署了“资本向善”四项倡议。“资本向善”四项倡议的提出对中国金融市场具有极为重要的意义。

（二）社会影响力测评工具不断完善

对社会影响力进行评估、衡量和管理是社会影响力投资基金可持续发展的基础性工作。当前，在国际上虽然有一些机构开发出了多种社会影响力评估工具，甚至一些评估工具得到了很广泛的应用，但尚未有一套统一的社会影响力评估体系，来帮助投资方和被投资者在相对平等的基础上、用通用的标准进行影响力评估。社会影响力的评估仍面临在投资界及投资者和需求者之间达成广泛共识的困难。

目前国内对于社会影响力的评估，要么是直接照搬国外的标准，要么是各个投资基金各出一套，同样缺少一致的评估标准。缺乏有效且统一的社会影响力评估体系，不仅不利于社会影响力投资规模的扩大，也不利于不同投资之间的比较和投资权益的交易。究其根本，统一健全的社会影响力评估工具的缺失反映的是社会影响力投资支持服务机构的缺失。

随着社会影响力投资行业的发展和生态的完善，社会影响力测评工具不断完善。2023 年 7 月 18 日，《中国影响力衡量与管理（IMM）指南 1.0》（以下简称《指南》）最终版由中国影响力投资网络（CIIN）携手中国管理科学学会、普华永道中国、北京绿色金融协会在北京发布。《指南》指出，影响力衡量和管理（Impact Measurement and Management，IMM），是识别商业行为对人类社会和自然环境所产生的积极和消极影响力，并基于自身的影响力目标，消除消极影响力，同时最大化积极影响力的过程。这一过程的基本原则包括：义利并举、决策导向、注重循证和共议共赢。影响力衡量和管理一般包括明确影响力决策、建立配套管治机制、影响力指标选取、投后影响力管理、影响力估值和鉴证、影响力报告和披露6个基本流程。[①]《指南》还介绍了八组国内投资机构及被投企业的IMM优秀实践案例，以此为资产管理者和所有者开展高质量的影响力投资提供有价值的参考。

2023年3月，全球影响力投资网络（GIIN）推出了农业影响力绩效基准，为农业部门的投资者提供标准化方法来比较其投资的影响力。该试点基准是在2022年推出普惠金融基准之后推出的，是研发部门GIIN Impact Lab正在开发的一系列基准的一部分，可通过其IRIS+影响力衡量和管理系统查阅。农业影响力绩效基准允许投资者将他们自己的影响力投资绩效与同行以及可持续发展目标进行比较。关键绩效指标——农民收入的变化、获得融资的农业微型和中小型企业（MSME）的数量、获得相当于或高于最低工资标准的体面就业岗位数量——能够使农业部门的投资者根据不同的影响力指标来审查其绩效。

（三）科技创新与社会影响力结合更加紧密

科技的不断进步给社会影响力投资领域带来了显著的影响，数字化、区块链和人工智能等新技术的运用，深刻地影响了投资决策、社会影响力评估和项目管理等，引领了社会影响力投资的新方向与新趋势。首先，数据收集、分析与风险评估更精确。数字化技术提供了更广泛的数据来源，从而使投资者能够更全面地了解潜在投资项目的社会影响。这包括从各种渠道收集的大数据以及更精确的社会影响评估数据。这样的数据能够帮助投资者更准确地量化和衡量投资项目的社会效益。新技术的使用也使得投资者能够深入了解投资项目的风险。例如，通过人工智能和数据分析技术，可以更快速地识别潜在的投资风险，并进行实时监测，有助于降低投资的不确定性和风险。其次，提升项目的透明度，降低信息不对称，提升投资者信心。区块链技术在社会影响力投资中的应用，

① 《指南导读丨一文速览〈中国影响力衡量与管理（IMM）指南1.0〉》，http://www.ciin.com.cn/content/578，最后访问日期：2024年2月20日。

可以提高项目的透明度和可追溯性。区块链的特性确保了数据的不可篡改性和安全性，这对于投资项目的透明度提升和追踪投资行为非常重要。最后，智能化决策支持，提升项目管理效率。人工智能和机器学习技术可以帮助投资者进行更智能、更基于数据的决策。这些技术可以通过分析大量数据和模式来提供投资决策的支持，为投资者提供更全面的信息和预测，提高项目管理的效率。例如，数字化工具和应用程序使得项目管理更为便捷和高效，可以帮助投资者更好地跟踪和管理项目的进展和社会影响。

五　促进社会影响力投资基金发展的建议

（一）加强人才队伍建设，认证社会影响力投资领域从业者

社会影响力投资基金的表现主要由基金管理者的管理水平决定，因此人们对一个影响力投资机构、一只影响力投资基金的信任更多的来源于对基金管理者的信任。加强社会影响力投资人才队伍建设是实现影响力投资可持续发展和解决社会问题的关键。

第一，提供专业培训和教育。开设社会影响力投资相关课程，提供专业培训，包括社会影响力投资基础、社会创业、社会影响力评估等方面的内容，培养更多专业人才。第二，建立导师制度。针对缺乏经验的社会影响力投资者或从业者设立导师制度，帮助其获得指导和实践经验。第三，设立实习和交流平台。提供实习机会，让学生或初入职场的人有机会在社会影响力投资领域获得实践经验。同时，鼓励跨领域交流，让人才获得更宽广的视野、更多样化的经验。第四，支持研究与创新。鼓励学术界和从业者开展研究和创新项目，推动社会影响力投资领域的知识积累和创新发展。第五，建立认证制度或评估体系，对社会影响力投资领域的从业者进行认证或评估，鼓励其提升专业水平。

（二）创新金融工具，吸引更多资金流向社会影响力投资领域

新型金融工具可以吸引传统投资者、机构和资金流向社会问题解决和可持续发展领域。富有创造力的金融工具，可以促进更多资金转移到具有社会价值和影响力的项目中，推动社会问题的解决。创新金融工具能够为社会影响力投资基金提供多样化的投资组合。投资不同类型的工具和项目，可以降低风险，增加收益，并最大化社会影响。这些新型金融工具包括社会创投基金（Social Venture Capital Funds）、社会影响力证券（Social Impact Securities）、社会企业债券（Social Enterprise Bonds）、影响力债务融资（Debt Financing for Impact）和影响力投融资平台（Impact Investing Platforms）等。

社会创投基金专注于支持社会企业及其项目，旨在推动社会影响力和商业回报的结合。这些基金可能采用风险投资的方式，投资有潜力创造社会价值和商业价值的企业。这需要寻找愿意承担一定风险并愿意长期支持社会影响力项目的投资者。

社会影响力证券类似于普通证券，但其回报与特定的社会指标或项目相关。投资者可以选择投资于与其关心的社会问题相关的证券，这样一来，资金不仅能够产生财务回报，还可以促进社会变革和改善。

社会企业债券是为社会企业发行的，支持它们扩大业务规模或实现社会目标，帮助它们获得更多资金，它们会将这些资金用于践行社会使命。

影响力债务融资可提供特定社会影响力投资的借款工具，这些工具的回报与项目的社会影响力密切相关，可能包括低息贷款、无息贷款或其他灵活的贷款方案，鼓励企业或项目专注于实现其社会目标。

影响力投融资平台是为投资者和项目提供信息汇集、评估和链接的场所。这样的平台有助于促进投资者和项目之间的对接，降低信息不对称，提高投资效率。

（三）推动跨学科合作，促进社会影响力投资发展

跨学科合作是推动社会影响力投资发展的关键。这种合作能够充分利用

各学科的专业知识和技能，以更全面、深入的方式解决社会问题并促进可持续发展。

首先，不同学科的专业知识相互融合，可为社会影响力投资提供更全面的视角。经济学家、社会学家、环境学家、技术专家等的合作能够综合不同领域的见解，从而更好地评估和衡量投资项目的社会效益和可持续性。其次，跨学科合作鼓励创新思维和方法的交叉汇聚。例如，社会学家和技术专家合作，可以利用新技术来收集社会数据并分析影响力投资的实际效果，为投资决策提供更准确的指导。最后，跨学科合作有助于复杂社会问题的解决。社会影响力投资通常涉及复杂的社会问题，而跨学科合作使得我们对这些问题的理解更为深入，并且能够从多个角度探索解决方案，从而提高投资项目的社会效益。因此，跨学科合作是推动社会影响力投资发展的关键，通过各领域专家的合作，可以更好地理解和解决社会问题，实现更广泛、更深远的社会影响。

参考文献

〔瑞士〕尤莉娅·巴兰迪纳·雅基耶，2020，《影响力投资》，唐京燕、芮萌译，中信出版集团。

张一鸣，2023，《以“轻”资产之笔书写改革“重”文章》，《中国经济时报》8月10日。

B.6
中国公益理财产品发展现状与趋势分析

范箫笛*

摘 要： 公益理财产品作为金融机构推出的一种颇具特色的社会影响力金融工具，通过投资理财与公益慈善的结合，让我国的个人投资者在获得投资收益的同时，表达对公益慈善事业发展的支持。近年来，公益理财产品发展势头良好，参与机构数量逐渐增多，活跃度提升。除银行外，理财子公司、证券公司、基金公司、信托公司等非银行金融机构也纷纷推出公益理财与资管产品，各类产品合作创新不断，部分金融机构已开始有意识打造专属公益理财品牌。针对公益理财产品目前面临缺乏行业推动与政策支持、全面净值化转型带来阵痛、慈善组织服务能力有待提高、相关标准体系缺失等问题，本报告提出政府倡导和机构响应、鼓励金融机构联合慈善组织积极创新公益理财产品、鼓励慈善组织提升金融认知及提高服务能力、加强公益理财产品人才队伍建设并建立标准体系等建议。

关键词： 公益理财产品　社会影响力金融　慈善金融

金融手段为慈善资源流动与社会创新提供了新的可能性。中国人民银行党委书记、银保监会主席郭树清在 2022 年金融街论坛上发表主题演讲，特别提到“金融系统要在公益慈善事业中努力做出新的更大贡献”，以及

* 范箫笛，哥伦比亚大学非营利组织管理硕士，中国建设银行私人银行产品中心财富顾问与慈善顾问，研究方向为公益金融。

“银行保险机构应当以更加优惠的价格，为公益组织、慈善活动提供融资、结算、风险保障等金融服务”。①

“慈善+金融”是社会效益与经济效益相互影响、正向相向而行的机制，金融收益促进慈善扩大资金来源，慈善基因为金融注入社会效益的力量。近年来，中国“慈善+金融”快速发展，资金规模不断扩大，产品种类逐渐丰富，在有效服务公益慈善事业和助力共同富裕的同时，成为推动可持续发展的重要力量。随着投资者需求的多元化，银行理财产品不断创新，范围拓展到了慈善公益、绿色低碳、ESG（即环境、社会和公司治理）等社会领域，公益理财产品（或称慈善理财产品）日益成为金融机构践行社会责任的重要工具。银行、理财子公司等金融机构对自身现有业务模式进行深度挖掘，寻找能够搭载慈善元素的产品，例如通过设置捐赠条款等形式让投资者在享受金融服务进行财富保值增值的同时参与到公益慈善事业中，不但使金融机构在触达投资者时变得更有温度，也让投资者在获得投资收益的同时践行公益善举。

一　公益理财产品的发展现状与特征

自2008年国内出现首款公益理财产品——“建行财富·爱心公益类”人民币理财产品以来，多家银行与非银行金融机构陆续推出了类似产品，将公益慈善融入金融产品设计，发挥金融独特优势，推动金融向善。2018年《关于规范金融机构资产管理业务的指导意见》（银发〔2018〕106号）（以下简称《资管新规》）发布实施后，商业银行理财子公司逐渐代替商业银行成为理财产品发行的主力军。2021年1月，青银理财在青岛银行H股上市5周年、A股上市2周年之际，推出了全国理财公司首款慈善理财产品。青银理财此款慈善理财产品预计年化收益率4.38%，客户在

① 《加快社会领域补短板 促进国内国际双循环——人民银行党委书记、银保监会主席郭树清在2022年金融街论坛上的主题演讲》，https：//mp. weixin. qq. com/s/7SvMWJcsuDjXNO_2Rb9l2g，最后访问日期：2023年8月31日。

购买产品时签署协议，将理财收益中年化 0.3%的部分作为捐赠金额，由青银理财从到期清算资金中扣划至青银慈善基金会捐款专用账户，用于特定公益慈善项目，专款专用。[①]

除理财子公司外，证券公司、基金公司、信托公司等非银行金融机构也纷纷推出公益理财与资管产品，将公益属性创新融入金融产品之中，通过“慈善+金融”模式，拓宽社会慈善捐赠渠道，鼓励投资者在获得理财收益的同时，助力公益慈善事业发展。

（一）公益理财产品发展情况

根据中国理财网、商业银行官方网站等的公开数据，2008 年 5 月[②]至 2023 年 12 月，公开发行的公益理财产品累计超过 644 只。其中，2021～2023 年新发行的公益理财产品数量为 67 只（见图 1）。

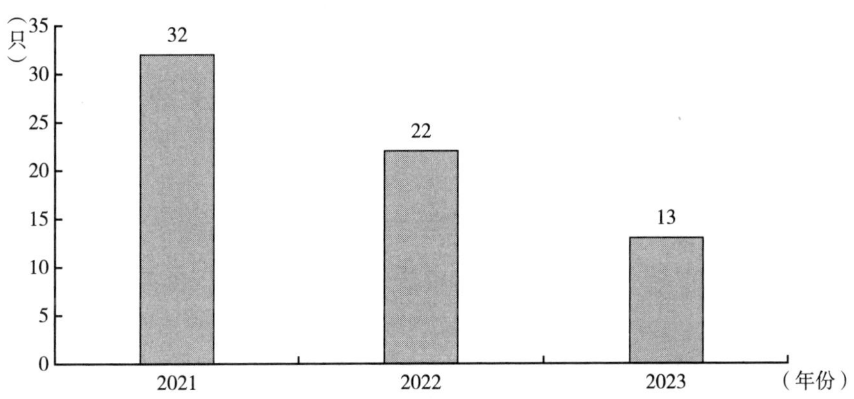

图 1　2021～2023 年公益理财产品发行数量

资料来源：根据中国理财网、商业银行官方网站等的公开数据整理。

① 《青岛银行首发“慈善理财”，以公益庆 A+H 上市》，https：//baijiahao.baidu.com/s? id=1689017505494889092&wfr=spider&for=pc，最后访问日期：2023 年 8 月 31 日。

② 国内最早出现的公益理财产品可追溯到 2008 年。2008 年 5 月 17 日，中国建设银行率先推出“建行财富·爱心公益类”人民币理财产品。

（二）公益理财产品发展特征

1. 理财子公司代替商业银行成为理财产品发行主体

按照《资管新规》第十三条规定，主营业务不包括资产管理业务的金融机构应当设立具有独立法人地位的资产管理子公司开展资产管理业务。2018 年 9 月，银保监会发布《商业银行理财业务监督管理办法》，明确规定商业银行应当通过具有独立法人地位的子公司开展理财业务。2018 年 12 月，银保监会发布《商业银行理财子公司管理办法》，规定了银行理财子公司的投资范围、发起股东的类型及应具备的条件等。2019 年 6 月，工银理财有限责任公司（工银理财）、建信理财有限责任公司（建信理财）由银保监会批准开业，成为第一批获准开业的商业银行理财子公司。

商业银行理财子公司的出现，是银行理财业务转型发展的必然选择。设立商业银行理财子公司能够隔离理财风险和银行风险，打破刚性兑付，实现净值化转型，实现理财业务的市场化、专业化运营，拓宽理财产品多元化投资渠道。商业银行理财子公司的出现体现了人民群众对财富管理的诉求不断增加，作为理财业务的主力军，理财子公司成为公益理财产品的主要发行主体，公益理财产品也进一步丰富了商业银行理财子公司的产品类型。自 2019 年 6 月第一家理财子公司——建信理财开业运营以来，截至 2023 年 12 月，全国已成立 32 家理财子公司。其中，发行过公益理财产品的理财子公司共 5 家，占全国理财子公司总数的 16%，具体见表 1。

表 1　发行过公益理财产品的 5 家理财子公司

理财公司	产品名称	发行时间
青银理财	青银理财璀璨人生成就系列人民币个人理财计划 2021 年 007 期（青银慈善家公益专属理财）	2021 年 1 月
中银理财	（爱心公益）中银理财睿享产品	2022 年 4 月

续表

理财公司	产品名称	发行时间
信银理财	信银理财金睛象项目优选(同富)系列封闭式理财产品,信银理财安盈象固收稳利温暖童行一年封闭式1号、2号、3号、4号净值型理财产品	2021年9月 2023年6~12月
南银理财	南银理财鑫逸稳一年131期(公益主题)封闭式公募人民币理财产品	2023年8月
苏银理财	苏银理财恒源封闭固收增强28期(公益理财)	2021年10月

资料来源：根据互联网公开数据整理。

以中银理财为例，2022年4月，中银理财与中国教育发展基金会合作，面向机构客户设计发行了首只支持职业教育的公益理财产品——（爱心公益）中银理财睿享产品，募集金额超过7亿元。根据与投资者的约定，中银理财代表投资者将产品部分资金进行“助融职教公益计划奖学金项目”专项捐赠，项目资金用于奖励我国职业教育学校现代制造业专业领域中技能突出、品行优良的学生。[①] 截至2023年7月，中银理财已累计发行五期公益理财产品，募集规模超过15亿元，其中四期产品专项支持职业教育项目，捐赠金额超过500万元。[②]

2. 非银行金融机构参与公益理财的活跃度提高

除商业银行和理财子公司外，证券公司、基金公司、信托公司等各类金融机构均开始尝试推出各类含公益属性的金融产品，积极发挥金融行业在第三次分配中的重要作用。

（1）证券公司

2021年12月，中国证券业协会发布《证券公司履行社会责任专项评价办法》，明确证券公司服务乡村振兴、践行新发展理念、参与社会公益、所获表

① 《中银理财大力支持职业教育发展，爱心公益理财成功发行》，https://mp.weixin.qq.com/s/jUVrRPACX9Yjv6c6-5-mTQ，最后访问日期：2023年8月31日。

② 《中银理财持续推出公益理财产品 助力职业教育高质量发展》，https://mp.weixin.qq.com/s/sSj9isRoJjMUGJQiTLqTEg，最后访问日期：2023年8月31日。

彰奖励等内容，督促行业持续完善以社会责任投入为导向的激励约束机制。

2021 年 10 月，华泰证券推出首只华泰益心系列公益主题资产管理产品，在为绿色产业提供融资支持的同时，通过捐赠部分管理费支持生物多样性保护，在“益心华泰 一个长江”生态保护公益项目区资助环保组织开展滨海湿地修复，与当地社区共同探索可持续渔业。华泰益心首只产品的管理费将定向捐赠给 SEE 基金会（即北京市企业家环保基金会），用于支持江苏滨海湿地生态修复及可持续渔业试点项目。①

2022 年 9 月，第一创业证券推出深圳证券业首只公益资管产品。该产品由第一创业证券与深圳市创新企业社会责任促进中心合作，第一创业证券为产品的管理人，中国农业银行深圳市分行为产品的托管人，该产品将部分管理费收入捐赠给公益基金会，用于乡村振兴地区的教育公益项目，该公益项目由上海真爱梦想公益基金会实施落地。②

（2）基金公司

基金公司近几年成为 ESG 产品发行主力军。除 ESG 产品外，基金公司也开始探索发行带有公益捐赠属性的基金产品。2023 年 4 月 24 日，招商基金发行招商社会责任混合型证券投资基金。作为社会责任主题基金，在投资方面，该基金兼顾商业价值与社会价值，投资于社会责任主题的上市公司股票不低于非现金基金资产的 80%；在产品设计方面，招商基金可将该基金不超过 5%的净管理费收入用于公益事业，并可根据实际情况调整该比例。③

（3）信托公司

信托公司作为慈善信托的主要参与者之一，一直积极支持、参与公益慈善事业发展。除传统慈善信托业务（即由单一或几个委托人发起设立慈善

---

① 《助力生物多样性保护 华泰证券推出首只公益主题资产管理产品》，https：//www.163.com/dy/article/GM4ITA0S0519QIKK.html，最后访问日期：2023 年 8 月 31 日。

② 《金融向善丨第一创业证券落地公益资管产品，携手真爱梦想助力乡村振兴》，https：//mp.weixin.qq.com/s/58xLLaQcwC4c65lo5Hn59w，最后访问日期：2024 年 2 月 20 日。

③ 《重视商业价值与社会价值的统一 朱红裕新基招商社会责任混合基金今日首发》，https：//mp.weixin.qq.com/s/iZdh_ rVnHNIlgUkcL_ IC-w，最后访问日期：2023 年 8 月31 日。

信托）外，部分信托公司还积极探索集合慈善信托创新形式，号召更多投资者参与其中。

建信信托与建行上海市分行自 2018 年起持续推出了 6 期慈善集合信托计划，爱心客户认购信托计划后，产品收益将用于捐赠指定公益项目。6 期慈善集合信托计划爱心客户共捐赠近 2900 万元给上海市儿童基金会，用于困难家庭听障儿童、罕见病儿童和困境儿童的助医助学以及青少年心理健康科普和关爱。①

2023 年 8 月，华润信托与浙商银行采用“金融产品收益+慈善信托”的模式开展合作，由浙商银行发行慈善信托专属产品——“中粮丰聚半年鑫 28 号”，产品以半年为周期滚动发行，部分收益捐赠至“华润信托·浙商瑜善律人慈善信托”。该慈善信托由浙商银行客户发起设立，慈善信托后续资金主要来自浙商银行高净值客户金融理财产品投资收益捐赠，信托财产用于支持困境儿童和青少年成长项目。②

3. 发行公益理财的金融机构增多，但多为独立的单只产品，以探索尝试为主

资产管理行业均有较强意愿参与慈善公益，越来越多的资产管理机构积极响应号召，发行了各种类型的公益资管产品。比如，苏银理财在 2021 年 10 月发行了苏银理财恒源封闭固收增强 28 期公益理财产品，与南京市社会儿童福利院合作，捐赠部分产品管理费作为善款，定向支持寄养儿童关爱事业。又如，南银理财于 2023 年 8 月发行了南银理财鑫逸稳一年 131 期（公益主题）封闭式公募人民币理财产品。南银理财联合南京市慈善总会开展公益项目，由南银理财捐赠理财产品的部分固定管理费，用于东西部合作慈善助学、助困项目，援建陕西商洛、青海西宁等地区。

---

① 《【金融向善】“爱不罕见 遇建未来”用爱助力点亮生命新希望》，https：//sghexport.shobserver.com/html/baijiahao/2023/03/02/973026.html，最后访问日期：2023 年 8 月 31 日。

② 《益行所托丨“产品收益+慈善信托”华润信托润心公益新方案持续上线》，https：//mp.weixin.qq.com/s/whVIR33OxN7dgoe7UONC0A，最后访问日期：2023 年 8 月 31 日。

然而此类产品仍处于初期发展阶段，多数机构以探索尝试为主推出单只产品，且产品相对独立，一般未形成规模，也尚未形成品牌影响力。

4. 部分金融机构抓住机遇，打造专属公益理财品牌

部分金融机构积极布局，探索建立公益理财品牌。以中国建设银行为例，中国建设银行深圳市分行于2018~2021年连续发行了22期“乾元—爱心捐赠”系列公益理财产品，总募集金额达89亿元，累计捐赠金额达到703万元，因其发行频率高、支持项目多、参与人数多、可复制性强，已经在市场上有一定知名度与影响力。在公益理财创新基础上，中国建设银行深圳市分行于2020年与合作机构创新推出了“善建系列”公益私募资管产品，由产品投资顾问向指定公益组织或公益项目捐赠其获取的部分固定投顾费和超额业绩报酬。截至2023年6月，“善建系列”公益私募资管产品共发行25期，实现捐赠金额超1500万元。①

吉林银行与吉林省慈善总会自2022年3月起合作开展理财产品慈善捐赠活动，由吉林银行发行慈善理财产品，每期慈善理财产品到期时按照产品成立规模的0.01%进行捐赠。捐赠资金专项用于吉林省慈善总会“慈善救助圆梦大学项目”“儿童重大疾病救助项目”等慈善项目。截至2023年12月，吉林银行共发行了17期慈善理财产品，累计捐赠126万元。②

除商业银行外，部分理财子公司也开始主动打造其公益理财品牌。以信银理财为例，信银理财2021年联合浙江省慈善联合总会、中信银行，面向机构投资人推出金睛象项目优选（同富）系列封闭式理财产品，通过协议约定将超额收益作为捐赠款用于支持各类慈善项目和公益活动。投资人在购买特定慈善理财产品时，通过协议约定，将部分理财收益作为捐赠款直接转至浙江省慈善联合总会账户，用于开展包括推动共同富裕、乡村振兴、绿色发展等在内的各类慈善项目和公益活动。浙江省慈善联合总会则根据实际捐赠金额为投资人开具浙江省公益事业捐赠票据。截至2023年3月，金睛象

---

① 根据2023年6月中国建设银行内部数据统计。

② 根据吉林银行官网数据统计。

项目优选（同富）系列封闭式理财产品已累计发行 4 期，募集规模合计 11.7 亿元，超额收益 155 万元已全部实现捐赠。① 2023 年 6 月，信银理财对外发布了“温暖童行”慈善理财品牌，联合公益基金会推出“温暖童行”慈善理财系列产品——信银理财安盈象固收稳利温暖童行一年封闭式 1 号净值型理财产品和信银理财安盈象固收稳利温暖童行一年封闭式 2 号净值型理财产品，两款产品为固定收益类产品，募集资金超 20 亿元，产品将分别按照超额收益、产品规模的不同比例捐赠给中国器官移植发展基金会和中国出生缺陷干预救助基金会，用于儿童医疗、教育、健康等下一代关爱成长领域。② 截至 2023 年 12 月，信银理财合计发行了 8 只慈善产品，累计募集社会资金超 64 亿元，预计汇集投资者善款逾 600 万元。③

二　公益理财产品发展面临的问题与挑战

（一）以机构自主探索为主，缺乏行业推动与政策支持

近年来，理财子公司、基金公司等金融机构在寻求差异化发展过程中，在创新型产品赛道上加大投入力度，积极推出养老、ESG、双碳、乡村振兴、专精特新等各种主题的创新产品。银行业理财登记托管中心发布的《中国银行业理财市场年度报告（2022 年）》显示，2022 年银行理财市场累计发行乡村振兴、公益慈善等社会责任主题理财产品 131 只，募集资金约 500 亿元。④ 作为金融促进共同富裕、实现“财富向善”的重要途径之一，

---

① 《信银理财：积极推动慈善理财业务在浙江上海等地落地开花》，https：//www.163.com/dy/article/HQQHBKIG0514R9KC.html，最后访问日期：2023 年 8 月 31 日。

② 《信银理财首批“温暖童行”慈善理财产品募集资金超 20 亿元》，https：//www.cls.cn/detail/1400181，最后访问日期：2023 年 8 月 31 日。

③ 《理财行业如何践行“金融本善”？信银理财以“温暖童行”作答“共同富裕”时代命题》，https：//baijiahao.baidu.com/s？id=1786742199951381509&wfr=spider&for=pc，最后访问日期：2024 年 1 月 8 日。

④ 《中国银行业理财市场年度报告（2022 年）》，https：//www.chinawealth.com.cn/zzlc/lcsj/lcbg/20230221/6432896.shtml，最后访问日期：2024 年 2 月 20 日。

公益理财产品的重要性日益凸显，多家金融机构纷纷尝试推出公益理财主题产品。

然而，这一尝试以机构自主探索为主，相对零散且未成规模，影响力也较为有限。同时，国内目前没有公益理财类产品的相关政策或规定，对于产品设计、捐赠形式、信息披露、项目监管等均无明确标准与要求，主要由金融机构自主决策。公益理财产品大规模发展仍面临监督评价体系缺失、信息透明度有待提高、缺少行业整体推动与相关政策支持等问题。

（二）理财产品全面净值化转型带来阵痛

2022 年对于理财市场来说是继往开来的一年，也是资管新规过渡期结束后的第一年，理财产品全面净值化转型成效十分显著。截至 2022 年 12 月末，净值型理财产品存续规模占比已高达 95.47%，保本理财全部清零，预期收益型产品基本压降完毕。《中国银行业理财市场年度报告（2022 年）》显示，截至 2022 年 12 月末，全国共有 278 家银行机构和 29 家理财公司有存续的理财产品，共有存续产品 3.47 万只，较年初下降 4.41%；存续规模为 27.65 万亿元，较年初下降 4.66%。[①] 《中国银行业理财市场半年报告（2023 年上）》[②] 以及部分报道[③]显示，截至 2023 年 6 月末，银行理财存续规模为 25.34 万亿元，较 2022 年末下滑 2.31 万亿元，较 2022 年 9 月末下滑超 4 万亿元。同时，截至 2023 年 6 月末，公募基金规模为 27.69 万亿元，首次超过银行理财规模（25.34 万亿元）。

理财产品存量规模下滑，一是因为银行业理财市场的变化尚未被投资者充分接受，在资管新规下，银行理财净值化并打破刚性兑付，使得理财产品失去了过往实践中收益托底的保证，银行理财从原先的“保本保收益”全

① 《中国银行业理财市场年度报告（2022 年）》，https：//www.chinawealth.com.cn/zzlc/lcsj/lcbg/20230221/6432896.shtml，最后访问日期：2024 年 2 月 20 日。

② 《中国银行业理财市场半年报告（2023 年上）》，https：//www.chinawealth.com.cn/zzlc/lcsj/lcbg/20230804/7278428.shtml，最后访问日期：2024 年 2 月 20 日。

③ 《上半年少了 2.31 万亿，7 月回升超万亿，银行理财资金为啥回流了?》，https：//new.qq.com/rain/a/20230818A083LI00，最后访问日期：2023 年 9 月 30 日。

面走向“打破刚兑”，而这被投资者视为理财产品优势的减弱。二是受内外部诸多复杂因素影响，2022 年理财产品明显回撤乃至跌破净值，部分个人投资者主动赎回，导致理财市场在存续规模、新发产品数量等方面均出现了下降。

在这些背景下，公益理财产品也受到了一定影响。在产品设计与发行上，理财产品打破刚兑，产品没有预期收益，仅有业绩比较基准，公益理财产品较难再像以前的预期收益型产品，约定按照收益的固定比例或金额进行捐赠，部分金融机构开始采取按照产品认购金额的一定比例或产品超额业绩报酬的固定比例进行捐赠。然而，在理财产品跌破净值已成常态的背景下，一旦产品产生亏损，捐赠条件或许就无法实现。在产品销售上，由于理财产品无法再实现“保本保收益”，对保守型投资者的吸引力大幅下降，理财产品新发数量与规模都呈现一定下降趋势。这些都对公益理财产品的发展形成了一定阻碍。

（三）慈善组织服务能力有待进一步提高

除了产品端，捐赠端（慈善组织或慈善项目端）也是公益理财产品运营非常重要的一个环节。公益理财产品通常由金融机构发行，并约定捐赠一定金额至指定的慈善组织或明确的公益项目。公益理财产品的出现，为慈善组织募资与公益项目开展提供了新的路径，公益理财产品借助金融创新与金融独特优势，有效撬动更多社会力量参与公益慈善事业，然而慈善服务供给端仍然有待进一步完善和优化。在公益理财产品运营全流程中，慈善服务供给端的资金使用与项目执行是非常重要的环节，慈善组织在其中承担着重要职责。如果公益理财产品的捐赠资金得到妥善使用，对特定议题、人群或领域产生了积极的社会影响力，就会有越来越多投资者认可公益理财产品的存在价值并主动购买，金融机构也会更积极地推出更多的公益理财产品，建立长期稳定的发行机制，借助金融创新之力推动社会更好发展。慈善组织不仅要做好项目执行与反馈，做好项目的社会影响力管理和评估，还要主动与金融机构共同推动公益理财产品的发展，这些都对慈善组织服务能力提出了更高的要求。

（四）公益理财产品相关标准体系缺失

公益理财产品的长期可持续发展离不开标准体系的建立。目前相关主管部门对公益理财产品并无明确的监管规定，公益理财的产品设计、产品发行、产品风险、相关公益慈善组织资质要求、公益项目资金使用披露、公益项目进展报告等均无明确要求或规定，相关评价与监督体系也有待完善。完善的标准体系能促进公益理财产品更好地合规运作，使相关公益项目的善款使用公开透明，更好地保障投资者对捐赠资金使用的知情权，有效推动公益理财产品健康发展。除标准体系缺失外，还存在激励机制有待完善、社会影响力仍需提高等问题。

三　公益理财产品的发展机遇与趋势

（一）共同富裕背景下公益理财产品将成为金融机构的发力点

2019 年，党的十九届四中全会首次提出，要“重视发挥第三次分配作用，发展慈善等社会公益事业”。2020 年，《中共中央关于制定国民经济和社会发展第十四个五年规划和二〇三五年远景目标的建议》再次提到，要“发挥第三次分配作用，发展慈善事业，改善收入和财富分配格局”。2021 年 8 月 17 日，中央财经委员会第十次会议召开，研究扎实促进共同富裕问题，会上习近平总书记提出，共同富裕是社会主义的本质要求，是中国式现代化的重要特征，要坚持以人民为中心的发展思想，在高质量发展中促进共同富裕（参见邓泽球、李开明，2021）。会议明确了共同富裕的具体内涵，强调要畅通向上流动通道，给更多人创造致富机会，形成人人参与的发展环境。在进一步强调扩大中等收入人群规模的思路下，还提出要加强对高收入的规范和调节，鼓励高收入人群和企业更多回报社会。[①] 党的二十大报告对

---

① 《习近平主持召开中央财经委员会第十次会议》，http：//www. banyuetan. org/yw/detail/20210818/1000200033137441629249658276276313_ 1. html，最后访问日期：2023 年 9 月 30 日。

于金融支持实体经济发展、推进普惠金融高质量发展提出了新的要求，并指出“构建初次分配、再分配、第三次分配协调配套的制度体系”，“引导、支持有意愿有能力的企业、社会组织和个人积极参与公益慈善事业”。

第三次分配是推进共同富裕的必要配套制度，在通过三次分配实现共同富裕的过程中，财富管理扮演着重要角色，是激励第三次分配的有效途径。在实现第三次分配的过程中，财富管理通过引导、激励投资者履行社会责任，帮扶弱势群体，助力实现财富在社会中的横向分配，公益理财产品正是这一理念下的成功实践。

作为现代经济的“血脉”，金融参与慈善事业具有天然优势，可为实现共同富裕提供有力保障。近年来，“慈善+金融”逐渐成为我国慈善事业发展的重要路径，“慈善+金融”模式在引导“财富向善”中发挥着日益重要的作用。在共同富裕目标引领下，金融机构对于慈善金融的创新探索正稳步推进，慈善理财产品将成为金融机构践行社会责任和创造社会价值的工具之一。未来金融机构应持续创新公益理财产品及服务，引导社会资金精准流向重点支持领域，助推经济社会的高质量发展。

（二）ESG 理财产品热度持续攀升

近年来，ESG 投资热度持续攀升。全球可持续投资联盟（GSIA）最新披露的《全球可持续投资评论》显示，全球五大主要市场（美国、加拿大、日本、大洋洲、欧洲）的 ESG 投资规模达到 35.3 万亿美元，两年内增长 15%。可持续投资规模占总的资产管理规模比例为 36%。[①] 彭博行业研究预测，到 2025 年，全球 ESG 资产总规模将达到 53 万亿美元，占全球在管投资总量的 1/3。[②]

随着“双碳”战略的推进，ESG 风潮席卷而来，ESG 也成为推动我国经济社会高质量发展的重要力量。国内资产管理机构纷纷躬身入局，展开积

---

① 《GSIA：全球可持续投资达到 35.3 万亿美元》，https://www.susallwave.com/consulting-news/news-detail/1417597838848749570，最后访问日期：2023 年 9 月 30 日。

② 《数说世界丨ESG 投资基金将占 2025 年全球总资产的三分之一》，https://m.thepaper.cn/baijiahao_17160317，最后访问日期：2024 年 2 月 20 日。

极探索，其中公募基金无疑一马当先，是行业最活跃的探路者之一，并且成果显著。银行和理财公司同样积极创新绿色金融服务，发售 ESG 主题理财产品助力“双碳”目标实现，发行数量逐年增长。银行业理财登记托管中心发布的《中国银行业理财市场年度报告（2022 年）》显示，2022 年，银行业理财市场累计发行 ESG 主题产品 110 只，合计募集资金超 700 亿元；截至 2022 年 12 月末，ESG 主题产品存续规模达 1304 亿元，较当年初增长 35.55%。①

越来越多的资管产品加入 ESG 投资阵营，ESG 已成为金融机构争先恐后进入的新赛道。践行 ESG 理念不仅有助于长期收益的增加，形成差异化竞争优势，还有助于企业社会责任提升，引导资金流向绿色环保、普惠、社会责任、公益慈善等领域，为构建更为理想的社会和环境贡献力量。

ESG 资管产品中，公募基金类产品与银行理财类产品占据主导地位。截至 2023 年 11 月 26 日，ESG 存续产品共 665 只（另有 46 只待成立，101 只已终止）。除未披露规模产品外，ESG 产品净值总规模达到 5693.82 亿元，平均产品规模为 8.56 亿元（见表 2）。其中，规模超过 10 亿元的产品有 133 只，占比 20%；超过 32%的产品资产规模超过 5 亿元。②

表 2　2017 年 1 月 1 日至 2023 年 11 月 26 日 ESG 存续产品情况

产品类型	数量(只)	待成立(只)	规模(亿元)	占比(%)
银行理财	229	13	1889.99	33.19
ESG 主题公募基金	33	9	114.15	2.00
泛 ESG 公募基金	365	23	3689.18	64.79
私募基金	15	0	0.40	0.01

① 《中国银行业理财市场年度报告（2022 年）》，https://www.chinawealth.com.cn/zzlc/lcsj/lcbg/20230221/6432896.shtml，最后访问日期：2024 年 2 月 20 日。

② 《ESG 资管产品龙虎榜（11.20~11.26）ESG 理财产品发行方面江西银行、青银理财等非头部机构表现活跃》，https://baijiahao.baidu.com/s?id=1783806440189431879&wfr=spider&for=pc，最后访问日期：2024 年 2 月 20 日。

续表

产品类型	数量(只)	待成立(只)	规模(亿元)	占比(%)
券商资管	19	1	0.10	0.00
基金专户	4	0	0.00	0.00
合计	665	46	5693.82	100.00

注：ESG 主题公募基金指基金名称、投资策略等包含 ESG 关键字的基金；泛 ESG 公募基金指基金中含有低碳、碳中和、绿色发展、社会责任、公司治理等关键词。

资料来源：《ESG 资管产品龙虎榜（11.20~11.26）ESG 理财产品发行方面江西银行、青银理财等非头部机构表现活跃》，https://baijiahao.baidu.com/s?id=1783806440189431879&wfr=spider&for=pc，最后访问日期：2024 年 2 月 20 日。

ESG 报告正在成为企业的第四张报表，市场对企业的关注点已经从过去以利润为中心转变为更为广泛的利益相关方共赢，越来越多的投资者开始将 ESG 纳入投资决策流程。ESG 投资产品正在加速发展，但让 ESG 真正有效地助推实体经济转型升级，对社会发展产生积极影响，仍然还有很长的路要走。

（三）"慈善+金融"主题产品创新不断

金融机构积极探索"慈善+金融"实践路径，不仅是为了履行社会责任，也是在提升自身产品的多样性与竞争力，满足投资者多元化需求。银行、理财公司、证券公司、基金公司、信托公司纷纷发力，推出了各种各样带有公益属性的资管产品。不同类型的金融机构还进行创新合作，在产品设计、参与人群、合作方式等方面都做出了积极探索。

以中国银行为例，中国银行与中银理财、外贸信托、明毅基金等各类机构合作，推出了不同类型的公益理财产品。2022 年 2 月，中国银行私人银行首次联动中银理财发行爱心公益理财产品，该款公益理财产品由中国银行私人银行、中银理财与中华少年儿童慈善救助基金会合作，产品到期后投资产生的全部超额收益将以投资者的名义在浙江山区捐赠"乡村幼儿童书益站"。[①] 2022 年 4 月，中国银行联动外贸信托、明毅基金推出了爱心公益理

① 《中行浙江省分行成功募集首款爱心公益产品 超额收益将建乡村幼儿童书益站》，https://baijiahao.baidu.com/s?id=1724804132368806084&wfr=spider&for=pc，最后访问日期：2023 年 9 月 30 日。

财产品——“外贸信托-明毅稳债（爱心公益）1期集合资金信托计划”，中国银行是此产品的代理销售机构，明毅基金是产品的投资顾问，外贸信托为产品受托人。该产品约定按信托资金的一定比例进行固定捐赠，并在到期清算时对部分超额收益进行浮动捐赠，资金将以投资者的名义捐赠到中国少年儿童基金会所发起的“春蕾计划”项目中。[①]

此外，还有机构积极进行“慈善理财+保险+期货”创新。在已经相对成熟的“保险+期货”模式基础上，建信期货积极创新，联合中国建设银行、建信理财于2019年开始将“保险+期货”项目升级为“慈善理财+保险+期货”，通过发行慈善理财产品精准对接农产品价格风险管理需求，吸引社会资源进入农业领域，丰富社会资源帮扶农业农村的渠道。2020年9月，为了充分发挥资管帮扶的特色和优势，中国建设银行牵头发起设立了“善建智爱 常帮长扶”慈善信托，建信期货也作为代表理财捐赠投向的“保险+期货”项目相关方参与了发起设立，进一步增强了项目实施的规范性和可持续性。

总之，金融机构积极通过自主创新、合作创新等方式，探索金融向上向善的实现路径，有效拓宽公益资金募集渠道，积极参与公益事业，引导财富向善、助推共同富裕。

四　促进公益理财在中国发展的建议

（一）政府倡导，机构响应，聚点成面推动公益理财产品的发展

随着我国社会经济的发展和人民生活水平的提高，一方面，市场和投资者对金融产品创新的期待和需求越来越高；另一方面，社会公益需求和个人价值实现的双重诉求日益凸显。金融业参与慈善事业是实现共同富裕目标的

① 《中国银行私人银行联动明毅基金发行爱心公益理财产品》，https：//baijiahao.baidu.com/s?id=1731358206264584784&wfr=spider&for=pc，最后访问日期：2023年9月30日。

有力保障。

政府相关部门应进一步加强倡导与鼓励，共同推动公益理财类产品的发展，例如对优秀机构与公益理财产品进行表彰与宣传，召开交流座谈会邀请相关机构交流经验、分享做法，等等。相关政府部门、行业协会还可以参考中国证券业协会发布的《证券公司履行社会责任专项评价办法》，将机构发行公益性资管产品纳入机构评价评级体系，推动行业践行金融向善。对于有关部门而言，公益理财产品不仅具有增加居民财产性收入的理财功能，还具有拓宽社会慈善资金来源的公益价值，能够有效促进社会慈善资源汇集，有助于探索建立金融促进共同富裕的有效路径。

金融以其资金规模庞大、资金流动速度快等天然优势，在慈善事业中扮演着资金供给者、金融产品提供者、社会价值创造者和社会责任实践者的角色。金融机构推出公益理财类产品的积极性越来越高，为慈善注入金融基因，既能增强慈善事业的自我“造血”功能，也能为社会各界参与慈善活动提供新的渠道，保障慈善事业长期稳定和可持续发展。

（二）鼓励金融机构联合慈善组织积极创新公益理财产品，提升认知水平与参与程度

作为国民经济的重要支撑，金融行业有责任、有义务，也应有动力加强公益理财产品的设计和发行，通过丰富的产品更好地支持我国公益事业的发展，更加精准地支持和服务慈善组织与公益项目，实现与实体经济的良性互动，使公益理财产品成为联结普通公众与公益事业的重要媒介之一，凸显金融行业对于社会的价值。

应当鼓励各类金融机构（银行理财子公司、基金公司、信托公司、保险资产管理公司、证券公司等）提升对公益理财类产品的认知水平，针对慈善组织和爱心投资者的投资需求开发差异化的金融产品，加强投研体系建设，发挥集团优势，联合其他金融机构、慈善组织结合慈善资金特点共同创新产品，利用金融思维切实提高服务质量，为解决社会问题提供稳定、可持续的资金支持，引导资金进入经济社会发展的关键环节、核心领域，为实体

经济转型升级、绿色可持续发展、乡村振兴、公共服务体系建设、共同富裕等提供有力支撑。

（三）鼓励慈善组织提升金融认知，提高服务能力

在目前的公益理财产品实践中，金融机构占主导地位，慈善组织大多仅被动参与其中。公益慈善组织及其监管部门应当积极了解金融知识、提升金融素养，理解和认同公益慈善资产管理的重要性与必要性，同时鼓励制度改革与创新，提升金融认知，提高服务水平，多样化拓展慈善资金来源，开拓稳定、长期、具有一定规模效应的捐赠渠道。

此外，慈善组织还应进一步提高专业服务能力，提升项目执行的专业化水平与信息披露水平。慈善金融为慈善组织带来了全新的可持续发展思路，用金融为公益慈善赋能，从而增强慈善组织资产管理能力、捐赠人服务能力与可持续发展能力。

（四）加强公益理财产品人才队伍建设，建立标准体系，构建良好“慈善+金融”生态

随着“慈善+金融”模式深入人心，金融机构纷纷参与到公益理财产品等慈善金融实践中来，推进慈善金融人才培养，完善相关标准体系、激励机制和配套基础设施应尽快提上议程，从而不断推动慈善金融向专业化、标准化、规模化方向发展。

在人才队伍建设方面，金融机构和慈善组织可自主开展人员培训与人才培养，监管部门或行业组织也可牵头组织金融与公益行业专业人员能力提升培训。2024 年 1 月，深圳市家族办公室促进会发布了国内首个《金融慈善顾问》团体标准，该标准的制定为金融慈善顾问人才队伍建设与高质量发展提供了指导与规范。依据《金融慈善顾问》标准，监管部门、金融机构及相关行业组织能够有针对性、规范性地开展从业人员专业培训，培养更多慈善金融跨行业人才共同践行金融向善。此外，已经开设了金融、公益慈善、社会工作等相关专业的高等院校也可考虑将慈善金融纳

入人才培养方案之中，进一步提升学科竞争力，也为慈善金融领域培养更多优秀人才。

在标准体系建设方面，建议监管部门或行业组织对公益理财的产品设计、产品发行、产品风险、相关公益慈善组织资质要求、公益项目资金使用披露、公益项目进展报告等做出明确要求或规定，构建行业标准体系。从金融端到慈善端，只有建立了专业透明的监督评估体系，才能带动更多投资者参与“慈善+金融”实践。

在构建“慈善+金融”生态方面，需要政府、金融机构、慈善组织、投资者等各相关方共同努力，形成合力并发挥最大效应，实现公益慈善资源的高效配置，并号召更多个人与组织参与进来，为中国公益慈善事业的发展贡献力量。

参考文献

安国俊，2023，《慈善金融可持续发展路径探讨》，《中国金融》第 4 期。

邓泽球、李开明，2021，《共同富裕的实现路径》，http：//theory. people. com. cn/GB/n1/2021/0916/c40531-32228399. html。

吴磊，2022，《推动“慈善+金融”创新 实现慈善事业高质量发展》，《中国社会报》2 月 9 日。

B.7

中国慈善信托发展现状与趋势分析

刘 钊 肖雅倩 林士琪*

摘 要： 在《信托法》、《慈善法》和《慈善信托管理办法》出台之后，慈善信托成为联动社会各界开展公益慈善活动的新型工具。经过多年的探索发展，慈善信托备案数量和资产规模迅速增长，信托模式设计、财产类别屡见创新。然而，目前我国慈善信托发展仍存在配套制度不完善、参与主体标准不清晰、监管和信息披露不规范、社会认知水平有待提升的问题，亟须进一步完善配套制度、建立相关规范、强化信息公开、加大宣传力度。

关键词： 慈善信托 《慈善法》 公益慈善

一 慈善信托概述

根据我国《信托法》，信托是指委托人基于对受托人的信任，将其财产权委托给受托人，由受托人按委托人的意愿以自己的名义，为受益人的利益或者特定目的，进行管理或者处分的行为。信托的当事人（即委托人、受托人、受益人）可以利用信托进行民事、营业、公益信托活动。虽然《信托法》中专章规定了公益信托的法律概念，但是之后的法律文件中并未沿

* 刘钊，宾夕法尼亚大学沃顿商学院和克莱曼能源政策研究中心研究助理，研究方向为能源政策、ESG和公益金融；肖雅倩，深圳市社会公益基金会基金发展事业中心主任，研究方向为专项基金、慈善信托、战略慈善；林士琪，深圳市社会公益基金会基金发展事业中心业务主管，研究方向为慈善信托、捐赠人服务、公益跨界合作。

用"公益信托"的表述，而是使用了"慈善信托"的表述。

2016 年 9 月 1 日起施行的《慈善法》中定义了慈善信托："本法所称慈善信托属于公益信托，是指委托人基于慈善目的，依法将其财产委托给受托人，由受托人按照委托人意愿以受托人名义进行管理和处分，开展慈善活动的行为。"《慈善法》规定，慈善信托受托人应将相关文件向受托人所在地县级以上人民政府民政部门备案；慈善信托委托人根据需要，可以确定信托监察人；慈善信托的受托人应当每年至少一次将信托事务处理情况及财务状况向其备案的民政部门报告，并向社会公开。《慈善法》的颁布明确了慈善信托的备案和信息公开规则，使慈善信托具有可操作性。2017 年 7 月 26 日，银监会、民政部联合印发了《慈善信托管理办法》（以下简称《办法》），《办法》对慈善信托的设立、备案、财产的管理和处分、变更和终止、促进措施、监督管理和信息公开及法律责任等做了进一步规定，标志着我国慈善信托规制体系基本建立。《办法》在《信托法》、《慈善法》和 2016 年 8 月民政部、银监会发布的《关于做好慈善信托备案有关工作的通知》的基础上，进一步明确了慈善信托的相关程序性事项，如多受托人慈善信托的备案责任主体、慈善信托变更备案程序，并通过规范慈善信托财产的支出、明确受益人范围、强制资金信托委托银行托管等方式强化了慈善信托的规范运行（陈汉等，2017）。虽然《办法》包含对慈善信托的促进措施，但是在税收优惠方面并未做出具体规定，仅对慈善信托财产的投资做了原则性规定。另外，《民法典》、《公益事业捐赠法》、《银行业监督管理法》和《信托公司管理办法》等法规政策也为我国慈善信托活动运作提供了法律参考。

二　慈善信托在我国的发展现状

（一）《慈善法》修订有望进一步促进慈善信托规范快速发展

2022 年 12 月 27 日，《慈善法（修订草案）》提请十三届全国人大常委会第三十八次会议首次审议；2022 年 12 月 30 日，《慈善法（修订草案）》向社会公众征求意见；2023 年 10 月 22 日，十四届全国人大常委会第六次会议分组审议了《慈善法（修正草案）》；截至 2023 年 10 月 31 日，《慈善法》仍在修订过程中。慈善信托制度有望通过此次修订得到完善，进而促进我国慈善事业高质量发展。《慈善法（修正草案）》对慈善信托实践的影响主要体现在两方面。一方面，《慈善法（修正草案）》新增对受益人指定的条款："慈善信托的委托人不得指定或者变相指定其利害关系人作为受益人。慈善信托的受托人确定受益人，应当坚持公开、公平、公正的原则，不得指定或者变相指定受托人及其工作人员的利害关系人作为受益人。"该条款有望提升慈善信托慈善目的的纯洁性，但对利害关系人的判定有待此后在配套制度中做进一步规定。另一方面，《慈善法（修正草案）》新增关于税收优惠的条款："自然人、法人和非法人组织设立慈善信托开展慈善活动的，依法享受税收优惠。"该条款有望填补慈善信托税收优惠适用情形的空白，进而促进慈善信托的设立和发展，但法律法规尚未对税收优惠的享受主体和给予主体进行明确规定。

（二）慈善信托备案数量快速增长，备案规模呈现小额化趋势

自 2016 年 9 月《慈善法》施行以来，慈善信托的数量快速增长，截至 2023 年 7 月 31 日，慈善信托的备案数量已经达到 1391 单，备案财产规模达到 60.39 亿元。[①] 从备案数量来看，从 2019 年起，慈善信托的备案数量迅速增长，慈善信托的年度备案数量在 2020 年首次超过了 200 单，在 2022 年达到了历史最高的 409 单，并且在 2023 年有望再创新高。另外，慈善信托在每年年底为备案高峰期，在 2021 年 12 月和 2022 年 12 月，慈善信托分别新增备案 84 单和 118 单，接近 2019 年的 126 单的年度备案数量（见图 1）。

---

① 本报告中关于中国慈善信托的数据全部来自全国慈善信息公开平台（"慈善中国"平台），根据收集的信息进行统计整理。数据统计截至（最后统计时间）2023 年 7 月 31 日，下文呈现数据截止日期与此相同。

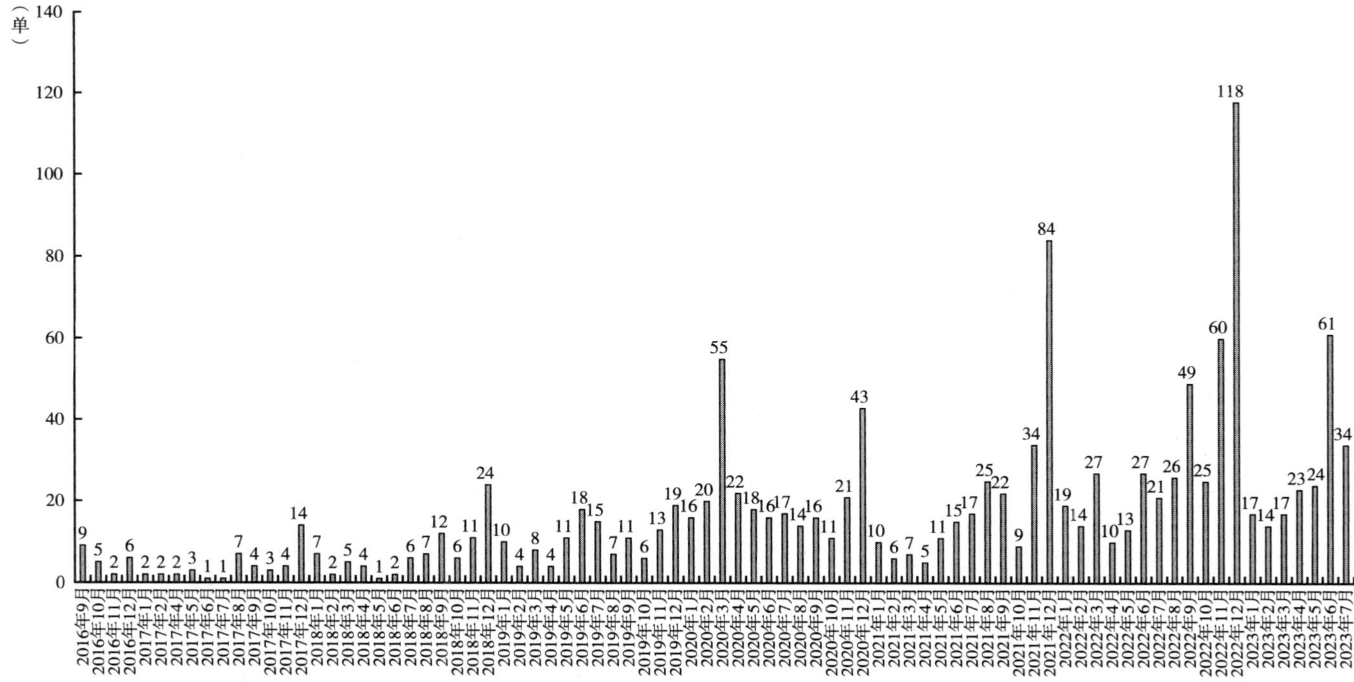

图 1　2016 年 9 月至 2023 年 7 月慈善信托每月备案数量

注:2017 年 3 月备案数量为 0。

资料来源:“慈善中国”平台。

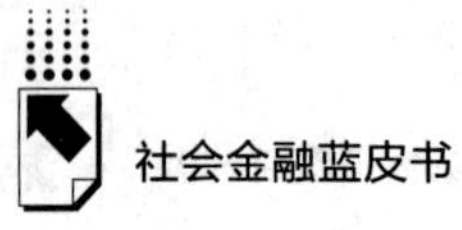

从财产规模来看，慈善信托备案的平均财产规模为434.17万元，中位数为40万元，呈现出明显的小额化趋势。其中，财产规模大于1亿元（含1亿元）的慈善信托有10单，仅占0.72%；小于1亿元、大于1000万元（含1000万元）的慈善信托有83单，占5.97%；小于1000万元、大于100万元（含100万元）的慈善信托有421单，占30.27%；小于100万元、大于10万元（含10万元）的慈善信托有660单，占47.45%；小于10万元的慈善信托有217单，占15.60%。备案慈善信托规模最大的为6亿元，规模最小的为1000元。慈善信托的规模自2021年以来呈现出小额化趋势，2016~2020年，慈善信托平均备案规模为625.04万元，中位数为48万元；2021年以来，慈善信托平均备案规模为310.47万元，中位数为36万元。

2016年至2023年7月备案的慈善信托总财产规模见图2。2016年至2023年7月不同财产规模慈善信托备案数量对比见图3。

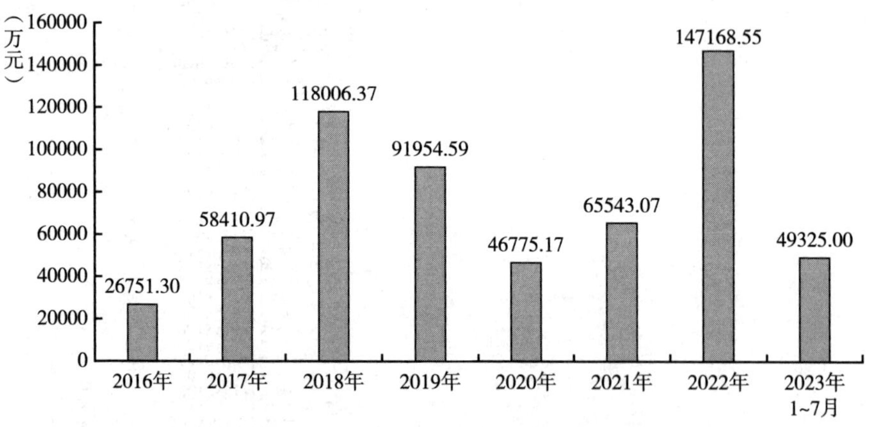

图2　2016年至2023年7月备案的慈善信托总财产规模

资料来源："慈善中国"平台。

（三）地方慈善信托政策促进慈善信托事业健康发展

继《慈善法》颁布之后，为了促进地方慈善信托事业健康发展，规范慈

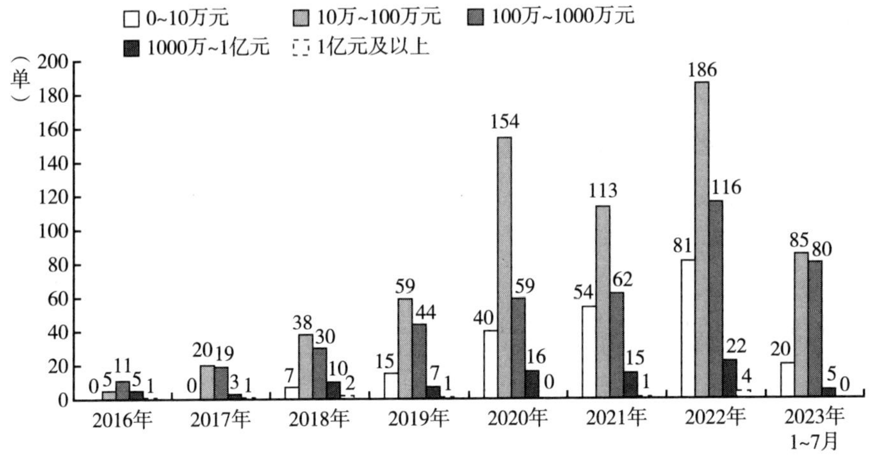

图 3　2016 年至 2023 年 7 月不同财产规模慈善信托备案数量对比

资料来源："慈善中国"平台。

善信托行为，部分省市开始出台地方性慈善信托规定，《慈善信托管理办法》的发布更是促进了这一进程。2016 年 9 月 21 日，北京市民政局印发了《北京市慈善信托管理办法》，该文件作为国内首个地方性慈善信托管理办法，在国家政策的基础上进一步保护委托人、受托人、受益人的合法权益；2020 年，北京市制发全国首个《北京市慈善信托备案指引》，加强了慈善信托备案流程的管理，并增加了慈善信托的风险提示；2021 年，北京市发布全国首个《慈善信托合同示范文本》，进一步促进了慈善信托业务的标准化；2022 年，北京市完成《慈善信托评估规范》立项，推进了慈善信托绩效评估工作，逐步建立了慈善信托全流程监管体系；另外，北京市于 2022 年出台《北京市街道（乡镇）慈善工作站试点建设工作方案》，鼓励街道（乡镇）设立慈善信托管理慈善资金。截至 2022 年底，北京市累计备案慈善信托 108 单，2022 年单年新备案财产总规模为 2.44 亿元，在全国备案机关中居第一位，目前北京市慈善信托的慈善目的已经涵盖了《慈善法》的所有领域。

广东、江苏、浙江等省份作为慈善信托改革发展的高地，也较早地发布了地方性慈善信托管理条例，并将慈善信托事业的发展纳入地方民政事业发展的长期规划中。2021 年之后，杭州、宁波、广州等地市级城市在省级慈善信托政策的基础上，进一步细化慈善信托的全流程管理，并出台政策鼓励当地慈善信托发展，引领了全国慈善信托行业的发展和改革。

（四）各省级行政区对慈善信托支持力度不同，备案数量和总财产规模差距明显

截至 2023 年 7 月底，我国共有 28 个省（自治区、直辖市）有慈善信托备案记录，相比截至 2021 年 4 月底的备案情况，有慈善信托备案记录的省份新增了湖南省，除港、澳、台地区外，仍有西藏自治区、广西壮族自治区和宁夏回族自治区无备案记录，但这三个省级行政区均有本区企业或慈善组织作为委托人设立慈善信托的记录。

各省级行政区慈善信托的备案数量和总财产规模差距明显。从备案数量来看，浙江省以 473 单的数量远远领先其他省份，甘肃省、北京市的慈善信托备案数量均在 100 单以上，陕西省的慈善信托备案数量达到 100 单，但大多数省份的慈善信托备案数量小于 40 单（见图 4）；从总财产规模来看，浙江省慈善信托的备案总财产规模约为 17.83 亿元，广东省、甘肃省和北京市的慈善信托的备案总财产规模均超过了 7 亿元，这四个省级行政区的慈善信托备案总财产规模大幅领先于其他省份（见图 5）。

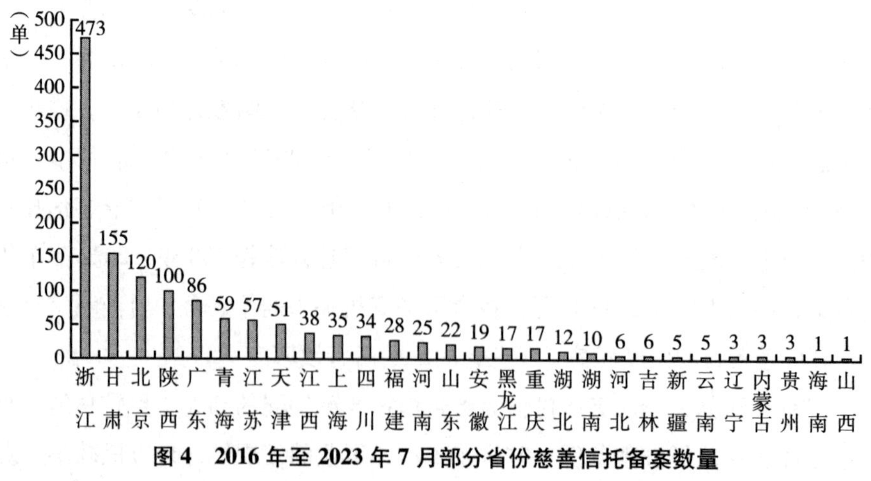

图 4　2016 年至 2023 年 7 月部分省份慈善信托备案数量

资料来源："慈善中国"平台。

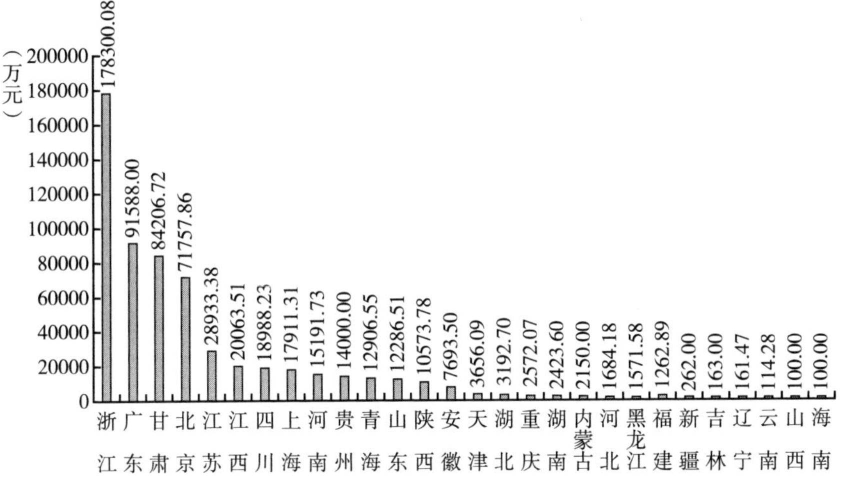

图 5　2016 年至 2023 年 7 月部分省份慈善信托总财产规模

资料来源：“慈善中国”平台。

（五）慈善信托设立目的以教育和扶贫济困为主，存续期限呈现多样化

虽然慈善信托的设立目的呈现多样化趋势，但以教育和扶贫济困为主，34.80%的慈善信托在设立目的中提及“教育”，30.05%的慈善信托在设立目的中提及“扶贫”或“济困”。另外，慈善信托的设立还积极为乡村振兴和新冠疫情防控服务，2021 年 2 月 25 日，全国脱贫攻坚总结表彰大会召开，“三农”工作重心转向全面推进乡村振兴，在此之后，共有 156 单慈善信托在备案信息的信托名称或信托目的中提及乡村振兴，占该时间点之后备案慈善信托数量的 18.81%；在新冠疫情防控期间，共有 101 单慈善信托在备案信息的信托名称或信托目的中提及疫情防控和抗击疫情，占该期间备案慈善信托数量的 25.51%。

截至 2023 年 7 月 31 日，在备案的 1391 单慈善信托中，仅有 74 单慈善信托在备案信息中的信托目的中使用宽泛定义。2021 年以来，新设立的慈善信托在备案信息里未明确信托目的的比例比过去显著降低，慈善信托目的更加多样化，越来越多的慈善信托在备案信息中明确和细化受益人的范围，并对慈善活动的开展方式进行说明和规定。

从存续期限来看，我国慈善信托存续期限呈现多样化趋势。慈善信托的存续期限以五年及以下和无固定期限（含满足信托合同约定的情况时终止信托的情形）为主，分别占总备案数量的38.39%和34.87%（见表1）。部分慈善信托的期限体现出一定的灵活性，比如，在存续期限之外，规定受托人有权决定提前终止或延期慈善信托，或慈善信托财产全部捐赠完成或者规定项目执行完毕后可以提前终止慈善信托。

表1　2016年9月至2023年7月不同期限慈善信托数量分布

单位：单，%

期限	数量	占比
五年及以下	534	38.39
无固定期限（含满足信托合同约定的情况时终止信托的情形）	485	34.87
大于十年（含永续信托）	226	16.25
大于五年且小于等于十年	145	10.42
未说明	1	0.07

注：其中“中航信托·天顺2018 86号中扶贫临洮百合百家慈善信托”的备案期限为“固定期限”，故归入“未说明”类别。

资料来源：“慈善中国”平台。

（六）慈善信托当事人类别丰富，不同属性法人之间合作广泛

从委托人属性来看，截至2023年7月31日，在备案的1391单慈善信托中，共有1214单明确了委托人，其中单一性质委托人的慈善信托有1099单。具体来看，企业作为委托人的慈善信托有330单；基金会作为委托人的慈善信托有230单；自然人作为委托人的慈善信托有139单；社会团体作为委托人的慈善信托有367单，社会团体委托人以地方慈善总会为主；政府机构作为委托人的慈善信托有15单，政府机构委托人以地方乡村振兴局为主；社会服务机构作为委托人的慈善信托有17单；另有1单慈善信托的委托人为基层群众性自治组织。另外，有115单慈善信托是不同属性的法人共同委

托设立的，其中以企业和自然人共同委托设立为主，共有 48 单，不同属性的法人共同设立慈善信托体现了慈善信托的灵活性。

从受托人属性来看，截至 2023 年 7 月 31 日，在备案的 1391 单慈善信托中，以单一信托公司为受托人的占 75.84%，共有 1055 单；以信托公司和社会团体为共同受托人的占 18.12%，共有 252 单，以信托公司和基金会为共同受托人的占 4.24%，共有 59 单；另外以基金会和社会团体分别作为单一受托人的分别有 13 单和 10 单。[①]

从监察人来看，截至 2023 年 7 月 31 日，在备案的 1391 单慈善信托中，仅有 508 单设立了监察人，其中以律师事务所作为单一监察人的情况最为常见，共有 394 单，占有监察人的慈善信托总数的 77.56%（见表 2）。另有个别慈善信托由政府机构或事业单位以及不同属性的机构共同担任监察人。

表 2　2016 年 9 月至 2023 年 7 月慈善信托监察人类别

单位：单，%

类别	数量	占比
律师事务所	394	77.56
自然人	44	8.66
非营利组织	25	4.92
会计师事务所	21	4.13
企业	17	3.35
其他	7	1.38

资料来源：“慈善中国”平台。

（七）慈善信托的六种常见模式

慈善信托的组织架构设计具有一定的灵活性，可以高效联动慈善组织、信托公司和其他主体开展慈善活动。自《慈善法》颁布以来，慈善信托经

① 截至 2023 年 7 月 31 日，在备案的 1391 单慈善信托中，“中融・山东临朐养老慈善信托”受托人信息缺失，“兴业信托・同泽二期抗击新型肺炎慈善信托计划”受托人信息登记错误，故未计入统计。

过近七年的探索，已形成了六种常见的模式。①

1. 慈善组织作为委托人、信托公司作为受托人、慈善组织作为项目执行人的慈善信托模式

慈善组织自身出资，或者受捐赠人委托作为委托人成立慈善信托，寻找合适的信托公司担任受托人。在该模式下（见图6），捐赠人可以直接从慈善组织处获得捐赠票据，进而获得法律规定的税收优惠。相比起捐赠人直接将善款捐赠给慈善组织，捐赠人委托慈善组织成立慈善信托可以将捐赠资产与慈善组织的其他资产和项目进行隔离，并且交由信托公司作为受托人进行专业的资产管理，能够更加透明、高效地实现捐赠人的公益慈善目的。截至2023年7月31日，在备案的1391单慈善信托中，社会服务机构、基金会、社会团体三者其一或者联合作为委托人，信托公司作为受托人的慈善信托共有231单，占备案数量的16.61%。

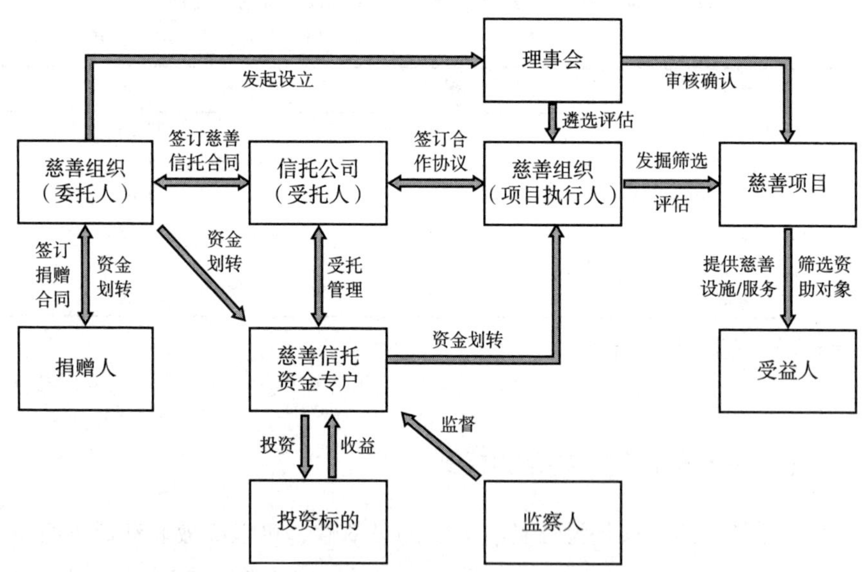

图6 慈善组织作为委托人、信托公司作为受托人、慈善组织作为项目执行人的慈善信托模式示意

① 《IIGF观点丨慈善法修订背景下浅析我国慈善信托发展模式及趋势（上）》，https://iigf.cufe.edu.cn/info/1012/6456.htm，最后访问日期：2023年12月30日。

2. 捐赠人作为委托人、信托公司作为受托人、慈善组织作为项目执行人的慈善信托模式

委托人与信托公司签订慈善信托合同，信托公司负责慈善信托的法律流程和日常运作，同时发起设立慈善信托管理理事会，选择合适的慈善组织并委托其实施公益慈善项目。在该模式下（见图 7），信托公司和慈善组织分别进行擅长的信托管理和公益慈善项目管理，是最为经典的慈善信托模式之一。

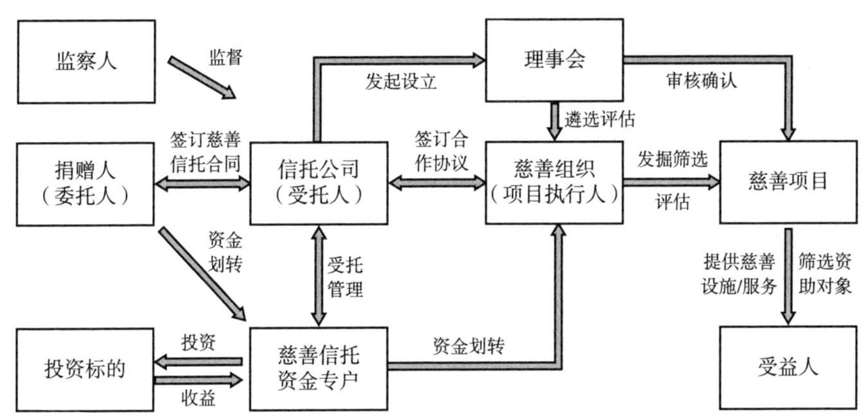

图 7　捐赠人作为委托人、信托公司作为受托人、慈善组织作为项目执行人的慈善信托模式示意

3. 捐赠人作为委托人、信托公司和慈善组织共同作为受托人的慈善信托模式

捐赠人作为委托人，信托公司和慈善组织作为共同受托人，信托公司负责慈善信托的账户管理、资产保值增值，慈善组织负责公益慈善项目的执行。在该模式下（见图 8），捐赠人可以获得慈善组织向捐赠者开具的捐赠票据，信托公司和慈善组织可以优势互补、互相监督。

4. 基金会作为委托人、信托公司作为受托人、慈善组织作为项目执行人的慈善信托模式

捐赠人成立基金会，或者将资产捐赠给基金会并签订捐赠合同，之后基金会作为委托人与受托人信托公司合作成立慈善信托，信托公司寻找合适的

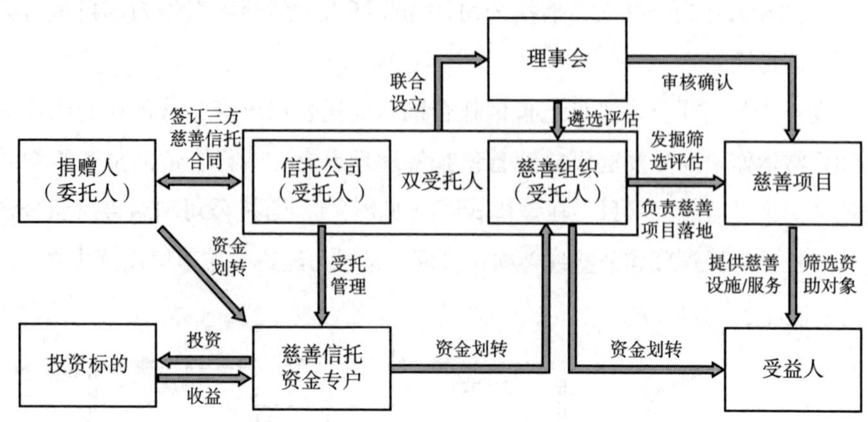

图 8　捐赠人作为委托人、信托公司和慈善组织共同作为受托人的慈善信托模式示意

慈善组织并委托其实施公益慈善项目（见图 9）。在目前的慈善信托实践中，捐赠人无法在捐赠时获得慈善组织开具的慈善捐赠票据以享受税收优惠，慈

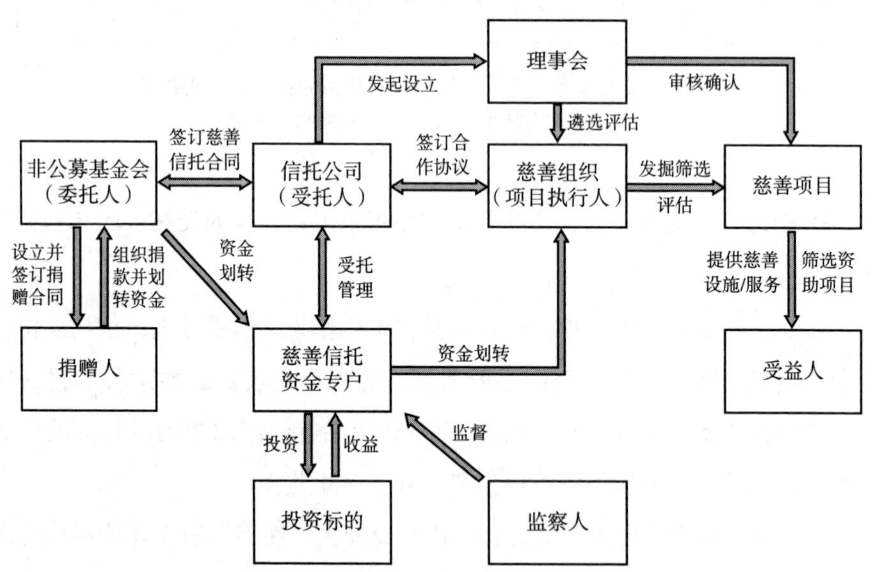

图 9　基金会作为委托人、信托公司作为受托人、慈善组织作为项目执行人的慈善信托模式示意

善组织只能给作为受托人的信托公司开具慈善捐赠票据。截至 2023 年 7 月 31 日，在备案的 1391 单慈善信托中，基金会作为单一委托人、信托公司作为单一受托人的共有 211 单，占备案数量的 15.17%。

5. 捐赠人和慈善组织共同作为委托人、信托公司作为受托人的慈善信托模式

捐赠人先将资产捐赠给慈善组织成立专项基金并签订合同，捐赠人作为专项基金管理委员会的成员之一参与捐赠资产的管理，之后捐赠人和慈善组织共同作为委托人、信托公司作为受托人设立慈善信托。在该模式下（见图 10），信托公司发挥资产管理优势，捐赠人拥有更大的知情和参与权利。

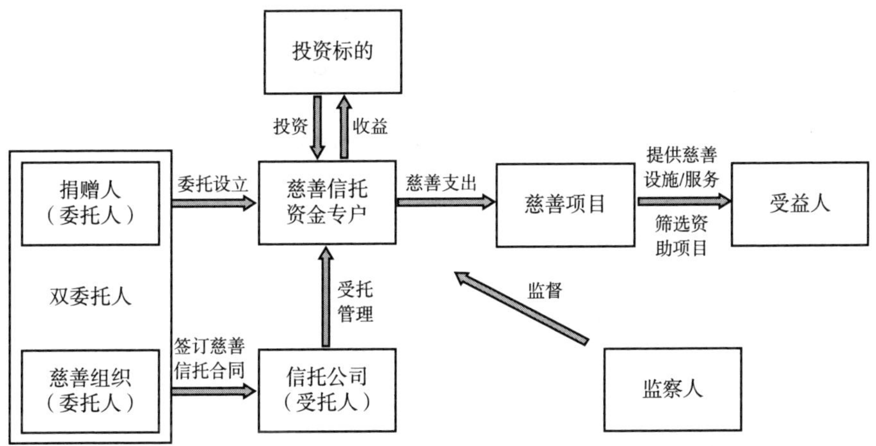

图 10　捐赠人和慈善组织共同作为委托人、信托公司作为受托人的慈善信托模式示意

6. 私益信托和慈善信托的双层信托模式

委托人成立私益信托（较为常见的是家族信托的形式）和慈善信托，将私益信托的资产和收益捐赠给慈善信托，信托公司作为受托人，慈善组织作为项目执行人。在该模式下（见图 11），私益信托的受托人可以摆脱慈善信托资产保值增值的限制，更为自由地进行信托资产的运作，以寻求更高的收益，这减轻了慈善信托受托人即信托公司资产保值增值的负担，从而使其可以更加专注于公益慈善项目的实施。

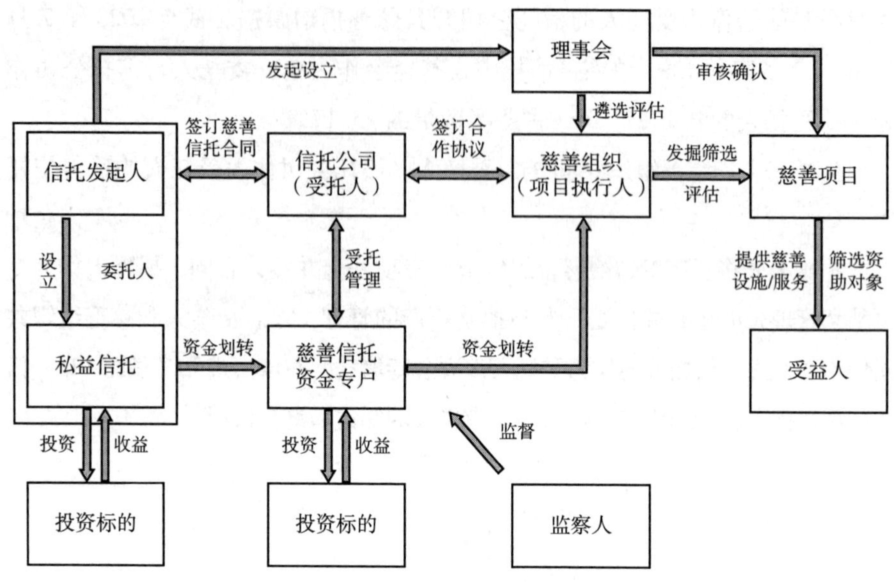

图 11　私益信托和慈善信托的双层信托模式示意

三　慈善信托在我国的发展趋势

（一）信托业务新分类有望促进家族慈善信托的发展

2023 年 3 月，银保监会发布《关于规范信托公司信托业务分类的通知》（以下简称《通知》），将信托公司开展的信托业务分为资产服务信托、资产管理信托、公益慈善信托三个大类，并要求信托公司按照信托业务新分类标准，完善内部管理制度和内控机制，加强日常管理和宣传引导。《通知》已于2023 年 6 月 1 日起正式实施。针对慈善信托业务的开展，《通知》规定涉及公益慈善安排的家族信托可以将公益慈善信托或者慈善组织设为信托受益人，并明确公益慈善信托按照信托目的可分为慈善信托和其他公益信托两大业务品类。家族信托是信托公司的主营业务，《通知》的发布不仅规范了信托公司的慈善信托业务，促进了慈善信托的高质量发展，而且有望促进信托公司和家族信托通过慈善信托开展家族公益慈善活动。另外，对公益慈善信托分类的规定为未来慈善信托模式的创新提供了分类依据。

（二）非货币财产设立慈善信托的探索屡见创新

《慈善法》第三十六条规定："捐赠财产包括货币、实物、房屋、有价证券、股权、知识产权等有形和无形财产。"虽然以上财产类型在理论上均可成为慈善信托的合法财产，但是在《慈善法》颁布的前几年间，非货币财产的慈善信托实践一直较少。2017 年 4 月，我国首单股权慈善信托"国投泰康信托 2017 年真爱梦想 2 号教育慈善信托"设立。2023 年以来，随着慈善信托数量的增长，慈善信托在资产类别方面的创新实践频出。2023 年 6 月，"桐庐县不动产慈善信托"设立，委托人将其在桐庐县的房产转移给慈善信托，以用于长期支持桐庐县慈善事业；同年 6 月，"光信善·楷案木信托制度进步慈善信托"的委托人高传捷将其《中国慈善信托实务参考》的著作权赠予慈善信托，此举开创了著作权作为非货币类资产进入慈善信托的先例。

目前，非货币财产作为慈善信托财产的实践在我国仍然非常少，主要原因是捐赠人以非货币财产设立慈善信托在实践中等同于转让或销售，需要根据我国税法缴纳企业所得税和个人所得税，这在很大程度上阻碍了非货币财产通过慈善信托进入公益慈善领域。另外，非货币财产在慈善信托财产登记和管理方面有着特殊要求，这给捐赠人增加了捐赠负担。另外，著作价值的评估、版权的管理、资产的处置等问题同样是非货币资产慈善信托实践的难题。

（三）慈善信托与其他金融工具的创新性结合日渐增多

近年来，慈善信托作为新型金融工具受到了广泛关注，一些金融机构开始尝试将慈善信托与其他金融工具结合，提高了公益慈善活动的灵活性。第一，慈善信托资产可用于购买公益慈善目的的金融产品。例如，"中航信托·齐鲁乡村振兴慈善信托"在信托公司、银行、保险公司、政府机构的合作下，为山东省东营市利津县的大豆种植户投保了大豆价格指数保险，并通过购买大豆期货产品降低了大豆种植户的风险敞口。第二，慈善信托资产可以作为风险补偿金为贷款提供兜底保障。例如，“中国信登·长安慈·定点扶贫慈善信托”与贫困地区的银行合作，为农户获得的产业发展贷款提供风险补偿，从而带动当地银行以原来10~20倍的预算向当地农户发放贷款。第三，慈善信托以债权人或股东的身份参与慈善项目的运作。例如，“中航信托·中扶贫临洮百合百家慈善信托”通过入股甘肃省定西市临洮县的合作社，将股权和收益分配给合作社的农户，进而充分调动农户的生产经营积极性；“国投泰康信托·2018甘肃临洮产业扶贫慈善信托”通过向加工百合的企业发放债券，增加百合的市场需求，间接帮扶生产百合的农户，同时贷款的利息也可以直接用于公益慈善目的。

此外，国内出现了基于捐赠人建议基金（DAF）模式的慈善信托。捐赠人建议基金是国外受欢迎的一种慈善捐赠工具，捐赠人开设专属慈善账户并存入现金、证券等其他金融资产，放弃存入资产的所有权，将慈善资产交由慈善机构管理，但捐赠人保留了善款使用的建议权，同时也可以获得税收优惠。中国工商银行私人银行部联合中航信托、中华慈善总会等机构推出“君子伙伴慈善信托”平台，该平台作为行业内首个永续集合型慈善信托服务平台，充分发挥聚焦和共享优势，在众多私银客户和优质慈善项目之间搭建桥梁。其2.0版本又借鉴了捐赠人建议基金的模式，受托人通过对国家政策和行业趋势进行分析，构建慈善项目库供捐赠人进行选择，既省去了为项目或捐赠人单独设立慈善信托的烦琐流程，又可以为捐赠人保留类似于捐赠人建议基金的建议权，是慈善信托运作的创新模式。

（四）社区慈善信托在支持社区高质量发展过程中大有可为

党的二十大报告中提出健全城乡社区治理体系，中共中央、国务院发布的《关于加强和完善城乡社区治理的意见》中提及大力发展在城乡社区开展公益慈善活动的社区社会组织。2022年，《慈善法（修订草案）》将发展社区慈善从现行法律中的附则提到了法律正文，并作为促进措施进行规范。预计有关部门会以慈善法修订为契机和依据，出台相应的政策性文件，为推动社区慈善发展提供可操作的政策依据。社区慈善信托是推动社区慈善发展的重要抓手，具有易于社区管理、保障社区受益的特点，因此社区慈善信托在支持社区高质量发展过程中大有可为。

截至2023年7月31日，我国共有20单以“社区”命名的备案慈善信托，其中涌现了一些跨界合作的创新案例，慈善信托目的也呈现出多样性。例如，四川省成都市武侯区的“中铁信托-武侯社区基金会-马家河社区体育发展慈善信托”专注于提升社区公共体育服务水平，围绕社区体育运动场景吸引商户入驻，商户每完成一笔商单就向社区慈善信托捐赠一笔小额资金，增强了慈善信托资金来源的可持续性，信托资产定向用于公益性质的社区体育比赛与培训活动、体育用品的捐赠和社区体育设施的建设。更重要的是，该社区慈善信托通过明确慈善组织、信托公司、社区企业、社区居委会参与慈善信托运作的分工，保证了慈善信托的高效运作。

四　中国慈善信托发展面临的问题与挑战

（一）慈善信托配套制度不完善

尽管《慈善法》、《信托法》、《慈善信托管理办法》及2022年的《慈善法（修订草案）》充实了慈善信托的现有制度，让慈善信托成为与直接慈善捐赠并行的慈善途径和方式，但是税收优惠、非货币财产登记、信托财产公开募集、善款使用等方面的配套制度仍不完善，对实践产生了阻碍。

1. 税收优惠政策尚未正式推出，限制了捐赠人的参与热情

无论是企业还是个人，参与慈善事业的动机大致可分为两种：一是纯粹的利他主义，仅为实现公益目的；二是非纯粹利他主义，为塑造良好形象、享受税收优惠等附带价值。充分发挥慈善在第三次分配中的作用，税收优惠政策是重要的基础性激励手段。但目前慈善信托的税收优惠相关政策空缺，捐赠人在了解到慈善信托难以像直接捐赠善款或物资给有免税资质的慈善机构一样享有一定的税收优惠后，参与热情往往下降。为了让捐赠人享受税收优惠，一些创新的慈善信托模式应运而生，如先将信托财产捐赠给符合税收优惠规定的慈善组织让其作为委托人，但这并不能从根本上解决问题，不仅提高了流程的复杂性，也让捐赠人失去了委托人资格。所以，只有真正落实慈善信托的税收优惠制度，才能进一步促进具有慈善意愿和能力的人群或企业开展慈善信托。2022 年，《慈善法（修订草案）》第九十条提出，国家对慈善事业实施税收优惠政策，具体办法由民政、财政、税务等有关部门制定，有望推动该问题的解决。

2. 非货币财产登记制度缺失，捐赠财产以资金为主，类型单一

我国已开展的慈善信托基本为货币类慈善信托，以非货币财产设立的慈善信托寥寥无几，且无官方或权威途径对其作统计，但可以肯定的是，捐赠人的财富绝不限于现金一种（孙秀蕾，2021）。不动产和股权等非货币财产均可被捐赠，作为慈善信托的财产发挥慈善作用。然而，我国尚未实施统一的信托财产登记制度，现有的不动产公示制度和股权登记制度也均未明确信托财产登记的具体规则，导致非货币类慈善信托难以落地。此外，我国税制建立在“一物一权”的法理基础上，在用非货币财产设立慈善信托时，财产被视为转让或销售，须缴纳高额的所得税。故非货币类慈善信托在难以享受税收优惠的同时，还面临双重征税等难题，这不仅削弱了捐赠人的积极性，还无法发挥慈善信托的灵活性和多样性等优势，导致我国慈善信托财产类型单一。

3. 信托财产公开募集资格尚不明确，致使慈善信托规模受限

根据《中国慈善发展报告（2022）》，2021 年全国社会捐赠总量为 1450 亿元（杨团、朱健刚，2022）；截至 2023 年 7 月 31 日，慈善信托的备案财产规模为 60. 39 亿元，仅为 2021 年全年社会捐赠的 4. 16%。由此可见，慈善信托在我国慈善事业中，资金规模相对较小，影响力有限，无法在慈善活动中充分发挥其自身优势。其中，不能公开募集是慈善信托财产规模受限的原因之一。现行《慈善法》规定了慈善组织的公开募捐资格，但对于慈

善信托是否能进行公开募集没有明确的规定，尽管部分地区具有公开募捐资格的慈善组织在当地民政部门的支持下做了一些突破和尝试，但并非长远之计，大部分地方民政部门仍持谨慎和观望态度，加之募集而来的资金如何使用和支出也没有相关法律法规做支撑，增加了管理难度。

4. 现有法律法规对慈善信托的资金使用无明确规定

现行《慈善信托管理办法》指出，慈善信托文件应当载明“年度慈善支出的比例或数额”，但并未规定比例或数额具体为多少。慈善目的的实现必然关系到慈善支出，然而现有的法律法规对慈善信托的支出数额或比例并无硬性要求，也尚未对其投资理财的占比做约束，致使一些慈善信托自设立以来，并未进行慈善支出，一定程度上让慈善信托成为委托人财产代持的渠道，阻碍了慈善目的的实现。

（二）慈善信托参与主体标准不清晰

现行《慈善法》及《慈善信托管理办法》仅规定了慈善信托的受托人可由慈善组织或信托公司担任，并未直接明确慈善信托受托人及其他必要主体的具体标准，这也给公众参与慈善信托带来了一些疑问：如何选择合适的信托公司或慈善组织以放心托管、其是否都具备运作慈善信托的能力、个人发起的慈善信托是否可以由其直系亲属承担监察人、未成年人是否可以发起设立。自2016年《慈善法》颁布以来，慈善信托进入公众视野近七年，从摸索着的新生事物到全国90%的信托公司及越来越多慈善组织参与其中，需要有一些规范以提升慈善信托的效率和专业性。

（三）慈善信托监管与信息披露不规范

现行《慈善法》并未要求慈善信托设置监察人，但《信托法》对公益信托做出了应当设立监察人的规定，两部法律的规定不同。通过对比两法的该项规定，可发现已有的法律并未建立统一的外部监管机制，因此外部监管机制难以在慈善信托中发挥作用（傅昌銮、王梦珂，2020）。此外，尽管我国已正式开通了慈善信息公开平台——慈善中国，让慈善组织、慈善信托受托人等参与主体可以在该平台上，统一向社会公开慈善信息，但慈善信托信息披露机制尚需进一步完善。目前，慈善中国平台仅披露慈善信托的名称、备案期限、参与主体和备案金额等基本登记信息，并未要求慈善信托披露投资情况、关联交易等运营信息。这不仅增加了道德风险，也增加了公众监督的难度，降低了慈善信托的社会公信力，不利于慈善事业健康稳定发展。

（四）社会对慈善信托的认知水平有待提升

由于慈善信托在我国的发展时间还较短、宣传力度不够，公众对慈善信托的认知仍有限。一方面是尚未形成优质的、有影响力的慈善信托品牌，另一方面则是公众对慈善信托的了解途径和参与方式都十分有限，使得社会上拥有充裕资金、雄厚财产的个人或机构无法被充分吸引并参与到慈善信托中，从而制约了慈善信托的发展壮大。

五　促进我国慈善信托发展的建议

（一）完善慈善信托的配套制度

1. 加快完善慈善信托税收优惠政策

第一，建议明确慈善信托的委托人可以凭借受托人开具的信托财产交付证明（基于目前受托人为委托人开具公益性捐赠专用收据尚存在争议的情况下）和民政部门的备案回执，将委托于慈善信托的财产额度在计算应纳税收入时进行扣除。第二，建议在慈善信托中，明确委托人可以将非货币财产以原始价值转移给受托人，不征收财产增值产生的税，并按照非交易过户方式减免相关税费。第三，建议明确慈善信托财产开展保值增值投资活动取得的收益免交企业所得税。

2. 建立慈善信托财产登记制度

目前，慈善组织将受托管理的慈善信托资产登记为“受托代理资产”，信托公司不将受托管理的慈善信托资产纳入财务报表，慈善信托资产并未有专项制度明确其财产性质，尤其是非货币类慈善信托的资产，往往无法直接登记为信托财产。因此，建议先试点慈善信托财产专门登记制度，比如不动产权证书允许备注为慈善信托财产，并视为非交易过户，这样可以帮助委托人规避原本由于交易过户产生的高额税金。目前，国内仅有一单慈善信托做到了不动产权证书上标注慈善信托财产——“桐庐县不动产慈善信托”，这是 2023 年 6 月在桐庐县民政局正式备案设立的，由万向信托和桐庐县慈善总会共同担任受托人，是全国首单全流程规范化不动产慈善信托。

3. 探索慈善信托进行公开募捐的实施模式

现行《慈善法》仅仅规定了慈善组织的公开募捐资格，对于慈善信托是否能进行公开募捐，尚未明确规定。随着公众对于慈善信托的认知拓展、参与积极性提升，尤其是社群捐赠的兴起，我国对联动身边资源后设立慈善信托是有较大需求的。因此，有必要探究慈善信托公募模式在我国的可行性，从而提高慈善信托的社会参与度和影响力。

比较可行的一个模式是由具备公募资质的慈善组织作为唯一委托人或共同委托人，慈善组织负责公开募捐，在慈善信托设立后将公开募捐所得持续追加至慈善信托。“忆北 2023 科学教育慈善信托”就是由广州市慈善会作为委托人之一，在广益联募平台上发起“忆北天文学项目”进行公开募捐。该慈善信托通过引入公募项目的创新设计，让公众可以以较低门槛参与到对我国光学天文望远镜建设的支持中。在探索过程中，需要关注公募型慈善信托关于公募支出的相关要求、参与公开募集的捐赠人的个人慈善意愿与慈善信托目的的一致性、设立后捐赠人对运营情况的知情权、公募资金对于慈善信托的持续追加等。另外，还可以探讨信托公司是否能取得公募资格以参与设立公募型慈善信托。

（二）建立慈善组织参与慈善信托相关规范，明确相关主体标准

为提升慈善信托质量，建议各地在出台慈善信托相关实施细则时，给出慈善信托架构中相关方的资质标准，比如信托公司或慈善组织作为受托人时，应提供哪些材料自证完备的受托能力；个人委托人是否应为具备完全民

事行为能力的成年人；为让委托人获得税前扣除优惠，受托人是否需由经财政、税务、民政等相关部门认定的信托公司，或是具备公益性捐赠税前扣除资格的慈善组织担任。

（三）强化信息公开，灵活设置监察人，明确年度公益支出比例

第一，建议基于慈善信托规模设置监察人。2022 年发起的《慈善法（修订草案）》意见征集里，关于慈善信托章节的修订，不少学者或公益从业人员建议应强制设置监察人，但慈善信托规模不一，对于小额慈善信托，强制增加“监察人”更多的是增加了管理成本。因此，可以尝试基于慈善信托规模设置须设监察人的合理区间，或者设置统一平台，比如慈善信托监督委员会，当受托人失职、未履职而委托人由于客观原因无法行使权利时，可由该委员会向民政部门或国家金融监督管理总局进行报告。

第二，建议从运营技术和管理模式上规范慈善信托受托人在慈善中国平台上的相关信息披露行为。比如，使平台实现对每个慈善信托受托人上传年度慈善信托事务处理和财务报告的监测，未按时上传的，自动报备民政部门及国家金融监督管理总局，在一定程度上避免部分慈善信托设立后并未及时披露信息的问题。另外，关于慈善信托的变更信息如资金规模调整、受托人更换等，平台管理人员应在受托人完成相关变更备案手续后，同步更新平台的前端呈现，保障信息的时效性及公开性。

第三，建议在慈善信托文件中明确年度公益支出比例。慈善信托不是一个“理财工具”，虽然可以进行保值增值，但其本质是促进慈善目的的实现，让社会更美好。因此，慈善信托委托人和受托人在设立慈善信托的筹备阶段，就应该先想清楚如何借助慈善信托这个载体去实现背后的慈善目的，做好运作阶段的成效把控。

需要关注的是，在加强监管过程中，重点不在于“限制”，而是以“监管”促进专业，让慈善信托的开展更加透明、规范。

（四）加大慈善信托宣传力度，提升社会认知

当下“善财（善家）传承”的理念在业内被频频提出，慈善信托是家庭财富管理与传承中一个可资利用的工具。作为慈善资产隔离、慈善目的明确的可持续公益形式，慈善信托应被更多人所了解，通过科普参与慈善的不同方式，鼓励公众以慈善信托的形式开展慈善捐赠，具体可以从以下方面进行宣导。一是由银行、信托公司、慈善组织等主体举办慈善信托研讨会、宣讲会、研修班等，结合慈善信托的理论和实践、应用前景，让相关政府工作人员以及更多高净值人士了解慈善信托。同时，要倡导跨界交流，通过闭门沙龙等形式常态化分享，让相关参与主体都熟知慈善信托，让慈善信托理念触达公众，提升公众认知。二是信托公司和慈善组织以及相关机构，可以充分利用互联网渠道做线上推介，做公众“听得懂，愿意看”的系统化内容，揭开公众眼里慈善信托的“神秘面纱”。

总之，提升慈善信托的社会普及度，是响应第三次分配号召、推动社会财富向善的重要途径。慈善信托作为慈善与金融的有机结合，如果能得到更多推广和实践，将提升公益行业关于慈善资金管理的专业服务能力，也是金融行业回应共同富裕和民生需求的积极体现。

参考文献

陈汉、李来祥、唐琦惠，2017，《〈慈善信托管理办法〉评述》，https：//www.hankunlaw. com/upload/newsAndInsights/cd6d5133750bd031eb7f7d1f8e91c4e7. pdf，最后访问日期：2023 年 12 月 30 日。

傅昌銮、王梦珂，2020，《我国慈善信托现状及政策建议》，《合作经济与科技》第 9 期。

孙秀蕾，2021，《慈善信托税收优惠制度的完善路径分析》，《西部金融》第 6 期。

杨团、朱健刚主编，2022，《中国慈善发展报告（2022）》，社会科学文献出版社。

专 题 篇

Special Reports

B.8
金融社会工作促进居民金融素养提升的进展与趋势

方 舒　朱雯洁*

摘　要： 普惠金融高质量发展对居民金融素养提出了新要求，金融社会工作在促进居民金融素养提升上发挥着重要作用，有助于推动普惠金融高质量发展。本报告分析了近年来金融社会工作促进居民金融素养提升的新进展及其面临的问题与挑战，并为进一步推进我国金融社会工作发展，提升居民金融素养提出建议，即完善相关政策法规体系；挖掘和整合多方资源；完善多主体协同的金融教育网络；加快金融社会工作专业人才队伍建设；创新金融教育的理念、内容和方式。

关键词： 金融社会工作　居民金融素养　普惠金融　金融教育

---

* 方舒，中央财经大学社会与心理学院教授，法学博士，研究方向为资产建设社会政策、金融社会工作等；朱雯洁，中央财经大学社会与心理学院硕士研究生，研究方向为金融社会工作。

居民对社会影响力金融的认可和参与与其金融素养息息相关，提升居民金融素养对社会影响力金融的发展至关重要。根据 2021 年中国人民银行发布的《消费者金融素养调查分析报告（2021）》，全国消费者总体上的金融素养指数为 66.81，与 2019 年相比提高了 2.04，在全球已经处于中等偏上水平，这一成就与我国高度重视金融教育，大力发展普惠金融密切相关。[①] 不过，我国不同居民在金融素养和金融能力等方面仍存在较大差异，"一老一小"等群体的金融素养和金融能力还需进一步提升。2023 年 10 月 11 日，《国务院关于推进普惠金融高质量发展的实施意见》发布，明确提出要提升社会公众金融素养和金融能力。提升公众金融素养是一项系统性工程，需要金融社会工作等多方主体积极参与，运用专业方法和技巧，为居民提供金融社会服务，进而提高其金融素养。

本报告系统回顾了近年来金融社会工作推动居民金融素养提升的实践经验，对其发展现状进行了总结，分析了居民金融素养提升实践中的问题与面临的挑战，并就未来发展金融社会工作以提升居民金融素养提出相关建议，助力我国居民金融素养切实提升，推动社会大众更好共享普惠金融发展成果。

一　金融社会工作促进居民金融素养提升的新进展

近年来，随着金融数字化快速发展、金融诈骗手段"花样翻新"，居民金融素养参差不齐导致人们在适应金融变化、应对金融风险上存在差异，发展普惠金融、推广金融教育，进而提升居民金融素养成为当前亟须推进的一项系统工程。与此同时，以往营利性机构提供的商业性金融教育服务已无法满足居民需求，于是提供新兴专业性金融社会服务的金融社会工作得以不断发展壮大，承担提供公益性金融教育服务的使命，成为提升居民金融素养的重要力量。

① 《消费者金融素养调查分析报告（2021）》，http：//f. sinaimg. cn/www/b587bd6c/20210903/XiaoFei. pdf，最后访问日期：2023 年 11 月 3 日。

（一）多元主体共同参与提升居民金融素养

1. 金融机构：履行社会责任，开展金融教育

金融机构作为金融市场主体，近年来越来越关注居民金融素养议题，主动开展丰富多样的金融教育活动。“十四五”以来，各有关部门坚决贯彻落实党中央、国务院部署，把推进普惠金融高质量发展摆到更加突出的位置，着力破解普惠金融发展难题，改进对各类社会群体的金融服务，有效促进助企纾困、乡村振兴和提升民生保障水平。基于中央政策的推动，多地政府与金融机构联合，实施了一系列提升居民金融素养的举措。一是推动开展“金融消费者权益保护教育宣传月”等活动，推动金融教育惠及居民和小微企业。例如，2022 年 9 月，中国银行在深圳开展金融教育宣传专题活动，帮助居民了解金融知识，防范金融风险。二是在政府主管部门的领导下，各地积极开展省市县各级金融教育示范基地建设工作，立足基地面向公众开展公益性金融知识普及教育活动。例如，2022 年底，中国建设银行在山东建成首批省级金融教育示范基地，并努力将其打造成普及金融知识、开展金融教育、维护金融安全、展示金融历史的示范标杆，力求让金融知识更普及，让金融环境更美好。三是外资金融机构也为金融教育发展提供多元支持。例如，截至 2022 年底，汇丰中国累计开展了超过 70 个公益项目，涉及金融知识科普、金融学科建设等领域，并研发出一系列课程，形成戏剧、赛事、游戏、论坛等多元的金融赋能方式；Visa 公司同样通过与多方合作，开展面向小微企业主、妇女、农民等人群的金融赋能项目与活动；恒生中国自 2016 年起已连续八年开展“中国青少年金融素养提升计划”，作为持续关注青少年金融素养教育的金融机构，为来自北京、上海、广州、深圳、成都、杭州、西安 7 个城市的 40 所学校，超 6000 名高中青少年学生及教师带来了理财课堂、银行职业见习日、金融讲学厅、金融素养大赛、教师金融素养培训等多种金融素养创新实践课程。①

---

① 《恒生中国助力提升青少年金融素养》，http：//www. cbimc. cn/content/2023-09/22/content_495466. html，最后访问日期：2023 年 12 月 25 日。

实践中，金融机构开展的金融教育活动大多是通过宣讲、讲座等形式宣传基础性金融知识，提升居民的金融能力，让居民能够防范金融诈骗等金融风险。此外，金融机构也利用自身的资源，积极与金融社会工作服务团队、公益服务机构和基金会等合作，落地金融教育服务。

2. 高校和研究机构：培育金融社会工作专业人才

高校在金融社会工作发展中承担着输送金融社会工作专业人才的职责，同时也为开展居民金融教育提供理论研究和专业支持。目前有一批院校在社会工作学生培养上明确了金融社会工作方向，并且通过各种学术研讨会推动金融社会工作不断发展。

具体来说，目前中央财经大学、上海财经大学、西南财经大学、江西财经大学、广东财经大学和贵州财经大学等一批高校的相关院系，已纷纷开设金融社会工作课程和设置金融社工本硕培养方向。以中央财经大学为例，其在金融社会工作人才培养上，不仅设有传统社会工作相关课程，还开设金融社会学、金融机构与金融市场、金融消费者行为学和社会影响力金融等金融学与社会科学交叉课程，在专业实习层面也积极推动金融社会工作与社区金融教育服务相结合，以及金融社会工作实务落地。同时，各地高校也积极与金融机构、公益组织等联合召开学术研讨会，交流金融教育经验。例如，2020 年 10 月 27 日，由广东省金融消费权益保护联合会主办的“2020 中国财经素养教育高峰论坛”在珠海举行，邀请金融机构、高校代表等探讨和分享老年人数字金融服务、教育方面的理论与实践。2021 年 11 月 26 日，首届上海中小学财经素养教育论坛暨上海中小学财经素养教育项目合作联盟成立仪式在上海财经大学举办。该论坛由中国教育学会和上海财经大学共同指导，对如何开展财经素养教育及在上海落地财经素养教育进行讨论，推动校企开展财经素养教育的不断发展。2023 年 5 月 20 日，“金融教育助力社区金融服务与社区治理”交流会在中央财经大学召开，同样也实现了多元主体助力金融教育发展的良好效果。

总之，高校和研究机构在金融社会工作和金融教育发展中扮演着重要的角色，近年来不少高校纷纷设置金融社会工作专业，通过开设知识交叉课程和合作建立实习实践基地等方式，培养专业的金融社会工作人才，在理论和实践经验上不断推陈出新。此外，高校也与提供金融素养教育服务的优秀机构开展产学研一体化合作，为金融社会工作和金融教育发展提供了智力支持和人才支撑。

3. 校园和社区：普惠金融教育来到居民身边

社区是居民生活的重要场景之一，也是基层社会治理的重要部分，对个体的金融社会化具有重要影响。对于“一老一小”而言，社区和校园是开展金融素养教育的重要阵地。近年来，不少金融机构、公益机构与社区、学校开展合作，推动金融社会工作和普惠金融教育服务落地社区和学校，提升广大居民的金融素养，助力普惠金融的发展。

一般而言，社区金融教育是在政府、金融机构和金融社工服务机构等多方支持下进行的。一是联动社区提供具体的金融教育服务，针对重点人群开展金融知识宣传和金融能力提升活动。如广州市火把社区与上海百特教育咨询中心（以下简称“佰特”）合作，针对社区流动儿童、女性等群体进行金融赋能。二是为社区治理与服务提供相关的支持。2022 年，佰特基于“阿福童”和“钛青年”两个项目，将金融教育服务与金融教育资源输送到校园和社区，共计培训了 747 名财商指导师，合作社区与学校累计 482 个，最终直接服务 86420 人，间接服务 204633 人。① 同样，Visa 公司也积极推动人才、教材、平台进校园，根据儿童生命周期特征，开展寓教于乐的金融教育活动。三是与社区建立合作机制，建设社区金融教育基地。以 Visa 公司、中国金融教育发展基金会和中央财经大学等合作建立的北京市东城区体育馆路街道社区金融教育基地为例，该基地坚持金融教育进社区“久久为功”，通过举办线上和线下金融知识进社区活动，成立社区金融教育服务站，帮助社区居民获取金融知识，增强金融风险防范意识，推动金融健康和金融韧性社区建设，提升居民的金融素养。

① 《行远自迩，笃行不怠——佰特公益 2022 年度工作报告》，https：//mp. weixin. qq. com/s/Jz7bo6zfaRdjKSTntr3e6w，最后访问日期：2024 年 2 月 20 日。

校园也是金融教育的一大阵地。一是推动金融教育进校园。例如，2022年11月15日，在深圳证监局的指导见证下，深证投资者服务中心（以下简称“深证投服中心”）与深圳高级中学（集团）签署《关于开展金融教育的合作备忘录》。双方充分发挥各自资源及专业优势，在课程开设、投教活动、师资培训等方面实现深度合作，推动金融教育进校园。二是开发针对不同年龄学生的金融教育产品。例如，佰特针对不同年龄的学生开发适龄化的金融课程及配套教具，为学校开展金融教育提供支持，通过线上线下相结合的形式推动金融教育落地校园。近十年来，佰特的服务已覆盖30个省（自治区、直辖市）的255个区县地区。[①] 三是推动金融社会工作进校园。例如，中央财经大学社会工作专业师生2021年在校内开展的“大学生金融赋能小组活动”，将小组工作等专业社会工作方法运用到大学生金融教育活动中。截至2022年底，共开展两期金融赋能小组活动，从金融知识、风险防范和财务规划等维度增进大学生的金融福祉。

金融社会工作在开展促进居民金融素养提升工作中越发深入居民的生活和学习场景，关注社区居民的需求，以“一老一小”为重点对象，在日常场景下提升社区居民金融素养，不断创新机制、突出重点，进一步增强了居民应对金融风险的能力。

4. 社会组织与社会企业：日益重视金融教育

社会组织在社会治理与社会服务中发挥着不可或缺的作用。近年来，不少社会组织开始重视金融教育服务，作为重要主体为居民金融素养的提升做出努力。

近几年，一些社会组织纷纷加入居民金融素养提升行动的行列。2021年底，由中国金融教育发展基金会发起设立、益保（北京）科技有限公司（以下简称“益宝”）负责运营实施的“金社工程——社区金融教育项目”正式启动。项目已在北京、天津、福建等24个省份建立61个社区金融教育

① 佰特公益官网“佰特在行动”，http：//www. bebetter. org. cn/home/business，最后访问日期：2023年12月25日。

服务站，与48家社会组织合作，提升居民金融素养，线下活动共计受益517397人次，目前已投入运行金融教育服务站31个。[①] 此外，2022年中国金融教育发展基金会启动“金育工程”，与各地教育局建立合作关系，计划陆续在北京、广东和海口等的100所中小学开展在校学生的金融素养提升活动，开拓金融知识宣传教育新格局。[②] 同样，北京市常青藤可持续发展研究所也尝试将金融教育融入儿童友好社区的实践中，将金融教育嵌入儿童生活的社区场所，帮助儿童提升金融素养。

社会组织和社会企业也开始深入社区开展金融社会工作实践活动，提升居民金融素养。在社会组织方面，2023年9月，北京睦友社会工作发展中心联合六道口社区开展的家庭财商培育计划，通过财商家庭日的形式帮助儿童了解财务知识，掌握财务技能，树立正确的理财观念。佰特推动建设的“阿福童社区体验馆”，基于与社区的合作，提供优质优惠的课业托管及辅导、共读共享的亲子阅读课堂、儿童为本的国际理财课程，将财商教育融入社区营造，提升儿童金融素养。在社会企业方面，北京宜信公益基金会规划支持的“残障家庭资产建设项目”，由经认证为社会企业的益宝具体运行实施，计划面向全国600个心智障碍者家庭开展金融教育[③]，同时帮助家庭积累照护资金，实现连续的资产建设，形成金融社会工作助推我国普惠金融创新的路径与策略。截至2023年，该项目已走进16个城市举办线下工作坊21场，帮助400余名心智障碍家长进行家庭财务规划，提升其金融素养。[④]

在我国对普惠金融的重视下，社会组织和社会企业也逐渐参与到金融

---

① 《【11月月报】金社工程 | 社区金融教育项目》，https：//mp. weixin. qq. com/s/51AvQbuxhI1XByAApeqmUA，最后访问日期：2023年12月25日。

② 《金育工程（金融育人工程）》，https：//www. cfdfe. cn/category/95，最后访问日期：2023年12月25日。

③ 《心智障碍者家庭金融健康成长项目研究计划》，https：//www. yixinfoundation. org. cn/newarticleInfo. html？ resourceId=17055&channelId=28&columnsId=447&info=c，最后访问日期：2023年12月25日。

④ 《项目动态 | 心智障碍者家庭金融健康成长项目走进16个城市举办21场工作坊》，https：//www. yixinfoundation. org. cn/newarticleInfo. html？ resourceId = 17081&channelId = 28&columnsId=445&dt=c，最后访问日期：2023年12月25日。

教育和普惠金融服务之中，成为金融社会工作的一支重要力量。社会组织和社会企业的参与有利于将其资源运用到居民金融教育中，从而提升居民的金融素养与能力。

（二）金融社会工作服务对象不断拓展

1. “一老一小”金融教育持续推进

近年来，面向“一老一小”等重点人群的金融教育不断发展。例如，民生银行在深圳、南宁等地开展青少年金融教育，入选深圳“青少年财商教育项目”讲师团队。中国邮政储蓄银行也积极响应金融教育宣传活动要求，在四川眉山开展有特色、有针对性的专项金融教育宣传活动，不断提升居民金融素养和风险防范意识，促进当地金融市场的稳定和安全。中国人民银行成都分行指导辖区眉山市中心支行以丰富农村学校德育教育实践的形式，在四川仁寿县探索金融素养教育纳入校本课程，取得积极成效，截至2022年4月，试点工作已累计覆盖仁寿县10所农村中学，开设基础金融课程5门，培养金融讲师30余人，对40个八年级班级累计授课328课时，受益学生达1800余人，金融知识测试合格率达90%以上，实现教育一个学生、带动整个家庭、影响周边人的良好社会效果。[①]

此外，为提升社会公众金融素养，落实“一老一小”重点群体金融教育服务，2021年初，在深圳市福田区教育局指导下，交通银行深圳分行、深圳市创新企业社会责任促进中心、福田区青少年科技教育协会、深圳市老龄事业发展基金会合作推出“交子U未来”少年助老金融公益计划。该计划是一个金融、教育相结合的品牌公益项目，主要瞄准“一老一少”两大社会弱势群体，针对中小学课后服务难、老年人金融诈骗猖獗等社会问题，量身定制“金融+公益”多项服务。项目通过协助中小学成立财经社团，提供第二课堂教学，提升青少年金融素养。同时，为老年人设计反诈科普项

---

① 《人民银行成都分行先行先试为金融素养教育纳入义务教育工作夯基垒台》，https://www.cnfin.com/ty-lb/detail/20220424/3591462_1.html，最后访问日期：2023年12月25日。

目，提高老年人金融反诈能力，帮助老年人跨越“数字鸿沟”。截至2023年底，讲师团已走进39所学校，累计授课1000多节，覆盖上万名青少年与老年人。① 该项目荣获第六届中国青年志愿服务公益创业赛铜奖，以及2021年深圳市金融创新特色奖，实现了多元主体联合倡导推进金融素养教育的政企校社居合作新模式。2022年，恒生中国与佰特秉持可持续发展理念，携手发起“启·未来——恒生中国2022职业院校金融素养提升计划”，通过搭建专业合作交流平台，提高师资力量与教学水平，在提升青少年金融素养及未来发展技能的同时，推动金融教育向广度和深度发展。在一年多的时间里，“启·未来”项目为广州与上海共计8所高等职业学校的1400余名学生带去了综合性金融素养课程②，参与学生通过项目收获金融知识、形成健康财富观并逐渐树立起诚信品格。

当前，“一老一小”等重点人群在我国居民中金融素养处于较低的水平，针对这些居民的金融教育活动开展得越来越多，既能帮助儿童较早地树立正确的财富观、价值观和人生观，也能发挥保障老年人金融安全的作用，助力老年人守护自己的养老钱。

2. 金融素养提升对象扩展到全年龄段群体

近年来，金融教育实践已逐渐从重点人群扩展到全年龄段群体。例如，2021年，桂林市雁山区在党政牵头下，推动多部门协作，创建无诈平安校园，从防范诈骗层面，拓宽大学生学习金融知识途径，使其树立金融风险防范意识。同样，中国建设银行重庆市分行聚焦新市民客户群的需求，推出“服务新市民 有我在行动”特色金融教育活动，以反诈与投教相结合、阅读与分享相呼应的方法，创新宣传形式，增强宣传实效。重庆市还积极响应创

---

① 《交出实力 | 交行深圳分行荣获中国青年志愿服务公益创业赛铜奖》，https：//mp.weixin.qq.com/s？_ _ biz=MjM5NjE4NDc1NA==&mid=2673033733&idx=1&sn=07e7f0d5ffe483dd1cd02e0f8d7b3e1e&chksm=bc4af5d88b3d7cce38aefe1d659c28252c73e768f4ad7c06f58eaf592a01cf0cfbed60579387&scene=27，最后访问日期：2023年12月25日。

② 《为1400余名学生提供综合性金融素养课程 恒生中国2023年职业院校金融素养提升计划收官》，https：//baijiahao.baidu.com/s？id=1777461788821255896&wfr=spider&for=pc，最后访问日期：2023年12月25日。

建“省（市）级金融教育示范基地”的要求，截至 2022 年 11 月 7 日，已验收通过 3 个“重庆市金融教育示范基地”，开展针对不同类型居民的金融教育活动。[①] 2022 年 9 月，君康人寿保险股份有限公司围绕“金融知识普及月、金融知识进万家、争做理性投资者、争做金融好网民”主题，从线下网点到社区商圈，再到创意线上传播，面向不同社会人群，开展了一系列形式多样的金融知识教育宣传活动。

金融教育不只关注弱势群体，其目标已扩展到全年龄段居民。针对不同层次人群金融需求，金融社会工作已开始提供有针对性的金融服务。金融社会工作携手金融机构积极建立各级“金融教育基地”和“投资者教育基地”，开展“金融消费者权益保护教育宣传月”等活动，推动金融教育常态化、普及化。

3. 金融社会服务人员能力不断提升

随着金融教育在不同场景下面向不同人群广泛开展，对金融社会服务人员能力素质的要求越来越高。近年来，面向金融社会服务人员开展的教育培训和能力提升活动日渐增多。其中，代表性项目之一是 2021 年由中国社会工作联合会联合益宝和中国金融教育发展基金会举办的“中国社会工作者金融能力（首届）通识培训”。该项目邀请国内外金融和金融社工领域著名专家组建培训团队，为社会工作者开展金融社会工作专业赋能培训。另外，依托北京市东城区体育馆路街道社区金融教育基地，Visa 公司、中国金融教育发展基金会和中央财经大学社会与心理学院共同开展了“社区金融服务实践者能力提升系列沙龙（北京站）”活动，通过分享金融社会工作与社区金融教育服务相关方法和国际经验、解析本土案例、传授实务技巧等方式，帮助金融从业者掌握金融社会服务的多重服务手法，使其具备社区治理、志愿服务、个案工作、团体工作和心理咨询等多种金融社会服务能力，

① 《重庆验收通过 3 个金融教育示范基地》，https：//mp. weixin. qq. com/s? _ _ biz = MjM5ODAxNTM4MA = = &mid = 2653887462&idx = 2&sn = 24437abdb55cdd7599036e6aa9371a12&chksm = bd0a831d8a7d0a0bf1db005ba7c96182b178e717945c077ac774cd6307ba728171e815d126c6&scene = 27，最后访问日期：2023 年 12 月 25 日。

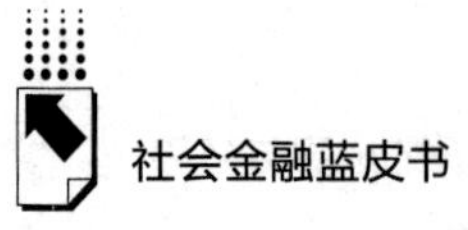

进而更好地回应消费人群需求。

金融从业人员虽然具有丰富的金融知识，但在社区服务方法和实践技巧上还有待加强，金融社会工作需要将重点放在提升金融从业人员的服务方法和服务技巧上。面向社区社会工作者，要提升他们的金融素养和金融服务能力，促进金融教育服务融入社区治理与服务之中。

4. 小微企业成为金融教育新的重要对象

近年来，小微企业不仅是普惠金融的重点服务对象，也开始成为金融教育的重要对象。《中国普惠金融指标分析报告》指出，要开展中小微企业金融服务能力提升工程和金融支持个体工商户专项行动，增强金融服务小微主体能力是推动普惠金融发展的重要举措。

实践中，越来越多的金融机构开展面向小微企业的金融教育与金融赋能活动。例如，中国金融教育发展基金会与广东省金融消费权益保护联合会、Visa 公司合作开展的“金企工程——广东省中小微企业金融能力提升项目”，2022~2024 年，面向广东省 21 个地市（以粤港澳大湾区内地城市为重点），以小微企业为主要目标受众开展金融教育普及活动，为不同成长阶段的小微企业提供必要的金融基础知识，切实提升小微企业金融知识储备水平、融资能力和管理水平，促进企业健康发展，防范经营和金融风险。2023 年 11 月 14 日，陕西省小微企业金融知识普及教育培训班在西安举办，陕西省工信厅中小企业服务处、融资服务处相关负责人分别对优质中小企业梯度培育和融资惠企政策进行了宣贯和解读。邮储银行陕西省分行、西安担保集团有限公司、浦发银行西安分行、平安保险陕西分公司负责同志从信贷专项政策、融资担保政策、保险政策助力企业发展方面进行了政策宣讲及产品推介，为小微企业纾困解难。2022 年 1 月 14 日，Visa-体街社区金融教育基地举办了“多元人群创业就业思享会”，在金融机构、小微企业和社区等支持下，邀请多方人士分享创业经验，促进多元人群创业就业和社会融合，促进社区金融教育基地更好更快发展。

随着金融社会工作不断发展，其服务群体也在不断扩大，小微企业也已成为其开展金融教育的重要对象。其针对小微企业开展的金融知识宣传、创业经验分享及防范诈骗等活动，促进了小微企业的健康成长和可持续发展。

综上，近年来金融社会工作逐步拓展了服务对象，在实践中广泛涉及金融知识宣传、金融风险防范、资产建设等多个领域，已初步形成具有针对性、多样性的金融赋能方案，通过专业性和公益性相结合的思路，积极开展多种形式的金融教育活动，对居民金融素养提升发挥了专业作用。

（三）多方联动：整合多元力量推进金融教育

近几年，参与金融教育的主体不断丰富，由以教育机构单一主体提供服务的结构逐渐转变为教育机构、金融机构、公益服务机构及城乡社区组织等参与的多元结构。目前，已有多方机构联合开展金融教育、提升居民金融素养的经验。

一是金融监管部门和地方政府制定相关政策和构建多方合作机制。自中国证监会、教育部联合印发《关于加强证券期货知识普及教育的合作备忘录》以来，浙江证监局持续推动将投资者教育逐步纳入国民教育体系，联合地方教育主管部门下发通知，将杭州市作为试点地区，通过发挥投资者教育基地作用、参与地方省编教材修订编写、指导校内校外学习培训加入财商内容，不断助力国民金融素养提升。2023 年，在浙江证监局指导下，蚂蚁集团投教基地联合佰特、中央财经大学社会与心理学院，共同开展“财赋启行”计划，将财经素养课带进浙江、甘肃两地十所中小学，助益学生财经素养提升和人生金融健康。该计划研发了适合中小学生的财经素养课程及教具，通过模拟制订家庭财务计划和趣味桌游实操，引导学生体验、认知日常生活中的金融实践活动，从而激发学习兴趣，培养健康的财经价值观。未来，各方会继续协同打造这一投教新模式，通过“财经素养+”的服务体系建设，助力乡村儿童、城镇大龄孤残儿童获得生计生活能力，创建美好未来人生。

二是金融机构主导推动多主体合作模式已初步成型。2022~2023 年，佰特和四川织心青少年发展中心联合发起“未来高‘财’生青年财经素养教育成长计划”，以财经素养主题活动与专业财经素养教育营会的形式，面向全国在校大学生群体，特别是农村小镇大学生和低收入家庭大学生群体，提供专业财经素养相关知识，帮助弱势阶层大学生更好地面对风险社会中的各项经济问题、摒除不良经济行为，以更好、更快、更稳妥地面对未来的成长和发展。该项目以线上课程、线下社团活动和集中营会的形式开展，融合了高校金融学教师、知名自媒体创业博主、高级保险经理人以及银行志愿者等多元社会力量。该项目由 20 多家公众号联合宣传，得到了超 10 万人次的曝光量，吸引了来自全国 100 多所高校的 400 多名大学生报名参加。①

三是多方主体联合建设金融教育基地已成为金融教育发展趋势。例如，Visa 公司、中国金融教育发展基金会、中央财经大学社会与心理学院共建的、以“校企社”模式打造的、产教融合性质的“Visa-体街社区金融教育基地”，面向周边社区居民，尤其是“一老一小”以及小微企业开展金融教育活动，提升居民金融素养，探索多元主体协同推进社区金融教育的有效路径。2022 年 9 月，该基地被中国人民银行营业管理部评为“北京市金融教育示范基地”。

四是金融社会工作专业方法融入金融素养提升服务中。在多方合作的趋势下，社会工作专业方法如小组社会工作、社区社会工作等已被融入居民金融素养提升活动中。同样，金融社会工作还承担起对金融教育项目的评估工作，以更好地评估金融教育的成效，推动金融教育的高质量发展。例如，在“Visa-体街社区金融教育基地”项目中，中央财经大学金融社工师生团队不仅是金融教育提供者，也承担基地金融教育活动成效评估职责。又如，在“未来高‘财’生青年财经素养教育成长计划”执行实施环节，项目团队通过发放线下团队合作式工具包，开展“人生十年梦想清单”“反诈研习社”校园实践活动，以角色模拟和社团活动的方式，促进青年大学生群体对财经相关基本知识的掌握及运用，通过寓教于乐的方式，提高其个人财务规划及

① 《项目总结丨2023“未来高财生”大学生财经素养提升计划总结报告》，https：//mp.weixin.qq.com/s?__biz=MjM5NTg3Mzk5NA==&mid=2649269602&idx=1&sn=83c7ae8488814b087c9595dabf96fd06&chksm=beedd0c7899a59d173cd2af82ffc9120dbd4c96be54f88a85363677ddc2cbf31f1d43fab8bce&scene=27，最后访问日期：2023 年 12 月 25 日。

反诈骗的能力。此外，该项目还通过前期“线上主题讲座+线下工具包实践”活动评估筛选出优秀学员共40名进入线下财经素养主题营会。营会中的学员以财经素养为主题，通过小组合作的形式，学习财经素养知识，设计产品交付创业方案，完成项目挑战，并接受专家教练的培训指导，形成个人财商梦想计划。

从实践来看，多方合作能够更好地整合和运用资源，让专业力量参与金融素养提升，推动公众金融福祉不断得以增进。

二　金融社会工作促进居民金融素养提升面临的问题与挑战

虽然当前我国金融教育和金融社会工作取得长足进步，但不可忽视在政策体系、资金保障、服务网络、人才队伍、服务落地等方面面临的挑战。金融社会工作还需要积极应对挑战，以促进居民金融素养的提升。

（一）缺乏政策支持和资金保障

1.政策法律还有待完善

政策和法律的完善是我国普惠金融和金融教育发展的重要保证。随着我国居民收入水平的提高，金融市场也在不断推陈出新，再加上金融行业数字化转型的加快，无论是产品、服务还是行业发展都方兴未艾，这对金融教育发展的相关政策和法律提出了更高要求。

2023年10月31日召开的中央金融工作会议强调，“着力做好科技金融、绿色金融、普惠金融、养老金融、数字金融五篇大文章”。2023年10月，国务院发布《关于推进普惠金融高质量发展的实施意见》（以下简称《意见》），提出未来五年要实现金融消费者教育和保护机制更加健全，要健全金融知识普及多部门协作机制，广泛开展金融知识普及活动。稳步建设金融教育基地、投资者教育基地，推进将金融知识纳入国民教育体系。2022年，《中国人民银行金融消费者权益保护实施办法》指出，银行、支付机构应当制订年度金融知识普及与金融消费者教育工作计划，结合自身特点开展日常性金融知识普及与金融消费者教育活动，积极参与中国人民银行及其分支机构组织的金融知识普及活动。早在 2019 年 3 月 15 日，证监会与教育部联合印发的《关于加强证券期货知识普及教育的合作备忘录》就指出，教育部要逐步推动证券期货知识有机融入课程教材体系、提升教师队伍金融素养、创新证券期货知识学习和应用方式；同时证监部门要着力推动发挥证券期货投资者教育基地作用、开展证券期货系列公益讲座活动、开发证券期货知识学习资源等工作。教育部也曾于 2019 年在《对十三届全国人大二次会议第 8795 号建议的答复》中指出，要将金融教育内容纳入国家规定课程，并与金融机构合作在各地推进金融知识教育。① 近年来，一系列相关政策文件虽然对发展金融教育提出了要求，但是还缺乏金融监管部门与民政、教育等其他部门间的协同，民政部尚未将金融教育服务列入社区服务内容，教育部对金融教育活动进校园也尚未有明确指导。

中央财经大学与万向思维（北京）科技有限公司联合发布的《中国国民财商教育标准化白皮书（2023 版）》显示，我国居民理财和金融需求日益旺盛，金融教育呈现爆发式增长，但尚未形成整体部署。② 我国金融教育起步较晚，还需要进一步完善相关的法律，加快相关监管的顶层设计，避免金融教育中监管缺失、发展失序的问题。

2. 政府尚未重视金融社会工作参与金融教育

自财政部 2020 年施行《政府购买服务管理办法》，越来越多的公益性、公共性服务被纳入政府购买政策的支持范围，成为公共服务落地的重要支撑。政府购买服务往往采取购买“项目”和购买“岗位”两种方式，在已

① 《对十三届全国人大二次会议第 8795 号建议的答复》，http：//www. moe. gov. cn/jyb_ xxgk/xxgk_ jyta/jyta_ jiaocaiju/201910/t20191016_ 403773. html，最后访问日期：2023 年 11 月 3 日。

② 《中国国民财商教育标准化白皮书（2023 版）》，https：//www. baidu. com/link？url = y3KjQbgiyD40fV--s9ItpqLgUPEqHeSKBcjfUlIK86Y7r_ gltPq0Q1V_ Y7parc7mxkkWjoaQrcXNv9wgdolRbwwlPqO6dWjO5PzwCcHbmBjhr6qEBUI-g6JXy42rDcpCL_ hr21wTyzgPzNBtzKV8NZjqTKiQUVh4Y7ZtUYEAr6S&wd = &eqid = 8d4cbe9a010232b80000000365de97f1，最后访问日期：2024 年 2 月 20 日。

开展的政府购买服务助力金融教育的实践中，政府通常采用的是开展金融支农创新试点、政企贷等形式，金融社会工作作为金融教育的重要主体和专业力量尚未被纳入政府购买服务的范围内。

此外，虽然民政部、财政部发布《关于政府购买社会工作服务的指导意见》，把社会工作作为政府购买服务的重要内容，但是其购买重点围绕城市流动人口、农村留守人员、困难群体、特殊人群和受灾群众等弱势群体的个性化、多样化社会服务需求，尚未涉及金融社会工作和社区金融教育服务。在政府财政支持层面，目前对金融社会工作推动居民金融素养提升的相关支持政策还是空白，亟须尽早加以完善，为金融教育发展和社会工作参与提供政策保障。

政府对金融社会工作的重视程度不够，对于金融社会工作本土化发展、金融社会工作落地社区开展金融教育服务都会产生较大阻碍，也在一定程度上限制了我国居民金融教育服务的可得性和金融素养的提升。

（二）多元主体金融服务网络有待完善

1. 居民对自身金融素养重视程度不够

消费者是金融市场的重要参与者，其金融素养的水平决定着金融市场能否稳定发展。我国消费者的金融素养虽然近年来有所提升，但还是处于较低水平，难以应对当前金融产品更新换代快、金融服务多样化等复杂局面。

目前我国金融教育开展已经初见成效，《消费者金融素养调查分析报告（2021）》显示，相比于2019年，受访者对金融教育的重视程度有所提升，认为金融教育非常重要的比例提高了14个百分点，认为金融教育不重要的比例则下降近10个百分点。[①] 但在实际生活中，不少居民仍认为金融与自己日常生活关联不大，对参与金融教育兴趣不高。当下金融数字化发展越发迅速，金融诈骗事件层出不穷，居民对金融素养重视程度不够，往往将自己

① 《消费者金融素养调查分析报告（2021）》，http://f.sinaimg.cn/www/b587bd6c/20210903/XiaoFei.pdf，最后访问日期：2023年11月3日。

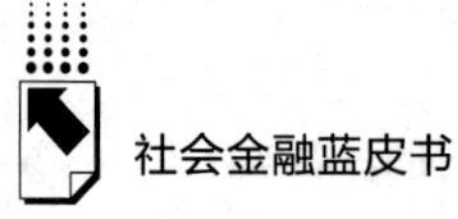

置于金融风险之中，极易造成经济损失。

2. 各方金融服务主体角色定位不明确

当前金融教育主体有政府、金融机构（企业）、社会组织、社会工作者、社区等，逐渐形成了政府、社会工作者、金融机构等多元主体合作的金融社会服务框架，但在落地实施时各方主体的角色定位还不够明确。一是基层政府对金融教育服务的重视程度和投入不够，在社区开展的金融教育活动流于表面，在金融教育上没有实现纵深发展。二是社会工作者对金融社会服务的行动反应不够及时有效，多数相对迟缓，难以发挥社会工作专业作用。三是金融机构外的金融教育主体尚扮演“补位”角色，在制度层面缺乏激励和引导，在金融教育开展中积极性有待提高（尹优平，2020）。四是金融机构作为金融教育重要主体，在开展金融教育活动时存在激励不足、形式僵化等现象（唐峰，2020），在实际开展的金融教育活动中存在“形式主义”问题。五是多方协作的工作机制还不够完善，在开展金融教育活动时，存在角色冲突、责任不明等现象，阻碍了金融教育活动的有效开展。

可以说，各方主体角色定位的不清晰导致金融素养提升行动往往落地困难，同样也导致社区金融教育体系建设出现停滞。

（三）金融社会工作专业人才队伍建设不足

1. 金融社会工作专业人才匮乏

近年来，我国社会工作专业人才数量呈上升态势，政府越发重视社会工作专业人才队伍建设。截至 2023 年 10 月，全国社工人才已达 160 多万人，其中持证社工 93.1 万人，成立了近 1.9 万家社会工作服务机构，建成乡镇（街道）社工站 3.7 万个。[①] 2021 年，民政部和国家发改委发布的《“十四五”民政事业发展规划》指出，“十三五”末全国社会组织数量达到 89.4 万个，吸纳社会各类人员就业超过 1000 万人。到 2025 年，社会组织专职工

① 《2023 全国社会工作服务机构创新发展大会在苏州举行》，http://www.sswc.org.cn/news-81310.html，最后访问日期：2024 年 2 月 20 日。

作人员数量要达到 1250 万人，社会工作专业人才总量要达到 200 万人。虽然目前社会工作人才数量在上升，但仍然难以满足社会现实需求。

作为社会工作的新兴领域，金融社会工作专业人才更为匮乏。金融社会工作者不仅需要具备社会工作专业知识，还需要具备金融基础知识。而我国针对社会工作者开展的金融素养提升活动还较少，金融社会工作人才培养体系也不够健全。虽然有一些高校开设了金融社会工作培养方向，也陆续开展了一些全国性的社会工作者金融赋能培训计划，但仍无法满足当前市场对这方面人才的需求，金融社会工作人才队伍建设“任重道远”。

2. 金融社会工作者专业优势难以发挥

从总体来看，社会工作者目前面临薪资待遇低、行政事务压力大、职业发展空间有限等现实问题。同时，大众对于社会工作的认知度也不高，社会工作者在社区开展服务困难重重，往往难以将专业社会工作方法和技巧运用到实际服务中。金融社会工作的开展则面临更多问题，与对老年人、残疾人等群体开展的传统社会工作服务相比，金融社会工作的开展存在资金支持不足、专业技能要求高等问题和挑战。如果不能很好地将金融专业知识与社会工作方法进行融合，则很难发挥金融社会工作者在实务中的专业优势。

此外，金融社会工作岗位也存在供应不足的问题，虽然金融社会工作作为交叉领域具有较为广阔的应用前景，但目前无论是金融机构还是社会服务机构，为金融社会工作者提供的适配岗位都非常少，这也进一步导致金融社会工作者的职业选择与发展面临诸多困难。

（四）面向居民开展金融教育的内容和方式亟须更新

1. 内容上单一刻板、照搬国外

从已有金融教育实践来看，无论是在形式上还是在内容上都比较刻板，大多机械式地照搬国外做法。一方面，金融知识的宣传内容比较单一，大部分金融教育往往仅从普及基本财经知识和防范金融诈骗两个方面进行，对于金融规划、投资理财、金融行为、财富价值观等内容涉及不够充分。另一方面，在开展金融教育时往往忽略服务对象层次的多样性，对不同群体的差异化特点关注度不够，形式也比较单一，因此宣教活动的实际效果十分有限。

金融教育始于西方，我国金融教育的“本土化”工作还需要不断地推进。因此，需要结合我国的社会和文化特点探索本土化的金融教育内容、载体和方式，形成多样化、长效化的金融教育模式。

2. 方式上仍是“普而不及”

目前，金融机构开展的金融教育活动往往采用单次讲座、发放宣传册等形式，以单向输出的教育方式为主，服务对象缺乏互动、体验和参与，难以对其行为和观念产生长期影响，导致输出的金融知识往往存在“普而不及”的问题。此外，银行等金融机构在金融宣教时也在考虑自身商业利益，这种带有营销性质的宣传反而会使居民反感，与金融教育的初衷背道而驰。

我国金融教育的形式还有待拓展，尤其是将专业社会工作的服务模式引入金融教育实践，通过个案工作、小组工作、社区工作等专业化方式，提升金融教育的深度。更加有效地推动我国居民金融素养提升已刻不容缓。

三　发展金融社会工作，提升居民金融素养

发展金融社会工作能够提升居民金融素养和金融社会服务可得性，使金融素养提升活动的形式和内容更为丰富多元，因此发展金融社会工作成为金融社会化背景下提升居民金融素养、发展社会影响力金融的必然举措。

（一）完善相关政策法规体系

要推动金融社会工作的发展，并使其有效参与提升居民金融素养，首要的是完善相关政策法规体系并加大政府支持力度。

目前，我国商业性金融教育开展的主体多为非持牌机构，如教育培训机构，但与持牌金融机构相比，部分非持牌机构更缺乏监管的约束，开展金融

教育的目的还是在于吸纳资金，利用暴富心理谋取利益（陈希琳，2019）。这类主体开展的金融教育还存在消费者知情权纠纷频发、与任务场景公司议价能力不匹配、公司本身问题频发和坏账不断增加的问题（吴映霞、陈梦，2022）。同时，公益性金融教育开展的主体包括持牌金融机构、社会组织等，金融机构开展的金融教育虽然是公益性的，但往往带有营销嫌疑，其他的公益性金融教育还存在系统性、持续性和针对性不强等问题。因此，对于商业性金融教育的开展，需要司法和监管机构加大对违法行为的惩戒力度，督促金融机构履行好提供金融服务和保障资金安全的义务。对于公益性金融教育，则要从政策、制度层面进行规制、引导、调整、监督与保障，推动金融教育相关法律法规的出台，明确各主体的责任和任务，自上而下分层次制定金融知识宣教的战略规划，增强金融教育的战略性、针对性和持续性。在金融机构开展的金融教育上尤其要将金融教育与金融营销分离，提供中立的金融教育（廖理，2022）。

此外，政府应同步推进政策优化，将金融社会工作和居民金融素养提升列入社区服务范围，将金融社会工作作为专业社会工作的重要领域纳入政府购买服务范围，加大对于金融社会工作的扶持力度，为其今后发展提供有力的政策支撑。

（二）挖掘和整合多方资源

金融社会工作是全球一个新兴的社会工作实务领域，在我国还处于引进和起步的阶段，其发展需要主动挖掘多方可用资源、利用和整合已有资源。具体来说，一是积极争取政府项目支持，推动金融社会工作在各地社区、学校、工业园区广泛落地扎根。二是开拓与金融机构的合作，金融社会工作应该发挥自身优势，加强与银行、保险、信托等金融市场主体和基金会等社会组织的合作，倡导和推动金融机构更加积极地履行其社会责任，更多运用专业手法开展居民金融素养提升活动。三是争取社区、学校的支持，让金融社会工作走进社区、走进校园，让金融教育服务惠及更多民众。

（三）完善多主体协同的金融教育网络

1. 持续推动金融教育进校园、入社区

居民金融素养的提升离不开社区、学校等多样化平台，社区和校园同时也是金融素养提升的重要主体。金融教育的发展离不开学校、社区等现实应用“土壤”。2021 年，教育部思想政治工作司发布《着力强化正面宣传教育 维护学生生命财产安全》，指出要加强正面金融宣传教育，引导学生树立良好消费观念。因此，今后要积极推动金融社会工作进校园，帮助学生远离“校园贷”等风险，使其树立正确的金钱观、消费观、价值观，为其金融素养的形成打下良好基础。同时，社区是居民生活重要场景，要推动金融社会工作进社区，在社区生活化场景下开展金融知识宣传、金融素养提升活动，推动普惠金融的发展，不断提升广大居民对金融素养的重视程度，推动金融教育常态化、普及化。

2. 完善多方合作机制

当前，政府、金融机构（企业）、社区、社工服务机构及高校等在开展金融素养提升活动时职责还不够明确，还需完善协同合作机制。

2023 年 10 月，国务院印发的《关于推进普惠金融高质量发展的实施意见》提出，要“健全金融知识普及多部门协作机制，广泛开展金融知识普及活动”。据此，促进多方主体合作，需要从以下几个方面入手。一是政府要积极引导多元主体参与居民金融素养提升工作，做好政策引领。二是金融机构要积极推动金融服务下沉，开发多元化的金融产品，满足不同层次居民的金融需求，完善金融服务流程；尤其是在金融数字化背景下，还需注重弥合“数字鸿沟”。三是社工服务机构要推动金融服务落地社区、校园等生活化场景中，运用组织培育和发展的专业化手法协助居民建成自助和互助的各类组织，进而促进居民以自我服务、自我教育的方式提升其金融素养。

（四）加快金融社会工作专业人才队伍建设

1. 持续推进金融社会工作人才队伍建设

金融社会工作人才队伍是提升居民金融素养、推动金融社会工作发展的

关键性人力资源保障。今后需要从高校学历教育和行业继续教育两方面入手，持续推进金融社会工作人才队伍建设。

一是要加强金融社会工作本科专业建设，尤其是在财经类院校，推动已有社会工作专业设置金融社会工作方向，加快学历教育的发展。二是加强金融社会工作专业学位硕士点建立，进一步强化社会工作专业学位硕士研究生教育发展，推动社会工作博士学位的高层次人才培养实现突破。三是加强对金融社会工作专业学生的实训，广泛建立金融社工和金融教育的实践基地，让学生在参与普惠金融和金融教育的实践中提高服务能力。四是推动本土化金融社会工作的发展，加强金融社会工作的师资培养和教学内容更新，形成更适合我国实际情况的金融社会工作实务路径和实务案例，以推动金融社会工作专业人才的培养。五是推进金融社会工作人才继续教育和能力提升，促进当前社会工作人才掌握金融社会工作知识和技能。

2. 提升社区工作者的专业性

社区工作者是提供社区服务的重要主体，但在具体实践中，他们往往囿于繁杂的行政事务，导致社区工作难以从专业的角度开展和进行。在金融社会工作提升居民金融素养的实践中，社区工作者同样需要提升自身的金融素养，学习金融相关的知识，以更好地满足社区居民对提升金融素养的需求。

在具体的实施过程中，一是与高校、金融机构等进行合作，开展针对社区工作者的金融赋能活动，帮助社区工作者提升金融素养，以便其能更好地为提升居民金融素养服务。二是依托社会工作专业机构，开发金融社会工作的相关课程和教学案例，提升社区工作者的金融社会服务水平。三是拓展社区工作者的职业空间，推动设立专门的金融社会工作岗位，使金融社会工作者更好地投身于居民金融素养提升活动。

（五）创新金融教育的理念、内容和方式

目前还需不断创新金融教育的理念、内容和方式。一是不断创新金融教育的理念，继续大力发展普惠金融教育。二是推动金融教育内容及时更新。金融教育的内容不该局限于金融知识普及和防诈反诈宣传，要适当提升金融

教育的深度，将就业创业、理财规划、养老规划、消费观和财富观塑造等内容纳入金融教育范围，推动居民金融素养的全面提升。三是创新金融教育方式。除常用的单次讲座之外，开展游戏、情景剧等形式的金融教育，尤其要重视金融社会工作专业方法在金融教育中的运用，推动小组工作、社区工作等专业方法和金融教育相结合，并针对个人和家庭特殊财务议题将金融教育和个案管理等专业方法结合起来，推动金融教育专业化。四是要积极推动金融教育的“本土化”，重视中国不同类型居民的特点和需求，推动金融教育多样化和个性化发展。

参考文献

陈希琳，2019，《推进金融教育发展 防范投资风险——访中央财经大学科技金融与金融消费者保护研究中心副主任孟祥轶》，《经济》第 11 期。

廖理，2022，《加强金融教育 助力共同富裕》，《清华金融评论》第 6 期。

唐峰，2020，《金融科技应用中金融消费者保护的现实挑战与制度回应》，《西南金融》第 11 期。

吴映霞、陈梦，2022，《教育消费金融公司发展困境及对策研究》，《中国乡镇企业会计》第 3 期。

尹优平，2020，《坚持金融为民 注重科技赋能 推动数字时代金融消费者教育纵深发展》，《金融会计》第 4 期。

B.9 社会影响力金融助力乡村振兴

赵思博 王禹尧*

摘 要： 在乡村振兴战略推进的过程中，金融资源的支持起到了重要作用，在政府和各级监管部门的引导下，金融行业陆续推出了一系列兼顾市场效益和社会影响力的金融产品，为乡村振兴战略提供了不可或缺的金融支持。本报告试图从政策解读和微观个案两个层面展现社会影响力金融在助力乡村振兴战略实施过程中发挥的积极作用，总结现有的模式和问题，为其未来发展提出建议。

关键词： 乡村振兴 社会影响力金融 农村金融服务体系

实施乡村振兴战略是习近平总书记在党的十九大报告中提出的重大战略部署。2020 年 12 月，习近平总书记在中央农村工作会议的讲话中指出，“全面建设社会主义现代化国家，实现中华民族伟大复兴，最艰巨最繁重的任务依然在农村，最广泛最深厚的基础依然在农村”。[①] 乡村振兴战略的推进离不开农村金融服务体系的建设和支持。在国家和金融监管部门的引导下，各类金融机构积极响应号召，陆续推出了一系列兼顾市场效益和社会影响力的金融产品，为乡村振兴战略提供了不可或缺的金融支持，切实增强了

---

* 赵思博，博士，中央财经大学社会与心理学院副教授，研究方向为金融社会学、健康社会学；王禹尧，中央财经大学社会与心理学院社会学系硕士研究生，研究方向为金融社会学。

① 《习近平出席中央农村工作会议并发表重要讲话》，https：//www. workercn. cn/32846/202012/30/201230073621147. shtml，最后访问日期：2023 年 12 月 30 日。

“金融为民”的责任感和使命感，对实现“金融向善”起到了重要推动作用。

一　金融行业助力乡村振兴的全景图谱

（一）相关部门的政策支持与引导

党的十九大提出了乡村振兴战略，强调解决“三农问题”为全党工作的重中之重。2018年9月，中共中央、国务院印发《乡村振兴战略规划（2018—2022年）》，强调到2022年形成并初步健全乡村振兴的制度框架和政策体系的发展目标。其中，提出要加大金融支农力度，创新金融支农产品和服务。为进一步促进乡村振兴所需要的资源要素合理配置和流动，也为了满足乡村振兴过程中逐渐涌现出的新型合作机制和逐渐多样的产业样态的金融需求，党中央、国务院和相关部门陆续出台了一系列有关金融服务和支持乡村振兴的政策文件，为健全农村金融服务体系、引导金融资源流向乡村振兴提供了重要政策保障（见表1）。

表1　金融服务和支持乡村振兴的相关政策文件

发布日期	发文部门	文件名称
2018年2月4日	中共中央、国务院	《关于实施乡村振兴战略的意见》
2018年9月26日	中共中央、国务院	《乡村振兴战略规划(2018—2022年)》
2019年2月11日	中国人民银行、银保监会、证监会、财政部、农业农村部	《关于金融服务乡村振兴的指导意见》
2020年2月5日	中共中央、国务院	《关于抓好“三农”领域重点工作确保如期实现全面小康的意见》
2021年2月21日	中共中央、国务院	《关于全面推进乡村振兴加快农业农村现代化的意见》
2021年3月22日	中共中央、国务院	《关于实现巩固拓展脱贫攻坚成果同乡村振兴有效衔接的意见》
2021年4月29日	全国人民代表大会常务委员会	《中华人民共和国乡村振兴促进法》
2021年5月18日	中国人民银行、中央农办、农业农村部、财政部、银保监会、证监会	《关于金融支持新型农业经营主体发展的意见》

续表

发布日期	发文部门	文件名称
2022 年 2 月 22 日	中共中央、国务院	《关于做好 2022 年全面推进乡村振兴重点工作的意见》
2022 年 3 月 30 日	中国人民银行	《关于做好 2022 年金融支持全面推进乡村振兴重点工作的意见》
2022 年 6 月 10 日	财政部、农业农村部	《2022 年重点强农惠农政策》
2023 年 2 月 13 日	中共中央、国务院	《关于做好 2023 年全面推进乡村振兴重点工作的意见》
2023 年 4 月 6 日	银保监会	《关于银行业保险业做好 2023 年全面推进乡村振兴重点工作的通知》
2023 年 6 月 16 日	中国人民银行、国家金融监督管理总局、证监会、财政部、农业农村部	《关于金融支持全面推进乡村振兴 加快建设农业强国的指导意见》

早在 2019 年，中国人民银行等五部门就联合印发了《关于金融服务乡村振兴的指导意见》，该意见成为金融部门贯彻落实乡村振兴战略的指导性文件。文件特别强调，要“鼓励有条件的地区发起设立乡村振兴投资基金，推动农业产业整合和转型升级”。2021 年 2 月，中共中央、国务院发布《关于全面推进乡村振兴加快农业农村现代化的意见》，提出要“发挥财政投入引领作用，支持以市场化方式设立乡村振兴基金，撬动金融资本、社会力量参与，重点支持乡村产业发展”。同年 3 月，国家乡村振兴局成立，对金融力量如何支持乡村振兴有了进一步的明确，提出“各地要结合当地发展实际，推动设立政府资金引导、金融机构大力支持、社会资本广泛参与、市场化运作的乡村振兴基金。鼓励有实力的社会资本结合地方农业产业发展和投资情况规范有序设立产业投资基金”。

在此基础上，2021 年 4 月，全国人民代表大会常务委员会通过并公布《中华人民共和国乡村振兴促进法》。该法明确提出：“县级以上人民政府设立的相关专项资金、基金应当按照规定加强对乡村振兴的支持。国家支持以市场化方式设立乡村振兴基金，重点支持乡村产业发展和公共基础设施建设。县级以上地方人民政府应当优化乡村营商环境，鼓励创新投融资方式，引导社会资本投向乡村。"这标志着健全多层次、广覆盖、可持续的农村金融服务体系迈入有法可依、依法建设的新阶段。

2022年以来，政策文件中更加倡导创新涉农金融产品和服务方式，强调提高乡村振兴过程中金融服务的可得性。2022年3月，中国人民银行发布了《关于做好2022年金融支持全面推进乡村振兴重点工作的意见》，提出要拓宽农业农村绿色发展融资渠道。丰富"三农"绿色金融产品和服务体系，探索创新林业经营收益权、公益林补偿收益权和林业碳汇收益权等质押贷款业务。鼓励符合条件的金融机构发行绿色金融债券，支持农业农村绿色发展。《2022年重点强农惠农政策》和《关于银行业保险业做好2023年全面推进乡村振兴重点工作的通知》中都提到要扩大农业保险的覆盖面，因地制宜创新地方优势特色农产品保险，鼓励金融产品更全面、更完善地覆盖农村产业集群。

随着乡村振兴战略的深入推进，2023年2月，中共中央、国务院联合发布的《关于做好2023年全面推进乡村振兴重点工作的意见》提出，要健全乡村振兴多元投入机制，发挥好政府投资与金融、社会资本投入的联动作用，鼓励将符合条件的项目打捆打包按规定由市场主体实施，撬动金融和社会资本按市场化原则更多投向农业农村。用好再贷款再贴现、差别化存款准备金、差异化金融监管和考核评估等政策，推动金融机构增加乡村振兴相关领域贷款投放，重点保障粮食安全信贷资金需求。引导信贷担保业务向农业农村领域倾斜，发挥全国农业信贷担保体系作用。2023年6月，中国人民银行等五部门联合发布《关于金融支持全面推进乡村振兴 加快建设农业强国的指导意见》，对金融如何进行支农、扶农提出了清晰、系统的指导意见。该意见对做好粮食和重要农产品稳产保供金融服务、强化巩固拓展脱贫攻坚成果金融支持、加强农业强国金融供给等九个方面提出了具体要求。文件特别强调，要鼓励多元化金融服务，鼓励符合条件的企业发行公司债券、短期融资券、中期票据、资产支持证券、资产支持票据、乡村振兴票据等用于乡村振兴。积极支持符合条件的国家种业阵型企业、农业科技创新企业上市、挂牌融资和再融资。

总体来看，相关部门的政策支持初步推动了金融行业在助力乡村振兴方面取得成效：一是引导金融机构适应了全面推进乡村振兴的宏观趋势，有力服务了国家高质量发展的新要求；二是将金融机构发展和支持乡村发展政策相结合，推动了乡村产业全链条升级；三是鼓励金融机构拓展了多元化金融服务，以更好满足“三农”多样化、多层次的金融需求。

（二）乡村振兴金融产品概览

自2017年乡村振兴战略提出后，在各级监管部门的引导和相关政策文件的支持下，各类金融机构积极响应号召，在金融产品上不断推陈出新（见表2）。

表2 部分乡村振兴金融产品

发行主体类型	产品类型	代表性产品名称
银行类	小微贷款	小微振兴贷
		脱贫人口小额信用贷
		富农贷
		惠农贷
	经营贷款	普惠型小微企业贷款
		个人经营信用贷
		创业贷
		农村个人生产经营贷款
		普惠型农业经营贷
		网商银行“大山雀”项目
	抵押贷款	林权抵押贷款
		农村土地经营权抵押贷款
		农村承包土地的经营权抵押贷款
保险类	防贫保险	防贫综合保险
		防贫保
		防贫补充/兜底保险
	产业保险	特色农产品类“草畜保”“林果保”“蔬菜保”
		牲畜死亡率保险
		三大主粮完全成本保险
	医疗保险	贫困妇女儿童安康保险
		农村小额意外伤害保险
		贫困女性“两癌”公益保险

续表

发行主体类型	产品类型	代表性产品名称
担保类	惠农助农	丰收担
		果蔬担
		贸易担
		畜牧担
信托类	资产管理	土地流转信托
		农业产业链金融信托
		乡村治理类信托
	资产服务	公共服务设施托管信托
		消费权益信托
	公益慈善	中国水源地保护慈善信托
		“徐维堂、俞芬美”夫妇振兴乡村慈善信托
		中航信托·明德园乡村生态文化振兴慈善信托
基金类	政府参与	江苏省泰州市乡村振兴基金
		广东省广州市乡村振兴基金
	公益资本	中国农业产业发展基金
		中国乡村振兴基金
理财类	普惠理财	乡村振兴主题理财产品
		惠农主题理财产品

在金融支持乡村振兴过程中，金融产品的发行主体包括银行类、保险类、担保类、信托类、基金类以及理财类六大种类。这些主体发行的产品以培育和支持特色产业和农产品为重点，不断提升和优化金融服务供给，逐步扩容服务群体。其中，银行类发行主体针对不同的客户需求和风险特征提供小微贷款、经营贷款和抵押贷款等产品；保险类发行主体主要提供防贫保险、产业保险和医疗保险等产品以帮助客户规避各种风险，降低损失；担保类发行主体通过提供惠农助农产品为客户提供信用担保和融资支持；信托类发行主体提供资产管理、资产服务和公益慈善等服务，为客户提供多元化的投资和管理方案；基金类产品主要包括政府参与以及公益资本两种类型；理财类产品则多由以商业银行作为控股股东发起并设立的专业理财金融机构发行，主要投资乡村振兴相关的产业、项目和服务，同时也为乡村客户提供更加多元化的理财选择。

二　社会影响力金融助力乡村振兴的典型案例

在服务乡村振兴的过程中，金融行业逐步探索出一系列颇具典型性和创新性的社会影响力金融产品和模式，大致包括普惠信贷、公益保险、慈善信托、"三农"专项金融债券、乡村振兴基金、乡村振兴理财等，涌现出一系列典型案例。

（一）普惠信贷：中国农业银行的案例

为助力农业供给侧结构性改革，加大乡村振兴金融支持力度，银行业金融机构纷纷利用数字化平台，在现有涉农信贷产品的基础上，创新推出乡村振兴专项信贷产品。新变化集中在两个方面：一是在服务群体方面，除了传统的农户群体，新产品能更好地满足新型农业经营主体（如家庭农场、农民合作社、农业龙头企业等）的融资需求；二是在服务领域方面，银行业金融机构在农村基础设施建设、绿色发展、粮食生产等方面加大了贷款的投放力度，扩大了服务范围。信贷产品具有低成本优势和地理穿透性，能够在缓解涉农主体融资难、融资贵方面发挥积极作用（徐绍峰，2021），最终成为促进乡村振兴持续推进的有力保障。

中国人民银行统计数据显示，2023 年三季度末，本外币涉农贷款余额为 55.8 万亿元，同比增长 15.1%，增速比上年末高 1.1 个百分点；前三季度增加 6.63 万亿元，同比增加1.17 万亿元。[①] 国有大行在涉农贷款中发挥"头雁效应"，主要呈现出四个特点：一是涉农贷款投入稳步增加，二是金融供给结构持续优化，三是融资堵点不断疏通，四是数字化服务广泛应用。

以"惠农 e 贷"产品为例。中国农业银行湖北省分行于 2022 年推出了

① 《"两强化一完善"：优化"三农"信贷供给机制》，https：//www.financialnews.com.cn/qy/dfjr/202402/t20240208_ 287343.html，最后访问日期：2023 年 12 月 30 日。

300 亿元的“惠农 e 贷”专项计划，旨在为湖北省的农民、农业合作社、家庭农场、农业龙头企业等提供优质、高效、便捷的金融服务。该产品的特点是“高效便捷、申请简便、利率优惠、循环使用”，最高贷款额度可以达到 50 万元。在全国范围内，中国农业银行则创新推广了“金融科技+农户信贷”的“惠农 e 贷”新模式。截至 2023 年 6 月，“惠农 e 贷”已实现全国县域全覆盖，贷款余额突破 9000 亿元，累计服务农户超过 1500 万户①，通过缓解信贷约束显著促进了乡村振兴。

（二）公益保险：“防贫保”的案例

近年来，保险业根据乡村振兴的战略目标和实际需求，积极创新保险产品和服务，在乡村振兴中发挥着重要的作用。2023 年 8 月，中国保险行业协会发布了《保险业高质量服务乡村振兴蓝皮书（2023）》（以下简称《蓝皮书》），旨在总结经验做法，引导行业不断提升服务乡村振兴的能力。《蓝皮书》显示，2022 年，服务农业生产方面的保险产品达到 11791 个，提供了 3.13 万亿元各类风险保障，合计赔付 842.29 亿元，发挥了保险业助力乡村振兴的托底保障功能。②

引入保险机制防止返贫是金融支持巩固脱贫攻坚成果的重要举措。中国人民银行等五部门联合下发的《关于金融支持巩固拓展脱贫攻坚成果 全面推进乡村振兴的意见》明确提出，要积极运用保险产品巩固脱贫成果，支持具备条件的地区开展商业防止返贫保险。“防贫保”作为金融支持乡村振兴的代表性创新型金融保险产品，为巩固脱贫攻坚成果、助力乡村振兴做出了重要贡献。

2017 年，根据河北省邯郸市精准防贫试点工作要求，中国太平洋产险河北分公司在魏县落地国内首个商业防止返贫保险“防贫保”。因病、因

---

① 《金融界乡村振兴案例展示之中国农业银行：惠农 e 贷服务模式案例》，https://bank.jrj.com.cn/2023/07/07171837676985.shtml，最后访问日期：2023 年 12 月 30 日。

② 《〈蓝皮书〉显示：保险业 2022 年投入农业防灾减损资金 6.65 亿元》，http://finance.people.com.cn/n1/2023/0829/c1004-40066462.html，最后访问日期：2023 年 12 月 30 日。

灾、因学、因意外突发大额支出导致的支出骤增型贫困都可以通过保险获得赔偿。由魏县财政拿出400万元作为防贫保险金，按每人每年50元保费标准为全县10%左右的农村人口购买保险，借助保险公司专业化手段，实施入户勘察核算，对符合条件的防贫对象发放保险金。

近年来“防贫保”的优势与作用被越来越多的地区所认可。黑龙江省哈尔滨市于2022年启动“防贫保”项目。筹资模式以《中国统计年鉴2020》（国家统计局，2020）公布的全市乡村户籍人口为基数，按照10%的人口数，以人均100元为标准，由市、区（县）两级财政各负担50%的比例筹措保险费，各年度筹资额随年鉴公布人口数的变化而进行调整。哈尔滨市从创新实施“防贫保”到2023年2月，经农户申请、乡镇审核、部门联动审核、保险公司核实，共救助脱贫户729户，救助金额达到736万元，最高救助金额达到32万元，在防返贫项目中取得显著成果。①

“防贫保”覆盖人口与地域在不断扩大，保障范围也在不断拓展。截至2021年末，仅中国太平洋财产保险股份有限公司承保的“防贫保”参保地区就遍布全国31个省区市的1000多个区县。②

（三）慈善信托：国投泰康信托和中航信托的案例

践行国家乡村振兴战略，助力农业强国建设，信托公司的身影日渐活跃。慈善信托通过债权融资、股权投资、投贷联动、产业基金等多种方式灵活运用信托财产，为乡村特色产业发展提供资金支持。慈善信托还通过小额信贷、特色产业信贷、农业保险、农产品期货期权等金融工具，探索创新服务模式，促进乡村振兴资源与需求精准对接。截至2023年6月底，全国乡村振兴主题的慈善信托共有74单，备案财产规模达到3.98亿元。③

---

① 《抓重点工作 促全面落实》，https://www.harbin.gov.cn/haerbin/c108616/202302/c01_740462.shtml，最后访问日期：2023年12月30日。

② 《保险“防贫”实践：防止返贫险》，http://www.cbimc.cn/content/2022-05/20/content_461571.html，最后访问日期：2023年12月30日。

③ 慈善中国官网“慈善信托查询”，https://cszg.mca.gov.cn/biz/ma/csmh/e/csmheindex.html，最后访问日期：2023年12月30日。

2023 年 6 月 7 日，“国投泰康信托国投公益乡村振兴慈善信托（2023）”正式备案成立。此信托首期设立金额为 8000 万元，由国投集团发起设立，全部用于支持国投集团在乡村振兴方面的各项工作，包括居民生活水平提升、教育帮扶、医疗帮扶、产业帮扶、智慧农村等 10 多个项目，聚焦当地重点、急需的民生和产业工作方面。①

信托公司还积极创新慈善信托服务乡村振兴的方式。“慈善信托+保险”“慈善信托+期货”等组合模式已开始服务乡村振兴领域。以“中航信托·齐鲁乡村振兴慈善信托”为例，该信托项目由中航信托作为受托人设立，运用慈善资金特别支持“价格保险+银行套保”项目，对大豆种植农户进行帮扶。2023 年 4 月，中航信托为参加“慈善信托+大豆套保+价格保险”项目的山东省东营市利津县 55 户大豆种植户赔付 97349.8 元。这不仅有效降低了因大豆价格下降而引发的农户收入损失风险，也有效支持了农户的增产增收，能够更好地服务于农业的振兴发展（樊红敏，2023）。

（四）“三农”专项金融债券：招商银行的案例

在乡村振兴重点工作全面推进的火热浪潮中，商业银行发行的“三农”专项金融债券是高光亮点。2019 年 2 月，中国人民银行等五部门联合发布了《关于金融服务乡村振兴的指导意见》，鼓励商业银行发行“三农”专项金融债券，募集资金用于支持符合条件的乡村振兴项目建设，并适当放宽“三农”专项金融债券的发行条件。根据中金公司数据，截至 2023 年 3 月 26 日，商业银行“三农”专项金融债券存续 26 只，余额合计为 832.5 亿元。②

---

① 《国投泰康信托受托设立迄今单笔最大乡村振兴慈善信托》，https：//www.sdictktrust.com/gttk/zxzx/xwzx/gsdt/webinfo/2023/06/1688802005260499.htm，最后访问日期：2023 年 12 月 30 日。

② 《【中金固收·信用】全国性银行今年首单“三农”专项金融债落地，招行助力乡村振兴》，https：//finance.sina.com.cn/money/bond/2023-03-30/doc-imynscea4639619.shtml，最后访问日期：2023 年 12 月 30 日。

2023 年 3 月 27 日，招商银行成功簿记发行“三农”专项金融债券，此次发行的专项金融债券是首只使用中债路演平台的商业金融债，发行规模为 50 亿元，债券期限为 3 年，发行利率仅为 2.77%，募集资金全部用于专项投放涉农贷款，支持乡村振兴。招商银行此次发行的“三农”专项金融债券吸引了银行、基金、券商、保险等各类投资机构认购，全场投标倍数为 3.07 倍，获配机构达 33 家。[①]

一方面，银行在“三农”专项金融债领域的积极参与，带动了更多的社会资本投入乡村振兴领域，拓宽了资金来源，优化了负债结构，增强了对流动性风险的防控能力。另一方面，“三农”专项金融债相较于其他债券而言，发行利率处于较低水平，能降低商业银行获取资金成本，进而降低贷款客户融资成本，使金融机构能够更好地支持乡村振兴建设（郝飞，2022）。总的来说，银行发行“三农”专项金融债对于加快推进我国农业现代化进程、培育农村发展新动能，有着不可忽视的积极作用。

（五）乡村振兴基金：天津市乡村振兴基金的案例

作为社会影响力投资基金的一种重要表现形式，乡村振兴基金是实施乡村振兴战略的重要保障，也是促进城乡协调发展的有效手段。目前，市场上投资乡村振兴的基金种类繁多，其资金来自中央财政、地方财政、社会资本等多个渠道，使用范围和管理方式由相关部门具体规定。具体而言，乡村振兴基金大致包括政府主导的产业投资基金、社会资本参与的私募股权基金和农业科技领域的风险投资基金等。这些基金的投资方向和投资策略也各不相同，但有一个共同的目标——推动乡村经济的发展和提升农民的生活水平。截至 2022 年 12 月，全国范围内乡村振兴基金共设立 189 只，总规模达到 1239 亿元，共分布在 23 个不同的省份，其中乡村振兴基金设立数量前五名的省份分别是广东、江苏、山东、湖南、浙江，总体来看乡村振兴基金主要

① 《支持乡村振兴，招行发行 50 亿元“三农”专项金融债》，https：//finance.china.com.cn/roll/20230330/5963304.shtml，最后访问日期：2023 年 12 月 30 日。

集中在发达地区。①

例如，2022 年 6 月，天津市为推进农业供给侧结构性改革、促进农业农村经济转型升级，与 12 家投资机构和本土农业企业签约设立了天津市乡村振兴基金。该基金旨在支持农业科技创新、前沿科技应用与产业化提升项目，以及新品种、新流通、新金融、新科技或新服务类项目，投资方向包括现代种业、农业基础设施、电子商务、农产品交易、智能农业发展等。天津市乡村振兴基金的总规模为 100 亿元，其中政府引导基金 25 亿元，母基金群 50 亿元，子基金或直投项目 25 亿元。政府引导基金将以少数股权参与母基金群的设立，以市场化的方式选择专业的基金管理机构。该基金按照“政府引导、市场运作、专业管理、防控风险”的原则来运营，分期募集，政府让利，滚动发展。这一举措不仅发挥了政府资金的放大效应、实现了风险分散，同时也更好地引导了社会资本为乡村发展提供金融服务，推动了天津市的乡村振兴建设。多元投入格局是金融助农的一项创新举措。②

（六）乡村振兴理财：青岛农商银行乡村振兴主题理财产品的案例

乡村振兴理财产品通常由银行、保险公司或其他金融机构发行，为投资者提供一定的收益和风险保障。根据《中国银行业理财市场年度报告（2022 年）》，我国全年累计发行乡村振兴、公益慈善等社会责任主题理财产品 131 只，募集资金约 500 亿元。③

例如，2020 年 7 月，农银理财在业内首家推出“乡村振兴惠农”系列理财产品，将产品销售范围扩大至在县域开立账户的全体客户，充分满足了广

---

① 《重磅！〈2022 年中国乡村振兴基金绿皮书〉全网发布，深度洞察乡村振兴基金的现状与趋势》，https：//www. 163. com/dy/article/HR2T894O05118U1Q. html，最后访问日期：2024 年 2 月 20 日。

② 《天津市乡村振兴基金启动——规模 25 亿元 将撬动形成 100 亿元基金和项目群》，https：//www. tj. gov. cn/sy/tjxw/202206/t20220609_ 5900089. html，最后访问日期：2023 年 12 月 30 日。

③ 《中国银行业理财市场年度报告（2022 年）》，https：//www. chinawealth. com. cn/resource/830/846/863/51198/52005/6432896/1676954220021774455537. pdf，最后访问日期：2023 年 12 月 30 日。

大县域客户财富管理的需求。截至 2023 年 5 月 31 日，中邮理财共计存续 68 期“惠农”主题理财产品，期限覆盖 9 个月至 3 年，产品存续规模超 213 亿元，平均募集规模超 3 亿元。① 产品期限多样化的设计更好地满足了广大乡村客户的理财投资需求。该产品的推出不仅向乡村地区输送财产性收入金融服务，同时也在乡村客群的风险承受能力范围开展金融知识普及，改变乡村客户的理财观念，进而在资产增值和金融素养上共同助力乡村振兴战略的推进。

2023 年 7 月，青岛农商银行成功发行山东省地方法人银行首款乡村振兴主题理财产品。该理财产品由青岛农商银行自主研发，主要投资标的为乡村振兴专项债券，募集资金专项用于巩固脱贫攻坚成果、推动脱贫地区发展和乡村全面振兴。该产品定位为“产品净值低波动、业绩基准优于同期限定期存款的稳健型产品”，首款产品业绩比较基准为 3. 50%，产品期限为 676 天。

与其他理财产品相比，乡村振兴理财产品从产品端和投资端方面看大致有三个不同的特征：一是产品风险等级低，充分契合乡村客户的投资风险偏好，可切实满足低风险偏好客户的理财需求；二是产品投资门槛低，针对个人客户的认购起点低至 1 元，适合乡村客户零散资金的投资需求；三是投资回报较为稳定，产品主要投资于高信用等级债权类资产，紧跟“三农”和县域主体融资需求，着力于支持粮食和重要农产品稳产保供、农业基础设施等重大项目建设。总的来说，乡村振兴理财产品的优势是低波稳健。通过提高产品适配性来服务于客户差异化财富管理需求，是理财行业实现乡村振兴社会效益和经济效益双赢的重要保证。

三　社会影响力金融助力乡村振兴面临的问题与挑战

（一）农村地区多层次、特色化金融供给体系不够健全

我国各地经济发展水平、金融服务需求差异较大，与之相适应的层次分

---

① 《金融界乡村振兴案例展示之中邮理财：践行普惠金融，以理财之力服务乡村振兴》，https：//bank. jrj. com. cn/2023/07/13163237689788. shtml，最后访问日期：2023 年 12 月 30 日。

明、优势互补的差异化金融服务体系尚未完全建立。

一是供给主体不完善。截至2023年10月，全国有农村中小银行3862家，其中70%以上的法人机构设立在县域，真正下沉到农村的力量有限。[①] 证券、期货和保险等金融机构参与农村服务程度相对较低，农村金融供给能力不足，农村融资便利性有待提升。

二是特色产品不丰富。农村金融产品多数局限于满足基本的农业生产需要，提供基本的农机、农药、种子、化肥等生产资料的资金支持。而针对生产加工、交通运输、安家置房等多方面的贷款需求所提供的产品种类较少且门槛较高，商业银行抵质押、担保等传统产品占比仍然较高，个性化、定制化、场景化服务不足，信用产品、线上产品占比偏低。

三是农村信贷风险相对较高。相比城市，多数农村地区存在产权不够清晰、抵押品处置难和市场流通性差等问题，导致农村信贷风险相对较高。“三农”客户财务管理不够规范，相关信息收集和证实较难，信息不对称问题相对突出，银行的有效数据获取仍主要依靠客户经理入村入户逐一调查采集，效率不够高，以致金融机构难以有效把握风险，推升了金融服务成本。此外，涉农企业普遍存在生产受自然环境影响大、农产品收益不确定性高、自然灾害风险和市场价格风险交织等属性，经营风险相对较高。

（二）金融机构服务乡村振兴的监管问题亟待解决

随着我国农村金融活动的日益活跃，对农村金融机构的监管也应当与时俱进。近年来一些农村金融机构不合规、不合法现象频出，如重大关联交易管理不到位、违反财产报告制度、发放无明确用途的贷款和集团客户未纳入统一授信管理等问题。[②] 这些问题严重影响了金融支持乡村振兴的稳定性和

---

① 《农村中小银行助力乡村振兴 多措并举解决农村金融难题》，http：//www.xinhuanet.com/2023-10/11/c_ 1212287151.htm，最后访问日期：2023年12月30日。

② 《国家金融监督管理总局阜阳监管分局行政处罚信息公开表（阜金罚决字〔2023〕10号）》，http：//www.cbirc.gov.cn/branch/anhui/view/pages/common/ItemDetail.html？docId=1134343&itemId=1229&generaltype=0，最后访问日期：2023年12月30日。

有效性，也增加了农村金融机构的隐患和风险。总的来看，金融机构服务乡村振兴的监管问题主要集中在以下几个方面。

一是金融机构的错位竞争问题。近年来大型金融机构在国家政策的支持和监管规定的要求下纷纷成立了普惠金融部门，依托其网点布局广泛、资金成本低和知名度高等优势将业务迅速扩展到农村地区，导致中小银行优质客户流失。

二是服务乡村振兴金融机构的约束机制问题。由于缺乏有效的市场竞争、公众监督和舆论引导、法律保障和司法救济等，农村金融机构的决策效率降低、风险管理能力弱化，导致道德风险和操作风险增加，市场化运作和社会责任感降低。

三是服务乡村振兴金融机构的激励机制问题。服务乡村振兴的金融机构，既要承担社会责任，又要保持经济效益，这就需要有合理的激励机制来调动金融机构和金融从业人员的积极性。服务乡村振兴的金融机构面临高成本、高风险、低收益的困境，缺乏有效的激励机制，容易导致其动力不足和惰性经营。一方面，服务乡村振兴金融机构的考核评价体系过于单一，过分强调规模和利润，忽视了服务乡村振兴的社会效益和风险防控。另一方面，服务乡村振兴金融机构的员工激励制度不完善，工资待遇低、晋升渠道少、培训机会少，导致人才流失和员工素质不高。

（三）农村个人信用体系建设不完善

农村个人信用体系建设是健全农村金融服务体系的基础工程和关键环节。然而，目前我国农村个人信用体系建设还存在许多问题，主要表现在以下几个方面。

一是农村个人信用信息的收集、整理和共享机制不健全。农村个人信用信息的来源主要包括政府部门、金融机构、社会组织和个人自身，但缺乏能够让这些信息在不同的主体之间进行有效汇集和共享的机制，导致信息不完整、不准确和不及时的问题。同时，由于缺乏统一标准和规范，农村个人信用信息的质量和安全性也难以保证。

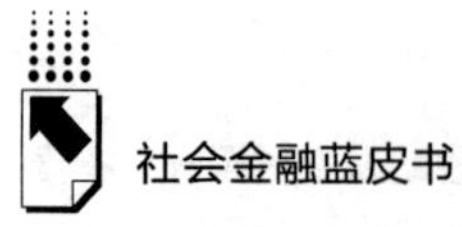

二是农村个人信用评价体系不科学、不合理。目前，我国农村个人信用评价主要依赖于金融机构的内部评分模型，这些模型往往只考虑了个人的财务状况和还款能力，忽视了个人的社会责任、道德品质和信用历史等方面要素。此外，由于缺乏统一的评价标准和方法，不同的金融机构对同一客户的信用评价结果可能存在较大的差异。

（四）金融科技应用受限

金融科技是指运用互联网、大数据、人工智能、区块链等新兴技术改造和创新金融业务模式和服务方式的一种现代金融形式。金融科技可以为乡村振兴提供有效的金融支持，如提高信息透明度、降低服务成本、丰富服务场景等。近年来，金融机构在乡村振兴领域不断加大科技投入，金融服务的数字化经营能力已经有了较大提升，但在乡村振兴的过程中还存在以下问题。

一是金融科技产品接受度不高。农村地区人口年龄结构偏老龄化，文化程度相对较低，思想观念相对保守，对金融科技产品认知程度低。有的农户还是习惯于通过传统柜台办理业务，对电子银行产品使用存在顾虑。

二是缺乏具有针对性的乡村振兴金融产品。由于农村金融环境建设长期落后，金融服务收益远低于城镇，金融机构在推广金融科技产品时，缺少针对农村客户的金融需求特点对产品进行优化升级的动力，使得现行金融产品不能完全符合农村客户群体的需求。

三是缺乏金融科技相关专业人才。金融科技的开发应用需要既了解高新技术又熟练掌握业务的复合型人才支持，但贴近乡村的区、县一级的法人金融机构相关人才配备不足，难以有效地开展金融科技开发推广工作。

四是对各类涉农数据资源的挖掘、整合与利用还不够充分，大数据、云计算、人工智能等新型技术手段在乡村振兴金融服务领域的应用还有较大提升空间，传统渠道的数字化改造还相对滞后。此外，部分普惠小微领域业务线上办理存在断点堵点，仍有一些环节需在线下进行，对业务办理的便捷性产生一定影响。

（五）乡村振兴基金募资难，退出机制不完善

乡村振兴基金近年来一直呈增长态势，但产品发行数量仍偏少，在结构上以政府投资为主。目前乡村振兴基金存在的问题主要集中在以下几方面。

一是乡村振兴基金募资困难。当前私募基金的年限一般为五年，而一些农村项目从立项到盈利的周期可能在五年以上，较长的投资周期使得许多投资者对其持观望态度，导致社会资本投资乡村振兴基金的意愿不高，募资难度增大。

二是乡村振兴基金的退出机制不完善。乡村振兴项目的周期相对较长，投资者资金难以回笼。目前，乡村振兴基金的退出机制相对模糊，缺乏明确的规定和程序，使得投资者在退出时面临不确定性和风险。

三是农村资源产权确定的交易成本太高。在一些投资过程中，农村资源的产权确定存在争端，投资人在明确资源的产权上花费较多的时间和资金，产权界定成本过高也是投资搁浅的一个重要原因。

四　社会影响力金融助力乡村振兴的建议

（一）建立多层次农村金融供给体系，推动农村金融产品多元化发展

新时期农村发展对金融的需求呈现出多元化的特点，在发展乡村金融时应该兼顾经济效益与社会效益，用普惠金融引导公益性资金和商业性资金，并形成服务乡村的“双重目标”金融生态体系。乡村金融需满足小到家庭消费、大到基础设施建设等更大范围、更多种类的金融需求。

一是完善金融基础设施建设。引导构建多层次、广覆盖、差异化的金融组织体系，大型银行下沉服务重心，增设服务小微企业、乡村振兴的专营机构和网点，延伸金融服务触角，让农村金融机构真正进入广大农村而不是止步于县域层面。要通过财政补贴、降低电信资费等方式扶持偏远地区的网络建设，支持金融机构大力投放 POS 机、自动柜员机等，充分利用移动支付、

互联网银行等技术提升乡村金融服务的便捷性，提供线上交易、支付结算服务，改善农村金融服务环境。中小银行应当扎根基层、服务当地，开拓特色化、区域化的普惠金融产品，培育差异化优势。

二是优化金融机构员工的激励与考核机制（吾建英，2019）。在当前的考核机制下“多劳多得”原则未能充分体现，员工薪酬更多的是与金融机构所在地区的平均业绩挂钩，对于员工个人业绩方面的考核比较少。因此，对员工的考核机制还需要进一步细分。

三是强化金融服务乡村振兴的组织保障。可以通过加强对金融服务乡村振兴工作的领导和统筹，建立健全各级各部门之间的沟通协调机制，形成工作合力。在加强对金融服务乡村振兴工作的监督和考核的基础上，建立健全绩效评价体系，激励各方主体积极履职尽责。

（二）优化风险分担和风险防控体系

加大农业农村现代化建设进程中涉农贷款的财政贴息力度，完善呆账分摊体系，强化乡村振兴战略中政府主导、市场运作和依法监管的信贷体系建设，加快建立政府扶持、社会多方参与和市场化运作的能承担起农业农村现代化建设的信贷担保机制。同时，通过政府财政扶持一批专业的农村信用担保组织，以市场化运行的方式设立专门的农村信贷担保基金，在乡村振兴战略推进中积极拓展符合乡村特点的一些担保业务。

对于服务乡村振兴的金融机构，需要根据类型、规模、业务特点、风险状况等不同情况，采取不同的监管措施和标准，以达到有效监管金融机构的目的。差别化监管有利于促进金融机构多样化发展，满足乡村振兴的多元化金融需求，同时也有利于防范和化解金融风险，保障金融安全。对服务乡村振兴的金融机构实施差别化监管，应该遵循以下原则。

一是坚持以风险为导向。根据金融机构的风险状况和风险承受能力，制定合理的监管标准和要求，对高风险机构加大监管力度，对低风险机构适度放宽监管条件，引导金融机构合理配置资源，有效防控风险。

二是坚持分类施策。对不同类型的金融机构采取差别化的准入标准、资本充足率、贷款集中度、拨备覆盖率等监管指标，激发各类金融机构服务乡村振兴的积极性和主动性。

三是坚持综合施策。结合服务乡村振兴的金融机构所面临的实际困难和问题，采取综合性的监管手段和方式，包括规范引导、激励约束、宏观审慎、微观监管等，形成有效的监管协同，提高监管效率和效果。

（三）深入推进农村信用体系建设

一是完善农村信用法规制度。明确农村信用主体（农村地区参与信用活动的个人、组织或单位，包括农户、农村生产经营者和村集体等）的权利和义务，规范农村信用活动的行为和程序，加强农村信用监管和执法，保障农村信用市场的公平，维护市场的秩序。

二是建立健全农村信用信息平台，收集、整合、共享和公开农村信用相关的数据和信息，提高农村信用信息的质量和覆盖率，为农村信用主体提供便捷和准确的信用服务。

三是培育和发展多元化的农村信用机构，支持和引导各类金融机构、社会组织、互联网企业等参与农村信用市场，提供多样化的信用产品和服务，满足农民不同的信用需求。

四是加强农村信用文化建设，普及和宣传信用知识和理念，提高农民的信用意识和素养，营造诚实守信、奖优惩劣的良好氛围，形成良好的社会风尚（张大龙，2022）。

（四）充分发挥金融科技和数据驱动的作用

金融科技是乡村振兴的重要支撑，要充分发挥金融科技和数据驱动在乡村振兴中的作用。

一是要加强金融科技和数据驱动的政策支持。要制定和完善适应乡村特点的金融科技和数据驱动的政策方针，鼓励和引导金融机构、科技企业和社会组织等多元主体参与乡村金融服务，保护消费者权益，防范金融风险，促进金融科技和数据驱动的健康发展。

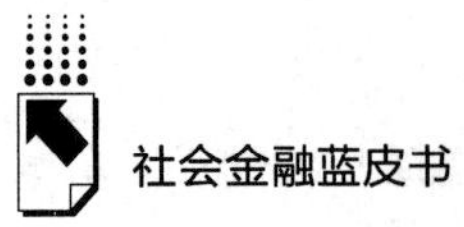

二是要完善乡村金融人才培养体系，提高乡村金融从业者和农民在金融科技和数据驱动方面的知识水平和应用能力，为金融科技和数据驱动提供专业高效的软件支撑。

三是要推动金融科技和数据驱动的业务创新和模式创新。要结合乡村实际需求，开发并推广适合乡村特色的金融产品和服务，实现对乡村经济社会发展的精准分析、评估、预测和干预，提高乡村金融服务的效率。

四是要建立和完善跨部门、跨地区、跨行业的协调机制，形成政府引导、市场主导、社会参与的合力，推动金融科技和数据驱动在乡村振兴中深度融合。积极探索公私合作、多方共建共享的模式，实现金融科技和数据驱动资源的优化配置，促进乡村振兴战略与国家数字化战略的协同推进。

（五）发挥中央财政资金优势，完善乡村振兴基金激励和退出机制

现有的乡村振兴基金普遍依赖地方财政出资，因此在空间分布上呈现集中于东部沿海经济发达省份的特征。通过乡村振兴推动共同富裕实现，需要设立国家级乡村振兴母基金，将中央财政资金配置到更多地区。同时，发挥国家级基金的优势，有利于储备投资项目、开展全国更广泛地域的农村调查、组织乡村振兴项目研究、吸引投融资及产业发展专家团队，以及加强与相关机构——尤其是优质管理团队和第三方服务机构的战略合作，从而提升资源和资金整合能力，形成我国乡村振兴基金生态圈的核心竞争力。

农村投资项目相对较长的盈利周期不仅给基金退出带来了压力，也增加了资金募集的难度。作为激励措施，政府引导基金可以将部分收益让渡给社会资本，这样既可以提高社会资本参与的积极性，也可降低基金自身的收益压力。同时，乡村振兴基金可考虑股权转让、股权收购、控股股东回购及公开上市等多种退出方式。

参考文献

樊红敏，2023，《践行乡村振兴战略 信托探索多元化路径》，《中国经营报》8月21日。

国家统计局编，2020，《中国统计年鉴2020》，中国统计出版社。

郝飞，2022，《中小银行积极发行“三农”专项金融债券 补齐农村地区信贷投放资金缺口》，《农村金融时报》11月7日。

吾建英，2019，《农村金融机构员工持股问题》，《中国金融》第1期。

徐绍峰，2021，《农村数字普惠金融是解决农民融资难的突破口》，《金融时报》8月12日。

张大龙，2022，《农村信用体系建设的基层实践》，《中国金融》第9期。

B.10

人工智能助力社会影响力金融发展的机制与实践

张樹沁　王昱冰*

摘　要： 随着人工智能（AI）算法与模型的演进，人工智能在数据分析和决策支持等方面发挥更加重要的作用。在社会影响力金融领域，人工智能由于出色的数据发现能力、社会亲和能力和观念可塑能力，与社会影响力金融之间存在天然的契合点，应用也更加广泛。本报告从人工智能作为公益机会的发现者、人与金融活动的中介者以及金融活动的监管者等三个方面，探讨了人工智能助力社会影响力金融目标实现的路径与实践案例，并进一步探索了人工智能技术在社会影响力金融领域应用面临的挑战与应用展望。充分发挥人工智能技术的核心能力，可进一步提高社会影响力金融的效率和影响力，促使金融向善和科技向善，为创造更加公正、繁荣的社会做出更大的贡献。

关键词： 人工智能　社会影响力金融　公益机会　金融监督

随着科技的迅猛发展，人工智能技术已经成为当今世界的焦点和热点话题。从令人惊叹的自动驾驶汽车到智能语音助手，从医疗诊断到金融风险管理，人工智能正在改变我们生活的方方面面。在社会影响力金融领

* 张樹沁，博士，中央财经大学社会与心理学院副教授，研究方向为金融社会学、技术社会学；王昱冰，中央财经大学社会与心理学院硕士研究生，研究方向为金融社会学。

域，人工智能既充满了无限的可能性，也伴随着诸多挑战和争议。本报告将聚焦于探讨人工智能技术在社会影响力金融领域的发展概况，旨在深入剖析人工智能技术如何助力社会影响力金融实现目标，并对其未来应用进行展望。

一　人工智能技术发展概况

（一）人工智能算法与模型的演进

从早期的符号主义逻辑推理，到初步的机器学习，再到现代的深度学习和自然语言处理，人工智能技术经历了长达数十年的不懈探索和创新。从医疗健康、金融服务到自动驾驶和娱乐产业，这场持续的技术革命变革了众多行业。

近些年计算能力的飞速提升，尤其是 GPU（图形处理器）的广泛应用，使得深度学习模型在大数据时代发挥了其真正作用。这种计算能力的提升为训练复杂、多层次的神经网络提供了可能性。而这些网络，如卷积神经网络（CNN）和循环神经网络（RNN），已在图像和语音处理领域取得了令人瞩目的成果。

但真正让人们对 AI 持续关注的，是自然语言处理技术在近几年取得的巨大进步。Transformer 神经网络架构的出现，为自然语言处理（Natural Language Processing）技术带来了质的飞跃。这种架构主要利用自注意力机制来捕获文本中的依赖关系，无论这些关系的距离如何。相较于传统的 RNN，Transformer 能够更高效地处理长文本数据。

基于 Transformer 神经网络架构的 GPT（Generative Pre-trained Transformer）和 BERT（Bidirectional Encoder Representations from Transformers）等模型进一步展现了这一技术的强大之处。在过去的几十年中，人工智能技术飞速发展，特别是近年来随着计算机算力的大幅增强，人工智能在机器学习、深度学习等领域的算法得到深入研究和持续优化。这使得 AI 在多种应用场景中展现出了更加丰富和广泛的前景。其中，基于 Transformer 神经网络架构形成的 GPT 和 BERT 等先进对话模型在自然语言处理方面尤为出色。GPT 作为一种生成模型，从文本、摘要生成到机器翻译，已经在多种任务中证明了自己的实用性。而 BERT 具有双向特性，能够更好地理解文本的上下文关系，为文本分类、实体识别和问答系统带来了革命性的改进。

2022 年 11 月 30 日，OpenAI 发布了 GPT-3.5 对话模型，展现出了极强的人机对话适应性，让大众感受到人工智能支持下的机器与人类流畅交流的能力，进一步凸显了人工智能的强大潜力和优越性。

（二）人工智能在数据分析和决策支持方面的突破

在人机互动的一系列模型被应用之前，人工智能技术已经在数据处理、分析和辅助决策上发挥了重要作用，体现出了该技术的开拓性特征以及强大的跨界应用能力。

首先，深度学习算法，如 CNN 和 RNN 在图像、音频和文本数据的处理中已经显示出无与伦比的优势。比如，在医疗图像分析中，深度学习模型能够准确地检测出患者的病灶，甚至在某些情况下，其准确率超过了经验丰富的医生。这不仅大大提高了疾病的诊断效率，还有助于提早发现潜在的健康风险，为患者提供更为及时的医疗干预。

其次，复杂的机器学习算法，如集成学习和增强学习，为商业决策提供了强大支撑。例如，在供应链优化、股票市场预测和用户行为分析中，通过机器学习模型，企业可以更准确地预测未来的市场趋势，制定更为科学的策略，从而提高竞争力。

更为重要的是，人工智能技术为决策者提供了全新的视角。传统的数据分析往往依赖经验丰富的分析师来解读数据、提取信息，而现代的 AI 模型，特别是那些具有解释能力的模型，可以自动识别出数据中的关键模式，为决策者提供直观的数据解读。这大大缩短了从数据收集到决策制定的时间，使决策过程更为敏捷和高效。

（三）人工智能技术在社会影响力金融领域应用的必要性

2022 年，全球人工智能投融资主要集中在医疗健康（61 亿美元），数据管理、数据处理和数据云（59 亿美元），金融科技（55 亿美元）领域。① 当前人工智能技术的应用场景越发契合公益金融的实际应用过程。在社会影响力金融领域，人工智能技术具备三个非常重要的能力——数据发现能力、社会亲和能力和观念可塑能力，使之能够在金融活动中构建起一套多主体间良性互动的关系，持续性地服务于公益目标。

数据发现能力，即 AI 技术能够迅速、准确地从海量、复杂的数据中提取关键信息、进行洞察的能力，为社会影响力金融的决策过程提供有力支撑。在社会影响力金融领域，确定哪些项目最有可能产生最大的社会效益，或者哪些社区和群体最需要资金支持，往往需要对大量数据进行分析。传统的分析方法既耗时又不够精确，而 AI 技术可以实现高效、深入的数据分析，从而提高资金的使用效率。

社会亲和能力尤其体现在近年来飞速发展的自然语言处理技术中。当下的 AI 对话模型，如 GPT，不仅能够理解和生成语言，还能够捕捉到人类情感和情境中的微妙变化。这种进步意味着，在与捐赠者、受益者或其他相关方交流时，AI 可以更加自然、有深度地参与对话，从而建立起更强的信任关系。此外，这种共情能力也有助于更好地评估公益项目的实际影响，从而为社会影响力金融提供更为精准的反馈。

观念可塑能力，即可以通过特定的训练和设定来引导 AI 的行为和决策。这种能力确保了 AI 技术在社会影响力金融领域的应用始终与机构的价值观和目标保持一致。为 AI 模型设定公益导向的目标函数，可以确保其在各种应用场景中都能够做出符合公益价值观的决策。这种相对稳定、一致的服务于公益目标的能力，使 AI 成为社会影响力金融领域不可或缺的伙伴。

---

① “2023 AI Index Report”，https：//aiindex. stanford. edu/report/，最后访问日期：2023 年 11 月 27 日。

因此，本报告认为，人工智能技术与社会影响力金融之间存在天然的契合点。通过充分发挥 AI 技术的核心能力，有望进一步提高社会影响力金融的效率和影响力，促使金融向善和科技向善，为创造更加公正、繁荣的社会做出更大的贡献。

二 三种人工智能助力社会影响力金融目标实现的路径与实践案例

如前文所述，人工智能技术具有三种能力，基于此，在之后社会影响力金融活动的应用场景中，人工智能能够扮演三种角色：公益机会的发现者、人与金融活动的中介者以及金融活动的监管者。人工智能的应用目前还大多处在探索和快速变迁阶段，本报告后续援引案例来自全球社会影响力金融相关活动的前沿实践。

（一）人工智能作为公益机会的发现者

1. 人工智能技术对慈善组织的赋能

在过去的几年中，越来越多的慈善捐赠平台开始运用人工智能技术，以提升运营效率、提高信息透明度，并吸引更多的捐赠者参与其中。

人工智能高级咨询委员会（AI in Advancement Advisory Council，AAAC）2019 年发布的《人工智能发展报告》显示，在调查的 210 家非营利组织中，70%的非营利组织在关注人工智能技术，并且接近 30%的非营利组织已经在试验、升级和深度使用人工智能技术（见图 1）。2020 年发布的报告显示，82%的非营利组织的专业人士认为人工智能是长期解决方案的一部分。[①]

在具体应用方面，Gravyty 是一家专注于筹款软件开发的公司，近年来开始尝试利用人工智能技术，帮助非营利机构高效获取潜在捐赠者，并与捐

① “The State of AI in Advancement 2020”，https：//f. hubspotusercontent10. net/hubfs/2415411/AAAC/AAAC-State-of-AI-in-Advancement-2020. pdf，最后访问日期：2023 年 11 月 27 日。

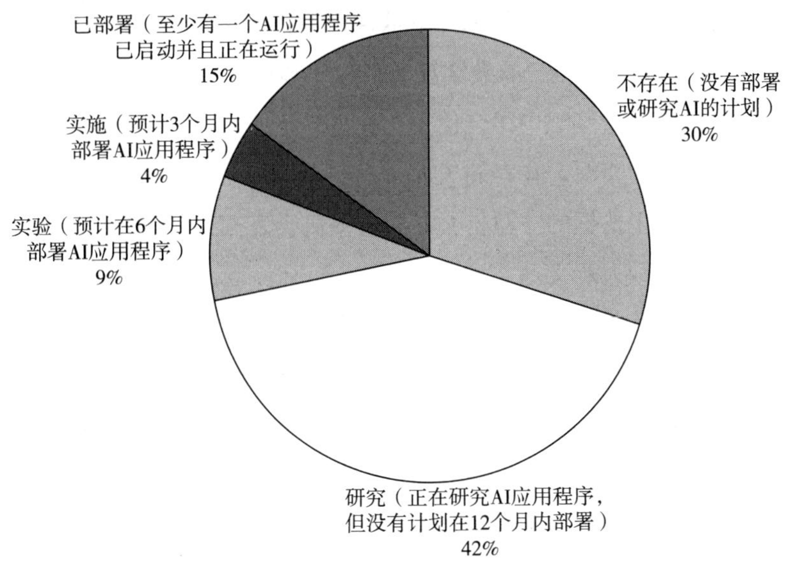

图1　2019年非营利组织使用人工智能技术的比例

资料来源："The State of AI in Advancement Report"，https：//gravyty. s3. amazonaws. com/2019aaacstateofaiinadvancement. pdf，最后访问日期：2024年2月20日。

赠者保持长期稳定且紧密的组织联系。其开发的软件Raise是一种充分运用人工智能技术的专业筹款软件，可以有效简化从项目初始阶段到资格审查、请求捐赠、管理捐赠者金额、维持牢固的关系并提高捐赠者保留率的流程。该软件试图通过人工智能技术来减少非营利组织在关系维持上耗费的大量时间，不仅可以快速轻松地识别每天需要联系的捐赠者和潜在客户，而且能够为每个捐赠者量身定制电子邮件草稿，并通过在几天内对已有邮件的快速学习来形成每个筹款人或非营利组织自己的个性化风格。在后续的关系维持上，该软件还可以实现自动化且个性化的持续性沟通，在合适的时间提出募捐建议，并撰写该慈善活动的相关报告返回给捐赠者。[①] 在此案例中，使用者对平台的认可主要来自其高效、全面且人性化的关系处理能力。人工智能的数据发现能力使得高效识别捐款人成为可能，其大语言模型又使得算法能

① "Ultimate Guide to Digital Fundraising Software"，https：//gravyty. com/ultimate-guide-to-digital-fundraising-software/，最后访问日期：2024年2月20日。

够自动撰写出符合社会期待的邮件以维持相关联系。①

2. 人工智能技术识别已有数字互动中的公益机会

除了在慈善捐赠组织中得到使用，在更广泛的社交平台领域，人工智能技术的应用也较为普及。在存储了大量真实人际互动数据的社交平台上，隐藏着许多待进一步发掘的公益机会，将这些机会发掘并转化为可行的公益行动，对社会具有重大意义。

以 Facebook 为例，作为全球最大的社交媒体平台之一，Facebook 积极运用人工智能技术，将其社交网络资源与慈善事业相结合，为社会创造了积极的影响。Facebook 于 2017 年推出了名为“社区救助”（Community Help）的工具，旨在利用其庞大的社交网络和技术资源来支持慈善事业，通过人工智能技术，为那些处于自然灾害、紧急事件或突发状况中需要援助的人提供高效且有组织的帮助。一方面，Facebook 的社区救助平台运用自然语言处理技术，分析用户在社交媒体上发布的帖子和留言文章。通过对这些文本内容的分析，平台可以识别出可能需要援助的情况，如自然灾害的影响、紧急救助等。一旦识别出这些情况，人工智能系统就会标记这些帖子，将它们链接到慈善机构和救援组织。这样，当地的慈善机构就可以快速获取有关受灾地区的信息，以方便迅速行动。另一方面，平台不仅帮助用户发布求助信息，还鼓励其他用户通过捐款或提供实际资源来支持需要援助的人。Facebook 通过整合在线捐款平台，使用户能够迅速捐款，并确保资金流向透明可靠的机构。这种社区救助平台的推出带来了积极的社会影响。首先，把社交网络的力量用于社会公益，将个人和组织联系起来，形成更大的援助力量。其次，通过人工智能技术的辅助，平台能够更准确地捕捉到紧急情况和需求，从而更快速地响应并提供援助。此外，这也为社交媒体用户提供了一种新的参与方式，让他们能够积极参与灾害和突发事件中的援助行动。

Gravyty 公司和 Facebook 的社区救助平台案例展示了人工智能在慈善捐赠领域发挥的重要作用，不仅解决了捐赠人的识别和关系维持问题，使得非

① 相关信息请参见 https：//gravyty. com/raise/，最后访问日期：2023 年 11 月 27 日。

营利组织进一步拓展其慈善活动的覆盖范围，而且促发了传统社交平台凸显其慈善活动属性，从而进一步服务于公益目标。

（二）人工智能作为人与金融活动的中介者

1. 作为指引方向的金融支持方

在金融领域，人工智能早已不再是新兴词，已经成为引领金融活动的智能支持者。作为领先的前沿技术，人工智能不仅正在改变金融机构的运营方式，还为投资者、企业和个人提供更高效、更智能化的金融支持。

一方面，人工智能可以自动进行资产配置，根据市场情况和风险偏好自动调整投资组合。这种资产配置不仅能够在风险控制的前提下获得更高的收益，还可以根据投资者的需求和融资目标定制化地进行资产配置，实现更加个性化的服务。另一方面，人工智能可以实时监测市场变化和风险因素，一旦发现异常，系统将自动发布预警并给出相应的应对措施。这种能力可以帮助公益金融机构更好地管理风险，预防可能的损失。同时，人工智能可以根据捐赠者的历史捐赠和兴趣，提供个性化的捐赠建议。这有助于更好地满足捐赠者的需求，增强其参与感和满足感。

例如，美国的一家金融科技公司 Betterment 推出了智能投资顾问平台。该平台专注于提供机器人咨询和财富投资服务，能够基于设定的金融目标形成自动化投资，以构建由被动指数追踪股票和固定收益交易所交易基金组成的投资组合。在其提供的投资组合中，特别列出了“社会责任”投资的选项，通过人工智能算法投资在 ESG（环境、社会和治理）领域更加靠前的公司，同时几乎不影响该投资组合的潜在长期表现。① 这一设计一方面满足了投资人对收益的追求，另一方面也满足了投资人希望实现社会价值的期待。

自 2023 年开始得以广泛应用的 ChatGPT 等大语言模型成为投资过程中

① 相关信息请参见 https：//www. betterment. com/investments，最后访问日期：2023 年 11 月 27 日。

的得力助手。ChatGPT 可以提供合理可信的解释，尽管不能像人类投资经理一样预测未来或进行投资组合优化，但对于在投资组合管理方面缺乏知识或不熟练的个人来说，它是更加便捷实用的选择。从投资角度看，那些可能没有受过金融教育或对金融市场存在误解的投资者，可以利用 ChatGPT 学习投资组合的管理，同时专业的投资经理也可以通过 ChatGPT 获得更加多元的资产组合，提高他们的工作效率。

同时，在国内发展大语言模型的百度已经开始将其应用在旗下的金融产品中。例如，度小满已经将自研的大语言模型应用在互联网文本数据、征信报告的解读上。传统征信报告存在较多的非标准化语言，大多依赖金融从业者的经验解读分析维度。用文本数据构造的预训练模型以及 AI 算法，能够从征信报告中解读出 40 万维的风险变量，从而更好地识别小微企业主的信贷风险。随着模型的迭代，大模型在智能风控上的潜力将进一步释放。

2. 作为提升金融素养的金融教育方

除了代替人们进行投资决策以外，人工智能技术同样可以助力实现使用者金融素养的提升，特别是在形成虚拟金融交易环境、构建易于进入的学习场景和重新评估使用者的金融可及性上有更多的发展空间。

例如，美国的一家网站 Investopedia 就推出了一款虚拟交易平台，为人们提供线上模拟股市交易的技术方案。用户可以使用虚拟资金进行交易，观察投资组合的表现，并学习市场分析和交易技巧。通过这种方式，用户可以在实践中提升金融素养，理解投资决策背后的逻辑，从而在真实交易中做出更明智的选择。[①] 知名的个人财务管理应用 Mint 和 YNAB 则开始利用人工智能算法来跟踪用户的支出、分析用户财务习惯并提供个性化建议。这些应用程序对交易进行分类，提供可视化报告，并帮助个人设定和实现财务目标。在这一过程中，用户逐渐培养通过金融活动实现长远目标的能力。

---

① 相关信息请参见 https：//www. investopedia. com/simulator/，最后访问日期：2023 年 11 月 27 日。

同样，新兴的 ChatGPT 也可以作为缺乏金融知识的初学者的教育资源。ChatGPT 可以以易于理解和用户友好的方式传授基本的金融概念，为初学者涉足金融领域提供有价值的指导和支持性教育，因此 ChatGPT 可以作为投资过程中的学习工具。虽然 ChatGPT 并非专攻金融行业，但是可以作为投资者和基金经理的"助手"。在适当的框架内使用时，ChatGPT 有潜力革新资产配置实践。

以一次由沃顿商学院金融学教授迈克尔·罗伯特（Michael Roberts）设计的生成式人工智能金融素养的调查为例，他使用 OpenAI 开发的大型语言模型 ChatGPT-3.5，通过直接在 ChatGPT 界面中输入问题来进行该模型的金融素养评估，结果如表 1 所示。

表 1　ChatGPT 和真人的金融素养得分差异

考试	ChatGPT 评分（正确题数/总题数）	报告的平均分
NFEC 金融基础	100%（8/8）	71.4%
NFEC 财务能力	90%（27/30）	67.4%
FINRA 投资者知识	100%（11/11）	未知
FINRA 金融知识	85.7%（6/7）	未知
《华尔街日报》金融知识问答	88.2%（15/17）	17 人中有 11 人被认为懂财务

注：NFEC 的全称为美国国家金融教育委员会，该考试的考生年龄为 15~18 岁；FINRA 的全称为美国金融业监管局。

资料来源："Knowledge at Wharton"，https：//knowledge.wharton.upenn.edu/article/does-generative-ai-solve-the-financial-literacy-problem/，最后访问日期：2023 年 11 月 27 日。

通过表 1 可以发现，以 ChatGPT 为代表的人工智能模型在各项考试中的得分都远超于报告的平均分数，表现出了很高的金融素养。人工智能不仅在"知识"层面上详细、精心地作答了上述考试题目，而且其答案不局限于问题本身。例如，在 NFEC 财务能力考试中的一道题：选择汽车保险时如何确定我需要多少保险？题目给出了四个选项：A. 进行在线研究，找出您所在州的最低承保要求；B. 询问多家不同保险公司的销售人员；C. 询问具有高水平保险专业知识的朋友或导师；D. 以上所有。NFEC 将正确答案列为 D，但 ChatGPT 给出了更为全面的答案："虽然选项 A 和 C 可以提供有用的见解，但选项 D……以上所有都不是最佳答案……［保险销售人员］可以为您提供有关保险选项的报价和信息……［但是］重要的是要记住他们的主要目标是销售保险产品。" ChatGPT 意识到销售人员和消费者之间存在潜在的激励冲突。

人工智能在信用评分方面的应用也有助于提升用户金融素养。传统上，信用评分是基于个人的历史财务和信用记录形成的，但可能无法充分反映个体的信用风险。引入人工智能技术可以更准确地预测个体的信用表现。近些年，头部金融科技公司开发了基于大数据和机器学习的信用评分模型。这些模型不但考虑了传统的信用信息，还包括社交网络数据、消费行为等多维度信息，从而可以更准确地评估个人的信用风险。这种应用不仅可以帮助个体更好地管理自己的信用，还可以促使用户更深入地了解信用评分的因素，提升其金融素养。

人工智能在金融素养提升中具有广泛的应用前景。通过智能投资顾问、虚拟交易平台、信用评分优化以及金融学习助手等案例，可以看到人工智能不仅可以提供个性化的投资建议，而且可以帮助个体更好地学习金融领域的知识和技能。人工智能作为提升金融素养的金融教育方，既能帮助个人更好地管理财务和投资，又可以提升国民的金融素养，从而为经济的可持续发展和人民生活质量的提升做出积极贡献。

（三）人工智能作为金融活动的监管者

1. 以公益目标监督金融活动资金流向

成熟的 AI 技术在金融领域的监管方面发挥着越来越大的作用，尤其是在合规数字化管理方面，通过利用实时数据和自动化合规决策，可以提高风险和合规管理的效率和质量，降低成本。在金融活动中，确保资金流动的合法性和透明性对于社会发展和公共利益至关重要。随着人工智能技术的不断进步，其在监督金融活动资金流向方面的应用逐渐受到关注。

人工智能可以通过监控金融活动的资金流向来发挥稳定公益目标的作

用。例如，水滴筹作为国内知名的基于社交网络的大病筹款平台，目标是实现更为高效的互帮互助，但是一些组织在其中发现了商机，通过虚构材料、恶意推广收取中介费等方式牟利，严重损害了平台的公益属性。近年来，水滴筹平台开始尝试运用人工智能技术，对每个月所有的筹款项目进行检查。一方面，水滴筹风控团队通过用户举报和投诉的线索，联系筹款人进行核实；另一方面，水滴筹主动通过大数据算法、人工智能等技术构建模型，基于筹款人、捐款人、恶意推广者的行为信息，筛查出异常的筹款项目，从而锁定涉嫌恶意推广的项目，然后由筹款顾问到线下走访查证。在上述技术的支持下，水滴筹已经能够对涉及恶意推广的项目进行有效识别，进一步调整了筹款提现规则，如实际收款人必须为患者本人或近亲属或就诊医院的对公账户，让恶意推广者无法接触筹到的款项，阻断其提现。对于参与恶意推广的筹款人，水滴筹将其列入黑名单，使其无法再在平台上发起筹款；对于最终被确认参与转发的恶意推广者，水滴筹将限制其在平台上的访问、转发、证实等权限。

人工智能在监督金融活动资金流向方面具有许多优势。首先，人工智能技术可以高效分析庞大的数据，全面识别出异常模式和潜在风险，大大提高了监管的效率。其次，人工智能技术能够进行自动化的实时监测，及时发现问题并采取措施，有助于限制不合规行为的扩散。最后，人工智能技术还能够逐步学习和改进，不断提升监管的准确性和精细度，从而降低误报率和漏报率。

2. 以向善目标监督金融互动过程

随着金融行业的数字化和技术化进程不断加快，人工智能逐渐成为金融机构和监管机构的利器，对金融交互过程的持续性监督等具有重要意义，也为金融体系的稳定性和可持续发展提供了新的可能性。

人工智能参与金融互动监督中的多个方面，包括交易监测、风险评估、合规性检查、反洗钱监督等。在交易监测方面，金融市场涉及大量交易，其中可能隐藏着市场操纵、欺诈等问题。而 AI 可以通过对交易数据的实时监测，识别出异常的交易行为，如异常高频交易、操纵市场行为等，从而帮助监管机构更好地预防市场欺诈行为。在风险评估方面，金融机构的资产和投资组合的风险评估是其维持稳健运营的关键。AI 可以对这些资产和投资组合进行实时评估，分析市场风险和投资风险，为金融机构提供及时的风险管理建议，从而更好地保护投资者的利益。在合规性检查方面，金融机构需要遵守复杂的法规和合规要求，确保交易和行为的合法性和合规性。人工智能可以自动检查交易和行为是否符合法规，减少了人为错误产生的可能性，同时加大了合规性的监督力度。在反洗钱监督方面，反洗钱是金融监管中的重要任务，AI 可以通过分析交易模式和行为，识别可能的洗钱行为。这有助于金融机构和监管机构更好地防范洗钱活动，守护金融系统的健康。

在实时监测方面，金融交互过程涉及大量的交易和信息流，传统的人工审查方式往往难以实时分析这些数据，但 AI 技术却可以迅速识别异常模式和风险信号。相比传统的方法，AI 技术能够更迅速、更准确地发现潜在问题，从而更好地维护金融市场的稳定性。例如，腾讯金融科技构建的“毫秒级识别”智能风险控制系统，涵盖“事前—事中—事后”全流程。在打击网络诈骗犯罪时，能够毫秒级识别打击非法可疑交易，并基于人工智能模型自动拦截各类风险，有效保护用户财产安全。针对处于风险场景中的用户，平台采用“先警示后限制”的方式，不搞“一刀切”；系统提供自助服务工具，经识别判断，最快 3 分钟内用户就能自主解除支付账户的风险状态。

在大数据分析方面，金融交互涉及海量的数据流，这些数据蕴含着市场的各种动态和趋势。人工智能能够高效分析这些数据，提取有价值的信息，为监管机构和金融机构提供更准确的决策支持。通过对数据的深入分析，AI 可以帮助预测市场的变化和可能的风险，有助于规避潜在的金融风险。在模型预测方面，基于历史数据和模型训练，AI 可以预测潜在的风险事件，如市场波动、违规行为等。这使得金融机构和监管机构能够更早地干预和做出决策，以降低风险和保护金融体系的稳定性。

三　人工智能技术在社会影响力金融领域应用面临的挑战

（一）技术人才缺乏带来的技术劣势

随着人工智能的普及和快速发展，对高水平 AI 技术人才的需求日益增加，特别是在社会影响力金融领域，这种需求更为迫切。对于社会影响力金融来说，人工智能的应用不仅仅是一个技术问题，还涉及金融知识、伦理考量以及对公益目标的深入理解。

技术人才的缺乏意味着许多金融机构无法充分利用最新的 AI 技术。这不仅限制了金融机构在数据分析、风险评估和决策支持等方面的能力，还可能导致它们在竞争中处于不利地位。而在金融领域，技术劣势可能会导致经济损失增加和社会影响力减弱。

此外，技术人才的缺乏还加剧了技术应用的不平衡。那些拥有丰富资源和大量资金的大型金融机构可能会雇用到顶尖的 AI 专家，而中小型的社会使命导向的金融机构则可能面临技术滞后的问题。这种不平衡可能会导致资源的进一步集中，从而不能广泛地为社会带来益处。

总的来说，技术人才的缺乏不仅仅是一个人力资源问题，在考虑到人工智能技术在社会影响力金融领域潜在的优势时，该问题更是关系到社会影响力金融领域的整体发展、效率和公正性。

（二）人工智能价值目标的偏离

人工智能的决策过程通常是基于数据和算法的。然而，数据可能带有偏见，算法也可能受到设计者价值观的影响。在社会影响力金融领域，这些问题尤为突出，因为决策往往关系到广大民众的利益和社会的公共目标。

数据偏见可能来源于训练集本身。例如，如果人工智能模型使用富裕地区或特定群体的数据进行训练，那么它在做决策时可能会偏向这些群体，从而依照训练集中群体的角色逻辑行动而忽视其他群体的需求。这种情况下，

AI 的价值目标可能会偏离社会影响力金融的真正目标，即促进社会公平和公正。数据偏见也可能来自模型的复杂性，人工智能的决策过程往往是一个“黑箱”过程，难以理解和解释。当决策出现问题时，这种不透明性可能导致公众对 AI 技术的信任度下降，甚至对整个社会影响力金融领域的相关实践活动产生怀疑。

因此，确保人工智能技术的价值目标与社会影响力金融的目标保持一致，是社会影响力金融领域技术应用面临的巨大挑战，也是技术真正为社会带来益处的关键。

（三）对真实社会关系的替代

虽然人工智能技术在许多方面有其优势，并在大语言模型的支持下呈现出很强的社会亲和性，但它同时也对真实的社会关系产生了影响。在社会影响力金融领域，真实的社会关系是建立信任、促进合作和实现公共目标的基石。

当人工智能技术被广泛应用于客户服务、风险评估和决策支持等环节时，人与人之间的直接交往可能会减少，转而主要依靠人工智能技术实现组织内外人际互动。一方面，这有可能导致公众对机构的信任度下降，因为他们可能逐渐发觉自己在与一个冷漠的机器或是“假装亲切”的人工智能模型打交道，而非真正关心他们利益的人。另一方面，对于机构的从业人员来说，将过多的人际互动事务交由人工智能处理，也会降低机构从业人员对捐助者和受助者的共情能力。

因此，人工智能技术对真实社会关系的替代所带来的优势与劣势，仍需留待金融机构在应用过程中积极关注考量，以避免组织沦为技术应用的附庸。

四　人工智能技术在社会影响力金融领域的应用展望

（一）跨界人才的培养

在探讨人工智能与社会影响力金融领域的交汇点时，一个核心的认知是：单一领域的专业知识已不再足够。这是因为当金融遇上人工智能时，所涉及的不仅是算法和数据，还有金融市场的逻辑、社会问题的复杂性，以及与之相应的伦理考量。

跨界人才在这里扮演着至关重要的角色。他们不仅需要掌握深度学习、机器学习等先进技术，还要对金融市场有深入的了解，并对社会、文化和伦理有敏锐的洞察力。这种多领域的知识结构使他们能够更好地理解和解决在社会影响力金融领域中应用人工智能技术时可能遇到的问题。

未来，教育机构和研究机构可能会推出更多跨学科的培训和学习项目，将计算机科学、金融学和社会学等多个领域的知识结合起来，为学生提供一种全面、深入的学习体验。同时，企业和公益机构也可能更加重视跨界人才的培养和招聘，将他们视为连接技术和实际应用的桥梁。

总之，跨界人才将成为推动人工智能在社会影响力金融领域应用的关键力量，该群体的多元视角、创新思维和综合能力将为该领域带来新的活力和可能性，这也对当前的教育体系设计提出了新的挑战。

（二）稳定的价值观审核机构

随着人工智能技术在社会影响力金融领域的广泛应用，如何确保技术与社会价值目标的一致性、避免技术偏见以及确保决策的透明性和公正性，已经成为亟待解决的问题。

随着人工智能技术的发展，人们逐渐意识到人工智能技术的误用可能会产生一些伦理问题。《2023 年人工智能指数报告》（2023 AI Index Report）的数据显示，2012~2021 年，人工智能误用引发的伦理争议事件数量增加了 25 倍，从 2012 年的 10 件上升至 2021 年的 260 件（见图 2）。可以预料，随着 ChatGPT 等人工智能语言模型在日常生活中的广泛使用，此类争议事件的数量将进一步增加。

因此，在社会影响力金融领域应用人工智能技术的过程中，需要一个稳定、公正、权威的价值观审核机构来进行监督和指导。该机构可以是政府部门、非政府组织、学术机构或行业协会，主要任务是对人工智能在社会影响

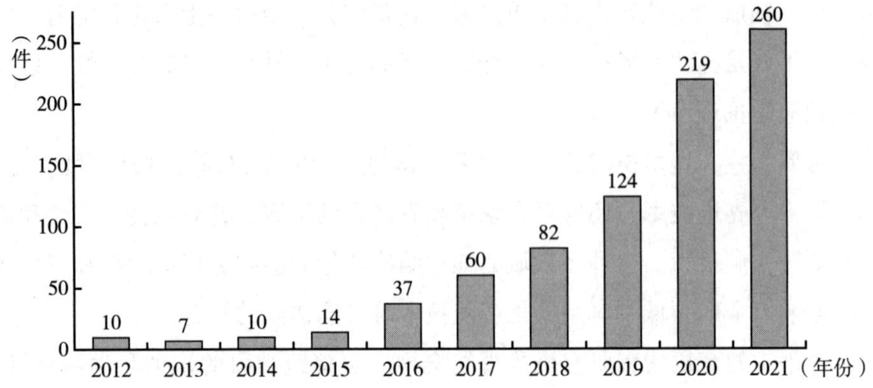

图 2　2012~2021 年人工智能伦理争议事件数量

资料来源："2023 AI Index Report"，https：//aiindex. stanford. edu/report/，最后访问日期：2023 年 11 月 27 日。

力金融领域的应用进行定期审核和评估，确保其与社会价值目标保持一致，并符合相关的伦理和法律规定。

此外，这样的机构还可以为企业和公益机构提供咨询和培训服务，帮助它们更好地了解和应用人工智能技术，避免潜在的风险。同时，通过定期发布研究报告和政策建议，机构也可以为公众提供更多关于人工智能技术在社会影响力金融领域应用的信息，增进公众的了解和信任。

总的来说，稳定的价值观审核机构将成为确保人工智能技术在社会影响力金融领域应用的关键，该机构的存在和作用将对该领域的未来发展产生深远的影响。

（三）更加灵活的组织模式

随着技术的迅速发展和应用场景的多样化，传统的组织模式可能已经无法满足社会影响力金融领域的需求。未来，更加灵活、开放、协同的组织模式可能会逐渐取代传统的模式，成为主流。

这种新的组织模式更加注重跨部门、跨领域的合作和交流，将技术人才、金融专家、社会学家等多领域的专家聚集在一起，形成一个高效、创新的团队。同时，组织的决策过程将更加透明、开放，鼓励员工参与和提出建议，确保每一个决策都是基于全面、深入的考量和讨论。此外，这种新的组织模式还更加注重与外部组织和个人的合作，包括其他企业、研究机构、公益机构和公众。通过共享资源、知识和经验，组织可以更好地应对各种挑战，发挥其在社会影响力金融领域的潜在影响力。

近年来，中国大量互联网科技企业参与到公益慈善领域中，超越了传统科层制和企业所有制的方式协同开展公益实践，并提供了前沿技术支持。未来，更加灵活的组织模式将为人工智能技术在社会影响力金融领域的应用创造更多的可能性，推动该领域向更高、更远的目标前进。

案例篇

Case Reports

B.11

广东省社会影响力金融的创新实践

丰梅玲　蔡 锋　谢 湉*

摘　要： 在梳理广东省社会影响力金融整体发展现状基础上，本报告详述了近年来广州、深圳及佛山三个主要城市的社会影响力金融发展特点和案例。在对广东省社会影响力金融发展进行特征总结和趋势分析后，提出了促进广东省社会影响力金融发展的四点建议。

关键词： 社会影响力金融　慈善金融　社会影响力投资　家族慈善　广东省

社会影响力金融，或简称社会金融，一般被认为是用金融的手段来配置资产，以解决社会问题、满足社会需求、实现社会价值。社会影响力金融的工具主要包括普惠信贷、普惠保险、社会影响力投资基金、社会影响力债

---

* 丰梅玲，深圳市创新企业社会责任促进中心副秘书长，研究方向为公益金融、慈善信托；蔡锋，深圳市创新企业社会责任促进中心研究员，研究方向为公益金融；谢湉，深圳市创新企业社会责任促进中心研究员，研究方向为公益金融。

券、慈善信托、公益创投、绿色金融等（李国武等，2021）。

作为我国经济最为发达的省份之一，广东省在普惠金融、社会影响力投资、慈善金融、绿色金融等社会影响力金融的各个领域先行先试、创新探索，在取得较为显著成绩的同时，对社会影响力金融在全国范围的发展起到了示范引领的作用。

一　广东省社会影响力金融发展概况

自党的十八大召开以来，广东省在党中央和国务院的领导下，不断深化改革和扩大开放，实施了包括“双区建设”（粤港澳大湾区建设、中国特色社会主义先行示范区建设）等在内的多项国家战略，开创和实施了“跨境理财通”“港澳药械通”等一系列先行先试政策。全省金融及社会服务体系不断完善，主要金融及社会发展指标均居全国前列。

金融方面，《广东省金融改革发展“十四五”规划》提出，要大力发展绿色金融、普惠金融、民生金融等，打造“金融+科技”“金融+乡村振兴”“金融+民生”“金融+生态”等品牌工程。在规划目标引领下，广东省金融业对经济增长的贡献率持续增长，金融格局日趋完善。2022 年，广东省 GDP 为 12.9 万亿元，占全国的 11%。其中，全省金融业增加值为 1.18 万亿元，同比增长 7.8%。截至 2022 年 12 月，全省本外币存款余额为 32.2 万亿元，同比增长 10%；贷款余额为 24.6 万亿元，同比增长 10.6%。在此基础上，广东省绿色金融和普惠金融持续创新发展。公开数据显示，2022 年，广东省出台了金融支持碳达峰“一揽子”政策，实施了粤东粤西粤北地区“金融倍增工程”。截至 2022 年 12 月，广东省绿色贷款余额达 2.2 万亿元，同比增长 53.3%；涉农贷款余额为 2.1 万亿元，同比增长 16.9%；普惠小微贷款余额为 3.5 万亿元，增长 25.5%，小微企业贷款加权平均利率已降至 4.15%。[①]

① 《2022 年广东金融业对经济增长贡献率达到创纪录的 1/3》，https://www.gd.gov.cn/gdywdt/zwzt/zqsk/ywsd/content/post_4093556.html，最后访问日期：2023 年 11 月 24 日。

社会方面，《广东省民政事业发展“十四五”规划（2021—2025年）》提出，要着力完善“大救助、大养老服务、大儿童保障、大慈善、大社会治理”五大工作体系；要通过“拓宽投融资渠道和加大金融服务支持”优化养老服务环境；要“做强慈善信托”；要“落实慈善事业在税收、土地、金融、教育、表彰、政府购买服务等方面的激励政策”。随着区域协调发展不断深化，广东省城乡财政收入及民间财富积累不断增加，围绕规划目标进一步补齐了社会民生短板。广东省公益慈善事业持续多年领跑全国，公开数据显示，截至2023年7月底，广东省有慈善组织1951家（具有公开募捐资格的212家），慈善财产总规模超过350亿元（其中慈善信托资金规模超10亿元）。2022年销售福利彩票172.8亿元，筹集福彩公益金52.9亿元，连续15年位居全国第一。①

总体而言，尽管社会影响力金融作为一种新型金融模式目前在全国仍处于初步发展阶段，但广东省已经围绕社会影响力金融“追求财务回报+创造社会价值”的双重特点开展了一系列理论探索和创新实践，不断让资本投资行为、资本增值功能和金融杠杆作用为更多元地解决社会问题贡献金融力量。

二 广东省社会影响力金融典型城市案例

2022年，广东金融业对经济增长的贡献率达到创纪录的1/3②，银行业资产、存款、贷款以及保险业资产、保费、赔付支出等各项指标稳居全国第一。就城市而言，广州市和深圳市已连续数年跻身国际金融中心百强名单，同时也长期名列中国金融十强城市行列，两地金融发展在省内处于领跑地位。此外，佛山市亦常年名列中国地级市金融存款十强，家族慈善发展规模和创新意识广受关注，成为继经济、美食后第三张靓丽的佛山城市名片，更

① 《广东福彩：聚焦发展，聚力公益》，http://www.xinhuanet.com/caipiao/20230306/bdeed300be7c4b0db8423ea2321c50ff/c.html，最后访问日期：2023年12月31日。

② 《2022年广东金融业对经济增长贡献率达到创纪录的1/3》，https://www.gd.gov.cn/gdywdt/zwzt/zqsk/ywsd/content/post_4093556.html，最后访问日期：2023年11月24日。

成为区域慈善事业的地方样本。[①] 本报告将以这三个城市作为典型城市案例进行分析。

（一）广州市：大力打造公益金融试验区

广州市推动公益金融发展始于“十三五”时期。2019 年 6 月 26 日，广东省地方金融监督管理局下发《关于同意广州民间金融街试点建设公益金融试验区的批复》，正式批复同意在广州民间金融街试点建设公益金融试验区。要求推动粤港澳大湾区社会资金投入公益事业，拓展广东民间金融创新外延与内涵，并总结试点经验，促进广东金融高质量发展。自此，全国首个公益金融试验区正式在广州民间金融街试点建设。试验区由广东省、广州市、越秀区三级共建，旨在聚集社会资本，通过运用金融工具有效解决教育、医疗、科技、环保、“三农”等社会问题，以推动共同富裕为目标，运用金融手段促进公益事业发展，探索公益金融发展新模式，打造共同富裕广东范本。

经过三年的探索实践，公益金融试验区落地广州惠众小额贷款有限公司等一批公益金融机构，联动银行、保险、信托等大型金融机构创新公益金融产品。此外，还举办了公益金融沙龙、公益金融大湾区系列论坛等活动，推动金融向善，服务共同富裕。公益金融试验区经过三年的发展，初步显现出一系列成效。

第一，通过创新机制和政策，成功设立广东省首家公益小贷公司。公益金融试验区率先设立了广州惠众小额贷款有限公司，该公司独辟蹊径地选择由公益基金会作为主要发起人，同时制定了公益小贷公司业务规则，实行商业信贷与公益信贷 70%与 30%的结构化业务模式。

第二，成功引入一批与公益金融有关的机构。公益金融试验区引入了 5 家重要公益金融机构，包括规模较大的广东省国强公益基金会、中孚家族办

① 《顺德企业家的慈善情怀》，http：//www. fsxcb. gov. cn/wmfs/content/post_ 754560. html，最后访问日期：2023 年 11 月 6 日。

公室、广东正和银行业保险业消费者权益保护中心等机构，形成了试验区内的公益金融机构聚集效应，有力地推动了公益金融领域的生态圈建设。

第三，鼓励地方金融机构进行公益金融业务的探索。结合国家扶贫战略和地方金融集聚优势，引导中和农信农业集团有限公司、广州慧新互联网小额贷款有限公司、广州海圆小额贷款有限公司、广东粤财融资担保集团有限公司等地方金融机构，专注于扶农、助农等公益金融事业。据统计，以上金融机构近年来共计发放了超过 20 亿元的涉农贷款，惠及超过 2 万家农户和农业企业。①

第四，设立了公益金融投融资路演中心，提供展示和投融资平台。该中心通过举办一系列大型活动，如公益金融论坛和沙龙，吸引金融、慈善及企业社会责任等领域的专家进行专题探讨，推动公益与金融的融合互动，不断寻找具有中国和大湾区特色的社会影响力金融发展方向。

总体而言，公益金融试验区积极鼓励地方金融机构参与公益金融领域创新实践，各类公益金融机构在试验区的引导下，纷纷加大对社会影响力金融的投入，探索开发新的金融工具和服务模式，以满足社会的多元化需求。通过创新实践，广州市地方金融机构不仅扩大了业务领域，也在推动社会公益事业发展、促进社会可持续发展等方面发挥了更大作用。

之后，《广州市金融发展“十四五”规划》再次明确提出“推进公益金融试验区的建设”，引入一批公益金融机构，拓宽普惠金融服务的广度。推动成立公益金融联合会，探索设立粤港澳大湾区影响力投资基金，以金融手段反哺公益事业，保障慈善资产的保值增值和公益事业的可持续发展。

与此同时，广州市也通过各项措施鼓励和引导银行、信托公司等金融机构开发公益理财、慈善信托等产品，引导社会组织和慈善机构充分参与，开展金融慈善项目，充分发挥“慈善+金融”的合力，助推公益金融高质量发展。2022 年 2 月，广州市出台《广州市创建“慈善之城”2022 年工作要点》，

---

① 《广东公益金融试验区迈出一大步！首家准公益小贷公司落户越秀》，https：//www. 163. com/dy/article/G588PHJT05129QAF. html，最后访问日期：2023 年 11 月 24 日。

支持推动“慈善+金融”创新改革，率先探索慈善信托运作方式和治理机制的标准化建设，会同广东省银保监局建立慈善信托监管协作机制，共同引导慈善组织、信托公司创设慈善信托，增加慈善信托数量，扩大慈善信托规模。

2023 年，广州市民政局联合市财政局、市地方金融监督管理局、市人民政府国有资产监督管理委员会、国家金融监督管理总局广东监管局、国家税务总局广州市税务局、市工商业联合会等部门，印发了《广州市关于促进慈善信托发展的实施意见》，明确了 7 个部门在 15 项具体任务中的职责分工，搭建了慈善信托协同发展平台，形成了慈善信托发展合力，为广州市慈善信托高质量发展提供了机制保障，为广州市“慈善+金融”改革创新提供了新的动能和机遇。

（二）深圳市：紧密围绕可持续金融创新示范

2015 年 9 月，联合国大会通过了《2030 年可持续发展议程》，确立了 17 项可持续发展目标（Sustainable Development Goals，SDGs），对什么是“可持续”提出了 17 个维度的“考核”目标。2018 年，欧盟委员会发布了《可持续发展融资行动计划》（Action Plan：Financing Sustainable Growth），可持续金融逐步被认为是指在金融部门做出投资决策时考虑环境、社会和治理（ESG）因素，从而增加对可持续经济活动和项目的长期投资，并涵盖所有的可持续发展目标（傅聪，2023）。作为全国改革开放的先行区，深圳市不仅在经济领域勇于突破，在社会领域也敢于创新，特别是在可持续金融领域进行了诸多示范性探索。

2017 年，深圳市福田区政府发布了国内首个《关于打造社会影响力投资高地的意见》，并设立 3000 万元专项资金，致力于推动社会影响力投资生态体系的发展。这一举措包括发行社会影响力债券、探索设立一批社会影响力投资引导基金、发展慈善信托、支持社会企业和有关中介组织发展，同时积极鼓励社会责任型投资，以及资助影响力投资领域的学术成果。深圳市福田区连续两年举办了“首善福田——全球公益金融论坛”，并推出“香蜜湖共识”社会责任契约，为深圳可持续金融的发展奠定了坚实的基础，使得深圳可持续金融向纵深发展，走在全国前列。①

2021年，《深圳市金融业高质量发展“十四五”规划》提出打造全球可持续金融中心的目标，要求加快推进社会影响力金融发展，率先探索运用金融手段解决社会问题，打造社会影响力金融生态圈。除了强调慈善信托，规划中还明确提到公益贷款、公益创投、公益担保、公益性小微金融等领域的创新发展，积极推动社会影响力债券、公益基金等项目率先在深圳试点，鼓励针对社会需求开发专属金融产品，支持依托中国公益慈善项目交流展示会等重大平台载体，促进慈善资金募集、公益资产交易流转等。

深圳市地方金融监督管理局等相关职能部门为大力推动可持续金融发展做出了诸多创新探索。一是引导金融业关注关爱普通民众和弱势群体。2019年，深圳市地方金融监督管理局联合中国人民银行深圳市中心支行、深圳银保监局、深圳证监局、深圳证券交易所共同开展了“深圳市居民金融素养提升工程”，旨在“提升居民素养，防范金融风险”，并将其作为深圳市政府的民生实事工程之一，覆盖到全市各重点社区。此外，为贯彻落实深圳金融监管单位切实提升社会公众金融素养、有效防范化解金融风险等指示精神，立足金融宣传教育和消费者权益保护工作，深圳市创新企业社会责任促进中心与交通银行深圳分行推出“交子U未来”少年助老金融公益计划，助力青少年财商教育和正向成长，同时提高老年人金融反诈能力，帮助老年人跨越“数字鸿沟”，共享数字金融，为深圳塑造良好的金融素养提升氛围。2020年，深圳市地方金融监督管理局联合深圳市残疾人联合会，共同研究制定了全国首个《关于促进身心障碍者信托发展的指导意见》，在完善身心障碍者生活质量兜底性政策体系方面走在了全国前列。这一系列积极措施标志着深圳金融监管部门在提升居民金融素养、服务社会弱势群体等方面的前瞻性和领导力。

二是推动政府资金通过可持续金融工具为特区建设做出贡献。2018年，

① 《深圳市金融业高质量发展“十四五”规划》，http：//jr.sz.gov.cn/gkmlpt/content/9/9521/post_9521934.html#2813，最后访问日期：2023年11月6日。

大鹏半岛生态文明建设慈善信托由深圳市大鹏新区管理委员会委托、深圳市社会公益基金会担任受托人设立，是全国首个以“政府委托+慈善组织受托”为设立模式的慈善信托。该慈善信托由深圳市大鹏新区管理委员会首期出资 1000 万元人民币设立，并设定为开放式永续慈善信托，信托目的为推动大鹏半岛生态文明建设。2020 年 8 月，深圳发行全国首个以投资科技企业债券为策略的集合资金信托“深圳慈善共同基金”，既能够提升慈善资产投资标的的安全性，又能够以“金融+慈善”赋能实体经济，为深圳市科技类上市公司提供资金支持，为解决慈善资金保值增值难题做出有益探索。2023 年，平安集团在国家金融监督管理总局深圳监管局的指导下，积极展开绿色金融与服务的创新探索。在这一背景下，平安集团规划了一系列方案，包括“红树林碳汇保险+红树林生态保护慈善信托+志愿者服务”。2023 年 10 月，“平安生物多样性及环境保护慈善信托”由深圳市平安公益基金会捐赠 1000 万元发起设立，由平安信托作为受托人、深圳市红树林湿地保护基金会作为慈善信托的慈善项目管理人，致力于保护生物多样性、促进生态保护和可持续发展，是国内首只重点关注红树林生态保护的慈善信托。该慈善信托的设立是平安集团推出全国首个“红树林碳汇保险”后，在践行 ESG 理念和可持续发展方面的进一步深入探索和实践。

三是持续完善表彰机制。2020 年，深圳市金融创新奖设立特色奖，将社会影响力金融、绿色金融纳入特色奖类别，分别以一等奖 80 万元、二等奖 50 万元、三等奖 30 万元的奖金鼓励各金融机构在公益金融领域进行创新。不少持牌银行机构在社会影响力金融、绿色金融等领域获得表彰奖励，较好地激发了它们主动关注和提供此类金融服务的积极性。截至 2022 年，获得特色奖的社会影响力金融和绿色金融类机构、产品和项目达 33 个，奖金总额逾千万元。①

在政策倡导与包容性环境下，深圳金融机构与创新性社会组织也积极围

① 《市地方金融监管局关于 2020 年度深圳市金融创新奖获奖项目的公示》，http://jr.sz.gov.cn/sjrb/ztzl/yshjzck/tzgg/content/post_9388293.html，最后访问日期：2023 年 12 月 31 日。

绕可持续金融领域，不断创新服务模式与工具，在公益理财、慈善信托、公益保险、社会影响力债券、社会企业等方面均产生了有影响力的实践。

第一，围绕可持续金融，多类倡导性和实践性组织落地。2019 年，中国建设银行深圳市分行、深圳市慈善会、中央财经大学社会与心理学院和深圳市创新企业社会责任促进中心联合发起成立社会影响力金融创新实验室，聚焦公益金融创新，推动公益慈善前瞻性课题研究和落地。同年，由深圳市金融学会绿色金融专业委员会和联合国环境规划署世界可持续金融中心（FC4S）联合推动，在深圳市政府的支持和指导下，绿色金融服务实体经济实验室正式落地深圳。2021 年，中国农业银行私人银行部和深圳市创新企业社会责任促进中心共同主办的“壹私行公益金融实验室”落地深圳，推动国有大行在公益金融领域的开拓与发展。

第二，不断推出有影响力和创新示范性的可持续金融产品。2018 年，中国建设银行深圳市分行联合深圳市慈善会首创推出“乾元-爱心捐赠”慈善理财产品，号召理财客户捐赠部分收益支持公益项目。截至 2021 年 5 月，该理财产品发行了 22 期，累计规模达 89 亿元，捐赠额达到 703 万元。① 2019 年，中国人寿深圳市分公司携手深圳市慈善会、深圳市创新企业社会责任促进中心共同发起“自闭症儿童公益保险”项目，聚焦自闭症儿童群体家庭风险保障。2020 年，中国建设银行又创新性地推出善建系列公益慈善私募产品，产品融合私募投资和公益慈善元素，联合和引导合作机构投身公益慈善，投资顾问将其部分费用定向捐赠给公益慈善机构，为客户免除认购费，并给予捐赠者服务权益。2022 年，第一创业证券发行深圳证券业首只公益资管产品，将产品部分管理费收入捐赠给公益基金会，用于乡村振兴地区的教育公益项目。2023 年，招商期货与上海期货交易所等机构合作，推出多个“保险+期货”项目，精准服务“三农”。这些公益金融项目都是深圳金融机构在社会影响力金融发展方面的实践，也是形成融合业务做公益

① 《为爱心插上公益金融的翅膀 记深圳市“乾元-爱心捐赠”慈善理财产品项目》，https：//m. csgyb. com. cn/concerned/xiangmu/20220727/34332. html，最后访问日期：2023 年 12 月 31 日。

的新格局的实例体现。此外，2021~2022 年，深圳市政府连续两年在香港发行包括绿色债券、蓝色债券在内的离岸人民币地方政府债券，募资金额累计 65 亿元。①

第三，积极推动金融慈善服务专业人才的培训。为发挥慈善事业第三次分配作用，建设金融慈善服务专业人才队伍，深圳市创新企业社会责任促进中心发起“金融慈善顾问培养计划”。该计划通过课程教学、案例研究、实操考核等方式，开展线上、线下等多种类型课程与活动，为社会培养了一批既懂金融又懂慈善的慈善顾问。截至 2023 年 10 月，已与中国建设银行、中国农业银行及交通银行等金融机构合作开展培训，学员群体覆盖全国，累计培养并认证近 300 名金融慈善顾问，进一步加强了金融机构、高净值客户、企业与慈善组织之间的协作。

第四，积极推动可持续金融领域相关文件的编制和发布。2016 年，社会价值投资联盟发布了“A 股上市公司社会价值义利 99 指数”。2021 年，深圳证券交易所发布《深圳证券交易所公司债券创新品种业务指引第 1 号——绿色公司债券（2021 年修订）》，对绿色债券信息披露做出规范。2021 年，中央财经大学社会与心理学院、中国建设银行深圳市分行与深圳市慈善会、深圳市创新企业社会责任促进中心联合出版了国内首部以社会影响力金融为主题的蓝皮书——《社会影响力金融研究报告（No. 1）》。随后，在 2022 年，深圳市创新企业社会责任促进中心和深圳市凯丰公益基金会联合中央财经大学社会与心理学院及多家持牌银行机构，启动“金融慈善顾问”团体标准的编制工作。由此可见，深圳在可持续金融领域标准化方面的积极探索与引领。

（三）佛山市：家族慈善推动社会创新

佛山市作为广东省传统文化的重要发源地和传承较好的地区，近年来在

① 《深圳赴港发债，创内地地方政府赴境外发债先河》，https：//cj. sina. com. cn/articles/view/5787187353/158f1789902001lcau，最后访问日期：2023 年 11 月 10 日。

社会影响力金融方面取得了显著的进展。这既得益于佛山市政府在宏观层面对社会影响力金融的明确支持和引导，也得益于佛山民间富裕家族对社会、社区的“反哺”精神和具体行动。

《佛山市国民经济和社会发展第十四个五年规划和2035年远景目标纲要》（以下简称《规划纲要》）将佛山定位为粤港澳大湾区的极点城市、全省地级市高质量发展的领头羊以及面向全球的国家制造业创新中心。同时，《佛山市民政事业发展“十四五”规划（2021—2025年）》指出，要优化慈善事业布局，鼓励社区发展慈善互助会或社区基金会，大力支持企业和个人在慈善组织内成立冠名基金，形成具有佛山特色的现代慈善事业发展格局。明确的目标定位为佛山社会影响力金融发展提供了战略引导，使得慈善家族和企业更容易理解社会影响力金融的定位和发展方向。得益于较好的经济发展基础和宽松的政策环境，佛山市富裕家族及其企业积极推动了社会影响力金融在佛山以及周边地区的实质性落地。

1. 佛山市顺德区和创公益基金会

2017年，佛山企业美的集团创始人何享健创办了和的慈善基金会，并提出了建设“和的慈善体系”。其中，佛山市顺德区创新创业公益基金会成为支持本土青年人才创新创业的重要一环。该基金会成立于2017年1月，于顺德区民政部门登记注册，注册资金200万元人民币，由何享健捐赠。2023年，为打造品牌，更好地传承捐赠人的慈善精神，广泛调动社会资源，扩大创新创业的影响力，基金会更名为“佛山市顺德区和创公益基金会”（以下简称“和创基金会”）。

该基金会的运作模式灵感源自奥米迪亚网络（Omidyar Network）的早期形态，以公益捐赠和股权投资的方式，全力支持在顺德地区拼搏的年轻人。它运用商业VC方法和手段，将公益理念融入青年创业和产业发展中。

和创基金会在社会影响力投资方面展现了多元化的策略、进行了积极的实践。其主要采用资助（30%）与投资（70%）相结合的方式，每年用一定比例的资金投资社会目的型企业，旨在用5~7年的时间支持潜力较高的社会目的型企业发展，并不断探索社会投资的新领域。通过进行股权投资以及作为有限合伙人积极参与投资，该基金会为推动社会创新和可持续发展做出了突出的贡献。

首先，和创基金会积极参与股权投资，持有广东省和创孵化器有限公司100%的股权，注册资金为5000万元。该公司提供企业孵化服务、创业空间服务、创业指导服务、物业服务、房屋租赁服务等多种服务。通过股权投资，基金会不仅在经济上支持了创业企业的发展，更在实践中形成了创新创业的生态系统，为本地区的创新注入新的动力。

其次，和创基金会作为有限合伙人，将财产委托给受金融监督管理部门监管的机构进行投资。其中，对深圳前海易合商业保理有限公司的1000万元投资以及对贵州场外机构间市场有限公司的200万元投资，凸显了基金会在跨领域投资中的积极参与。[①] 这种方式不仅拓宽了基金会的社会影响力投资领域，也为金融机构提供了资金支持，产生了更广泛的社会效益。

和创基金会通过社会影响力投资的多元化手段，以资本的力量推动社会的创新和可持续发展；通过股权投资、有限合伙人投资等策略的结合展现了对风险管理的敏感性，以及对不同领域投资机会的灵活把握。

2. 何享健科学基金

继建设“和的慈善体系”后，何享健家族持续在公益慈善领域发挥作用。2023年5月21日，何享健以个人名义出资30亿元设立何享健科学基金，并在“大湾区科学论坛”上正式发布。该基金采用信托模式，以永续、独立运营为宗旨，旨在奖励对基础研究有突破性贡献的科学家，推动原创性、前沿性的基础研究和相关成果转化。这一倡议在全球范围内引起广泛关注，凸显了佛山市在科技创新和社会影响力金融方面的国际影响力。

何享健科学基金的设立不仅是对基础研究的巨大支持，也在社会影响力金融的领域中做出了标志性的贡献。该基金以奖励优秀科学家为主，并通过科学资助计划进一步推动科学研究的发展。社会影响力金融在支持科

① 《佛山市顺德区和创公益基金会2020年度工作报告》，https：//www. gdnpo. gov. cn/pub/GSContent/gdsd2104141824004_ p1gd5757703_ p22b1707138_ 0? sysid = gdsd，最后访问日期：2023年12月25日。

技创新、推动基础研究的同时，也为其他领域的社会影响力金融提供有益经验。

3. 广东省国强公益基金会

广东省国强公益基金会是2013年创立的非公募基金会，是广东省5A级社会组织。基金会以“希望社会因我们的存在而变得更加美好”为愿景，以教育和文化为手段，以人的培养为中心，促进乡村振兴、助力社区发展、参与生物多样性保护等，推动国家民族富强与人类社会进步。

在开展各类公益活动时，广东省国强公益基金会注重运用社会影响力金融。据公开报道，广东省国强公益基金会曾通过股权投资的形式成立了三家社会企业，用商业的手段解决社会问题，主要从事扶贫助农、扶贫文创和扶贫旅游路线开发。[①] 由于三家企业的股东都是基金会，所以企业产生的利润重新分配到基金会里，再由基金会将利润直接捐赠或者投入企业里使企业做大做强。

三　广东省社会影响力金融发展特征及趋势

（一）发展特征

近年来，随着广东省社会各界，尤其是政府及金融行业对社会影响力金融的认知水平和参与度不断提高，广东省社会影响力金融发展呈现出积极态势和鲜明特征。

1. 政府积极扮演“推动者”角色，通过政策倡导和地区试点促进社会影响力金融发展

《广东省金融改革发展“十四五”规划》提出，要着力提升广州、深圳两个中心城市金融发展能级，增强区域金融改革发展引领作用。广州市、深圳市通过制定有利于社会影响力金融发展的政策法规，为社会影响力金融从

---

① 《田冲：从“传统慈善”到“影响力投资”的探索》，https：//www. thepaper. cn/newsDetail_ forwa rd_ 5185220，最后访问日期：2023年12月31日。

业机构提供财税补贴等激励措施，不断鼓励各类资本参与到社会影响力金融创新和发展中来。同时，政府在一些具有代表性的地区开展试点项目，不断总结经验教训，为社会影响力金融的进一步推广提供参考和借鉴。

2. 金融机构参与度不断提高，同一金融机构采用多种社会影响力金融产品和工具加速扩大社会影响

随着社会影响力金融的进一步发展，更多金融机构开始加入社会影响力金融行列，更多不同类型的社会影响力金融产品和工具得以开发及应用。

过去普遍认为，商业银行主要通过公益理财和普惠信贷开展社会影响力金融实践；社会影响力债券及社会价值指数则主要由证券公司负责设计和开发；各类慈善组织则主要以股权捐赠和公益创投等方式践行社会影响力金融。近年来，随着更多有担当、有实力的金融机构参与社会影响力金融，不同类型的社会影响力金融产品得以实现跨界融合和合作共赢。

以总部位于广东深圳的第一创业证券股份有限公司为例，该金融机构积极通过内外部创新，在多个社会影响力金融领域实现了突破和融合。首先，公司在 2022 年初独立注册成立了深圳市第一创业公益基金会，通过基金会精细化、科学化开展各类公益慈善项目，在开展公益慈善活动中不断践行公益创投理念。其次，公司于 2022 年成功发行了深圳证券业首只公益资管产品，承诺将产品部分管理费收入捐出，专门用于乡村振兴地区的教育公益项目。最后，在公司的指导下，深圳市第一创业公益基金会还以委托人身份设立了全国首个 ESG 主题慈善信托，进一步联动信托公司、商业银行等多方力量，共同开展社会影响力金融实践。

3. 富裕家族通过社会影响力金融积极行动，参与社会、社区发展

近年来一些富裕家族通过社会影响力投资、公益慈善等方式积极履行社会、社区责任，通过股权捐赠、慈善信托等形式，积极为其所在社区提供低成本甚至零成本的长期稳定公益资金，促进社区的基础设施、教育、医疗、文化等方面的发展。预计未来会有更多的高净值人士和家族参与到慈善金融和社会影响力投资中来。

（二）发展趋势

与此同时，在经济增长放缓、人口老龄化、气候变化等背景下，广东省社会影响力金融理论及实践呈现以下新趋势。

1. 社会金融、养老金融、绿色金融等进一步发展

社会金融方面，2023 年末，深圳市地方金融监督管理局正式发布《关于推动深圳社会金融发展的意见》，将为劳动就业、医疗卫生、乡村振兴、教育托幼、养老服务、助残扶弱等社会民生领域提供的投资、融资和相关金融服务统称为社会金融，设定了“打造基础设施完备、参与机构众多、产品结构丰富的社会金融体系，推进深圳社会金融市场规模、创新水平、国际影响力均达到世界先进水平”的发展目标。

养老金融方面，自 2022 年 11 月人力资源和社会保障部办公厅、财政部办公厅和国家税务总局办公厅印发《关于公布个人养老金先行城市（地区）的通知》，明确将广州、深圳列入首批个人养老金先行城市名单后，广州、深圳两地的各大商业银行均在积极推广设立个人养老金账户。截至 2023 年 10 月底，广东省先行地区（省直、广州、深圳）已开通个人养老金账户逾 600 万户，居全国前列。①

绿色金融方面，2022 年 6 月，广东省人民政府办公厅印发《广东省发展绿色金融支持碳达峰行动的实施方案》，在指导思想、基本原则、主要目标等方面提出了具体要求并推出了七大主要措施。截至 2023 年 9 月末，广东省绿色贷款余额首次超过 3 万亿元，同比增长 45.9%，增速较各项贷款高 35 个百分点；绿色贷款余额占各项贷款比重达 11.3%，较去年同期提升 2.7 个百分点。分地区看，广东绿色信贷资金投放主体主要集中在珠三角地区。截至 2023 年 9 月末，珠三角地区金融机构绿色贷款余额合计达 27453 亿元，占全省绿色贷款余额比重达 90.6%。广州作为全国首批绿色金融改革创新

---

① 《广东个人养老金开户突破 600 万 参加人可享个税优惠 最高每年减税 5400 元》，https://www.gd.gov.cn/gdywdt/bmdt/content/post_4287481.html，最后访问日期：2023 年 12 月 31 日。

试验区的示范作用更加突出，绿色贷款余额占全省的 1/3。[①]

2. 多类别金融机构跨界合作，共同推动社会影响力金融创新实践

随着社会影响力金融实践的深入，传统单一社会影响力金融工具和产品已经无法满足相关需求。越来越多金融机构走向联合，推出社会影响力金融组合工具，助力社会目标的实现。

以总部位于深圳的招商期货为例，该公司作为期货公司，凭借自身在期货市场的丰富经验和优势，主动与保险公司开展“保险+期货”合作，发挥自身业务优势助力乡村振兴。公司在 2022 年共设计实施了海南临高县天然橡胶、河南桐柏县花生以及新疆阿瓦提县棉花等三个社会影响力金融项目，获得各方广泛认可。

以新疆阿瓦提县棉花项目为例，保险公司、期货公司、订单企业、农户等发挥各自作用，共同开展了一次成功的以乡村振兴为主题的“保险+期货+上下游”跨界合作（见图 1）。

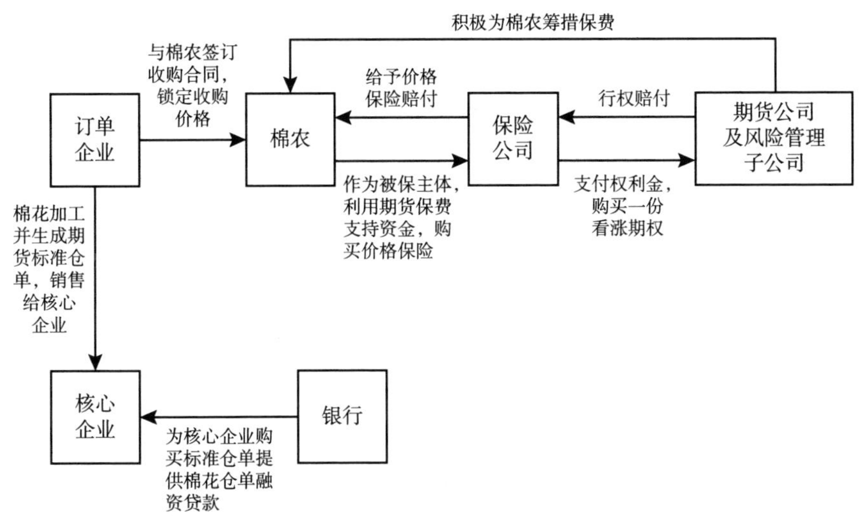

图 1　棉花“保险+期货+上下游”跨界合作示意

① 《做好绿色金融这篇大文章：广东绿色贷款余额突破三万亿元》，https：//www.21jingji.com/article/20231113/herald/a927b806 cb905607476e90793c5195ee.html，最后访问日期：2023 年 12 月 31 日。

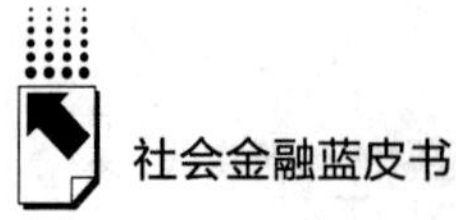

被保农户：享有一份看涨价格保险，获得销售后一段时间的棉花价格上涨收益，避免农户惜售心理导致农户不愿卖货的情况发生（如保险期间棉花价格上涨，差额部分由保险公司赔付）。

轧花厂：通过“保险+期货”模式锁定棉源，提供订单等证明与棉农产生实际交易的材料，将对应棉花加工并生成期货标准仓单，增加部分合理利润，通过场外“保值贷”交易平台销售给核心企业。

招商期货：在初期试点项目中，负责筹措项目保费，下属风险管理子公司招证资本投资有限公司（以下简称“招证资本”）协助保险公司完成“保险+期货”的风险对冲。

保险公司：作为“保险+期货”的通道，收取保险费用并向招证资本购买场外期权对冲风险，两者差价中预留一定利润作为服务费用。

农发行：提供信贷支持，为核心企业购买标准仓单提供棉花仓单融资贷款。

最终，项目以91%的赔付率惠及阿瓦提县新型农业经营主体与棉农，保险保障货值规模约为2070万元，保障籽棉约4000吨，折皮棉规模约1500吨，对应棉田面积约10000亩。①

3. 公益创投兴起，社会影响力金融进一步深入社区、深入群众

2023年，第十四届全国人民代表大会常务委员会第七次会议决定对《中华人民共和国慈善法》做出修改，其中正式将“鼓励社会力量通过公益创投、孵化培育、人员培训、项目指导等方式，为慈善组织提供资金支持和能力建设服务”纳入条文。公益创投具有“公益+投资”的双重属性，是社会影响力金融与公益慈善的又一次紧密合作，为慈善组织的发展提供了更多可能。

在公益创投理念的影响下，越来越多政府部门及社会资金得以进入公益慈善及社会服务领域。以佛山市为例，自2015年起，佛山市民政局联合佛山市慈善会开展“创益合伙人计划”公益创投，投入资金逾2600万元，资

---

① 《创新“保险+期货”棉花走出“阿瓦提”模式》，https：//www.cfachina.org/industrydynamics/membernews/newsofmembers/202305/t20230526_43458.html，最后访问日期：2023年12月31日。

助了214个公益慈善项目开展社会服务，服务涵盖“童成长”“耆健悦”“残康融”“解困顿”“践文明”“乐志愿”六大领域，服务范围覆盖佛山市五区，直接帮扶人数超过42万人次，间接服务达925万人次，取得了良好的社会效应。[①] 据统计，佛山市各级政府和慈善组织已形成“创益合伙人计划”“众创共善计划”“和乐村居”等多个社区公益品牌项目，累计投入超2亿元，服务惠及超过500万人。[②]

四　促进广东省社会影响力金融发展的建议

面对全球金融治理和产业链布局出现的重大变革，广东省在着眼全省金融改革重大机遇的同时，也通过发挥各市特色优势推动“金融+”各类创新探索，社会影响力金融发展格局日趋完善。与此同时，社会治理领域和金融领域的概念对标不齐、社会影响力金融产品标准欠缺、专业人才供不应求等问题逐渐凸显。广东省应尽快加强顶层设计，统筹社会影响力金融在粤港澳大湾区的布局，加强生态体系、人才培养机制、激励机制等多方面建设，加快构建创新友好型、环境友好型和更加开放普惠的现代金融体系，充分发挥社会影响力金融这一新金融模式在推动共同富裕中的作用。

（一）加强顶层设计与支持

社会影响力金融发展涉及金融、民政、税务等多个部门，需要加强顶层设计和统一协调，创新性地运用金融、财税、社会倡导等政策和手段加快发展，提升效能。广东省政府部门应为社会影响力金融发展提供更多政策和资源支持，进一步围绕完善各类试点建设，构建涵盖财政、金融、民政、税务等部门的联合工作模式，推动粤港澳大湾区在社会影响力金融领域的联动，

① 《投入资金逾2600万元，佛山“创益合伙人计划”晒出成果》，https：//static. nfapp. southcn. com/content/202311/07/c8275524. html，最后访问日期：2023年12月31日。

② 《广东奋力书写“大慈善”高质量发展新篇章》，http：//smzt. gd. gov. cn/mzzx/mzyw/content/post_ 4248730. html，最后访问日期：2023年12月31日。

鼓励社会影响力金融与各类产业、行业融合发展，进一步发挥社会影响力金融对公益慈善事业的促进作用。

一是要制定社会影响力金融试点项目清单，鼓励针对特定议题、特定地区开展社会影响力金融试点，协调社会各界共同参与；二是要支持设立社会影响力金融的地方性行业组织，通过行业联合、行业自律等规范社会影响力金融发展；三是要设置“社会影响力金融特别贡献奖”奖项，表彰在社会影响力金融领域做出突出贡献、取得优秀成绩的相关机构。

（二）培养壮大社会影响力金融市场主体

建议紧密围绕社会影响力金融生态链，动员社会各界积极参与社会影响力金融实践，形成多元化市场主体结构，促进社会影响力金融的产品创新和服务创新。

第一，鼓励个人、企业、社会组织参与社会影响力金融事业，参与行业性组织建设，共建社会影响力金融生态链。

第二，鼓励银行、保险、信托、证券、基金等各类金融机构积极通过产品创新、跨界合作等方式开发更多社会影响力金融产品。

第三，出台社会影响力金融产品认定标准，向符合认定标准的社会影响力金融产品供给方颁发认定证书。

（三）完善社会影响力金融的评估体系和激励机制

建立科学合理的社会影响力评估体系，引入第三方评估机构，采用多维度、多指标、多方法的评估方式，全面客观地反映社会影响力金融的效果和价值。同时，建立有效的社会影响力金融激励机制，通过税收优惠、财政补贴、信用支持等方式鼓励和奖励社会影响力金融的相关主体。

（四）重视和加强社会影响力金融专业人才队伍建设

在尊重市场原则的基础上重视和加强社会影响力金融专业人才培养。鼓励制定专门针对社会影响力金融人才的地方标准，为人才培养提供指导；开展人才引进，重点引进专门从事社会影响力金融工作的高层次复合型人才；支持符合条件的社会影响力金融从业人员申报享受人才政策，包括人才住房补贴、人才入户管理等，对经评估认定的社会影响力金融人才，给予一次性补贴；支持省内高校开展社会影响力金融的课程开发和人才培养；鼓励金融机构、社会组织为高校毕业生提供社会影响力金融实习和工作岗位；打造社会影响力金融“产学研”合作体系等。

参考文献

傅聪，2023，《欧盟可持续金融的内涵、机制与面临的挑战》，《中国社会科学院大学学报》第 8 期。

李国武、李忠东、房涛主编，2021，《社会影响力金融研究报告（NO. 1）》，社会科学文献出版社。

B.12

浙江省社会影响力金融的创新实践

王修晓　凌 超　吕心语　王圳杰*

摘　要： 作为全国首个共同富裕建设示范区，浙江省充分发挥自身区位和经济优势，积极探索中国特色社会影响力金融发展的地方路径。浙江省做好顶层设计，发挥政策引导优势，在普惠金融、慈善金融、社会影响力投资和绿色金融等领域全面发力，助力共同富裕目标实现。浙江省既有全省层面的通盘规划和整体推进，又有省内不同地市的个性化、在地化实践，探索出了与众不同的社会影响力金融发展"浙江模式"。

关键词： 社会影响力金融　共同富裕　浙江省

作为全国首个共同富裕建设示范区，浙江省努力结合本地特色，从顶层设计、政策制定、行业协同、多方参与和地方探索等方面入手，积极开拓具有鲜明中国特色的社会影响力金融创新模式。

一　金融支持浙江省共同富裕示范区建设的政策体系

浙江省金融支持共同富裕示范区建设实践，背后有一系列系统的政策体

* 王修晓，博士，中央财经大学社会与心理学院副教授，研究方向为组织社会学和金融社会学研究；凌超、吕心语，中央财经大学社会与心理学院社会学硕士研究生，研究方向为组织社会学和金融社会学研究；王圳杰，天风（上海）证券资产管理有限公司公募投研部投资经理，研究方向为地方债券和资本市场。

系作为支撑和基础。党和国家从顶层高度擘画共同富裕建设目标，出台一系列引导政策，地方政府积极响应，因地制宜制定差异化金融支持政策，金融机构等市场主体采取多种形式参与共建，形成金融机构、政府和市场共同参与的良好格局。

（一）宏观战略描绘蓝图

地方创新离不开党和国家的统筹谋划和战略布局。2021 年 6 月 10 日，党中央、国务院印发《关于支持浙江高质量发展建设共同富裕示范区的意见》。同年 7 月 19 日，浙江省发布《浙江高质量发展建设共同富裕示范区实施方案（2021—2025 年）》，提出 2025 年、2035 年“两阶段发展目标”，率先探索建设共同富裕美好社会，为实现共同富裕提供浙江示范。为实现上述宏伟目标，党中央、国务院和各部委统筹协调，出台了一系列配套政策，从顶层设计上给浙江省框画出一张美好发展蓝图。

2022 年 1 月 15 日，科技部、浙江省人民政府印发《推动高质量发展建设共同富裕示范区科技创新行动方案》，提出要深化科技金融改革，打通科技、产业、金融循环发展通道，完善金融支持科技创新政策和特色金融服务措施。同年 3 月 18 日，中国人民银行、中国银行保险监督管理委员会、中国证券监督管理委员会、国家外汇管理局、浙江省人民政府等部门共同发布《关于金融支持浙江高质量发展建设共同富裕示范区的意见》（以下简称“31 条”），从 9 个方面（共 31 条具体内容）来指导浙江省共同富裕示范区建设，既有全省层面的通盘规划和顶层设计，也有根据省内不同城市的经济模式和资源禀赋差异，给出的个性化具体指导。

（二）地市政府争先表率

在党和国家政策方针的正确指导下，浙江省相关委办局和各地市政府通力合作、各尽其能，为金融助力共同富裕示范区建设献策出力。省会杭州率先示范，于 2021 年 7 月 10 日下发《杭州争当浙江高质量发展建设共同富裕示范区城市范例的行动计划（2021—2025 年）》，强调在社会影响力金融方面，要鼓励金融机构开展“慈善+金融”创新，支持公益创投、网络众筹、慈善信托、公益拍卖等新型公益模式规范发展，落实公益性捐赠税收优惠政策，完善慈善褒奖制度，引导高收入群体和企业家向上向善、回报社会。2023年1月19日，杭州市人民政府办公厅印发的《关于建设现代金融创新高地助力经济高质量发展的实施意见》，特别强调要实施“金融促富”行动，推动金融产业“一县一策”，促进山区跨越式高质量发展，创建场外交易市场“共同富裕”板，设立县域共同富裕产业基金平台，构建与城乡居民需求相适应的财富管理体系；同时稳妥创新普惠金融服务，探索农户家庭资产池增信融资、农民资产授托代管融资、未来乡村资产证券化等免抵押、免担保、低利率、可持续的数字金融产品，创新对新时代美丽乡村、现代生态农业、集体经济较弱村等的融资支持。

作为国家级普惠金融改革试验区和保险创新综合试验区，计划单列市宁波在2021年6月提出高质量建设共同富裕先行市战略目标，针对收入差距、城乡差距、区域差距等问题，通过拓展首贷户、建设数字化信用平台、发挥保险功能、开展金融教育等有效实践，探索普惠金融助力共同富裕的可行路径，打造保险服务共同富裕示范样本，为实现共同富裕目标增量赋能，为普惠金融注入新的内涵。近些年来，宁波已初步建立多元化、广覆盖的普惠金融体系，有效促进了辖区内城乡居民共同富裕（张全兴，2021）。

温州市积极探索金融支持共同富裕的体制机制，致力于打造区域一流金融营商环境，培育金融支持共同富裕工具。出台《关于进一步打造区域一流金融营商环境建设金融生态最优市的若干意见》《金融支持温州市山区5县跨越式高质量发展的指导意见》等文件，制定温州市绿色金融发展规划，引导更多信贷资源向“双碳”领域集聚，大力发展碳排放权、排污权、用能权、用水权等绿色金融产品，推进绿色信贷、绿色债券等多元发展。①

湖州是全国首个提出绿色金融试点设想的城市，也是全国首个向国务院

① 《〈中国金融〉丨调查研究：金融促进共同富裕的温州实践》，https://www.sohu.com/a/680320782_481887，最后访问日期：2023年12月25日。

申报绿色金融改革试点的城市。湖州高质量推进绿色金融改革创新形成“湖州经验”，不断提升绿色金融供给能力。2022 年，中国人民银行湖州市中心支行参与起草《银行业金融机构企业融资主体 ESG 评价与信贷流程管理应用指南》，引导金融机构将 ESG 因素纳入信贷流程管理。2023 年 8 月 4 日，湖州市人民政府办公室发布《打造金融生态最优市、推动金融赋能高质量发展实施方案（2023—2025 年）》。《湖州市绿色金融促进条例》《湖州市绿色信贷服务自律公约》等一系列文件，致力于完善绿色金融法律保障和纠纷调解机制，以地方立法、行业自律促进绿色金融健康可持续发展。

台州市以争创国家小微企业金融服务改革创新示范区为抓手，积极开展全面授信行动，以提高小微企业融资可及性，将小微企业贷款余额占全部贷款余额比重纳入共同富裕建设特色指标体系。金华市在《金华市金融业发展“十四五”规划》中着力强调，要打造绿色金融发展模式，发展农村金融和普惠金融，助力共同富裕示范区建设。

（三）市场主体共同参与

在国家宏观指导、地方微观政策的激励下，全国性金融机构在浙分支机构及浙江省内金融机构纷纷跟进，形成了政府引导、市场协同、社会响应的多主体共同参与良好局面。

中国人民银行杭州中心支行持续加大金融支持力度，助力浙江省共同富裕先行；协同推进杭州、嘉兴科创金融改革试验区建设，支持湖州、衢州争创绿色金融改革创新示范区；开展转型金融探索实践，选择部分具有地方特色的传统产业和行业，探索开展区域转型金融标准研制和金融产品创新。中国人民银行温州市中心支行出台《关于金融支持共同富裕的指导意见》，提出 20 条金融支持举措助力温州在高质量发展中扎实推进共同富裕；首创“金融支持共同富裕示范区指数”，用直观的数据展示金融助力共同富裕建设的效果。温州银保监分局发布“温州民营经济金融服务指数”，这是全国首个专门针对金融服务民营经济开展综合评价的指标。

中信银行杭州分行制定《中信银行杭州分行支持浙江高质量发展建设

共同富裕示范区工作方案》，出台《中信银行杭州分行支持山区 26 县跨越式高质量发展行动方案》，以实际行动践行共富战略，以持续创新推进共富建设，并在《“走万企 提信心 优服务”——中信银行杭州分行支持实体民营经济发展壮大行动方案》中提出加大融资支持力度，带动金融服务乡村振兴、助力共同富裕。

浙商银行在《浙商银行全面率先助力共同富裕示范区建设的实施意见》中明确 30 项重点工作，争取率先打造六个方面的金融示范，其中服务实体经济是重中之重。邮储银行浙江省分行制定《邮储银行浙江省分行支持浙江高质量发展建设共同富裕示范区行动方案》，从业务发展、党建引领、服务供给、科技支撑、民生服务等多个方面支持浙江高质量建设共同富裕示范区。

综上，在国家战略的指引下，在地市政府、市场主体和社会力量通力协作下，浙江省在普惠金融、慈善金融、社会影响力投资和绿色金融等社会影响力金融领域多点开花，探索出了与众不同的“浙江模式”。

二　普惠金融助力共同富裕

（一）普惠信贷

在金融监管部门的持续支持下，浙江省开展了一系列普惠金融实践，在普惠型小微企业贷款、面向“三农”领域的小额贷款等方面做出了突破性的探索。

1. 湖州市普惠型小微企业贷款实践

通过政策、机制和服务的综合配套改革，湖州市不断加大对普惠型小微企业贷款的支持力度，促进企业发展，推动经济增长。具体做法可以分为四个方面。

一是打通金融服务最后一公里，优化普惠型小微企业贷款环境。2020年，中国人民银行湖州市中心支行组织全市金融机构建立普惠小微企业金融服务“三张清单”，即授权清单、授信清单、未尽职清单，打通金融服务“最后一公里”。完善湖州市普惠型小微企业贷款的标准，打破小微企业与金融机构之间的信息壁垒，提升普惠小微企业金融服务质效。随后，湖州市人民政府办公室印发《关于支持工业企业抢先机开新局的若干意见》，湖州市人民政府出台《关于经济稳进提质的七条政策意见》《关于进一步加快推动经济高质量发展的若干政策》等，进一步提升小微企业向金融机构贷款的规范性，营造良好的营商环境，推动普惠型小微企业贷款精准滴灌。《湖州市支持企业稳生产拓市场扩投资助力“开门稳、开门红”的政策意见》第七条提出，对 2023 年一季度新增贷款额度在 100 万元及以上的工业普惠型小微企业贷款，按新增贷款额度的 1%给予企业补助。

二是政府助力信贷风险控制，降低小微企业融资成本。2022 年 6 月，针对小微企业经营风险高的特点，启动“银企命运共同体”专项行动，推出融资支持稳企、普惠金融助企、减费让利惠企、走访问需暖企等十项举措，旨在推动金融机构与企业实现互利共赢，建立敢贷、愿贷、能贷、会贷的长效机制，着重防止盲目收缩信贷、断贷或压贷现象发生，稳定企业融资预期。同时积极推动降费减负工作，降低政府性融资担保费率并扩大覆盖范围，将市级政府性融资担保机构担保费率调至 20%；加强小微企业汇率避险和增信服务，实行零担保费率。针对 2022 年 6 月至 8 月新增贷款额度在 100 万~1000 万元的普惠型小微企业贷款，提供企业补助，补助比例为新增贷款额度的 0.5%。

三是搭建数字化金融服务平台“小个贷”。湖州市吴兴区市场监管局和吴兴农商银行共同推出“小个贷”平台。该平台充分利用政务云和城市大脑等现有资源和基础设施，并提供智能大数据建模、智能监管、金融信用数据指标库、普惠金融超市等功能。同时，通过浙江省小微企业云平台、浙里办、“市监联连”和“浙江小微”微信公众号等接口对外输出，解决小微主体（小微企业及个体工商户）融资路径窄、成本高等问题，打破政府、银行和企业之间的数据壁垒，实现无抵押贷款的“一秒授信”和“一键获贷”，为小微企业和个体工商户搭建一座线上融资服务桥梁，提供“一站式、全链条、全周期”的服务。

四是创新普惠型小微企业贷款。积极鼓励金融机构创新普惠型小微企业贷款产品和服务模式，以满足企业多样化的融资需求。为解决小微文化企业融资难题，吴兴农商银行推出名为“文创微贷”的金融服务，专为8537家小微文化企业量身定制。该服务采用信用、保证、联保、抵（质）押等多种担保方式，最高可提供1000万元的贷款额度。针对湖州织里镇从事童装电商的众多商户普遍面临的“轻资产、融资难、融资成本高”等问题，嘉兴银行湖州分行推出“嘉富贷电商e贷”、“嘉富贷双保助力贷”和“厂房按揭贷”等特色产品，简化业务流程，极大提高了民营小微客户贷款的获贷率。

2. 台州市探索小微金融助力共同富裕实践

台州市探索出“专注实体、深耕小微、精准供给、稳健运行”的金融助富“台州模式”，在解决小微企业融资难、融资贵问题和金融机构提升小微企业金融服务能力方面，具有重要的示范推广意义和可复制价值。

2023年7月1日，台州市人大制定的《台州市小微企业普惠金融服务促进条例》正式施行。这是全国首部以“小微企业普惠金融服务促进”为主题的地方性法规，共六章四十二条，对标台州在普惠金融改革中的短板和差距，在金融产品和服务、政策性融资担保、金融数字化改革、保障监督等方面，重点聚焦共同富裕、绿色金融、科创金融三大领域，发挥各方面政策协同作用，全力提高普惠金融服务质效。台州市的具体做法有以下几个。

一是优化制度设计，成立金融助力共同富裕联盟。按照市县联动、部门协同、条块结合，形成政银证保担联动助富机制，出台“金融支持共同富裕15条”“金融支持再创民营经济新辉煌18条”等政策，积极开列金融助富政策清单。

二是调动本地金融机构参与积极性。台州农信创新“共富信易贷”产品；台州银行通过数字金融赋能小微企业与零售商户线上化经营；泰隆银行开展共同富裕示范点建设；民泰银行打造“党建+金融+科技”三位一体支持共富新模式。

三是发挥政府性担保作用。完善低保费低门槛的“共富”系列政策性担保产品。至2021年末，信保基金在保余额达149.91亿元，放大12.21倍，累计服务企业3.56万家，在保余额、放大倍数、服务企业数均居全省第一；为人才、创业群体累计承保5523笔、17.95亿元，减免担保费1345.93万元。[①]

3. 浙江网商银行涉农贷款普惠金融实践

作为中国首批试点的民营银行，浙江网商银行定位为网商首选的金融服务商、互联网银行的探索者和普惠金融的实践者，不服务“二八法则”中的头部用户，而是聚焦服务长尾用户，例如小微企业、个人消费者和农村用户。

首先是专注服务农村用户的金融贷款需求。农村地区信息传递相对滞后，金融机构难以获得农户的真实信用情况和还款能力信息，导致信贷评估困难；农民通常缺乏可抵押财产，难以满足相对苛刻的担保条件，导致金融机构无法提供足够的贷款额度。秉持金融包容性的理念，浙江网商银行敏锐地捕捉到涉农贷款这块风险与机遇并存的蛋糕，专注农村用户金融贷款市场，满足农村用户的金融需求。

其次是高新技术助力农村金融发展。浙江网商银行是全国第一家将人工智能全面运用于小微风控、将卫星遥感运用于农村金融的银行。通过与人工智能算法的结合，加上线下调研、无人机校验以及与政府公开数据的反复比对，浙江网商银行成功将卫星遥感技术应用于信贷领域。基于深度神经网络、Mask R-CNN等AI模型算法建立了28个卫星识别模型，能够准确识别农户种植的作物类型、面积等信息，准确率达到93%以上，将其与政府登记的土地流转、农业保险等数据交叉验证，通过风控模型预估产量和价值，让农民贷款变得更加便利。

最后是打造灵活高效的纯互联网金融模式。作为阿里集团投资的一家互

---

① 《浙江省高质量发展建设共同富裕示范区最佳实践（第一批）材料汇编》，https：//zjjcmspublic.oss-cn-hangzhou-zwynet-d01-a.internet.cloud.zj.gov.cn/jcms_files/jcms1/web3185/site/attach/0/19a23f3a6bfb425999523baadf75ef24.pdf，最后访问日期：2023年12月25日。

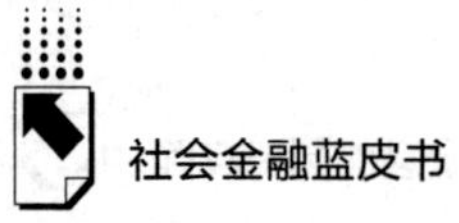

联网银行，浙江网商银行有别于传统银行，除浙江总部的一个线下网点外，没有传统的实体网点，所有业务都在互联网平台上进行。通过大数据和人工智能技术，浙江网商银行对客户进行精准的风险评估、个性化的产品推荐，并构建精准的用户画像，由此建立先进的风控体系，实时监测和评估客户信用风险，有效防范和控制风险。

（二）普惠保险

1. 政策先行

2020 年 10 月底，浙江省医保局、浙江省财政厅、中国银行保险监督管理委员会浙江监管局、国家税务总局浙江省税务局联合印发《关于促进商业补充医疗保险发展 进一步完善多层次医疗保障体系的指导意见》，要求各单位结合实际推进商业补充医疗保险发展，提出“政府引导、定位补充、投赔简便、商业运作”等相关要求。2021 年 10 月，浙江省医保局、浙江银保监局联合下发《关于进一步推进商业补充医疗保险促进共同富裕示范区建设的通知》，明确提出按实际资金赔付要达到协议赔付率 90%以上。同时按照“政府引导、市场运作”的原则，指导各地全面推出惠民型商业补充医疗保险产品。明确商业保险公司作为市场主体，坚持保本微利的运营导向，自愿承保，独立承担保险责任，个人自愿投保相关产品，探索构建个人、企业、慈善机构等社会力量协同参与共同富裕建设的市场化机制。另外，全省建成“农业保险+涉农补贴+农业担保+涉农信贷”的“政银险担”一体化功能联合体，有效破解种粮补贴直达难、小农户参保难、融资难等问题。

2. “惠民保”的浙江样本

2021 年初，浙江启动“浙里医保”普惠型商业补充医疗保险（又称“惠民保”），截至 2021 年底，全省惠民保投保人数达 2519 万人，投保率为 49.5%，全年赔付 27.2 亿元，赔付率达 80.4%，惠及 45 万人，单人最大赔付达 142 万元。与不参加“惠民保”相比，综合报销比例提高 5.3%，大病重病得到更好保障，切实减轻了群众的就医负担。2022 年，全省惠民保投保人员数增加到近

3000万人，投保率超过50%，续保率达到82%以上，已经成为我国体量最大、人群结构最优、抗风险能力最强、可持续发展后劲最足的商业健康保险。①

浙江省11个地市相继推出名称各异但性质相同的商业补充医疗保险，如“浙丽保”“越惠保”“惠衢保”“益康保”“西湖益联保”等。这些保险普遍具有低门槛、低保费、高保额等特点。与商业医疗保险相比，该险种不限既往症，允许带病投保；不限年龄，面向全体基本医保参保人员；不限职业，实现居民与职工、在职与退休同价同保障。

3. 普惠型家庭生活综合保险“浙家保”

2023年9月1日，在国家金融监督管理总局浙江监管局的监管下，浙江省保险行业协会、杭州市地方金融监督管理局、杭州市反诈联席办联合指导推出“浙家保”。与普通家财险不同，“浙家保”以家庭为场景，围绕家庭常见风险，提供家庭人员意外伤害、住房及室内财产损失、电信诈骗损失、高空坠物致害等方面的保障，以及开锁、管道疏通、家电清洗等高频实用的居家服务。

该产品由中国太保产险、中国人民财产保险、中国平安财产保险、中国大地财产保险、浙商财产保险等公司联合承保，由杭州金投保险经纪有限公司提供技术及服务支持。其中，全能版涵盖家庭财产、人身意外、家庭责任和家庭生活四大类保障，全年仅需299元就可获得超过338万元的保障；家庭财产保障还特别包含“电信诈骗损失补偿”这一特殊的财产保障。②

4. 宁波市的普惠保险创新

作为2016年6月国务院批准建设的全国首个国家保险创新综合试验区，宁波市也是目前唯一一个国家级保险创新试验区，具有普惠保险创新的诸多

① 《浙江省高质量发展建设共同富裕示范区最佳实践（第一批）材料汇编》，https：//zjjcmspublic. oss - cn - hangzhou - zwynet - d01 - a. internet. cloud. zj. gov. cn/jcms _ files/jcms1/web3185/site/attach/0/19a23f3a6bfb425999523baadf75ef24. pdf，最后访问日期：2023年12月25日。

② 《普惠型家庭生活综合保险“浙家保”来了！最低只要59元!》，http：//www. zj. xinhuanet. com/20230904/5a07222cce164443ad1287b67d5f7a14/c. html，最后访问日期：2023年12月25日。

政策试验先天优势。“31 条”提出，要深化宁波市保险业改革创新，打造保险服务共同富裕示范样本。近些年来，宁波市通过政策引导、市场激励、产业延链、科技赋能，深入拓展保险服务中国式现代化建设的功能，普惠保险发展取得显著成效，打造出普惠保险的独特城市样本（朱艳霞，2023）。

首先，宁波推出大量颇具创新性的普惠保险产品与项目，以全面服务实体经济、民生保障和社会治理。如建工综合保险、城乡小额贷款保证保险、“保险+服务”模式电梯安全综合保险、食品安全责任保险、城市惠民保“天一甬宁保”、家庭生活财产保险“甬家保”、普惠型补充医保“工惠保”、灵活就业人员专属普惠型意外保险“灵活保”、企业用工补充工伤保险“稳业保”、跨境电商金融服务“易跨保”、农业领域的“南美白对虾品质保险”等。先后推出 250 项国内首创或领先的保险创新项目，其中 30 余项已在全省乃至全国复制推广。①

其次，宁波建立起普惠保险的综合运营和管理机制。建立可回溯机制以保证保险产品定价科学，通过政府引导、商保推动最大限度做大参保基数，成立专门机构全面负责保险参保与理赔相关事项及研究产品可持续性措施和方案；建立普惠保险产品市场公开交易机制与平台，将市场竞争贯穿于产品开发设计、承保机构遴选、服务内容评定、项目绩效考核全过程；建立宁波普惠保险公共服务中心等专业机构，实行全面数智管理，为参保主体整合提供多元普惠保险服务；调研与评估 260 余项保险创新项目试点，将重点项目首创、示范项目推广同步纳入部门考核体系，鼓励各区（县、市）结合产业布局、风险特点、地方需要进行复制推广和二次创新；设立普惠保险风险基金，当年赔款剩余资金将全额结转至基金池，用于扶贫帮困和维护社会稳定。②

最后，宁波建立起普惠保险的服务支持体系，包括全国数字健康保险交易平台、中国保险博物馆、武汉大学宁波国家保险发展研究院等一系列服务

① 《保险创新服务共同富裕的宁波实践》，http：//www. nbfa. org. cn/NewsList. aspx？ContentId = 7063&CategoryId = 141，最后访问日期：2023 年 12 月 23 日。

② 《前沿观点丨宁波探索保险服务共同富裕新路径》，https：//mp. weixin. qq. com/s/PzvqeuFXPNCmsQ6--LWG2g，最后访问日期：2023 年 12 月 23 日。

机构，基于“全域保险+保险全产业链”的“两全”理念，推动保险由外化为工具向内化为机制转变，保障普惠保险的高质量发展。

三 慈善金融助力共同富裕

（一）慈善信托

2020 年 12 月 31 日，浙江省在《关于加快推进慈善事业高质量发展的实施意见》中提出要大力发展慈善信托，随后在《浙江省民政事业发展“十四五”规划》中再次提及。《关于支持浙江高质量发展建设共同富裕示范区的意见》明确提出，要鼓励浙江省设立慈善信托，为此浙江省对省内慈善信托发展提供了一系列政策支持，并选择杭州市作为慈善信托专项改革试点城市。2021 年 7 月 19 日，《浙江高质量发展建设共同富裕示范区实施方案（2021—2025 年）》发布，提出要积极鼓励公益慈善组织探索设立信托专户。2021 年 9 月 15 日，浙江省民政厅发布《推进民政事业高质量发展建设共同富裕示范区行动方案（2021—2025 年）》，提出“2025 年慈善信托资金规模突破 15 亿元”的发展目标。2021 年 9 月，浙江省民政厅与浙江银保监局联合印发《关于推动信托公司大力发展慈善信托业务的通知》，制定十六条措施推动慈善信托加快发展。2022 年 3 月 9 日，浙江省民政厅发布《关于公开征求〈关于发挥第三次分配作用助力共同富裕的若干意见〉（公开征求意见稿）意见的公告》，提出加快发展慈善信托的一系列具体措施。2023 年 8 月 24 日，浙江省财政厅会同民政厅起草《浙江省慈善事业引导资金项目评定细则（征求意见稿）》，把在地备案的慈善信托总额作为二级指标纳入慈善事业高质量发展县（市、区）评价指标。2023 年 11 月 28 日，浙商总会金融服务委员会等 17 家单位和机构共同发起金融助力企业家善行联席会议，宣布成立全国首个非营利、公益性慈善金融综合服务平台“善行资本公益联盟”，并启动“善本信托工程”。

根据中国慈善联合会、中国信托业协会联合发布的《2022 年中国慈善信托发展报告》，浙江省2022年慈善信托备案规模超4亿元，历年累计备案规模达15.38亿元，是目前唯一突破10亿元的省份。①

1. 杭州市的实践

首先是政策先行引导。2021年6月2日，杭州市民政局、杭州市发展和改革委员会发布《杭州市民政事业发展“十四五”规划》，鼓励金融机构为慈善信托提供融资和结算等金融服务。2021年12月27日，杭州市民政局发布《关于推进民政事业高质量发展打造共同富裕示范区城市范例民政样板行动方案（2021—2025年）》，树立“2025年慈善信托资金规模突破13亿元”的目标，从2021年起每年增加备案10单，增量5000万元。2022年9月，杭州市受领浙江省慈善信托改革试点任务，随即制定《杭州市高质量发展慈善信托专项改革试点方案》，加大探索力度，在多个领域形成慈善信托发展的“杭州经验”。2023年2月，杭州市民政局和浙江银保监局联合印发《杭州市慈善信托工作指引（试行）》（以下简称《指引》），率先出台地方性慈善信托税收优惠政策，打造平台实现慈善信托备案网上申请，落地不动产慈善信托，拓展慈善信托财产来源，建立慈善信托评估体系。2023年上半年，出台《杭州市慈善信托评估指引（试行）》，创新设立规范性、引导性、否决性三类指标，对规范化、受益面、普惠性等情况进行重点监督检查。同时，成立全国首个慈善信托研究基地，为慈善信托领域实践与理论研究搭建了优质平台。截至2023年10月31日，杭州市共备案慈善信托307单，信托财产总规模为13.7亿余元，备案数量和备案财产规模均居全国城市首位。②

其次是落实税收优惠。制约慈善信托发展的主要因素之一是税收优惠政策的不完善。为解决过去慈善信托无法直接给委托人开具捐赠票据，导致实际出资的捐赠人无法享受税收优惠的问题，杭州市民政局2021年12月成立

① 《〈2022年中国慈善信托发展报告〉发布》，http：//www.charityalliance.org.cn/news/14540.jhtml，最后访问日期：2024年2月20日。

② 《杭州市慈善信托信息（2023年10月）》，https：//www.hangzhou.gov.cn/art/2023/11/7/art_1229003334_59089367.html，最后访问日期：2023年12月25日。

“杭州市慈善信托专项改革试点工作”课题组，并于2022年3月15日发布《关于通过慈善信托方式开展公益性捐赠有关问题的通知》，明确慈善组织可以向慈善信托委托人直接开具公益性捐赠税前扣除票据。委托人可以凭借这些票据享受税收优惠。在杭州市民政局、财政局、税务局和浙江银保监局的见证下，浙江省微笑明天慈善基金会向“浙金·大爱无疆1号慈善信托”的委托人开具了公益性事业捐赠票据。这种方式解决了委托人出资设立慈善信托时的开票问题，促进了信托公司开展公益慈善活动，吸引了更多社会爱心人士参与慈善事业。

再次是打造线上平台。2023年初，杭州市民政局打造的“慈善杭州”智慧平台在“浙里办”App上线。截至2023年8月11日，杭州市已有305家慈善组织入驻。其中包含的“慈善信托”场景有“我要信托”“信托执行”“信托评估”“信托评价”“提醒预警”5个子目录，建立了从需求发布、签约备案、执行公开到评估监管的线上线下全周期管理服务体系。此外，杭州已实现慈善信托备案网上申请“零上门”，按照“最多跑一次”改革要求，民政部门精简慈善信托备案所需的申报材料，大幅缩短了办理时限。

最后是广开慈善源头。2022年10月，杭州市民政局等五部门发布的《关于做好不动产慈善信托工作的通知》，是全国第一个不动产慈善信托财产登记文件。2023年5月，全国首单全流程各环节规范化操作的不动产慈善信托——“桐庐县不动产慈善信托”正式成立，在三个难点问题上取得了重要突破。一是通过财产登记标注解决资产隔离问题。不动产登记部门对作为慈善信托财产的不动产予以标记，为信托效力和受托管理提供了依据。二是通过转移过户流程解决税费实操问题。优化资产评估方式方法，充分尊重委托人意愿，在现行税收体制下，有效实现了税收征收流程、适用标准、征收标的等的全面贯通。三是通过预备案方式解决不确定性问题。民政和不动产登记部门服务前置，对操作过程中碰到的问题及时介入解决，为委托人进行不动产捐赠提供便利。这既可以将不动产获得的租金收益用于慈善活动，又可以直接用不动产的使用权开展资助，为慈善信托的长久运行提供有力保障。

2. 宁波市的实践

2021 年 12 月 29 日，宁波市民政局发布《推进民政事业高质量发展助推共同富裕先行市建设行动方案（2021—2025 年）》，提出“2025 年慈善信托资金规模突破 1 亿元”目标。2022 年，宁波市新增慈善信托规模为 8630.01 万元，累计规模突破 1.3 亿元，比上年增加 40 倍，实现宁波各区（县、市）全覆盖。[①] 截至 2023 年 9 月末，宁波辖内累计备案慈善信托 71 单，规模合计 21662.42 万元。其中，2023 年新增备案 36 单，新增规模合计 12343.75 万元，是 2023 年浙江省新增慈善信托规模率先破亿元的城市，新增规模位居浙江省各地市第一。辖内信托公司（昆仑信托）新增个数和规模分别位列全国信托公司第二和第四；善行北仑共同富裕慈善信托（3750 万元）是国内规模最大的“共同富裕”主题慈善信托。[②] 近年来，宁波市涌现出一系列慈善信托的新做法和新场景，主要用于乡村振兴和完善社会保障体系。

首先是慈善信托服务乡村振兴。2022 年 3 月 25 日，宁波海曙区成立浙江首个共同富裕慈善信托，旨在通过“红色引擎+金融活水”模式，集辖区企业及金融机构之力开展助困、助学、助医、助残、助老等慈善活动。海曙区共同富裕慈善信托由海曙区委组织部、区慈善总会、区金融服务中心、区农业农村局等部门与昆仑信托共同建立，有意向的金融机构、企业可以通过线上、线下方式进行委托。2022 年 5 月 11 日，宁波市首个“东西部山海协作”主题慈善信托——善行北仑甬凉山海情乡村振兴 1 号慈善信托成立。该慈善信托由宁波市北仑区慈善总会作为委托人委托昆仑信托发起设立，旨在开展东西部山海协作，支持凉山彝族自治州森林防火工作、乡村振兴事业等其他符合《慈善法》规定的公益活动。

其次是慈善信托促进社会保障。2023 年 7 月 21 日，昆仑信托联合宁波市镇海区慈善总会、中国人保宁波市分公司发起设立镇海区困难人群救助保

---

① 《2022 年宁波市民政事业发展统计公报》，http：//nbmz. ningbo. gov. cn/art/2023/12/29/art_1229084726_ 4348688. html，最后访问日期：2024 年 1 月 12 日。

② 《宁波：强化政策支持　促慈善信托发展》，http：//www. cbimc. cn/content/2023 - 11/01/content_ 498799. html，最后访问日期：2024 年 1 月 15 日。

险慈善信托，让困难人群“看得起病、看得上病、看得好病”，防止出现因病致困返困现象。2023 年 9 月，昆仑信托慈善信托办公室设立“善行宁波健康守护慈善信托”，首期成立规模 1003 万元，用于特困人群高额医疗费用支出，提升特困人群的医疗保障，旨在实现共同富裕、全民健康的愿景。另有 9 家基金会共同发起“企业向善　助力共同富裕”倡议，呼吁全市基金会、慈善组织聚焦“一老一小一困一残”等弱势群体。[①] 截至 2023 年 8 月，昆仑信托累计备案慈善信托 66 单，总备案规模达 10255.92 万元。其中，2023 年新增备案慈善信托 32 单，同比增长 113.33%，新增备案规模达 5877.83.91 万元，同比增长 7 倍。[②]

最后是破解慈善信托审计困境。2023 年 1 月 17 日，宁波市民政局协调市注册会计师协会发布《关于慈善信托审计业务的提醒》，明确信托财产及其收益应认定为慈善活动支出，解决了慈善信托审计业务操作困境。近年来，宁波市建立了由分管副市长牵头的市级慈善工作联席会议制度，成员单位包括市民政局、国家金融监督管理总局宁波监管局、市慈善总会等 20 个部门，联合制定《宁波慈善信托专项改革工作方案》。2023 年 1 月 31 日，宁波市民政局发布《宁波“三赋法”推动慈善信托“爆发式”增长》，在政策层面为慈善信托相关主体获得税收优惠迈出关键一步，在全省领先实践慈善信托“穿透开票”[③]。

（二）股权捐赠

《关于支持浙江高质量发展建设共同富裕示范区的意见》提出，要鼓励“探索各类新型捐赠方式”，股权捐赠即是其中之一。2019 年 2 月和

① 《“中华慈善日”宁波宣传月暨“慈善促共富行动”启动　前 8 个月我市新增慈善信托规模破亿》，http：//daily.cnnb.com.cn/nbrb/html/2023-09/04/content_ 1373047.htm? div=-1，最后访问日期：2024 年 1 月 15 日。

② 《宁波发布慈善信托指数 今年新增规模超 1 亿元 累计突破 2 亿元》，http：//www.suobuy.com/news/3029_ 1.html，最后访问日期：2024 年 1 月 15 日。

③ “穿透开票”是指让慈善组织作为执行机构，接收到信托财产实施慈善项目的时候，穿透受托人，直接给委托人开具捐赠票据。

2020 年 4 月，牧原股份董事长秦英林向西湖教育基金会捐赠其个人所持有牧原股份市值 1 亿元和 8 亿元相应数量股票。2023 年 7 月 3 日，西湖大学国强讲席教授、副校长仇旻向西湖教育基金会捐赠西湖仪器（杭州）技术有限公司、慕德微纳（杭州）科技有限公司的部分股权。2023 年 7 月 30 日，广东省远信控股有限公司创始人、广州远想生物科技股份有限公司董事长凌远强与西湖教育基金会达成捐赠意向，捐赠部分股权。2023 年 10 月，金石资源集团股份有限公司董事长王锦华将其通过控股股东浙江金石实业有限公司间接持有的价值人民币 2 亿元公司股份自愿无偿捐赠给西湖教育基金会。

除了西湖大学，正在积极筹备过程中的宁波东方理工大学也因为股权捐赠频频引发媒体关注。继 2023 年 2 月 27 日向宁波市虞仁荣教育基金会无偿捐赠其持有公司的 1000 万股股权之后，韦尔股份 12 月 5 日晚又公告，为资助宁波东方理工大学教育基金会开展慈善公益活动，公司控股股东一致行动人绍兴市韦豪股权投资基金合伙企业计划向该基金会无偿捐赠其持有公司的 1000 万股无限售条件流通股股权。以韦尔股份当天 105 元的收盘价计算，上述 2000 万股的韦尔股份流通股，市值为 21 亿元。

（三）公益理财

公益理财，又称慈善理财，是指投资人在购买特定公益理财产品时，将部分理财收益作为捐赠款，用于开展包括推动共同富裕、乡村振兴、绿色发展等在内的各类慈善项目和公益活动。对慈善机构而言，“慈善+金融”模式，拓宽了公益慈善募捐渠道，搭建了稳定、长期且具有一定规模效应的公益捐赠平台；对投资人而言，慈善理财产品在实现财富保值增值的同时，也提供践行慈善义举的新路径。其捐赠模式大致分为三种：固定金额、超额收益比例、净值的一定比例。

浙江省在这一领域也探索出了独特的在地模式。2021 年，信银理财与浙江省慈善联合总会、中信银行杭州分行共同创新首发共同富裕主题“金睛象项目优选（同富）系列”公益理财产品。截至 2023 年 3 月，已成功发行 4 只产品，募集资金 11.7 亿元，客户可以选择将部分理财收益直接转至浙江省慈善联合总会账户，累计捐出善款 155 万元。[①] 截至 2022 年 12 月，信银理财累计发行 ESG 和绿色低碳主题产品 12 只、落地乡村振兴主题产品 2 只。2023 年 6 月，信银理财首次对外发布“温暖童行”慈善理财品牌，联合公益基金会创新推出“温暖童行”慈善理财系列产品——“信银理财安盈象固收稳利温暖童行一年封闭式 1 号净值型理财产品”和“信银理财安盈象固收稳利温暖童行一年封闭式 2 号净值型理财产品”，两款产品均为固定收益类产品，在短短 10 天的募集期内累计募集资金超 20 亿元，分别按照超额收益、产品规模的不同比例捐赠给中国器官移植发展基金会和中国出生缺陷干预救助基金会，用于儿童医疗、教育、健康等下一代关爱成长领域。[②]

四　社会影响力投资助力共同富裕

社会影响力投资是一种有意愿主动创造积极的环境和社会效益，同时实现财务回报的投资行为。就其本质而言，社会影响力投资是用商业的方式、金融的手段解决环境和社会问题。如前文相关报告所述，社会影响力投资中的社会影响力债券主要分为两种，一种是“政府承担风险型”，另一种是“市场承担风险型”。前者是由地方政府负责发行的专项债券，是一种中国特色的社会影响力债券，主要包含投资社会事业、保障性安居工程、乡村振兴等领域的专项债券。后者主要是由金融机构和企业等市场主体发行的社会影响力债券。

---

① 《创新探索“慈善+金融”模式 信银理财让“财富向善”拥有更多可能》，http://www.news.cn/money/20230906/ee4bc1835e1e4370b64bb14fedeaae34/c.html，最后访问日期：2024 年 1 月 15 日；《信银理财三周年：三时而励 温度与财富同行》，http://www.xinhuanet.com/money/20230621/9d3530b060464fbebd7b5a01d395b090/c.html，最后访问日期：2024 年 1 月 15 日。

② 《信银理财首批“温暖童行”慈善理财产品募集资金超 20 亿元》，https://www.cls.cn/detail/1400181，最后访问日期：2024 年 1 月 15 日。

（一）坚持政策先导

《浙江省国民经济和社会发展第十四个五年规划和二〇三五年远景目标纲要》提出，要“创新投融资机制……加强预算内投资、地方政府专项债券等引导作用”。2018 年 12 月 29 日，中共浙江省委、浙江省人民政府印发《浙江省乡村振兴战略规划（2018—2022 年）》，鼓励地方政府在法定债务限额内发行一般债券用于支持乡村振兴、脱贫攻坚领域的公益性项目。2020 年 12 月 7 日，浙江省人民政府办公厅出台《关于全面推进城镇老旧小区改造工作的实施意见》，在“建立改造资金合理共担机制”部分明确指出，“符合条件的，可申请发行地方政府专项债券给予支持……支持城镇老旧小区改造规模化实施运营主体采取市场化方式，运用公司信用类债券、项目收益票据等进行债券融资”。2021 年 7 月 12 日，浙江省财政厅印发《浙江省产业基金管理办法》，明确产业基金在具体投资业务和投资方式上可参照国家部委牵头设立的国家级基金，通过股权投资方式进行运作，在经批准后可向任何第三方提供赞助和捐赠。

2022 年 2 月 21 日，中共浙江省委、浙江省人民政府印发《关于 2022 年高质量推进乡村全面振兴的实施意见》，加大对符合条件的农业农村基础设施等重大项目的支持力度。为充分发挥地方政府专项债券的公益性和社会影响力效应，浙江省财政厅于 2023 年 8 月 29 日起草《浙江省地方政府专项债券管理办法（试行）（征求意见稿）》，明确“专项债券是指省政府为有一定收益的公益性项目建设发行的、约定在一定期限内以项目对应的政府性基金收入或专项收入还本付息的新增地方政府债券”，“用于国务院明确的投向领域，优先支持地方经济社会发展急需、预期效益好、带动性强的政府投资项目。只能用于公益性资本支出”。[①] 系统周密的政策谋划和制度铺垫，为浙江省社会影响力投资助力共同富裕打下了坚实基础。

① 《浙江省财政厅关于公开征求〈浙江省地方政府专项债券管理办法（试行）（征求意见稿）〉意见的函》，http：//czt. zj. gov. cn/art/2023/8/29/art_ 1164164_ 58927306. html，最后访问日期：2023 年 12 月 25 日。

（二）总体效果

浙江省财政厅披露的数据显示，政府性基金预算支出中，棚户区改造专项债券收入安排的支出在 2021 年和 2022 年分别为 247.81 亿元和 110.53 亿元。[①] 2022 年浙江省地方政府债务余额（不含宁波）中新增债券用途，社会事业 633.3 亿元，占 24.3%；保障性住房 170.7 亿元，占 6.6%；农林水利 285.9 亿元，占 11.0%；生态环保及其他 56.1 亿元，占 2.2%。上述带有社会影响力债券性质的总金额为 1146 亿元，总占比 44.1%。2023 年浙江省政府专项债券（43~56 期）中，第 43、第 44、第 45 期均为棚改专项债券，发行规模分别为 9.1 亿元、11.28 亿元和 2.67 亿元，期限分别为 3 年、5 年和 7 年。这三期专项债券募集的资金，主要用于杭州市、衢州市、舟山市和金华市的 32 个棚改项目。[②]

（三）典型案例

1. 杭州市

杭州市人民政府办公厅出台《关于全面推进城镇老旧小区改造工作的实施意见》，强调“符合条件的城镇老旧小区各类改造项目，要积极申请发行地方政府专项债券”。同时制定《关于进一步规范和加强我市城镇老旧小区改造项目建设管理工作要求的通知》，明确旧改项目各方责任和细节流程，努力打造旧改的“杭州模式”。

2019~2022 年，杭州市累计改造 2000 年前建成的城镇老旧小区 1057 个，惠及近 49 万户，超额完成上一轮老旧小区改造四年行动计划原定“改造 950 个小区、3300 万平方米”的任务，市民对老旧小区改造工作的支持率达 98.9%、满意率达 96.3%。[③] 2023 年 5 月，杭州市又启动新一轮城镇老

① 《浙江省经济、财政和债务有关数据》，https：//zjjcmspublic. oss-cn-hangzhou-zwynet-d01-a. internet. cloud. zj. gov. cn/jcms_ files/jcms1/web1791/site/attach/0/d679e073dda74c7cbeaf91b04b5b29aa. pdf，最后访问日期：2023 年 12 月 25 日。

② 《2023 年浙江省政府专项债券（四十三~五十六期）信息披露文件》，http：//czt. zj. gov. cn/art/2023/8/31/art_ 1164164_ 58927310. html，最后访问日期：2023 年 12 月 25 日。

③ 《杭州将对 670 个老旧小区进行综合改造提升》，https：//www. hangzhou. gov. cn/art/2023/5/17/art_ 812262_ 59080303. html，最后访问日期：2023 年 12 月 25 日。

旧小区改造三年行动计划（2023~2025年），接续对全市尚未改造的670个城镇老旧小区进行综合改造提升，力争2000年底前建成的城镇老旧小区在2025年底前全部改造完成。

2. 宁波市

宁波市政府高度重视旧改工作，制定《宁波市城镇老旧小区改造三年行动方案（2020—2022年）》，连续四年将城镇老旧小区改造工作列入市级十大民生实事工程，以城镇老旧小区改造为契机，推动城市有机更新和社会治理相结合。

自2017年成功入选全国老旧小区改造试点城市以来，宁波累计拿出94亿元，实施城镇老旧小区改造项目650个，涉及建筑面积约3474万平方米，惠及居民约36.6万户。[①] 2022年，实施老旧小区改造项目204个，总建筑面积1014.74万平方米，惠及居民约10.11万户。其中，省级民生实事工程96个，建筑面积490.73万平方米，市级民生实事工程建筑面积300万平方米。在浙江省城镇老旧小区改造工作领导小组办公室通报的2022年城镇老旧小区改造工作成效评价结果中，宁波市再次荣获“省级优秀设区市”，旧改工作成效评价总成绩连续三年斩获全省“优秀等次”。[②]

2022年，宁波市老旧小区改造回头看工作入选住建部第五批《城镇老旧小区改造可复制政策机制清单》；2023年，统筹专项改造“综合改一次”、完善改造项目推进机制、强化党建引领等三项经验做法入选住建部第七批《城镇老旧小区改造可复制政策机制清单》。2023年，宁波市旧改项目列入省级民生实事工程49个，总建筑面积121.4万平方米。截至2023年5月底，已开工建筑面积达108.01万平方米，开工率为95.91%，民生实事总体进展率为98.78%，在全省“七优享”工程“住有宜居”民生实事开工改造老旧小区工作中排名第二。[③]

---

① 《浙江宁波：老旧小区“改”出美好生活》，http：//zj.people.com.cn/n2/2023/0208/c186327-40293554.html，最后访问日期：2024年1月15日。

② 《喜报！宁波这项工作再次荣获“省级优秀设区市”》，http：//zjw.ningbo.gov.cn/art/2023/6/16/art_1229126187_58921289.html，最后访问日期：2023年12月25日。

③ 《喜报！宁波这项工作再次荣获“省级优秀设区市”》，http：//zjw.ningbo.gov.cn/art/2023/6/16/art_1229126187_58921289.html，最后访问日期：2023年12月25日。

3. 温州市

2020 年 4 月 21 日，温州市发布《温州市城镇老旧小区改造三年行动方案（2020—2022 年）》，计划至 2022 年底，全市改造老旧小区 85 个，居民楼 781 幢，改造面积 250 万平方米，受益居民 2. 43 万户。其中，全市 2020 年完成老旧小区改造 12 个，开工 20 个。[①] 温州市积极创新申报机制，注重激发居民旧改热情，优先考虑基础设施缺失严重、改造意愿强烈、资金缺口少的小区，将“最需要改、最愿意改、改了守得住”的老旧小区纳入计划。到 2023 年 10 月，温州实施老旧小区改造项目 277 个，惠及居民 9 万余户，改造面积约 1060 万平方米，完成投资额 16. 6 亿元。

在浙江省城镇老旧小区改造工作领导小组办公室通报的 2022 年城镇老旧小区改造工作成效评价结果中，温州市连续三年获评优秀设区市，其中鹿城区、瑞安市获评优秀县（市、区）。同时，完善“一老一小”服务设施、积极发行地方政府专项债券等经验做法被列入住建部第五批《城镇老旧小区改造可复制政策机制清单》。2023 年 2 月 8 日，温州市在政府工作报告中指出，要用好专项债券、政策性开发性金融工具，开展市区城中村改造攻坚五年行动，提出实施老旧小区改造 108 个、开工未来社区 35 个、创成省级城乡风貌样板区 8 个以上目标任务。

4. 市场主体

浙江省积极引导企业参与社会影响力投资。中国人民银行杭州中心支行在全国范围内首次尝试在银行间债券市场发行企业债券产品，实现民企碳中和债、可持续发展挂钩债券、技术产权资产支持票据等多种债券产品的发行。2023 年 1~4 月，浙江省企业已累计发行科创票据 202 亿元、绿色债券 138 亿元、乡村振兴票据 79 亿元。[②]

浙江绿康医养集团（简称“绿康集团”）秉承“为天下儿女尽孝，

① 《温州市城镇老旧小区改造三年行动方案出炉》，https：//www. wenzhou. gov. cn/art/2020/4/21/art_ 1217832_ 42622557. html，最后访问日期：2023 年 12 月 25 日。

② 《前 4 月浙江省债务融资 2208 亿元》，http：//www. jjckb. cn/2023-05/24/c_ 1310721219. htm，最后访问日期：2023 年 12 月 26 日。

替世上父母解难，为党和政府分忧”的核心公益理念，主要为社会“三无”、空巢、失独、失能失智、残障和慢病老人等“刚需”老年人提供基本医疗、老年康复、康复护理、长期照护和临终关怀（安宁疗护）等全方位服务。该集团和禹闳资本的合作堪称影响力投资典范。禹闳资本长期致力于投资和支持规模化解决环境和社会问题的创新企业，强调财务回报与社会效益并重，坚持在所投标的的主营收入里必须有超过50%来自解决环境和社会问题的产品和服务，同时注重在财务回报与社会价值之间建构正向协同关系。截至2021年底，禹闳资本的投资组合共实现减排70余万吨，服务弱势群体约830万人，还为约43万人提供了优质普惠的教育。① 过去几年，禹闳资本联合浙江绿康医养集团，致力于为失能半失能老人提供可负担的医养护理服务。② 在没有得到投资前，绿康集团只有800张床位，得到影响力投资3年后，翻了10多倍，现在已经是亚洲规模最大的医养结合养老机构。③ 目前，绿康集团可提供床位12000多张，其中养护床位8000多张，开放医疗康复住院床位4000多张，覆盖全国6个省的15个城市，如杭州、宁波、温州、嘉兴、湖州、绍兴、台州、金华、南昌、上饶、盐城等地，拥有20多家康复护理医疗机构、16家养老服务机构、23家小微机构/残疾人托养中心，1所介护职业培训学校、1所老年科学技术研究所。扣除医保、养老等福利补贴，一位长期卧床的失能老人在绿康集团每月的花费，个人负担部分为3000~5000元，收费水平属于中等偏下。④

---

① 《既达成社会环境效益又保持投资回报率，禹闳资本这样制定投资原则》，https：//www. sohu. com/a/665518223_ 121261588，最后访问日期：2023年12月25日。

② 《影响力投资中国破局 禹闳资本：顺应大势解决社会问题》，https：//finance. sina. cn/china/gncj/2018-08-06/detail-ihhhczfc6810116. d. html，最后访问日期：2023年12月25日。

③ 《禹闳资本的影响力投资实践》，http：//finance. sina. com. cn/roll/2018-07-11/doc-ihfefkqp9990389. shtml，最后访问日期：2023年12月25日。

④ 《集团简介》，https：//www. lvkangyiyang. cn/intro/1. html，最后访问日期：2023年12月25日。

五　绿色金融助力共同富裕

（一）政策指引方向

“31 条”对绿色金融着墨颇多，强调要深化绿色金融改革，打造绿色金融浙江样板；推动银行保险机构探索开展气候风险评估，引导和促进更多资金投向应对气候变化领域；推动上市公司进行 ESG 信息披露，发展绿色债券，探索绿色资产证券化，研究建立绿色证券基金业务统计评价制度；支持符合条件的地区建立工业绿色发展项目库，引导金融机构创新符合工业绿色发展需求的金融产品和服务。针对浙江省区域特色，特别指出要深化湖州市绿色建筑和绿色金融协同发展改革创新，推动衢州市探索基于碳账户的转型金融路径。

2020 年 6 月 10 日，上海市人民政府、江苏省人民政府、浙江省人民政府印发《关于支持长三角生态绿色一体化发展示范区高质量发展的若干政策措施》，提出要大力发展绿色金融。支持在示范区发展绿色信贷，发行绿色债券和绿色资产支持证券，推行绿色保险，开展水权、排污权、用能权、碳排放权、节能环保质押融资等创新业务。同时，有效对接国家绿色发展基金，充分发挥国家级政府投资基金和项目的示范引领作用，鼓励社会资本设立各类绿色发展产业基金。2021 年 6 月 8 日，浙江省人民政府印发《浙江省金融业发展“十四五”规划》，明确“十四五”期间绿色贷款占各项贷款比重由 2020 年的 7%提高到 2025 年的不低于 10%。2021 年 12 月 21 日，中国人民银行杭州中心支行印发《浙江省银行业金融机构（法人）绿色金融评价实施细则》，进一步引导和支持地方法人银行业金融机构发展绿色金融，提升金融支持绿色低碳高质量发展的能力。

（二）湖州市及其他地区的绿色金融实践

根据中央财经大学绿色金融国际研究院发布的《地方绿色金融发展

指数与评估报告2018》，浙江绿色金融发展的表现最为优异，指数得分位居全国“第一梯队”的前列。其中，湖州市是全国首个提出绿色金融试点设想的城市，也是全国首个向国务院申报绿色金融改革试点的城市。2017年6月，湖州成为首批国家绿色金融改革创新试验区。2023年，湖州市出台《深化建设绿色金融改革创新试验区探索构建低碳转型金融体系的实施意见》，将绿色低碳发展的目标导向转化为金融标准指引、嵌入金融服务流程。2022年1月，湖州市出台全国首个区域性转型金融支持活动目录，围绕全市纺织、化纤等“8+1”类重点高碳行业，规划了106项低碳转型技术，率全国之先研制《重点行业转型目标规划指南》《融资主体转型方案编制大纲》。截至2023年10月末，湖州全市绿色贷款余额达到3274亿元，占全部贷款比重达31.3%，位列全省第一，高出全国19.57个百分点。① 2022年11月4日，浙江省金融学会发布《银行业金融机构企业融资主体ESG评价与信贷流程管理应用指南》（T/TZJFS 007—2022），引导金融机构将ESG因素纳入信贷流程管理应用，加快开发与ESG因素挂钩的信贷产品，为“双碳”目标下实现稳定有序的公正转型提供了重要的路径。②

在湖州市绿色金融实践的示范效应下，浙江省其他地市纷纷跟进，积极通过绿色金融助力可持续发展。衢州市加快推进绿色金融改革，全域推进“两山合作社”试点，截至2022年末，绿色贷款达1041亿元，创新推出碳账户金融产品，累计发放贷款533亿元。③ 依托碳账户金融，衢州市率先探索出绿色金融支持低碳转型的发展路径。碳账户金融总量快速增长，企业融资成本持续下降，金融产品服务体系不断优化，碳账户金融政策体系日趋完善。截至2022年5月，碳账户贷款规模达102.14亿元，金融机构让利近

① 《共富浙江金融行③丨绿色金融从1.0迈向2.0，“转型金融”的湖州实践》，https://tidenews.com.cn/news.html?id=2640255，最后访问日期：2023年12月25日。

② 《湖州：绿色金融基础日渐扎实》，http://sjrb.zj.gov.cn/art/2023/8/25/art_1229619789_58714579.html，最后访问日期：2023年12月25日。

③ 《浙江高质量发展建设共同富裕示范区第一批典型经验》，https://www.ndrc.gov.cn/xxgk/zcfb/tz/202303/P020230323438063001860.pdf，最后访问日期：2023年12月25日。

3000 万元。个人碳账户发放贷款 3937 笔、金额 10.9 亿元，累计减少个人碳排放 9510 吨。①

（三）金融行业倾力参与

金融机构和市场主体也积极踊跃投身绿色金融浪潮。近年来，中国人民银行湖州市中心支行先后推动建立绿色金融地方性规范 14 项，牵头制定省级团体标准 3 项，积极参与行业标准制定，为在全国推动实施银行可操作、企业得实惠的绿色金融标准积累了宝贵经验。中信银行杭州分行出台《中信银行杭州分行支持浙江高质量发展建设共同富裕示范区工作方案》，将绿色金融与乡村振兴有效结合，全力支持乡村地区绿色低碳转型。该行向湖州市长兴县两山生态资源经营管理有限公司发放中长期固定资产贷款 0.8 亿元，支持绿色有机产业，助力企业实现农业现代化，形成“龙头企业+合作社+基地+农户”模式；向湖州市德清县下渚湖湿地旅游发展有限公司发放中长期固定资产贷款 2.4 亿元，支持湿地保护、恢复及生态旅游工程的提升，助力打造“生态+”与“旅游+”模式。截至 2023 年 9 月末，该行绿色信贷余额达 639.5 亿元，较 2022 年末增加 173.9 亿元，增速为 37.3%。已累计支持 48 个和美乡村建设，授信金额达 111.6 亿元，投放金额为 83.75 亿元。②

六　总结和建议

过去几年，浙江省在金融助力共同富裕示范区建设方面做了大量有益的探索，如温州市将重点放在深化民营经济金融服务上，在示范区关

① 《浙江省高质量发展建设共同富裕示范区最佳实践（第一批）材料汇编》，https：//zjjcmspublic.oss-cn-hangzhou-zwynet-d01-a.internet.cloud.zj.gov.cn/jcms_files/jcms1/web3185/site/attach/0/19a23f3a6bfb425999523baadf75ef24.pdf，最后访问日期：2023 年 12 月 25 日。

② 《中信银行杭州分行：金融服务赋能“浙”里共富》，http：//zj.people.com.cn/n2/2023/1127/c370990-40656510.html，最后访问日期：2023 年 12 月 25 日。

键节点和重要环节上先行先试；台州市下大力气探索“专注实体、深耕小微、精准供给、稳定运行”的金融助富“台州模式”；宁波市聚焦持续发挥数字技术优势，面向小微企业和创业创新主体提供优质融资服务和支付服务。同时，在普惠金融、慈善金融、社会影响力投资和绿色金融等社会影响力金融的主要前沿领域，浙江省也大放异彩，取得了一系列令人瞩目的成绩。面向未来，作为共同富裕建设示范区，浙江省要充分发挥社会影响力金融助力共同富裕实现的潜力，从以下几个方面再接再厉，“更上一层楼”。

首先，要继续深入挖掘金融助力共同富裕实现的潜力，充分认识到金融要以服务实体经济为根本遵循，下大力气解决好资金脱实向虚和小微企业融资难、融资贵、融资慢等问题。当下，浙江省面临国际国内风险外溢、居民金融素养相差较大、数字鸿沟持续扩大等挑战。未来，浙江省要在提升金融包容性的同时，继续坚持机会公平和商业可持续原则，进一步加大对个体工商户、家庭作坊、流动商贩、灵活就业人员、农村创业人群等的金融服务力度，助力低收入群体增收，服务高质量建设共同富裕示范区的伟大目标。

其次，要加大顶层设计和统筹协调的力度，及时总结现有创新实践和探索经验，强化金融政策与财政、产业、科技、就业等政策的统筹协调，培育更加负责任的金融市场主体，引导金融机构完善 ESG 评价体系，支持绿色低碳发展，强化战略创新能力和社会责任担当。要充分利用大数据优势，借助智能化的线上金融服务平台，依托金融科技前沿手段，将金融服务嵌入低碳经济、可持续发展、乡村振兴、农户增收、棚改项目等社会影响力金融实践场景。

最后，要鼓励各类金融主体积极参与以公益慈善为目标的第三次分配实践，加快创新企业家慈善金融工具，构建第三次分配生态机制，通过普惠金融、慈善金融、绿色金融和社会影响力投资等渠道和工具，引导“资本向善”。同时要旗帜鲜明地坚持市场化基本路径，金融促进共同富裕实现既不是搞政策性金融，也不是搞慈善金融，而是要遵循金融发展规律，在坚持财务回报和社会效益并重的前提下，充分运用市场配置资源的基础性作用，发挥金融专业性优势，创新金融服务与产品，助力实现共同富裕。

参考文献

张全兴，2021，《以普惠金融改革推进共同富裕》，《中国金融》第 17 期。

朱艳霞，2023，《全国人大代表郑功成：推广宁波经验推动保险业高质量发展》，《中国银行保险报》3 月 13 日。

国外借鉴篇

Foreign Report

B.13

影响力投资的行业基础设施是如何运作的？

——以全球影响力投资网络（GIIN）为例

韩 君 王敬轩*

摘 要： 从2007年作为洛克菲勒基金会的孵化项目，到2022年成为世界银行集团的影响力评估行业原则标准的托管方和执行方，全球影响力投资网络（GIIN）是如何成为影响力投资行业的基础设施的？它是如何运作的？它的成功可以为中国的影响力投资或可持续金融领域的发展带来哪些启发？首先，本报告介绍了影响力投资的定义、规模和发展趋势，列举了影响力投资领域里的一些主要行业基础设施。全球影响力投资网络（GIIN）在行业基础设施中起步最早、规模最大，行业研究和服务做得最好，所以本报

* 韩君，牛津大学社会学博士，美国乔治城大学公共政策学院客座教授、世界银行顾问，研究方向为社会企业、影响力投资、可持续金融、社会价值和影响力的测量与评估等；王敬轩，美国乔治城大学公共政策学院硕士研究生，研究方向为经济政策、公共卫生以及健康经济学。

告选择其作为研究案例。其次，本报告介绍了 GIIN 的主要工作，包括构建网络、组织论坛、开展行业研究、制定评估标准，并着重分析了它的研究出版物和重要研究议题，包括新冠疫情对影响力投资行业的影响、绿色债券和企业影响力投资。最后，本报告提出了促进中国影响力投资行业发展的三点建议：扩大影响力投资规模，促进影响力生态建设；加强行业研究，加快标准建设；促进国际合作，建立新型国际组织。

关键词： 影响力投资　全球影响力投资网络　行业基础设施

在 2007 年以前，众多的金融创新者已经开始尝试使用金融方法和工具来解决社会问题。例如，穆罕默德·尤努斯（Muhammad Yunus）创建了格莱珉银行，向孟加拉国的低收入妇女提供贷款①；美国企业家杰奎琳·诺沃格拉茨（Jacqueline Novogratz）创建了睿智基金（Acumen Fund），通过投资东非和南亚的企业将资本回报与社会价值相结合，以解决当地的贫困问题②；威利·福特（Willy Foote）创立了非营利组织根资本（Root Capital），向拉丁美洲和非洲的农民合作社提供贷款③。尽管这些金融创新蓬勃发展，但是它们常常处于零散的、碎片化的、缺乏统一身份认同的状态。

2007 年 10 月和 2008 年 6 月，洛克菲勒基金会在意大利的贝拉焦中心举办了两次会议，给这种以金融方式追求经济回报和社会价值的投资行为起了一个统一的名称——“影响力投资”（Impact Investing）。尽管 2007 年会议只有约 20 人参加，2008 年的会议也只有约 40 人参加，但这两次会议对日

① “The Rockefeller Foundation: Building a Backbone to Accelerate Impact Investing”, https://engage.rockefellerfoundation.org/story-sketch/the-rockefeller-foundation-weaving-ties-and-building-a-backbone-to-accelerate-impact-investing/，最后访问日期：2024 年 2 月 20 日。

② “About Acumen”, https://acumen.org/about/，最后访问日期：2024 年 2 月 20 日。

③ “About Us”, https://rootcapital.org/about-us/，最后访问日期：2024 年 2 月 20 日。

后影响力投资的产生和发展以及这一行业的基础设施的建设产生了深远的影响。这两次会议诞生了一个合作框架，该框架最初被命名为洛克菲勒影响力投资合作组织（Rockefeller Impact Investing Collaborative），这个组织便是全球影响力投资网络（Global Impact Investing Network，GIIN）的前身。

2022 年 10 月，世界银行集团下属的国际金融公司（IFC）发布公告，宣布将旗下的全球影响力投资框架——影响力管理操作原则（Operating Principles for Impact Management）——转交给 GIIN 运营（Bradford，2022）。这一原则是由国际金融公司与影响力投资领域多方合作制定的一套影响力管理指导原则，该原则在为投资者提供影响力投资指南的同时，也针对影响力评估制定相应的原则、流程和框架，从而推动私人资本更好地通过影响力投资创造社会价值。这一原则从 IFC 到 GIIN 的转移标志着 GIIN 真正成为影响力投资领域的标准制定者和行业基础设施。

从 2007 年作为洛克菲勒基金会的孵化项目，到 2022 年成为世界银行集团的行业原则标准的托管方和执行方，GIIN 是如何成为影响力投资行业的基础设施的？它是如何运作的？它的成功为中国影响力投资和可持续金融领域的发展带来了哪些启发？

一　影响力投资和行业基础设施

（一）影响力投资的定义

“影响力投资”最权威的和最经常被引用的定义来自全球影响力投资网络。全球影响力投资网络在其官网简明扼要地提出：“影响力投资是以产生积极的、可衡量的社会和环境影响力为目的的投资，同时获得财务回报。”①

影响力投资与主流的投资行为有什么不同呢？全球影响力投资网络同样给出了答案：“根据投资者的战略目标，影响力投资可以追求从低于市场水

① “What Is Impact Investing?”，https：//thegiin.org/impact-investing/need-to-know/#what-is-impact-investing，最后访问日期：2024 年 2 月 20 日。

平到市场水平的回报。"[①] 也就是说，影响力投资可以接受低于市场平均水平的回报率，而主流的投资行为一般追求高于市场平均水平的回报率，这是两者最重要的区别之一。另外，主流的投资行为一般不太考虑社会和环境方面的回报，经济回报是最主要的而且常常是唯一的考量。

既然影响力投资的回报率低于市场平均水平，那么投资者为什么还要进行影响力投资呢？原因之一是，影响力投资为投资者提供了多样化的投资机会，能够在产生财务回报（虽然不那么高）的同时产生社会价值，从而持续性地解决社会和环境问题。于是，投资者可以获得一定的投资收益，同时可以创造出更高的社会价值，这才是这些“非主流”投资者看重的。社会上的主流观点认为，慈善捐赠是解决社会和环境问题的主要方式，而市场投资则更应该专注于实现财务回报。影响力投资则将这两者结合，财务回报可以低一点，但是社会和环境价值回报要高一些。更重要的是，影响力投资可以持续为解决社会和环境问题提供资金支持，这也是影响力投资相对于传统投资和慈善捐赠的优势所在。

影响力投资不仅要解决社会问题并获得一定的财务回报，还特别强调投资所产生的社会和环境后果是积极的、可测量的。这就意味着影响力投资有着强烈的对影响力的测量、评估和管理的需求。作为影响力评估领域的开拓者和先锋之一，全球影响力投资网络开发了一系列影响力评估的框架和指标，例如 IRIS+。IRIS+是这一行业最全面和系统的标准之一，后文将详细介绍。

（二）影响力投资的规模和发展趋势

2022 年，全球影响力投资网络发布了题为《2022 年影响力投资市场规模》的报告。报告显示，截至 2021 年 12 月，全球影响力投资的资产管理规模为 1.164 万亿美元，首次突破 1 万亿美元大关（Hand et al.，2022）。这一结论源于全球影响力投资网络对于 3349 家金融机构所管理资产（Assest

① “What Is Impact Investing?”，https：//thegiin. org/impact-investing/need-to-know/#what-is-impact-investing，最后访问日期：2024 年 2 月 20 日。

Under Management，AUM）的调查。考虑到大约有3%的AUM至少受到一项ESG准则的约束，ESG投资在2022年估计超过35万亿美元（GSG，2023）。影响力投资规模的逐渐增长，意味着这个行业整体逐渐变得成熟稳健，越来越多的投资者愿意将资金投入能够对社会和环境产生积极影响的事业中来。图1显示的是2015~2019年全球影响力投资增长趋势，可以看出，在2019年前，全球影响力投资规模总体呈现上升趋势。

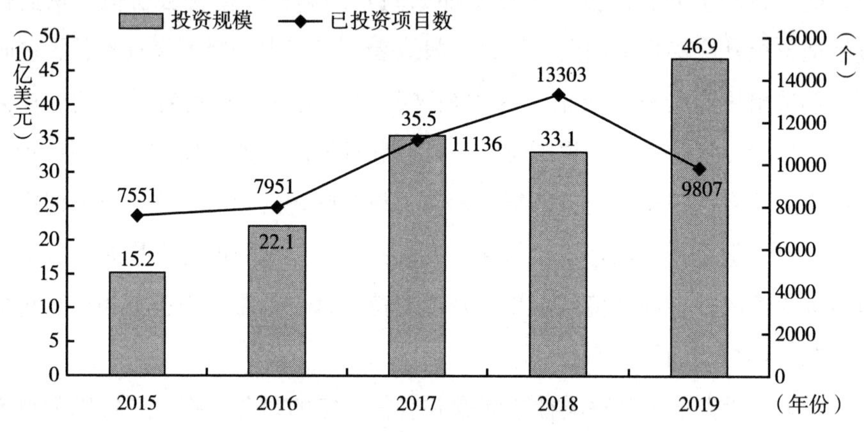

图1　2015~2019年全球影响力投资增长趋势

资料来源：GIIN，“Annual Impact Investor Survey”，2016~2020。

2023年6月，全球影响力投资网络更新了其关于影响力投资市场规模的调研与分析。在2023年GIIN洞察（GIINsight）系列报告中，全球影响力投资网络收集了来自全球308名投资者的样本数据与观点，同时对88名重复受访者（参与过2018年全球影响力投资者调查的受访者）进行五年期比较，探讨了影响力投资的变化趋势（Hand et al.，2023）。研究发现，在过去的五年中，影响力投资市场的体量和构成发生了较大变化。样本数据显示，影响力投资的资产管理规模从2017年的950亿美元增至2022年的2130亿美元，复合年增长率为18%。在诸多投资类别当中，住房成为投资增长最快的领域，2017年为23.02亿美元，2022年为141.04亿美元，复合年增长率达到了44%。其次是信息与通信技术，2017年为21.7亿美元，2022年为 79.35 亿美元，复合年增长率达到了 30%。接下来是制造业、医疗行业和能源行业，复合年增长率分别为 28%、26%和 24%（Hand et al.，2023）。这些数据体现了全球影响力投资规模增速不断加快的趋势和投资类别逐渐多样化的特点。

除了对影响力投资市场的分析，GIIN 还通过样本数据展示了当前影响力投资行业的主要发展趋势。尽管由于样本收集的局限性，该趋势研究仅能代表样本中所呈现的规律，还不能直接推论整体，但是也能为行业发展趋势提供重要参考。

首先，伴随着投资规模的快速增长，影响力投资的地域分布发生了显著的变化。2017~2022 年，北美和欧洲成为增长速度最快的区域，分别为 53%和 33%，而来自中东和北非的投资则出现了负增长（-0.4%）。其他地区都出现了不同程度的增长，如东亚（21%）、拉美（21%）、南亚（15%）（Hand et al.，2023）。这一现象表明，全球影响力投资主要集中在西方发达国家市场。2017~2022 年，全球经济形势的波动是投资者优先考虑发达国家市场的主要原因之一。但是，未来五年，有 1/3 的受访投资者计划增加对撒哈拉以南非洲地区的投资，1/4 的投资者计划增加对拉丁美洲和加勒比地区的投资，这也能够反映出投资者对这些新兴市场的兴趣在逐渐增加（Hand et al.，2023）。

其次，专业投资者在影响力投资中扮演着越发重要的角色。与传统的资产拥有者主导的投资模式不同，影响力投资正在向专业化、系统化的方向发展。越来越多的专业投资经理从不同渠道募集资金，加入影响力投资的行列（Hand et al.，2023）。在访谈的 308 名影响力投资者当中，有 71%的投资者是专业投资经理。2017~2022 年，70 名重复受访者的融资总额的复合年增长率达到了 43%。平均募集资金额度从 2017 年的 2900 万美元增长到 2022 年的 1.53 亿美元（Hand et al.，2023）。这一现象体现了两方面的变化：一方面，专业投资经理的管理能力得到了资产所有者的认可；另一方面，市场上对于影响力投资感兴趣的投资者也在逐步增加。越来越多的大型投资者，例如养老金基金和保险基金，开始通过影响力投资实现资产的多样化配置

(Hand et al., 2023)。

除了专业投资者，发展金融机构（DFI）在影响力投资中扮演的角色也值得关注。在 GIIN 的影响力投资者调查当中，虽然发展金融机构只占据全部受访机构数量的 5%，但它们却掌管着整体投资规模的 27%（Hand et al., 2022）。发展金融机构的主要职责是，在私人投资不足的领域和地区进行投资，并解决金融市场失灵问题。

最后，在投资回报方面，影响力投资在逐渐摆脱其过去低收益的印象，逐渐取得与市场表现相当的投资回报。在 GIIN 的调查中，投资者被要求从财务预期和影响力预期两方面评估 2022 年的投资回报（Hand et al., 2023）。大多数投资者表示，无论是从财务回报角度还是从影响力角度，投资的业绩都超出预期或符合预期。这一结果还是在新冠疫情、国际政治局势不稳等诸多不确定性因素影响下取得的。这些结果表明，影响力投资是一种财务稳健且具有社会影响力的投资方式（Hand et al., 2023）。进一步帮助投资者做出正确的投资决策并取得可持续的投资收益，影响力投资行业的基础设施就显得尤为重要。

（三）影响力投资的行业基础设施

任何行业的发展都离不开基础设施，全球影响力投资网络（GIIN）就属于行业基础设施。其主要功能之一是，实现行业资源的整合与共享，并推动行业政策和行业标准的制定。GIIN 通过召集影响力投资者、突出创新方法、为行业最佳实践的规范化提供指导和支持，搭建起行业的基础设施。GIIN 通过一系列的活动、教育、研究、咨询和标准建设，推动和加快了影响力投资行业的发展，让更多投资者能够将资金投入解决世界上最棘手问题的领域。

除了 GIIN 之外，影响力投资行业的其他基础设施，包括但不限于，来自英国的全球影响力投资指导小组（The Global Steering Group for Impact Investment，GSG）和影响力投资世界论坛（Impact Investing World Forum，IIWF），来自美国的美国可持续投资论坛（The Sustainable Investment Forum，

SIF）和美国影响力投资联盟（U. S. Impact Investing Alliance）等。

全球影响力投资指导小组由被誉为“社会投资之父”和“英国风险投资之父”的罗纳德·科恩（Ronald Cohen）担任主席，并致力于推动全球影响力投资的发展（Gianasso，2014）。GSG 成立于 2015 年 8 月，其前身是 2013 年英国在担任八国集团（G8）主席国期间成立的社会影响力投资工作组。[①] 目前其成员包括 36 个成员国与来自金融、商业和慈善领域的领导者和观察员。2023 年，GSG 的行业年会——全球影响力峰会（GSG Global Impact Summit）于 10 月 2 日至 3 日在西班牙马拉加举行。[②]

影响力投资世界论坛是一个面向全球投资者、企业家和社会企业家的年度盛会，旨在促进可持续发展和社会影响力投资的发展。该论坛每年都举办年会，召集来自不同领域的专业人士，分享最新的影响力投资动态、趋势和最佳实践，讨论如何将投资与社会和环境目标相结合，从而创造更大的社会影响力。2023 年论坛已于 12 月 5 日至 6 日在英国伦敦举行。

美国可持续投资论坛的使命是推动投资实践朝着可持续方向发展，关注长期投资及社会和环境影响力，促进在所有投资决策中有意义地评估 ESG，从而形成更可持续和公平的社会。该机构有 200 多个会员，这些会员管理着 5 万亿美元资产，包括投资管理和咨询公司、共同基金公司、资产所有者、数据和研究公司、理财规划师和顾问、经纪商、银行、信用社、社区发展金融机构和非营利组织。该机构每两年发布一次可持续投资趋势报告，最近一次报告于 2022 年发布，2024 年将发布第 15 版。[③]

美国影响力投资联盟致力于提高美国公众对影响力投资的认知，促进影响力资本的投入，与利益相关方合作，助力搭建影响力投资生态系统。该联盟认为投资的未来是影响力投资。2023 年 10 月 31 日至 11 月 1 日，美国影响力投资联盟举办了影响力投资者北美峰会（Impact Investor Summit North

① “About the GSG”，https：//gsgii. org/about-us，最后访问日期：2024 年 2 月 20 日。

② “GSG Global Impact Summit 2023”，https：//gsgii. org/gsg-global-impact-summit-2023/，最后访问日期：2024 年 2 月 20 日。

③ “US SIF Trends Report”，https：//www. ussif. org/trends，最后访问日期：2024 年 2 月 20 日。

America），议题包括循环经济、医疗保健、员工持股、气候投资、能源转型、食品和农业技术、水、养老信托责任等。

与以上四家机构相比，全球影响力投资网络（GIIN）在行业基础设施中起步最早、规模最大，行业研究与服务做得最好。这是本报告选择全球影响力投资网络（GIIN）作为研究案例的原因。

二　全球影响力投资网络的主要工作

全球影响力投资网络于2007年由洛克菲勒基金会、比尔及梅琳达·盖茨基金会、约翰·麦克阿瑟基金会等大型基金会支持发起[①]，于2009年正式成立，创始会员有22个[②]，在纽约注册为非营利组织。公开资料显示，2021年，GIIN的员工数为41人。截至2023年9月6日，GIIN拥有来自世界上61个国家和地区的452名会员。[③]

自“影响力投资”概念提出以来，GIIN在推动影响力投资发展方面发挥了重要作用，包括搭建投资交流平台、建立影响力评估标准、开展影响力投资行业研究等。2011年，GIIN推出了名为ImpactBase的在线名录，投资者可在线搜索影响力投资基金和它们的产品（韩君、吴亦非，2021）。在行业研究方面，其每年发布的《年度影响力投资者调查》（Annual Impact Investor Survey）为诸多学术和媒体文章引用的权威数据来源。同时，GIIN在促进影响力投资界的合作和知识共享方面也发挥了重要作用。通过定期举办会议和活动、建立工作小组等方式，GIIN将影响力投资过程中的利益相关方集合

---

① “Global Impact Investing Network（GIIN）”，https：//www.openbusinesscouncil.org/wiki/giin-global-impact-investing-network，最后访问日期：2024年2月20日。

② 这22家机构包括：安妮·凯西基金会、比尔及梅琳达·盖茨基金会、卡尔弗特基金会、花旗集团、德意志银行、摩根大通、奥米迪亚网络、根资本等。详细资料参见“New Industry Group Launched to Facilitate For-Profit Investing That Addresses Social and Environmental Challenges”，https：//thegiin.org/assets/GIIN%20Launch%202009.pdf，最后访问日期：2024年2月20日。

③ “About Membership”，https：//thegiin.org/about-membership，最后访问日期：2024年2月20日。

到一起，促进行业内的沟通和交流。GIIN 的具体工作包括构建网络、组织论坛、开展行业研究、制定评估标准。

（一）构建网络、组织论坛

GIIN 成立的主要目标之一，是搭建一个能够让影响力投资者互相交流和学习的平台，分享行业信息、工具和资源，提高他们执行和管理影响力投资的能力。在分享行业知识方面，GIIN 通过建立行业知识中心和举办研讨会的方式为会员提供信息和智力支持，例如成立性别视角投资知识中心（Gender Lens Investing Knowledge Hub）、混合金融知识中心（Blended Finance Knowledge Hub）等。同时，为了促进会员之间的相互合作，GIIN 建立了不同的工作组，利用已有的专家资源为会员提供专业的服务和指导。会员服务还包括针对不同成员的定制化服务，会员不仅可以获得来自 GIIN 的市场洞察、行业分析以及工作机会信息，还能够获得与 IRIS+团队接触及向其咨询的机会，从而更好地熟悉这一影响力评估工具在相关领域中的应用和发展。

GIIN 的会员服务不是免费的，会根据会员的不同市场和组织属性，收取 2000 美元到 12000 美元不等的年费。对于来自新兴市场的基金会、营利组织和非营利性组织来说，它们的年费是来自发达市场机构的一半左右。对于资产管理规模或收入达 10 亿美元及以上的组织来说，即使来自不同市场，会费也无差异。同时，GIIN 对其联盟伙伴的会费提供 10%的折扣。[①] 这些联盟伙伴包括阿斯彭发展企业家网络（Aspen Network of Development Entrepreneurs，ANDE）、亚洲公益创投网络（Asian Venture Philanthropy Network）、全球影响力投资指导小组（GSG）等知名的影响力投资和社会企业家网络。此外，来自中国的社会价值投资联盟（China Alliance of Social Value Investment，CASVI）和绿动资本（Asia Green Fund）等机构也是 GIIN 的会员。

除了搭建会员体系平台，GIIN 还积极组织了各种影响力投资相关的活

① “About Membership”，https：//thegiin. org/about-membership，最后访问日期：2024 年 2 月 20 日。

动。2023 年影响力论坛（Impact Forum）于 10 月在丹麦的哥本哈根举办，该年度会议是影响力投资界重要的交流平台之一，有来自 68 个国家的 1500 余名参与者。在 2023 年的会议当中，气候变化、可持续发展相关的议题是主要的内容。

（二）开展行业研究

行业研究可以说是全球影响力投资网络最重要的工作之一。在谷歌学术上搜索完整单词“Global Impact Investing Network”，设置搜索时间为 2009 年（GIIN 正式成立时间）到 2023 年 8 月底，可以搜索出 3530 项学术研究成果（包括论文、书籍、章节等）。这也从侧面证明了 GIIN 在影响力投资研究领域的重要性和权威性。

在行业研究方面，GIIN 最突出的贡献是进行年度影响力投资者调查和发布调查报告。该报告是影响力投资行业在国际层面（其实主要是美欧）最重要甚至是唯一的行业数据来源。在美国，持续时间较长的行业数据来源是美国可持续投资论坛的可持续投资趋势报告。该趋势报告于 1994 年启动，1995 年发布第 1 版，2024 年该报告将发布第 15 版，也是 30 周年纪念版。①

GIIN 的《年度影响力投资者调查》最早发布于 2011 年，目的是收集影响力投资行业的信息和投资者反馈（Saltuk et al，2011）。GIIN 选择调查对象的标准是：自成立以来至少投入了 1000 万美元用于影响力投资，或者至少进行了 5 次影响力投资。因此，可能有许多实体由于未能满足以上条件而被排除在外（Garg and Arora，2023）。该调查的数据可能并不完美，因为数据是由受访者自行报告的，也有可能受访者只提供了投资方面的积极信息或隐瞒了某些信息（Garg and Arora，2023），但是该系列报告填补了市场空白，并被大量关注和引用。

《年度影响力投资者调查》主要包含四个方面内容：影响力投资市场的规模、变化趋势，不同地区、行业和资产类别的投资差异，社会、环境和财

---

① “US SIF Trends Report”，https：//www. ussif. org/trends，最后访问日期：2024 年 2 月 20 日。

务回报的绩效指标，以及市场当前和未来的挑战与机遇。与此同时，GIIN会根据每年行业中的重点议题对问卷内容的主题进行调整。例如，在2020年的报告当中，受访者不仅分享了他们在2019年的投资活动及2020年的计划，还分享了新冠疫情对其投资活动的影响（GIIN，2020a）。这种对行业重要议题的关注也反映了影响力投资行业的主要发展趋势。

此外，GIIN针对不同的行业议题撰写了各种研究和评论文章，截至2024年2月，共计有382篇，分为行业研究和观点评述两类。行业研究出版物又分为GIIN的官方出版物、其他出版物、投资者概况以及投资者聚焦。前两者更多的是针对行业议题的分析和评述，而后两者是影响力投资者个人观点的表达。同时，GIIN也将这些报告按照所属行业进行了分类。其中数量最多的三个类别分别是：金融服务（41篇）、社区发展（35篇）、小额信贷（29篇）。[①] 观点评述更接近于对当下主要议题的简短评论，例如最近关注较多的ESG投资由GIIN的首席执行官阿米特·博里（Amit Bouri）撰写，是其个人对于ESG和影响力投资行业的看法。阿米特·博里有一个由他本人主持的播客，名为“下一个常态：为我们的未来重新构想资本主义”。在每一集播客中，阿米特·博里都会采访一位挑战现状、引领变革的领导人，关注他们促进经济体系转型的愿景以及帮助应对全球挑战的故事，访谈对象包括“可持续发展教父”约翰·埃尔金顿（John Elkington）、“无形经济”工人的代言人普爱仁（Ai-jen Poo）和致力于推动全球粮食体系转型的冈希尔德·斯托达伦（Gunhild Stordalen）等。

（三）制定评估标准

影响力评估标准的制定是GIIN的另一个工作重点。影响力衡量与管理（Impact Measurement and Management，IMM）是影响力投资过程中必不可少的部分，包括设定目标和期望、定义策略、选择衡量指标并设定目标管理影响力绩效。根据全球影响力投资网络于2020年发布的基于278名全球影响力

① “Research”，https://thegiin.org/research，最后访问日期：2024年2月20日。

投资人的调查报告，鉴于行业中关于 IMM 的资源、工具和倡议多种多样，影响力投资者一致认为 IMM 的碎片化是限制行业发展的一大挑战（50%的受访者），而当投资者努力提升其 IMM 实践时，他们最希望获得的资源是 IMM 最佳实践的案例分析（86%的受访者）（Bass et al.，2020）。

作为影响力评估方面的行业先行者和领导者，GIIN 推出了影响力报告和投资标准 IRIS（Impact Reporting and Investment Standards）。IRIS 是 GIIN 在 2009 年推出的一套影响力衡量和管理系统，其出发点是为投资人提供标准化测评工具，从而评估投资组合内项目的实际社会和环境影响力。IRIS 最初是用于报告影响力资本绩效的通用指标，由洛克菲勒基金会、睿智基金和共益实验室（B Lab）在日立、德勤和普华永道的技术支持下创建。[①] 作为洛克菲勒基金会在影响力投资领域的主要投入对象，GIIN 则将这一指标目录纳入了自己的业务范畴，并将其与已有的业务进行整合。2011 年，29 家影响力投资机构签署了一份对 IRIS 指标目录的支持信，承认标准化的社会和环境绩效是行业最佳实践，并鼓励影响力投资行业的从业者采用 IRIS 指标进行绩效报告。[②] 随着 GIIN 对 IRIS 的不断更新和迭代，IRIS 逐渐获得了行业内的认可，逐渐演变为 IRIS+影响力绩效基准。

作为一个衡量、管理和优化影响力的系统性工具，IRIS+在 IRIS 的基础上进行了一系列演变。2018 年 6 月，GIIN 成立了三个工作组，分别代表不同类型的利益相关者，包括资产所有者、资产管理者和服务供应商。GIIN 同时接受不同利益相关者关于 IRIS+的反馈意见，并获得了超过 800 个利益相关者提供的反馈，为 IRIS+的开发提供信息。[③] IRIS+影响力绩效基准于 2022 年正式发布，目前推出了金融普惠性、农业等专题基准，为投资者提供了理解和评估影响力的关键工具。

IRIS+平台可以分成五个部分：投资主题分类、核心指标集、影响力评

---

① "From IRIS to IRIS+"，https：//iris. thegiin. org/history，最后访问日期：2024 年 2 月 20 日。

② "From IRIS to IRIS+"，https：//iris. thegiin. org/history，最后访问日期：2024 年 2 月 20 日。

③ "Standards Development Process & Principles"，https：//iris. thegiin. org/standards-development-process-and-principles，最后访问日期：2024 年 2 月 20 日。

估维度、与可持续发展目标的对应、在决策过程中的应用。① 在投资主题分类方面，术语和投资主题定义的不统一严重阻碍了影响力投资者之间的沟通，以及影响力的评估和比较。所以，IRIS+从定义方面，基于 IFC、联合国环境规划署金融倡议（UNEP FI）、全球报告倡议组织（GRI）、经济合作与发展组织（OECD）等过去十年间的工作成果，将相关行业分为农业、房地产、水资源、空气、平等与包容等 17 个影响力大类及对应的影响力主题分支。这些主题与联合国发布的《所有经济活动的国际标准行业分类》（International Standard Industrial Classification of All Economic Activities）一致。② 这些关于主题的分类和定义提供了用于描述、评估和最终比较影响力的共享语言，同时为后续的影响力评估建立了可参考的标准。

在明确了影响力主题的同时，GIIN 也以先前的 17 个核心分类为基础，建立了一系列影响力评估核心指标。这些核心指标为影响力投资提供了数据支持，并帮助投资者评估投资的影响力效果。例如，以改善金融健康为目标的金融包容性投资的投资者将使用“自愿储蓄账户价值（Value of Voluntary Savings Accounts）”作为关键指标，以了解该目标的绩效。③ 像这样的核心指标在 IRIS+ 5.3 版本的数据库中共有 736 个，并且还在不断增加。GIIN 在其网站提供了关于每个核心指标的具体解释。④

三　全球影响力投资网络的研究工作

GIIN 作为行业基础设施，进行了深入的行业研究。本报告对 GIIN 自成立以来的研究议题进行了梳理。GIIN 的网站显示，截至 2024 年 2 月，共有研究

---

① “IRIS+ Thematic Taxonomy”，https：//iris. thegiin. org/document/iris-thematic-taxonomy，最后访问日期：2024 年 2 月 20 日。

② “IRIS+ Thematic Taxonomy”，https：//iris. thegiin. org/document/iris-thematic-taxonomy，最后访问日期：2024 年 2 月 20 日。

③ “IRIS+ Core Metrics Sets”，https：//iris. thegiin. org/document/iris-core-metrics-sets，最后访问日期：2024 年 2 月 20 日。

④ “IRIS Catalog of Metrics”，https：//iris. thegiin. org/metrics，最后访问日期：2024 年 2 月20 日。

报告、投资概况、投资者聚焦以及与其他组织合作的出版物 382 份。本报告通过出版物类型、研究议题和地理位置等三个维度对这些研究进行了梳理和分类汇总。

（一）研究出版物

在出版物类型方面，GIIN 的直接出版物共有 66 份。其中主要包括核心研究出版刊物，如《年度影响力投资者调查》、GIIN 洞察，也包括针对不同议题的专项研究。这些报告代表了 GIIN 对于影响力投资市场的见解，同时也能够为影响力投资者提供最前沿的市场洞悉。GIIN 的出版物类型见图 2。

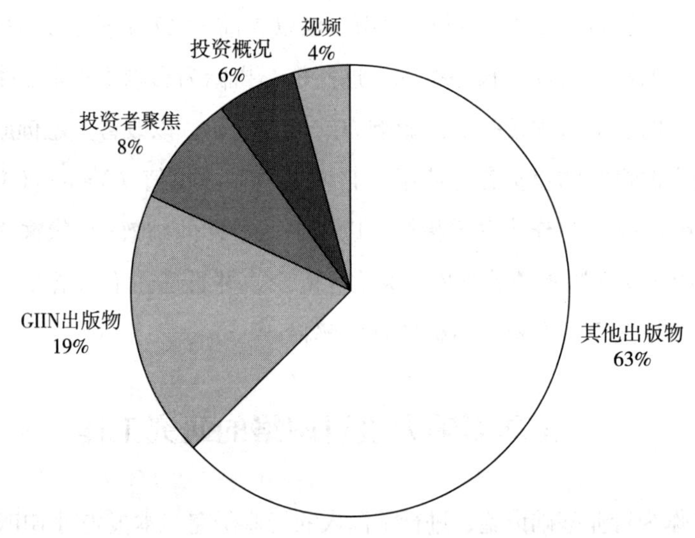

图 2　GIIN 的出版物类型

资料来源："Research"，https：//thegiin. org/research/，最后访问日期：2024 年 2 月 20 日。

投资概况部分针对不同影响力投资标的的案例分析共有 13 份。在这 13 份案例当中，GIIN 对投资者、被投资方和投资细节进行了信息披露，并明确了每一个投资过程中的影响力目标。这些案例能够给投资者提供有效的投资参考，并帮助其了解影响力投资的过程和影响力目标。

在地理位置方面，GIIN 的研究更加关注全球范围内的议题，这与 GIIN 推动全球影响力投资发展的核心目标相一致。排在第二、第三位的分别是北美和非洲（见图 3）。北美地区作为 GIIN 的总部所在地，以及金融投资的核心地区，在影响力投资发展中扮演着重要的角色。而非洲地区集中了大量的发展中国家，在金融领域有巨大的发展潜力。GIIN 对非洲的相关研究主要包括政策概要、创新金融研究、农业发展、地区影响力投资概况等。这些研究让投资者对于非洲地区影响力投资的发展有了进一步的了解。

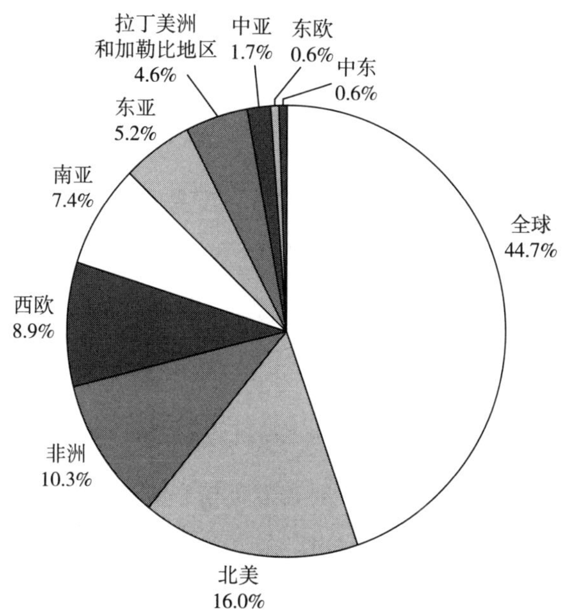

图 3　GIIN 影响力投资研究主题的地理分布

资料来源：“Research”，https：//thegiin. org/research/，最后访问日期：2024 年 2 月 20 日。

除了对出版物类型和地理位置的梳理，本报告也从研究议题的角度对 GIIN 的研究进行了总结。除去数量最多的“其他”分类，研究数量排名前三的分别是金融服务、小额信贷、农业领域。

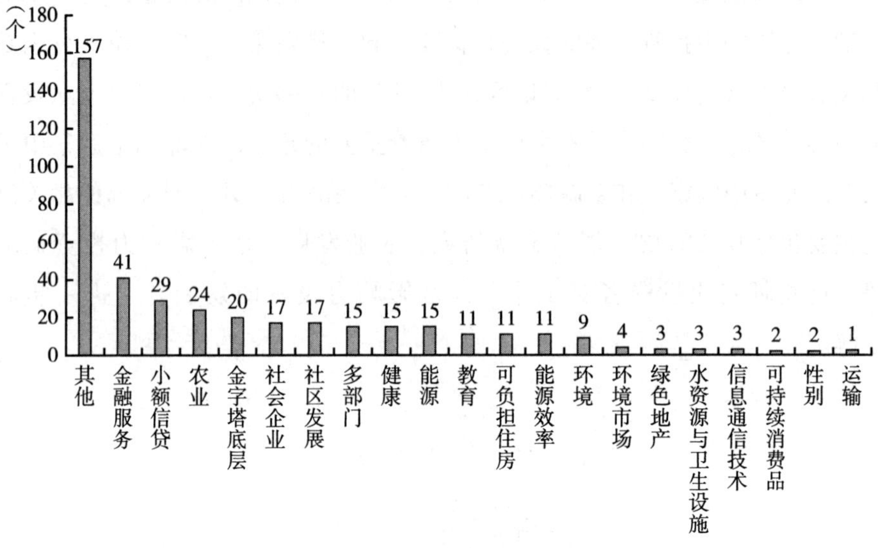

图 4　GIIN 的研究议题

资料来源："Research"，https：//thegiin. org/research/，最后访问日期：2024 年 2 月 20 日。

（二）重要议题

新冠疫情对全球各个行业都产生了深远的影响，影响力投资行业同样不例外。GIIN 于 2020 年 7 月发布了对新冠疫情影响下影响力投资市场的系列分析简报。这一系列研究起源于 GIIN 在 2020 年 5 月启动的响应、恢复和复原投资联盟，简称"R3 联盟"。这一联盟由 12 个影响力投资网络组成，致力于协调影响力投资对新冠疫情的应对。同时，R3 联盟的目标是简化影响力投资工作，通过健康干预和吸引资本投入等方式来减小新冠疫情对社会和经济发展的影响（Bradford，2020）。

在一系列报告当中，GIIN 从尽职调查、投资者对企业的支持以及通过促进社会公平增强对危机的抵御能力三个方面分析了新冠疫情对影响力投资的影响（GIIN，2020a）。随着疫情的蔓延，世界面临不断变化的社会和环境需求，而投资者也必须重新制定自己的投资目标和评估指标，从而能够反映市场的变化。同时，为了应对未来潜在的危机，资本将会在应对疫情的过程中扮演怎样的角色，也是 GIIN 和广大影响力投资者面临的研究课题。

在 2022 年的影响力投资市场，绿色债券（Green Bonds）和企业影响力投资（Corporate Impact Investing）是备受关注的两大议题。环境保护领域的众多议题逐渐引发市场的关注，绿色债券能够为环保项目和基础设施筹集资金，形成多元化投资组合，满足利益相关方对更大的环境责任方面的需求。与此同时，绿色债券的发行量在 2021 年达到 5780 亿美元，年增长率高达 43%（Hand et al.，2022）。作为影响力投资的重要组成部分，绿色债券的快速发展对影响力投资市场产生了重要影响，不断扩张的市场规模反映了其在投资市场中的重要性。与绿色债券类似，企业影响力投资也在当前的影响力投资市场中日益获得关注，其主要资金来源于公司自身的现金储备。截至 2022 年，所有美国公司持有的现金储备估计高达 5.8 万亿美元（Hand et al.，2022）。为了有效利用现金储备和履行企业社会责任，越来越多的企业用自身的现金储备参与影响力投资。公司持有的巨大规模的现金储备，以及它们推动解决社会问题的企业社会责任，为影响力投资市场的持续发展提供了新的机会。

四　促进中国影响力投资行业发展的三点建议

综观全球影响力投资网络的发展、功能和主要工作，本报告认为中国影响力投资或可持续金融领域的同行可以从其身上学到以下三个方面的经验。

（一）扩大影响力投资规模，促进影响力生态建设

与国际同行相比，中国影响力投资尚处于起步阶段，规模还比较小，扩大影响力投资规模，应当是下一步发展的重点。具体的措施包括：第一，鼓励影响力投资机构、基金会和各类金融机构等每年以一定比例（如 1%）增加影响力投资；第二，将影响力评估或社会价值评估的量化评估结果设定为

KPI 考核指标之一；第三，逐步推动各类金融机构在十年左右的时间里，将10%的可支配资金用于影响力投资或社会价值投资；第四，推动各类金融机构每三年至少进行一次影响力或社会价值评估，以及披露社会和环境方面成果或影响力的相关信息。

在促进影响力生态建设方面，应当在孵化器、加速器、促进器、联合办公空间、行业基础设施、行业中介、行业认证与咨询、行业媒体、影响力研究与评估、政府支持政策、相关立法、区域组织和国际机构等各个方面积极推出相应的对标机构（韩君、吴亦非，2021）。其中，行业基础设施是需要重点发展的生态节点。目前，中国在影响力投资领域活跃的行业基础设施或行业网络至少有三家：中国社会企业与影响力投资论坛和中国影响力投资网络、社会价值投资联盟、中国社会责任投资高峰论坛。

中国社会企业与影响力投资论坛成立于 2014 年 9 月，由中国 17 家支持社会企业和影响力投资发展的基金会、公益创投机构和社会企业研究机构共同发起成立。2022 年 4 月，中国影响力投资网络（China Impact Investing Network，CIIN）依托于中国社会企业与影响力投资论坛成立。CIIN 的使命是树立行业标准，搭建行业基础设施，提升行业效率，扩大行业规模，打造健康的中国影响力投资生态系统。按照它们自己的说法，其核心工作包括行业研究、案例梳理、培训赋能和国内外行业交流等。

社会价值投资联盟（以下简称“社投盟”）成立于 2016 年，是中国首家专注于促进可持续金融发展的国际化新公益平台。社投盟专注于社会价值投资，为打通政府、市场和社会，搭建了重要的跨界平台，在专注于体制创新的同时，为解决社会痛点问题提供了新思路。①

中国社会责任投资高峰论坛由中国人民大学中国普惠金融研究院（CAFI）主办，是社会责任投资和可持续发展领域的重要年度会议之一。2023 年年会主题为“创新驱动，协同融合”，聚焦混合金融、公正转型、金

① 《国内首个社会价值投资联盟正式成立》，http：//www. youcheng. org/news_ detail. php？id = 414，最后访问日期：2023 年 9 月 15 日。

融健康等前沿话题，发布了《2023 中国社会责任投资报告》。[①]

除了这三家之外，相信还会有一些行业基础设施涌现出来。

（二）加强行业研究，加快标准建设

在 GIIN 的案例当中，行业研究和评估标准的建立对影响力投资行业的发展起到了举足轻重的作用。从 2009 年正式成立到 2023 年 2 月，GIIN 官网上有研究报告、投资概况、投资者聚焦、与其他组织合作的出版物共 382 份，平均每年发布 27 份。直接出版物共 66 份，平均每年出版 5 份。

GIIN 的 IRIS+标准及其在线平台使得影响力投资者在进行投资的过程中能够量化分析每个项目的影响力，帮助其做出正确的决策。可以说，IRIS+正是 GIIN 作为行业基础设施的基础设施，与 GIIN 行业研究成果一起成为 GIIN 的核心竞争力。过去几年中，中国的影响力投资行业已经取得了显著的发展，越来越多的投资者开始了解并积极参与到这个领域。尽管如此，行业研究仍然不够繁荣，行业标准的推出和建立、行业标准的本土化与多元化发展等仍存在不足。因此，行业研究的推进和行业标准的制定是未来几十年中国影响力投资行业发展的首要任务。

国内最早的社会影响力投资基础设施可以追溯到英国大使馆文化教育处的社会企业与社会投资平台项目。英国大使馆文化教育处与包括深圳市创新企业社会责任促进中心、深圳市慈善会、南都公益基金会等在内的九家长期关注这个领域的机构合作，赋能和投资国内社会企业。2014 年 10 月，《2014 社会影响力投资在中国》在美国哥伦比亚大学商学院举办的第 13 届全球社会创新大会上发布。该报告是由深圳市创新企业社会责任促进中心、深圳市慈善会和上海财经大学社会企业研究中心发布的，首次面向中国 100 家大型上市企业和基金会开展的，关于社会影响力投资的专项调研的突出成果。[②]

---

① 《论坛预告丨第三届中国社会责任投资高峰论坛（IFCII）即将启动》，https：//m. yicai. com/news/101768803. html，最后访问日期：2023 年 9 月 15 日。

② 《中国首次在美国发布社会影响力投资成果》，https：//www. yicai. com/news/4036257. html，最后访问日期：2023 年 12 月 15 日。

中国影响力投资网络于2022年5月启动中国影响力衡量和管理课题，于2023年7月18日发布了《中国影响力衡量与管理（IMM）指南1.0》，这一指南提出了“道、术、器”的IMM框架，第一次将影响力衡量和管理引入中国，并进行了初步的本土化探索。

除了CIIN，中国社会企业与影响力投资论坛策划的“向光奖”也具有重要的行业意义。“向光奖”不仅表彰那些在商业模式创新和可持续解决社会问题方面取得显著成就的企业、个人、投资机构和学术成果，而且通过其平台，促进了行业内部的交流和合作，提升了行业整体的可见度和影响力。“向光奖”通过收集和展示中国领先的社会企业和影响力投资案例，为整个行业提供了宝贵的经验，从而推动了中国影响力投资行业的健康发展。

社会价值投资联盟于2023年初启动了中国社会价值评估标准1.0版本的研究，系统地介绍和梳理了国际上27家机构的30种社会价值或影响力评估标准，对它们的历史发展脉络、评估对象和功能、评估内容和发展方向，以及在中国的适用性和可借鉴性进行了深入分析和评价。同时，也对中国15种相关的评估标准进行了介绍、分析和评价。通过对现有的国际和国内共45种评估标准或方法的分析、归纳和总结，社投盟于2023年11月在大湾区可持续金融论坛上预发布了中国社会价值评估标准，2024年将以专著的形式出版。

除了行业机构的探索，国资委在央企控股上市公司ESG披露标准方面也做出重要贡献。2023年7月25日，国务院国资委办公厅印发《关于转发〈央企控股上市公司ESG专项报告编制研究〉的通知》。该通知里提到的《央企控股上市公司ESG专项报告编制研究》包括《中央企业控股上市公司ESG专项报告编制研究课题相关情况报告》《央企控股上市公司ESG专项报告参考指标体系》《央企控股上市公司ESG专项报告参考模板》。其中，《央企控股上市公司ESG专项报告参考指标体系》从环境、社会、治理三大维度，构建了包含14个一级指标、45个二级指标、132个三级指标的指标体系，涵盖ESG三大领域所有重点主题，以定量或定性指标的形式将具体管理与实践层层拆解。同时，设定了“基础披露”与“建议披露”两个披露等级。“基础披露”指标是上市公司 ESG 专项报告需包含的基本 ESG 指标，均来自中国证监会、生态环境部、各大交易所等相关部门政策文件及多项国家标准中有关 ESG 的要求，“建议披露”指标为自愿报告的 ESG 指标，可以更好地体现出与国际接轨。

（三）促进国际合作，建立新型国际组织

影响力投资的国际合作不仅涉及跨境投资，还包括技术交流、经验分享和共同制定标准。随着全球问题如气候变化、水资源、粮食和健康等相关问题日益凸显，影响力投资的国际合作变得尤为重要。

中国应加强在影响力投资领域的国际对话和国际合作。国际对话与国际合作的要求之一是有相应的政策措施或国家战略。目前，影响力投资一词尚未正式写入政府文件，相关政策也处于空白状态。在这一点上，中国可以参考巴西的做法。巴西于 2023 年 8 月 16 日发布了《影响力经济国家战略》(National Strategy for Impact Economy)。这项政令由巴西总统卢拉签署，授权副总统兼巴西发展、工业、贸易和服务部（MDIC）部长领导的公共管理部门，动员市场参与者和社会公众建设包容、可持续的经济。该战略从扩大资本供应、鼓励开设影响力企业、加强中介机构支持、完善业务制度与优化商业环境、促进政府部门间沟通五个方面推动影响力经济建设，从国家政策层面给予相应的支持。①

中国可考虑成立影响力投资或社会价值领域的新型国际组织。例如，可以先设立一个国际影响力投资基金，由亚洲基础设施投资银行或新发展银行（原金砖国家新开发银行）托管和执行，鼓励多边影响力投资合作，待条件成熟之后，再成立更独立的新型国际组织，推动影响力投资、社会价值投资或可持续金融在共建“一带一路”国家、“金砖国家”乃至全球的发展。

---

① 《重磅丨巴西发布“影响力经济”国家战略》，https：//mp. weixin. qq. com/s/uV6GeLcjg3FOYwA9OpaTDA，最后访问日期：2023 年 12 月 15 日。

参考文献

韩君、吴亦非，2021，《社会金融的兴起及其在英美的发展》，载李国武、李忠东、房涛主编《社会金融蓝皮书：社会影响力金融研究报告（No. 1）》，社会科学文献出版社。

南南合作金融中心，2022，《影响力投资：历程与实践》（英汉对照）（*Impact Investing: Global Trends and China's Practices*），中国财政经济出版社。

Bass, R., Dithrich, H., and Sunderji, S. 2020. "The State of Impact Measurement and Management Practice." Accessed January. https://thegiin.org/assets/GIIN_State%20of%20Impact%20Measurement%20and%20Management%20Practice_Second%20Edition.pdf.

Bradford, H. 2020. "Global Impact Investing Network launches COVID-19 Coalition." Accessed May. https://www.pionline.com/esg/global-impact-investing-network-launches-covid-19-coalition.

Bradford, H. 2022. "IFC Transfers Global Impact Investment Framework to GIIN." Accessed October 7. https://www.pionline.com/frontlines/ifc-transfers-global-impact-investment-framework-global-impact-investing-network.

Garg, A., Arora, S. 2023. "Trend and Patterns of the Global Impact Investment Industry: Towards Responsible Investments." *Empirical Economics Letters*, 22 (Special Issue 3).

Gianasso, A. 2014. "An Interview with Sir Ronald Cohen, the Father of Venture Capital in the UK." Affairs Today.

GIIN. 2020a. "The Impact Investing Market in the COVID-19 Context." Accessed June 11. https://thegiin.org/assets/The%20Impact%20Investing%20Market%20in%20the%20COVID19%20Context_An%20Overview.pdf.

GIIN. 2020b. "2020 Annual Impact Investor Survey." Accessed June 11. https://thegiin.org/research/publication/impinv-survey-2020/.

GIIN. 2023. "GIINsight: Agriculture Investments Reveal Link between Company Revenue Growth and Positive Impact Results for Farmers." Accessed June 6. https://thegiin.org/research/publication/giinsight-agriculture-investments-reveal-link-between-company-revenue-growth-and-positive-impact-results-for-farmers/.

GSG. 2023. "Impact Investment Perspectives and Opportunities to Support the Social Agenda." Accessed March. https://g20sfwg.org/wp-content/uploads/2023/03/Impact-investment-perspectives-and-opportunities-to-support-the-social-agenda-GSG.pdf.

Han, J., Ji M., and Zhong, W. 2018. "Social Value Chains: A New Organizational Framework for Studies on State-Society Relations in China." *Chinese Public Administration*

Review 9（1）：55–74.

Han，J.，Wendy，C.，and Stefan，T. 2020. "Social Finance for Nonprofits：Impact Investing，Social Impact Bonds，and Crowdfunding." *The Routledge Companion to Nonprofit Management*.

Hand，D.，Ringel B.，and Danel，A. 2022. "Sizing the Impact Investing Market 2022." Accessed October 12. https：//thegiin. org/research/publication/impact–investing–market–size–2022.

Hand，D.，Sunderji，S.，and Pardo，N. 2023. "Market GIINsight：Impact Investing Allocations，Activity & Performance." Accessed June. https：//thegiin. org/assets/documents/pub/2023–GIINsight/2023%20GIINsight%20%E2%80%93%20Impact%20Investing%20Allocations，%20Activity%20&%20Performance. pdf.

Saltuk，Y.，Bouri，A.，and Leung，G. 2011. "Insight into the Impact Investment Market. Social Finance Research." Accessed Decembe 14. https：//thegiin. org/assets/documents/Insight%20into%20Impact%20Investment%20Market2. pdf.

Abstract

The Central Financial Work Conference was held in October 2023, which emphasized "unwaveringly following the path of financial development with Chinese characteristics, accelerating the construction of a modern financial system with Chinese characteristics, and continuously meeting the growing financial needs of economic and social development and the people." Social impact finance is a dual objective financial activity that simultaneously pursues financial returns and social value, mainly including inclusive credit, inclusive insurance, social impact bonds, social impact investment funds, charitable wealth management, charitable trusts, etc. It is increasingly becoming an organic component of China's modern financial system with distinctive characteristics.

Research Report on Social Impact Finance in China (*No. 2*) is a blue book that tracks and studies the development of social impact finance in China. This report systematically reviews the development of social impact finance in China in recent years, especially from 2021 to 2023, analyzes the existing problems and challenges, and evaluates future development trends. At the same time, relevant countermeasures and suggestions are proposed to promote joint attention from all sectors of society and explore social impact finance that adapts to the stage of China's economic and social development.

This report is mainly divided into five parts: general report, topical reports, special reports, case reports, and foreign report. The general report defines the connotation and types of social impact finance, analyzes the development situation, challenges, and trends of social impact finance in China from 2021 to 2023 at a macro level, and puts forward a series of suggestions. Topical reports focus on the research topics of inclusive credit, inclusive insurance, social impact bonds, social impact investment funds, charitable wealth management, and charitable trusts. Based on the analysis of their development status, characteristics, problems, and trends, relevant suggestions and thoughts are proposed. The three special reports respectively analyzed the progress and trends of financial social work in promoting the improvement of residents' financial literacy, from the perspectives of policy interpretation and typical cases, the role of social impact finance in supporting the comprehensive promotion of rural revitalization was demonstrated, and analyzed the mechanism and practice of artificial intelligence assisting the development of social impact finance. The case reports selected two regions, Guangdong Province and Zhejiang Province, and respectively summarized their innovative practices in various fields of social impact finance. The foreign report focuses on the Global Impact Investment Network (GIIN) as the research focus. Based on analyzing its work content and operation mode, suggestions are proposed on how to promote the development of China's impact investment industry.

In short, with the joint efforts of the government and the market, China's unique social impact finance adheres to the people-centered value orientation, providing strong support for the high-quality development of population, economy, and society. With the advancement of digital China construction, affordable housing construction, rural revitalization, urban-rural integration development, common prosperity, carbon peak and carbon neutrality, active response to population aging, and high-quality population development, as well as more and more capital owners and managers practicing the concept of wealth for good, the development space of social impact finance is vast. However, it is still necessary to further improve the risk prevention and differentiated regulatory system, enhance the participation enthusiasm of various actors, improve the policy and law, and strengthen industry infrastructure.

Keywords: Inclusive Finance; Impact Investing; Charity Finance

Contents

I General Report

Abstract: Social impact finance is a dual objective financial activity that pursues financial value and societal value at the same time, which includes inclusive finance, impact investing, charity finance, and green finance. Under the joint efforts of the government and the market, the development of inclusive finance has achieved significant results, the government's risk-taking social impact bonds have steadily increased, and innovation in the field of charity finance continues to emerge. The social impact finance with Chinese characteristics adheres to the people-centered value orientation, providing strong support for the high-quality development of population, economy, and society. However, its development still faces a series of challenges: the risk prevention and control of inclusive finance and local government special bonds still cannot be underestimated, the attention and participation of investors and financial institutions still need to be improved, the institutional environment for promoting the development of social impact finance is still not sound enough, and the impact measurement and management have not received sufficient attention. In the future, it is necessary to continuously improve the risk prevention and differentiated regulatory system, enhance the participation enthusiasm of various actors, improve the institutional environment, and consolidate industry infrastructure.

Keywords: Social Impact Finance; Inclusive Finance; Social Impact Investing; Charity Finance; High-Quality Development

Ⅱ Topical Reports

Abstract: Inclusive credit is a kind of credit service that upholds the concept of inclusive finance, based on the principles of equality, inclusiveness and business sustainability, and provides credit services for all social strata, including small and micro enterprises and vulnerable groups. In recent years, the balance of loans to inclusive small and micro enterprises has been steadily increasing, the interest cost has been steadily decreasing, and the number of customers has increased significantly. The balance of inclusive agriculture-related loans also increased further, and banks and financial institutions further improved their ability to serve "agriculture, rural areas and farmers". Policy-based micro-credit for poverty-stricken people has been further optimized and developed on the basis of the original micro-credit for poverty-stricken people, providing financial support for groups such as those who have established documents and cards, and making important contributions to consolidating and expanding the achievements of poverty alleviation and promoting rural revitalization. Public welfare microfinance is also further exploring the localization model in line with China's national conditions. At the same time, China's inclusive credit industry is also facing many problems and challenges, which requires the government to improve the policy system, and the banking financial institutions to enhance the service capacity of inclusive credit in combination with their development goals and own advantages.

Keywords: Inclusive Credit; Inclusive Loans for Small and Micro Enterprises;

Inclusive Agriculture-related Loans; Microcredit for People Living out of Poverty; Public Welfare Microfinance

Abstract: Inclusive insurance is an important part of inclusive finance, and in the past decade, China's inclusive insurance has shown a trend of accelerating development, and the policy framework to support the development of inclusive insurance has gradually taken shape. From 2020 to 2022, various types of inclusive insurance, represented by urban customized commercial medical insurance, long-term care insurance, public welfare insurance, and mutual insurance, have developed to varying degrees. However, a comprehensive, balanced, specific and refined policy support system has not yet been fully established, and the coverage and degree of protection of inclusive insurance services are still very limited. In the future, it is still necessary to improve the ecosystem for the high-quality development of inclusive insurance from five aspects: policies, institutions, products and services, supervision and infrastructure.

Keywords: Inclusive Insurance; Urban Customized Commercial Medical Insurance; Longterm Care Insurance; Public Welfare Insurance; Mutual Insurance

Abstract: As a novel financial instrument that balances financial returns and social value, social impact bonds efficiently combine efficiency and innovation in attracting social capital for addressing societal issues. Currently, China's social impact bonds can be divided into two types: "government risk-taking" and "market risk-taking". The "government risk-taking" social impact bonds occupy a dominant position, bonds for rural revitalization, bonds for social undertakings, bonds for indemnificatory Housing Projects, and so on, which play an important role in solving the problems of the Issues concerning agriculture, countryside and farmers, promoting the development of social undertakings, and improving the people's livelihoods and well-being. However, this has also brought challenges such as the project reserve is insufficient, the poor returns of projects, and the large gap in debt issuance costs between regions. The initial development of "market risk-taking" social impact bonds, represented by social responsibility bonds and sustainable development bonds, has made valuable new explorations to increase the income of low-income groups and the development of underdeveloped regions. Overall, China's social impact bonds have great potential to contribute to local social development and promote social innovation, but there are also many areas that need to be improved.

Keywords: Social Impact Bonds; Rural Revitalization Bond; Special Bonds of Social Undertakings; Social Responsibility Bond

Abstract: Social Impact Investment Fund is a new type of investment fund that seeks both social value and capital returns simultaneously. In recent years, although the number of institutions dedicated to social impact investment in China is relatively limited, it has shown a gradual upward trend. Currently, the entities establishing social impact investment funds in China primarily include the government (state-owned enterprises), charitable foundations, and private investment companies. Chinese social impact investment funds have made new achievements and developments in areas such as carbon peaking and carbon neutrality, technological innovation, and rural revitalization. The models of philanthropic capital and government funding (state-owned capital) have become the main approaches for social impact investment in China. The evaluation tools for social impact investment in China continue to improve, and the investment ecosystem is becoming more diverse. The future development of social impact investment in China requires strengthening the construction of talent teams, innovating financial tools, and promoting interdisciplinary collaboration.

Keywords: Social Impact Investment Funds; Impact Investment Ecosystem; Impact Measurement and Management; Financial Tools

Abstract: Charitable wealth management products, which are launched by financial institutions, are distinctive financial instruments with social impact finance. Combining financial investment and public welfare, these products bring investment returns to Chinese individual investors and show their supports for philanthropy. In recent years, there has been a positive trajectory in the advancement of charitable wealth management products, marked by a growing number of institutions participating and heightened levels of activity. Besides commercial banks, other non-bank financial institutions like wealth management companies, securities firms, fund companies, and trust companies have also introduced charitable wealth management and asset management products. Collaborations and innovations in product offerings continue to emerge, with some financial institutions consciously building charitable wealth management brands. This report tends to address current challenges faced by charitable wealth management products, including a lack of industry promotion and support, the need to enhance the service capabilities of charities, and the absence of talent cultivation and standardized systems. This report suggests several recommendations, including bolstering government support, fostering collaborative innovation between financial institutions and philanthropic organizations, promoting financial literacy within philanthropic organizations, improving their service capabilities, reinforcing product innovation and talent development, and establishing a standardized system.

Keywords: Charitable Wealth Management Products; Social Impact Finance; Philanthropic Finance

Abstract: After the promulgation of the Trust Law of the People's Republic of China, the Charity Law of the People's Republic of China, and the Management Measures for Charitable Trusts, charitable trusts have become a new tool for coordinating various sectors of society to engage in philanthropic and charitable activities. After years of exploratory development, the number of charitable trusts and their asset scale has grown rapidly, with innovative designs in trust models and diverse categories of assets. However, the current situation of charitable trusts in China continues to confront challenges concerning insufficient support systems, ambiguous eligibility criteria, non-standardized information disclosure, and a requisite for enhanced societal awareness. Therefore, it is imperative to enhance policy and promotional support.

Keywords: Charitable Trust; Charity Law; Charity

Ⅲ Special Reports

Abstract: The high-quality development of inclusive finance has put forward new requirements on the level of financial literacy of residents, and financial social work plays an important role in promoting the enhancement of residents' financial literacy, which helps to promote the realization of high-quality development of inclusive finance. This report analyses the current development situation, problems and challenges of financial social work in promoting the improvement of residents' financial literacy in recent years, and puts forward suggestions for further promoting the development of financial social work in China. That is to say, strengthening the top-level design; improving the financial education network; accelerating the construction of a professional financial social workforce; and innovating the concept, content and methods of financial education.

Keywords: Financial Social Work; Residents' Financial Literacy; Inclusive Finance; Financial Education

B.9 Social Impact Finance Helps Rural Revitalization

Abstract: In the process of promoting the rural revitalization strategy, the support of financial resources has played an important role. Under the guidance of the government and regulatory departments at all levels, the financial industry has successively launched a series of financial products that balance market efficiency and social influence, providing indispensable financial support for the rural revitalization strategy. This report attempts to demonstrate the positive role played by social influence finance in the implementation of rural revitalization strategies from both policy interpretation and micro case studies, summarize existing models and issues, and provide suggestions for future development.

Keywords: Rural Revitalization; Social Impact Finance; Rural Financial Service System

Abstract: As Artificial Intelligence (AI) algorithms and models evolve, AI is playing a more important role in data analysis and decision support. In the field of social impact finance, there is a natural fit between AI and social impact finance due to AI's excellent data discovery, social affinity, and conceptual moulding capabilities, and AI is being used more widely. This report explores the paths and practice cases of AI helping to achieve the goals of social impact finance from the perspective of AI as a discoverer of charitable opportunities, an intermediary between people and financial activities, and a regulator of the financial activities themselves, and further explores the challenges and application perspectives of AI technology in the application of social impact finance. By giving full play to the core capabilities of AI technology, the efficiency and impact of social impact finance will be further improved, prompting finance to be good and technology to be good, and making a greater contribution to the creation of a more just and prosperous society.

Keywords: Artificial Intelligence; Social Impact Finance; Charitable Opportunities; Financial Supervision

Ⅳ Case Reports

Abstract: Based on the overall development status of social impact finance in Guangdong Province, this report details the characteristics and cases of social impact finance development in three major cities in recent years: Guangzhou, Shenzhen and Foshan. After summarizing the characteristics and trends of the

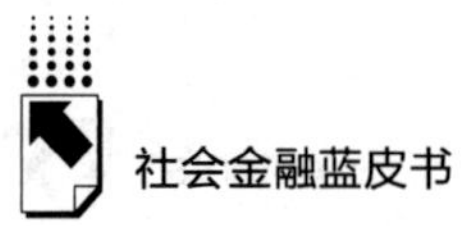

development of social impact finance in Guangdong Province, the report puts forward four suggestions to promote the future development of social impact finance in Guangdong Province.

Keywords: Social Impact Finance; Charity Finance; Social Impact Investment; Family Philanthropy; Guangdong Province

B.12 Innovative Practice of Social Impact Finance in Zhejiang Province

Abstract: As China's first demonstration zone for common prosperity construction, Zhejiang Province has fully engaged in social impact finance and leveraged its locational and economic advantages to actively explored local pathways of social impact finance with Chinese characteristics. It not only has excelled in crafting top-tier institutional frameworks, capitalizing on the strengths of policy guidance, but also taken a holistic approach, deploying initiatives across various sectors including inclusive finance, philanthropic financing, impact investments, and sustainable finance, all aimed at propelling the region towards the goal of shared prosperity. Comprehensive efforts have been made in areas such as inclusive finance (inclusive lending and inclusive insurance), public welfare finance (charitable trusts, equity donations and venture philanthropy), impact investment (impact investment and impact bonds) and green finance. This has contributed the realization of the common prosperity goal. We observe not only overall plans and push at the provincial level, but also personalized and localized practices in different cities within the province. Exploring a unique "Zhejiang Model" of social impact financial development.

Keywords: Social Impact Finance; Common Prosperity; Zhejiang Province

V Foreign Report

Abstract: Originating as an incubated program under the Rockefeller Foundation in 2007 and evolving into the steward and implementer of the World Bank Group's Impact Evaluation Industry Standard by 2022, the Global Impact Investing Network (GIIN) has emerged as a pivotal force in shaping the infrastructure of the impact investing industry. This report delves into the journey of GIIN, exploring its foundational principles, operational mechanisms, and transformative impact on the global stage. It further investigates the potential influence of GIIN's success on the advancement of impact investing and sustainable finance in China. The report commences with an overview of the definition, historical context, and prevailing trends in impact investing, while identifying key infrastructural components within the industry. Emphasis is placed on GIIN as the focal point of analysis due to its distinction as the earliest, largest, and foremost research institute in the field of impact investing. Subsequently, the report delineates the core responsibilities of GIIN, encompassing the establishment of networks, facilitation of forums, execution of industry research, and formulation of impact evaluation standards. Noteworthy research publications and key topics, such as the repercussions of the global pandemic on the impact investing landscape, green bonds, and corporate impact investing, are elucidated. In conclusion, the report presents three strategic recommendations aimed at fostering the growth of China's impact investing industry. These include expanding the scope of impact investing to cultivate an impact-centric ecosystem, intensifying industry research and hastening the development of standards, and fostering international collaboration by establishing a novel form of international organizations.

Keywords: Impact Investing; Global Impact Investment Network; Industry Infrastructure

皮书

智库成果出版与传播平台

皮书定义

皮书是对中国与世界发展状况和热点问题进行年度监测，以专业的角度、专家的视野和实证研究方法，针对某一领域或区域现状与发展态势展开分析和预测，具备前沿性、原创性、实证性、连续性、时效性等特点的公开出版物，由一系列权威研究报告组成。

皮书作者

皮书系列报告作者以国内外一流研究机构、知名高校等重点智库的研究人员为主，多为相关领域一流专家学者，他们的观点代表了当下学界对中国与世界的现实和未来最高水平的解读与分析。

皮书荣誉

皮书作为中国社会科学院基础理论研究与应用对策研究融合发展的代表性成果，不仅是哲学社会科学工作者服务中国特色社会主义现代化建设的重要成果，更是助力中国特色新型智库建设、构建中国特色哲学社会科学“三大体系”的重要平台。皮书系列先后被列入“十二五”“十三五”“十四五”时期国家重点出版物出版专项规划项目；自 2013 年起，重点皮书被列入中国社会科学院国家哲学社会科学创新工程项目。

皮书网

（网址：www.pishu.cn）

发布皮书研创资讯，传播皮书精彩内容
引领皮书出版潮流，打造皮书服务平台

栏目设置

◆ **关于皮书**

何谓皮书、皮书分类、皮书大事记、
皮书荣誉、皮书出版第一人、皮书编辑部

◆ **最新资讯**

通知公告、新闻动态、媒体聚焦、
网站专题、视频直播、下载专区

◆ **皮书研创**

皮书规范、皮书出版、
皮书研究、研创团队

◆ **皮书评奖评价**

指标体系、皮书评价、皮书评奖

所获荣誉

◆ 2008 年、2011 年、2014 年，皮书网均在全国新闻出版业网站荣誉评选中获得“最具商业价值网站”称号；

◆ 2012 年，获得“出版业网站百强”称号。

网库合一

2014年，皮书网与皮书数据库端口合一，实现资源共享，搭建智库成果融合创新平台。

皮书网

“皮书说”
微信公众号

S 基本子库
UB DATABASE

中国社会发展数据库（下设 12 个专题子库）

紧扣人口、政治、外交、法律、教育、医疗卫生、资源环境等 12 个社会发展领域的前沿和热点，全面整合专业著作、智库报告、学术资讯、调研数据等类型资源，帮助用户追踪中国社会发展动态、研究社会发展战略与政策、了解社会热点问题、分析社会发展趋势。

中国经济发展数据库（下设 12 专题子库）

内容涵盖宏观经济、产业经济、工业经济、农业经济、财政金融、房地产经济、城市经济、商业贸易等12个重点经济领域，为把握经济运行态势、洞察经济发展规律、研判经济发展趋势、进行经济调控决策提供参考和依据。

中国行业发展数据库（下设 17 个专题子库）

以中国国民经济行业分类为依据，覆盖金融业、旅游业、交通运输业、能源矿产业、制造业等 100 多个行业，跟踪分析国民经济相关行业市场运行状况和政策导向，汇集行业发展前沿资讯，为投资、从业及各种经济决策提供理论支撑和实践指导。

中国区域发展数据库（下设 4 个专题子库）

对中国特定区域内的经济、社会、文化等领域现状与发展情况进行深度分析和预测，涉及省级行政区、城市群、城市、农村等不同维度，研究层级至县及县以下行政区，为学者研究地方经济社会宏观态势、经验模式、发展案例提供支撑，为地方政府决策提供参考。

中国文化传媒数据库（下设 18 个专题子库）

内容覆盖文化产业、新闻传播、电影娱乐、文学艺术、群众文化、图书情报等 18 个重点研究领域，聚焦文化传媒领域发展前沿、热点话题、行业实践，服务用户的教学科研、文化投资、企业规划等需要。

世界经济与国际关系数据库（下设 6 个专题子库）

整合世界经济、国际政治、世界文化与科技、全球性问题、国际组织与国际法、区域研究 6 大领域研究成果，对世界经济形势、国际形势进行连续性深度分析，对年度热点问题进行专题解读，为研判全球发展趋势提供事实和数据支持。